熊十力传论

◎ 郭齐勇 著

中国社会科学出版社

图书在版编目（CIP）数据

熊十力传论/郭齐勇著. —北京：中国社会科学出版社，2013.1
ISBN 978 - 7 - 5161 - 1962 - 4

Ⅰ.①熊… Ⅱ.①郭… Ⅲ.①熊十力（1884～1968）—传记
Ⅳ.①B261

中国版本图书馆 CIP 数据核字（2012）第 303254 号

出 版 人	赵剑英
责任编辑	陈　彪
特约编辑	陈　林
责任校对	孙洪波
责任印制	王炳图

出　　版	中国社会科学出版社
社　　址	北京鼓楼西大街甲 158 号（邮编 100720）
网　　址	http：//www.csspw.cn
	中文域名：中国社科网　010 - 64070619
发 行 部	010 - 84083685
门 市 部	010 - 84029450
经　　销	新华书店及其他书店
印　　刷	北京金瀑印刷有限公司
装　　订	廊坊市广阳区广增装订厂
版　　次	2013 年 1 月第 1 版
印　　次	2013 年 1 月第 1 次印刷
开　　本	710×1000　1/16
印　　张	20.75
插　　页	2
字　　数	320 千字
定　　价	49.00 元

凡购买中国社会科学出版社图书，如有质量问题请与本社联系调换
电话：010 - 64009791
版权所有　侵权必究

熊十力先生像（摄于 1947 年）

熊十力先生手迹　　　　　　　熊十力（1885—1968）

熊十力与家人合影（1917年摄于武昌，右为熊先生，中为岳父，左为熊夫人和长女幼光）

汤用彤先生（右）与熊十力先生（中）、柳诒徵先生（左）
在南京合影（时间约在1928至1930年间）

1930年中秋前数日照相于杭州西湖广化寺（前排右至左，一为邱希明，二为李笑春，三为周少猷，四为张立民。后排右至左，一为黄艮庸，二为熊十力，三为涂家英，四为易希文，五为张诤言）

熊十力1947年在四川五通桥主持黄海化学社附设哲学研究部时与友生合影

1948年春，马一浮先生与复性书院同仁欢迎熊十力、叶左文二先生于杭州里西湖葛荫山庄复性书院庭园内（前排右三为熊十力，右四为马一浮，右五为叶左文）

1958年摄于上海（中排右三为熊先生，右二为熊夫人，右四为王孟荪，右五为王夫人，后排由右至左为长女幼光、子世菩、媳万玉娇。余为孙儿女）

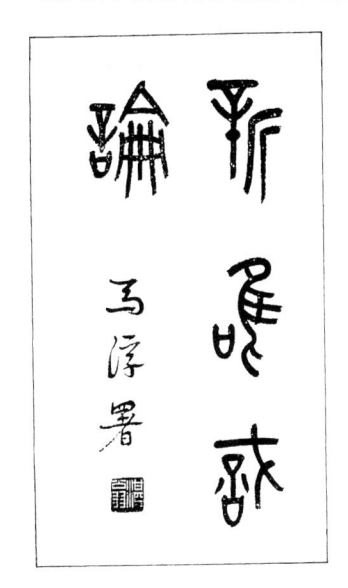

马一浮先生为《新唯识论》题签

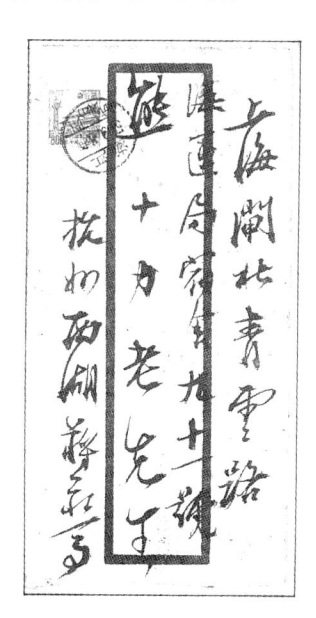

马一浮先生1955年致函熊十力的信封手迹

熊子今偕矣。製新論。融通空有、貞審本体。譬似瀜洞同帰海、一切随清灑起。已久相関、生々不已唯诚旧。師須悠及會達此方見功能理儒与釋究何異。年来我心求諸己。抡若影屏除習气、擎将有戒。愧相二三知音世論悠々安計。養孟浩自家心地。永樵獲麟千载嘆冀顧天長曲歳与俠同。初演羅、雑悲喜。

张东荪先生为祝贺熊先生哲学体系而创作的金缕曲墨宝

1979年上海各界追悼熊先生大会挽联之一部分

梁漱溟与本书作者关于熊先生的一封信

目　　录

新版序 …………………………………………………………（1）

旧版序 …………………………………………………………（3）

第一章　反清志士　革命先觉 …………………………………（1）
　　一　清贫家世 ……………………………………………（1）
　　二　戎马生涯 ……………………………………………（5）
　　三　弃政向学 ……………………………………………（12）

第二章　深研佛学　自创新论 …………………………………（23）
　　一　心曲：濂溪而后我重来 ……………………………（23）
　　二　契机：漱溟走马荐十力 ……………………………（27）
　　三　转折：离开佛教唯识学 ……………………………（32）
　　四　立说：新唯识论的诞生 ……………………………（43）
　　五　论战：围绕"新论"的公案 …………………………（50）

第三章　困厄万端　神游玄圃 …………………………………（56）
　　一　战前时代——治学北平 ……………………………（56）
　　二　八年抗战——流寓巴蜀 ……………………………（65）
　　三　复员之后——居无定所 ……………………………（81）

第四章　儒的真性　道的孤寂 ……………………………… （93）
　　一　一厢情愿的提议 ……………………………………… （93）
　　二　更加孤独的晚年 ……………………………………… （99）
　　三　悲剧与哀荣 ………………………………………… （114）
　　四　真性情的人 ………………………………………… （117）
　　五　熊、梁、马：文化共同体 …………………………… （123）

第五章　熊十力哲学述评 ……………………………………… （130）
　　一　重立大本·重开大用 ………………………………… （130）
　　二　深于知化·长于语变 ………………………………… （135）
　　三　体证本体·性修不二 ………………………………… （140）
　　四　道德理想主义的形上学 ……………………………… （145）

第六章　熊十力的中国文化观 ………………………………… （149）
　　一　中西文化的冲突与融合 ……………………………… （149）
　　二　传统与现代的对立与调适 …………………………… （156）
　　三　中国文化的价值与意义 ……………………………… （163）

第七章　风风雨雨熊十力 ……………………………………… （169）
　　一　哲学界的评论 ………………………………………… （169）
　　二　佛教界的批评 ………………………………………… （175）
　　三　海外学者的研究 ……………………………………… （183）
　　四　熊学的兴起 ………………………………………… （189）

第八章　为熊十力先生辩诬
　　　　　——评翟志成君《长悬天壤论孤心》 …………… （196）
　　一　熊十力四十年代末在广州的生活和思想 …………… （198）
　　二　熊十力1949年前后的思想联系与变化 ……………… （207）
　　三　驳所谓熊十力"既贪且吝" ………………………… （212）
　　四　历史人物评价的心态与方法 ………………………… （221）

五　翟志成"审订"之《熊十力佚书九十六封》纠谬 …………（224）

第九章　熊十力主要著作与年表 ……………………………（238）
　　一　熊十力代表作评介 ………………………………………（238）
　　二　熊十力年表 ………………………………………………（258）

参考文献 …………………………………………………………（270）

附录一　现当代新儒家的反思（演讲）………………………（272）

附录二　郭齐勇：与熊十力有缘………………………张弘（288）

附录三　近二十年熊十力哲学研究综述 ……………秦平（297）

新版序

旧著《天地间一个读书人：熊十力传》，是应"世纪回眸人物系列丛书"主编、复旦大学中文系陈思和教授的邀请于壬申至癸酉年间写成的。这一小册子于甲戌年十月（西历 1994 年 11 月）在台湾海峡两岸的两家出版社，即上海文艺出版社与台北业强出版社同时出版，之后又多次印刷，粗略估计总共销售约两万册。是书早已售罄，近些年来，常常有海内外读者来信来电找我索要，而我自己购买了几批分送友人、学生，现也只剩下沪台版各一册了。

近年拟重新出版是书，修改、增补了一些内容与章节，重新订正了传主的所有史实，每章每节都有变动，又一一核对了引文，并据《熊十力全集》标明了新的卷册页码，以便读者全面准确地了解熊先生其人与思想。为哲学思想家立传诚非易事，陈述传主的思想及其变化，一定要有深入细致的理解与把握，而论说的根据即材料，却一点一滴都马虎不得。老伴德康帮我扫描、校对，十分辛劳，这也是我要特别感谢的。

熊先生以人文睿智反省现代化，重新考察了现代性与根源性、普遍性与特殊性、人文价值与科技理性的关系问题，对今天我们反思当下的生存环境，颇多启发。熊先生的做人与治学之道，对今天的青年，仍有参鉴的意义。

时间过得真快，我已六十有四。时不我待，我要更努力地实现熊先生复兴中国文化的遗愿。

承蒙陈彪先生的厚爱，这本熊先生思想评传得以在中国社会科学出版社出版，这是要十分感谢的。

是为序。

齐勇

壬辰年小满芒种之间

于武昌珞珈山

旧版序

熊十力先生（1885—1968年）是20世纪中国最具有原创性的哲学思想家，也是一位特立独行、无所依傍的怪杰。他一生涵濡着平民性格，从未接受过旧式或新式的系统的正规化教育，由贫瘠的鄂东乡间，自学成才，凭借着"上天以斯文属余"的狂者情愫及某种缘会，终而定格于北京大学，成为"后五四时期"现代新儒学思潮的哲学奠基人。

熊十力的学术地位是由他对传统社会和现代社会的人的异化的双向批判、双重扬弃所确定的。他力图理解时代、把握时代脉搏，而又与热闹喧嚣的俗情世界，与新潮和时髦，与政界、商界，甚至学界，保持一定的距离，绝不随波逐流。在他一生的独行孤往、苦闷求索中，以传统批导现代，以现代批导传统，其深刻性远远超过了某些有着赫赫名声的讲堂教授。他以全幅生命抗拒着传统文化的腐化和僵化，批判专制主义政治与伦理的异化；又警惕、防范着人文的沦丧、价值的旁落、生命的钝化、灵性的消亡，抗议工业社会带来的负面——人与天、地、人、物、我的疏离与紧张，人性的贫弱化、单面化、物质化、功利化，人失去了安心立命之所，即精神的归乡与故园。熊十力力图复兴与鸢飞鱼跃、生生不息、生意盎然的宇宙大生命相匹配的人文世界，恢复具有创造精神的、活活泼泼的、刚健自强的民族文化生命。他以人文的睿智，重建了道德自我，重建了儒学，重建了中国文化的主体性。

熊十力一生反对抛却自我、失所依归的"海上逐臭之夫"。面对菲薄固有、一意袭外人肤表、"追随外人时下浅薄风会"的全盘外化倾向和浮浅芜杂、转手稗贩、自贱自戕、奴颜媚骨的所谓"思想界"，他作狮子之吼，为挺立和重塑中华民族精神，创造了融合西方思想、继承东方神髓的《新唯识论》哲学体系。他以理想滋润生命，以生命护持理想，其苦心孤诣乃在于重新发现、开掘中华文化的灵根和神髓。一个人，一个族类，都有自身内在的大宝藏，如果不善于"自力开辟"、"自力创造"，反而"抛却自家无尽藏，沿门持钵效贫儿"，放弃己性、特殊性、民族性、个体性，那就很容易沦为浮游无根的精神弃儿。熊先生一生最可贵的就是保持了己性，护持了"真我"。在他看来，作为社会良知代表的知识分子的特质，只能是思想独立、学术独立、精神独立。倘若思想失自主，精神失独立，学术失个性，就不可能有健康的思想界。熊先生说："有依人者，始有宰制此依者；有奴于人者，始有鞭笞此奴者。至治恶可得乎？吾国人今日所急需要者，思想独立，学术独立，精神独立，一切依自不依他，高视阔步，而游乎广天博地之间，空诸倚傍，自诚自明。以此自树，将为世界文化开发新生命，岂惟自救而已哉？"熊十力致函徐复观说："知识之败，慕浮名而不务潜修也；品节之败，慕虚荣而不甘枯淡也。举世趋此，而其族有不奴者乎？"他提倡"自本自根，自信自足，自发自辟"，反对尽弃固有宝藏，凭浮词浅衷，作无本之学。

　　熊十力一生求真，忌俗，甘贫贱，忍淡薄，去浮华，务潜修，批评那些耐不住寂寞，往来中外都邑，扬誉公卿名流，自荒所业，而以广声气为宏学，一意博取浮名的所谓"学人"，"徘徊周旋于人心风会迎合之中"，"虽得名，亦无自得之意矣"。这对于当今充斥"学界"的"风派"、"名士"，不啻当头棒喝！熊先生说，凡有志于学术者，"当有孤往精神"，"不孤冷到极度，不堪与世谐和"。他这种堂堂巍巍做人，独立不苟为学的精神，本来是中国知识分子应当具备的最起码的素养，然而在良知沉沦的今天，此道甚孤矣！

　　没有独立的学人，就不可能有独立的学术；没有独立纷呈的学术，就没有我们民族的自主性。知识分子个体性、自主性的沉沦，知识分子素养的贫弱化或奴性化，并不简单是一个知识分子的问题，而是民族精神衰亡与否的问题。我们的民族精神，难道不正是以千千万万"士人"个体或其共同体（例如自由讲学之民间书院等）作为载体或薪火相传的媒介吗？知识分子的个性彰显和学术的自立之道，恰恰与民族精神的活化和挺立有着有机的联系。换言之，知识分子被他力或自力所阉割，即是民族精神的被阉割。这不独在中国文化史上，亦在世界文化史上，都是最普通、最常见的事实。

承复旦大学程伟礼先生推介和陈思和先生不弃，命某作熊十力先生传。一方面盛情难却，另一方面熊先生之为人为学对于今日的社会和今日之青年确有价值和意义，再则熊先生于"文革"中被诬被斗，辞世多年之后，于今又无端遭到詈垢毁辱，职是之故，此书则不能不作也。

郭齐勇
癸酉年芒种日（西历1993年6月6日）
于武昌广埠屯

第 一 章

反清志士　革命先觉

一　清贫家世

熊十力生于清光绪十一年（乙酉），即公元1885年。① 生日不详。抗战末期在大后方，弟子们要给他祝寿，姑将生日定为正月初四。大约是取新春万象昭苏、生生不已之意（而又避开了大年初三日的喧腾）。马一浮贺熊十力寿诗有"生朝长占一春先"句，即透露了个中消息。熊十力对友人解释这一句诗，说自己"生老历正初"。② 查熊先生生年的正月初四，即公历2月28日。

熊十力是湖北东部黄冈县人。其家乡离黄冈府地（即东坡居士苏

---

① 关于熊十力生年，我与李明华兄原发表在《江汉论坛》1983年第12期《试论熊十力哲学的性质》一文即确断为1885年，并有长注。注曰："此前论者说法不一，《辞海》注明为1884年。我们曾拜访过熊先生故旧黄耀先（焯）先生，黄教授会算卦，曾为熊先生算过。黄说熊先生生于乙酉年正月。熊先生友人贺觉非先生编著《辛亥武昌首义人物传》（中华书局1982年版）亦注明熊先生生年为1885年。《黄冈地区简志·黄冈县志》亦同此。访之熊先生亲属，亦谓为乙酉年。"

② 马诗及熊先生对此诗的解释，详见杨玉清《关于熊十力》，《玄圃论学集》，生活·读书·新知三联书店1990年版。又查《读经示要》熊先生自序和1945年2月25日熊先生致王星贤函，亦可知熊先生生于乙酉年正初。

轼贬居谪守之黄州）尚有60华里，是为上巴河以北的张家湾①。今天，他和他夫人的灵灰即合葬于兹。熊十力的家世，据他晚年（1965年8月）所作的《先世述要》（未完稿）称："余家世穷困。所可闻知者，先曾祖光东公、先祖父敏容公、先父其相公，三世皆单丁，都无立锥地"。他的曾祖父光东先生少年弃世，曾祖母华太夫人守寡养育族侄敏容为嗣子。敏容先生即十力的祖父。敏容务农兼做木匠，娶曹氏，生一男，即熊十力的父亲其相先生。其相为县学生员（秀才），掌教乡塾，娶高氏，生六男三女，十力行三。长兄仲甫、二兄履恒、四弟晋恒、五弟继刚、六弟继强。十力原名继智，又名升恒、定中，字子贞（或子真），民国后以字行，1924年后更名十力，晚年自号漆园，又号逸翁。

　　熊十力的父亲通晓经史，学宗程朱，一生困厄，不以科名为意。十力八九岁起，即为邻家牧牛，岁得谷若干以补家用。他父亲授徒在外，偶尔回家教他识几个字或讲点历史故事。十岁那年，他父亲已患肺病，勉强支撑授馆，因叹息"此儿眼神特异"，好问好学，遂带之就学。初授三字经，十力一天就背熟了。继授四书，十力求多授，他父亲每不肯，让他慢慢读，慢慢领会。据说其相先生给熊十力略讲了一点五经章句和史籍，想来不会太多。当时他父亲门下颇有茂才，而他这位旁听生自认为在理解上要比正规生略胜一筹。据说他当时的一篇八股文习作，颇令父亲惊异。眼见如此聪颖的儿子，自知来日无多的父亲面有戚色。幼年十力在父亲身边读书大约只有一年时间，后来他父亲的咯血症愈益严重，竟至不起。临终前抚着十力的头哭着说："你终当废学，这是命啊！可是你体弱多病，何能胜任农事，不如学点缝衣之业，糊糊口而已。"小小的十力对父亲立下誓言："儿无论如何，当敬承大人志事，不敢废学。"他父亲所以早逝，又因为遭到乡间恶霸陷害。大约是为房

---

　　① 上巴河镇现属黄冈市团风县。1990年12月，经国务院批准，湖北省撤销黄冈县，设黄州市。黄冈地区行署辖黄州、麻城、武穴3市和红安、罗田、英山、浠水、蕲春、黄梅6县。1995年12月，经国务院批准，湖北省撤销黄冈地区和黄州市，设立地级黄冈市，治所驻黄州。并建置团风县和黄州区。黄冈市现辖一区（黄州）、二市（武穴、麻城）、七县（红安、罗田、英山、浠水、蕲春、黄梅、团风）和一个县级龙感湖农场，版图面积1.74万平方公里，总人口730万。

屋的事，在县衙打官司。贪官污吏受贿卖法。他父亲贫病交加，含愤而殁，给他留下的遗言是："穷于财，可以死吾之身，不能挫吾之精神与意志。"不几年，他的母亲也辞世了。

熊十力的长兄仲甫先生十五岁即废学务农，边躬耕边读书。在父母双亡之后，长兄担当起家务重任。十力以长兄为榜样，一边放牛，一边自学。几年后，长兄送他到父亲的朋友何先生处读书。何先生喜其聪慧，允许免费上乡学。这位何老师名柽，字圣木，学宗程朱，非礼不履，在清末亦主张变法，在乡间创办学校，劝妇女放足，有颜习斋、李恕谷习行践履的作风，但厌闻革命，其议论接近张之洞。这位何老师曾对他说，令先德其相先生对儒学颇有研究，主张并尊孟子和荀子，以见儒学之博大，惜天不假年，未能创发其学。熊十力当年志不在此，仅仅在何先生处读了半年，因顽皮好动，屡受斥责，难耐约束而出走。

熊十力十六七岁即开始了游学乡间的生活。那时他就有了一种自信力，追求一种自由的生活。他这一段时期的心态、思想、风貌，可以从以下几方面来回溯。

第一，张狂、简脱。他常常对人说："举头天外望，无我这般人。"他不喜欢受礼仪的束缚，却欣赏先秦时鲁国大夫子桑伯子的洒脱：不穿衣不戴帽，作日光浴和风浴。十力夏天裸居野寺，时出户外，遇人无所避，又喜欢打菩萨。乡亲们称他为"张儿"。昔日他父亲的弟子，一位姓余的先生，曾痛责他的放荡不羁。

第二，自学、自识。他曾读宋人陈亮（同甫）先生的书，仰慕其事功之学；不久又迷恋上明人陈献章（白沙）先生的书，开拓万古心胸，推倒一世智勇。晚年他曾回忆起当年读陈白沙《禽兽说》的冲动与激情："忽起无限兴奋，恍如身跃虚空，神游八极。其惊喜若狂，无可言拟。当时顿悟血气之躯非我也，只此心此理方是真我。"[①] 他懂得了人禽之别，领悟到只有自识自大无匹之真我，才能实现人生的价值和完成上天赋予吾人的使命。

---

① 熊十力：《十力语要初续》，台北乐天出版社1971年印本，第202—203页。又见《熊十力全集》，第五卷，湖北教育出版社2001年版，第280页。

第三，趋新、交友。邻县有一位举人进京会试，每每购回一些新书，例如介绍西方科学常识或社会政治风尚的《格致启蒙》之类的书，十力常去借阅，颇感兴趣。大概也是通过这一渠道，他得以阅读维新派变法的论文与奏章。尽管此时变法已经失败，但透过传到乡间的这些文字，他知道世变日剧，顿时产生了关怀国政时局的冲动。这时他把范仲淹"先天下之忧而忧"的抱负作为自己的座右铭。时海内风气日变，少年皆骂孔子、毁六经。十力亦视六经诸子如粪土，睹前儒疏记，掷之地下，骂声不绝。

熊十力交游的朋友中，有一位叫何见田，又名自新，字季达，黄冈县人，又一位叫王汉，字竹庵，又字怒涛，蕲水县人。蕲水与黄冈毗邻，今名浠水。王、何二位同师事蕲水何炳藜（焜阁）先生。何焜阁受学于同县熊光大先生，治姚江王阳明之学，喜纵谈时事，启导诸生笃行实践，拯救国危。这位何先生曾上京应试，知道康梁变法之事。熊十力或者就是到他家借阅新书报刊时认识王汉与何自新的；也许是先认识何自新、王汉，再拜访何焜阁的。与他们师弟的结识，是熊十力走上反清革命道路的重要机缘。何、王、熊等，曾组织一新学会，日聚少年高谈，非尧舜，薄周孔，毫无避讳。

鄂东黄冈、蕲水、蕲春、黄梅、广济、黄安一带，历来是人文荟萃之地。明清两代，这里出了一千八百名进士，几占鄂省一半。仅黄冈县，每年应试者，常数千人。张之洞常赞叹黄冈多材。大概是因为这里的文化人特别多，对于国事民瘼的关怀形成一定的氛围，因此盛产反清志士。[①] 据说明末清初抗清志士杜茶村、何士云、易明甫等均黄冈人，其流风遗韵对乡邦后学颇具影响。熊十力父子都曾受到熏陶。十力年少时，

[①] 先后参加辛亥革命的鄂东志士约数百人，其中著名者有蕲春詹大悲和黄侃（季刚）、广济居正（觉生）、黄安董必武、蕲水王汉、黄冈吴昆、吴贡三、殷子衡、何自新、刘子通、李西屏、李四光、熊十力等。现代著名学者中，文字学家黄侃和文艺理论家胡风是蕲春人；诗人、学者闻一多和思想史家徐复观是浠水人；佛学史家、哲学史家、学者汤用彤和文学家兼文学史家冯文炳（废名）是黄梅人；地质学家李四光、哲学家熊十力和经济学家王亚南都是黄冈人。中国共产党的早期领导者中的鄂东人士有董必武、陈潭秋、包惠僧、林育南（后三者为黄冈籍）；人民解放军的高级将领中，鄂东籍竟有二百余人。鄂东人杰地灵，人才辈出。

他父亲曾对他讲秦始皇焚书坑儒的故事。他问道：莫不是儒生造反吗？他父亲笑而不应，似默认造反为是。有一次在乡间看戏，他父亲曾告诉他，台上是汉代人的服饰，与清朝人不同，现在不能穿那时的衣服。十力问：是汉人多还是满人多？他父亲答道：汉人多。十力又问：以众受制于寡，为什么？他父亲默而不答。十力听父亲说魏收（北齐史学家，《魏书》的编撰者）曾骂南朝为"岛夷"，禁不住怒斥魏收为猪狗。又听父亲讲南北朝时期，北方少数民族攻打中原，战乱频繁，生灵涂炭，十力的哀愤之情难以平抑。所有这些，都在他的心灵深深埋藏下反清革命的种子。

二 戎马生涯

王汉习儒术，读兵书及豪侠传，购剑自舞，人们都笑他太痴。何自新童年参加预试，得全县第一，为人豁达不羁，人称为醉侠。在何焜阁影响下，王、何二人有覆清之志。此时熊十力读了王夫之、顾炎武、黄宗羲等明末清初思想家的书，已有革命之志。1901年，八国联军攻占北京，强迫清廷订立丧权辱国的《辛丑条约》，民族危机深重。熊、王、何三人离开故乡，共游江汉，联络有识之士，图天下大事。三少年雄姿英发，指点江山，时常借题发挥《易经》"群龙无首"之义："人各自立、人各自主，则群龙也；天下不得有君，故无首也。"何自新读黄宗羲《原君》，深受启发，认为治道贵振民权，任自由，批评宋儒误以尊君解《春秋》。为富国强民，改革社会，他们发愤读书，勤求学识，为启迪民智而披肝沥胆，又遍交各地侠客力士，为创建革命团体而奔走呼号。何自新主张运动军队，熊十力赞成这一主张，率先投武昌新军凯字营（第三十一标）当一小兵。[①] 十力白天上操练武，夜间读书看

[①] 熊十力加入新军约在1903年。这一年，吴禄贞等在武昌花园山聚会，为湖北有革命团体之开始。聚会决定输送革命知识青年进入新军。何自新早就提议运动军队，但身体太差，十力决心以身先之。由李书城、朱和中、张荣楣、李步青等推荐，再由吴禄贞介绍入新军的有朱元成、熊十力、张难先、胡瑛等。详见张难先《湖北革命知之录》，上海商务印书馆1946年版；贺觉非、冯天瑜《辛亥武昌首义史》，湖北人民出版社1985年版。

报。王、何居旅舍，往来各学堂与军营之间。不久，何等识宋教仁于文普通学堂，识吕大森于武备学堂，识刘静庵于某军，识张难先、胡瑛等于工程营，又由胡瑛与其师黄兴通音问。一时志士毕集。1904年六七月间，吕大森、刘静庵、张难先、何自新、曹亚伯、胡瑛等创立科学补习所于武昌多宝街，以"革命排满"为宗旨，借研究科学为名，在学校和新军中进行革命活动，并与华兴会取得联系。何自新又西上荆湘，入巴蜀，联络会党侠士。返鄂后，与刘静庵密定革命方略。其要点为：以武昌为根据；提倡民气；运动军队；组织机关。当时有一种议论，认为武昌不易发动革命，十力、自新都批评了这种说法。他们认为，武昌据长江中游，南北关键，九省通衢，系天下之安危，然而鄂军兵权由庸才掌握，如若我们秘密在行伍中多做联络工作，不几年即可行大事！但不久黄兴谋取长沙事泄，武昌科学补习所被查封。

1905年正月，发生了清末第一起革命党人行刺清廷高官的事件。行刺者正是熊十力的密友王汉。时清亲贵、户部侍郎铁良，假立宪名义，南行搜括东南财富。刚强沉毅、不说空话的王汉原打算在湖北刺杀铁良，后恐累及家人，遂令胡瑛与他一道尾随铁良之后。行至河南彰德府，铁良换车时，王汉急忙跑上前射击，连发两枪，均未射中。卫兵立即追捕，王汉毁面投枯井自毙。当时他仅二十三岁，新婚才数月。王汉事件激发了武昌革命者的情绪，刘静庵、何自新借武昌圣公会堂，在教会的掩护下组织革命活动。这年冬天，熊十力由行伍考入湖北新军特别小学堂仁字斋。学堂规定操课在校，就寝在营，因此各营士兵接触频繁。学堂反成了传播革命的最好场所。熊十力常在学兵中揭露清吏的腐化情况，借以激发士兵。有一次，他曾写了批评鄂军提督第八镇统制张彪的小文章贴在学堂揭示处。张彪颇为生气，耿耿于怀。是冬，梁耀汉自日本归国，投军，入陆军特别小学堂，组织群学社。熊十力与吴崑均参加群学社，曾聚会黄鹤楼。

1906年2月，武昌最重要的革命党团，酝酿已久的日知会正式成立。成立大会在武昌候补街高家巷的日知会所内举行。会议由刘静庵主持，并报告筹备经过，由冯特民宣读会章，接着由何自新、朱元成、冯特民、孙武（是时名葆仁）等相继演说，慷慨激昂。刘静庵提出的日知会宗旨是：“开导民智，救中国危亡，成一新中国。”刘在报告中说，"中国醒，中国醒。我中华大国，外人要瓜分。我们同胞，又要做两重亡国奴了。…现在祸在眉睫，应该醒来，应该觉悟，早想挽救之法，以免永为人奴隶牛马。"① 日知会在基督教圣公会掩护下活动，会员近千人，受其影响或听过演讲的有千余人之多。日知会会员中黄冈籍人士有吴崑、何季达（自新）、熊子贞（十力）、吴贡三、殷子衡（子恒）、熊飞宇、李长庚、钟大声、邱介甫、冯群先、张海涛、易介三、涂浩、童澍、徐宇等。② 熊十力是由何自新介绍与刘静庵见面，并加入日知会的。

湖北麻城人余诚原参加过科学补习所，该所被封之后去日本参加同盟会。余诚早就有在内地策划革命的思想。日知会成立后，同盟会东京总部派余诚为同盟会湖北分会会长，并回省赴任。余诚回鄂后依托日知会活动，发展刘静庵、冯特民等加入同盟会，并协助刘"整理党务，经理党校"。③ 由于余、刘的精诚合作，日知会会员之多数人，渐由余诚主盟加入同盟会。在这一段时间，余诚倚日知会组织革命，日知会会员实际上也可以说是同盟会湖北分会成员。因为同盟会湖北分会"以日知会会员为基本队伍，其主要活动也就是日知会的活动"④。熊十力就是在此时加入同盟会的。据熊先生晚年回忆说，他是在中国同盟会成立仅半年时参加同盟会的，经推算约在1906年2月间。⑤ 此时熊先生相当活跃，组织了黄冈军学界讲习社。

在1906年2至5月间，同盟会湖北分会和日知会活动的一个极为重要的依托，即是由熊十力领导的黄冈军学界讲习社。这一组织虽然仅仅存在了四个月，但其意义却不可轻视或低估。黄冈军学界讲习社所起的重要作用，即是成为军界与学界之纽带。曹亚伯《武昌革命真史》极高评价了该社的活动，指出："当时日知会分会密布于军队，尤以黄

---

① 曹亚伯：《武昌革命真史》，中华书局1930年版，第14页。
② 黄冈县政协编：《黄冈文史资料》（第四辑），1989年，第1页。
③ 张难先：《湖北革命知之录》，第121页。
④ 贺觉非、冯天瑜：《辛亥武昌首义史》，第82页。
⑤ 孙中山先生于1905年8月在日本联合兴中、华兴、光复、科学补习所等革命团体和个人成立中国同盟会，并被推选为总理。

冈军学界讲习社为重要。先是鄂中军人与学子不相联络，军界中只有少数志士阴投身于其间，以无结合之故，不得大生影响。"①

关于黄冈军学界讲习社的历史，有资料表明：1906年2月，几乎在日知会正式成立的同时，熊十力在武昌联合军学界有识之士，成立黄冈军学界讲习社，名为黄冈一县旅省人士之结集，以避警吏注目之故，其实该组织并不限于黄冈籍人。该讲习社联合在读或肄业、毕业于武昌各学堂（如两湖学堂、文普通学堂、武普通学堂、陆军特别学堂及四路高等小学堂等）的学生，及在驻省充各军兵役的军人。参加者有：熊飞宇、熊标中、钟大声、邱介甫、冯群先、张炳南、张海涛、张其亚、易介三、涂浩、童澍（又名愚）、童潮、邱可珍、林玉成、易载义、林武仲、夏校、毛承诗、何子云、郝可权、邢仲谦、邢叔谦、彭巨清、李实栗、李实秀、徐建国、徐镇楚、赵光华、刘起沛、董云龙等等。熊子贞（十力）是该社主要发起人和主持者。在他的领导下，该社自觉成为日知会的外围组织。该社社址设于武昌正卫街，房屋是社员张炳南、张海涛父子所捐助。社员利用"兰谱"订交方式，十人为一谱，此十人又各约十人推而广之。每星期日为集会演讲，其内容多根据孟子与王船山、黄宗羲诸家之说，阐发民族民权思想。熊十力则为其中之主讲。亡国亡族之苦，实为人类最痛心之境，每每发挥无遗。有时也讲授《周礼》，借以提倡地方自治的道理。该社主要从事文籍宣传，如《民报》及《警世钟》、《猛回头》、《革命军》、《孔孟心肝》等书籍的秘密散发等。《孔孟心肝》一书，是吴贡三、梁耀汉在石介所著《孔夫子心肝》一书基础上扩充而成，通俗地阐述《春秋》大义，辩论种族关系，重申民贵君轻，曾由黄冈鸠译书社秘密印行数万册，散发于两湖两广。②

---

① 曹亚伯：《武昌革命真史》，第135页。
② 鸠译书社的前身是吴贡三、殷子衡、吴崑等在黄冈的团风所办的坪江阁报馆。1906年春，吴贡三、梁耀汉、殷子衡等在黄州重新创办"鸠译书社"，不久即成为日知会的秘密印刷所和发行部。《孔孟心肝》先后印了一万余册，不仅散发于湖北军学界，且运往两广散发。此外还翻印了《猛回头》、《作新民》、《警世钟》、《嘉定屠城记》、《扬州十日记》、《革命军》、《太平天国史》等。该社所印书籍，成为黄冈军学界讲习社和日知会主要的宣传资料来源。

黄冈军学界讲习社广结同志，扩大宣传，影响渐大。外县人首先加入这一团体并成为骨干的，有荆门季雨霖、沔阳赵光华、蕲春郝可权、鄂城徐叔渊、蕲水毕振英、孝感李实栗等。此外，还有黄梅、广济、汉川人及河南、湖南省人士。

五月，熊十力主张乘机举事，提出暗地联络荆、襄、巴、蜀及河南的秘密会党、洪门哥老会等，使之发难于各地，清廷必遣军队去围剿，而军中同志即可乘机举起义旗，中原不难光复。是时熊十力肄业于武昌陆军特别学堂，奔走军中甚为得力，响应者众多，风声渐大。清军监督刘邦骥马上向总兵张彪报告，张惶恐不安，即令予以逮捕。幸得营务处蓝天蔚暗通消息，熊十力先期藏于何自新家中的天花板上。张彪等悬赏五百金购熊先生头颅。（据贺觉非先生说，张彪不肯罢手，请张之洞下令通缉，并附呈熊十力以前在陆军特别学堂所作骂他的短文。张之洞阅后对张彪说："小孩子胡闹，何必多事？"）张彪恨无可泄，将黄冈军学界讲习社查封。时间在1906年5月（丙午夏四月）。事发十日后，何自新见搜捕稍缓，将十力化装为一病妇，抬送到武胜门江边，租一小木船秘密送回黄冈。①

这年十二月，萍浏醴起义爆发，日知会力主响应。湖北巡警道冯启钧利用叛徒郭尧阶为侦探，于1907年1月12日将日知会查封。在此前后，逮捕日知会领导人刘静庵、胡瑛、朱元成、梁钟汉、张难先、季雨霖、李亚东等。何自新本来也在逮捕名单中②，然得以躲避，于当月26日逃回黄冈团风，即告殷子衡，武昌机关遭破坏，刘静庵等被捕，力劝殷速去日本躲避。然殷未及成行，于1月31日被捕。在押送殷去省城

---

① 黄冈县编史修志办公室万学华所撰《熊十力》稿指出，此时熊十力曾在友人帮助下秘密潜往鄂西施恩诸山躲避一段时间后才回黄冈。又有一说是熊回黄冈后曾一度潜往施南。此说并非毫无史影，因为当时鄂西恩施来省城或出国留学者不在少数，如吕大森等，即常回恩施避风，又曾在恩施府城施南镇组织了日知会的分会。何自新也曾到过施南。施南是日知会在偏远的鄂西的活动据点。

② 除何自新外，吴崑、余诚、梁耀汉、冯特民、孙武等11人也在逮捕名单中，均得以隐遁。被捕人中，朱元成于1907年5月病死狱中，年仅32岁；刘静庵于1911年6月病死于武昌模范监狱；殷子衡于辛亥首义之后才出狱。

的一艘兵船上,殷看到舅父吴贡三亦已被捕。二人对坐,没有说一句话。1907年1月7日至31日(旧历丙午十一月二十三日至十二月十八日),日知会九名骨干分子被捕下狱,史称"丙午之狱"。①

不久,何自新与熊十力出没于江西境内、长江南边的德安、建昌(今永修)一带。何自新角巾野服,自号庐江道人。何自新曾赠诗一首给熊十力:"何物贞生(郭按,指熊子贞)与季子(何自新字季达),飞来并向人间止;正乘今已廿余年,欲向死中求不死。"

早在1906年春,熊十力家里的兄弟子侄食不果腹,衣不蔽体,闻南浔铁路开工,德安多荒田,长兄仲甫即率家族迁居德安县木板垅垦荒。熊十力首次回到德安家中。

熊十力先生1902年至1906年间投身于反清革命事业,一腔热血,洗涤乾坤,为民族复兴,为革新政治,奔走于武昌军学界。这是熊先生一生光辉的第一页。虽然由于资料有限,我们已无法重现熊先生当年的风采,而且由于时代的变易,我们亦难以体察清末政治环境的酷烈,但我们仍然可以窥视熊先生及其志友的英勇斗争精神。熊先生1944年为居正《辛亥札记》所作序言中,特别表彰鄂中无数志士,忘生命以图实现民族主义、民权主义的精神,真诚、弘毅、高尚、纯洁,足以惊天地泣鬼神!这种置生死于度外的悲壮激越之气,是革命在武昌成功的精神前提。

就整个辛亥革命史来考察,日知会(包括黄冈军学界讲习社)是辛亥革命史上极其重要的首要环节,不仅培育和造就了埋葬清王朝的第

---

① 以上关于日知会、黄冈军学界讲习社的史料,除见前引述的张著《湖北革命知之录》、曹著《武昌革命真史》、贺与冯著《辛亥武昌首义史》外,又见湖北省政协编《辛亥首义回忆录》(一至四辑,湖北人民出版社1957—1961年出版),以及《武昌区文史资料》一至二辑、《黄冈文史资料》一至四辑等多种。日本青年学者川村规夫(原武汉大学历史系硕士研究生、南京大学历史系博士研究生)著之《日知会研究》是我所见最为完整、系统的日知会研究专论(1993年印刷成册,1994年发表于《近代史研究》)。川村规夫在武大学习时曾与我讨论过日知会、黄冈军学界讲习社及熊十力当时的活动等问题,我曾向他推荐过有关史料。川村的这一成果颇值得称道。

一代掘墓人，而且为后继者积累了传播革命思想、策划武装起义的宝贵的经验和血的教训。从这个意义上讲，日知会是武昌革命的奠基者和源泉。刘静庵、何自新、熊十力等忧时志士揭橥革命、呼号奔走的功绩不可抹杀。从组织系统上来看，日知会之后便有了更隐蔽的湖北军中同盟会的活动，有了从群治学社到振武学社到文学社，从文学研究会等到共进会，以及文学社与共进会发动的武昌起义。从革命策略上来看，日知会遭查封后，军队同盟会才吸取了公开活动太多、过于暴露的教训，比较注意隐蔽组织和保守秘密。科学补习社和日知会都有公开活动太多的毛病，这当然不是哪一两个人的问题，而是武昌革命前期的普遍现象。日知会失败后，革命处于低潮，湖北革命直至两年后才逐渐复苏。在这种背景下，尤其是何自新、熊十力曾遭清军通缉、目标太大的情况下，他们不可能在"丙午之狱"后重返武昌活动。

章太炎先生说："辛亥之事，不忍忘也。"关于这场革命所以在湖北武昌发生的现实的原因和历史文化之背景，专家们见仁见智。曾经躬逢其盛的熊十力是这样总结的：

一、逊清末叶，革命党之发动，多主由边省着手，以为腹地进攻或难操胜算。黄克强（按即黄兴）入粤，宋遁初（按即宋教仁）、吴崑等走东北，皆持此主张。其后遁初诸公虽有长江中部同盟会之议，而实则徒有名义，诸公亦无肯亲驻鄂者。及觉生（按即居正）先生回鄂，与武昌各团体密切联络，遂有辛亥之事。盖武汉为南北关键，一旦动摇则四方瓦解。昔者何烈士自新尝持此义，不期而与其预测合也。

二、自昔史家之论，凡领导群生而为万民所托命者，必用天下之智以为智，而非恃一己之智也；必用天下之力以为力，而非恃一己之力也。孙公宏愿毅力，以革命呼号海内外，领导群伦而任同志各尽其智与力，皆得自由活跃，无所牵制，无所顾忌。故鄂州一呼而万方响应，共戴孙公无异志。后之论者，于此不容忽视。

三、楚人自昔有抵抗强暴之特性，秦起西戎，并六国，而楚乃以三户亡之。元人入关，有天下者九十年，而徐寿辉、陈友谅、明玉珍诸帝，皆以鄂籍而发大难，驱暴元，还大统于朱明，育华胄以自由。今之覆清，又由鄂始，此非论史者可注意之事乎？

四、清末革命思潮虽已澎湃于全国，然使无充实有力之根据地，则亦难遽睹其成。同盟会所以收实功于武昌者，则以鄂中无数志士早从军队着手。当时纯为民族、民权二大思想，而忘生命以图实现。王船山、杜于皇之学说与风节，感人至深。而民生主义，则以无大地主之故，当时似不甚注意。王汉首拚一死，其真诚、弘毅、高尚、纯洁之精神，真足以惊天地泣鬼神。鄂人不计死生，而哀号于军队中，遂使全军皆为革命党。……夫鄂军全体皆成革命党，人人置死生于度外，此段雄壮之气，如何可当？

辛亥爆发，而瑞澂、张彪不得不逃，亦大势之必然也。……今之谈辛亥之事者，只视为兵变与瑞澂无能所致，则非独昧于事实，而适见其中心之悠忽而无诚矣。①

三　弃政向学

1908年，熊十力返回故里黄冈，改名换姓为周定中，在百福寺白石书院孔庙教书，不久又到邻近之马鞍山的黄龙岩教书。熊先生此时认真阅读朱子的《近思录》、程颐的《程氏易传》、王船山的《周易内传》与《周易外传》。他对程氏和船山的易学思想颇有感触，并与何自新相切磋，对阴阳、乾坤、动静之关系有了新的理解，萌生了坤元即是乾元、动乃静之主的思想。次年继续读易书，由宋易而汉易，颇嫌宋易虚浮、汉易繁琐，便觉船山易学的精思察识实在汉宋诸儒之上。又读船山的《读通鉴论》，认为船山悲悯衰世之人沉沦于物欲，泯灭了族类意识，似是伤感太过。又读《列子》，由读《列子》启发了对王阳明"良知"和《大学》"明德"的理解，忽而触悟天地万物本吾一体，须向天地万物同体处（即万化大源处）认识本心。

---

① 熊十力：《居正著辛亥札记序》，《熊十力全集》，第八卷，第264—265页。

1910年，读康有为《人类公理》，病其浅薄；初闻西洋哲学唯物唯心之说，病其支离；更加坚信《大易》乾坤之义。这一年，挚友何自新病逝于家乡。

1911年10月10日，武昌起义爆发。13日，黄冈光复，熊十力参与其事，光复后出任秘书，不久即赴武昌任湖北都督府参谋。辛亥年腊月，为庆贺光复，黄冈四杰——吴崑、刘子通、李四光和熊十力聚会于武昌雄楚楼。为抒发心志，顺次挥毫。吴崑书李白《山中问答》诗："问余何事栖碧山，笑而不答心自闲；桃花流水杳然去，别有天地非人间。"刘子通发挥老子《道德经》思想："生而不有，为而不恃，功成而弗居，若有心若无心，飘飘然飞过数十寒暑。"李四光书："雄视三楚。"熊十力书："天上地下，唯我独尊。"这句话出自佛经。佛门弟子说，佛祖释迦牟尼出生时左手指天，右手指地。熊十力借此抒发情志，讴歌主观战斗精神，讴歌个性。熊十力幼年时就说过，"举头天外望，无我这般人"。他是一个有真性情的人，是孔子所谓"狂者"。这种自尊、自信和率真伴随了熊先生一生。

民国元年，熊十力与詹大悲、胡瑛等联名上书黎元洪，请以王汉、何自新从祀于武昌烈士祠。王汉事被秘书长饶汉祥压制而未果，何自新得列烈士祠。是年秋冬，鄂督特设武昌日知会调查记录所，编修日知会志，由孙武、蔡济民、季雨霖主所务，熊十力任编辑。先生写出刘尧澂（复基）传、王汉传等。这一年，同乡月霞法师自江南返回武昌，熊先生晤见法师。一日正午，熊先生坐人力车过大街，天无片云，白日清朗，无思无虑，忽见街道石板如幻如化。先生忽起念云：哀哉！人生乃如是耶？怆然欲泣。

1913年，袁世凯解散国民党，二次革命爆发。讨袁失败后，日知会编纂工作不了了之。是年，熊先生与远在天津的《庸言》编辑吴贯因书信往还，申述讨袁志向。熊先生说："自古仁智之流，拨乱反治，一本于大经之正。正经何？正其心而曲尽万物之理，需众志之孚，以定国是，使元气昭苏，沉疴自愈。故曰，经正则庶民兴也。今之执政，不学无术，私心独断，以逆流为治，以武力剥削为能，欲玩天下于掌上，其祸败可立俟。颇闻时贤委蛇其侧，纵别具深心，窃恐转入漩涡。吴康斋之诗曰：'伫看风急天寒夜，谁是当门定脚人。'"①

这一年，熊先生以"黄冈熊升恒"或"黄冈熊升恒子贞"的名义，在《庸言》发表了五篇笔札，分别是：《证人学会启》、《答何自新书》、《健庵随笔》（两则）、《翊经录绪言》。这是迄今我们所知熊先生最早见诸报端的一组文字。其中《答何自新书》是 1910 年何自新去世前熊先生与何氏往还尺牍之仅存者，所论批评佛学之说过高而不切于人事。证人学会是熊十力在民国初年发起的讲学修养之同人组织。熊先生企望以此组织讲论古学，以文会友，继绝学，开来哲，甚而风动社会，左右政界。所谓"证人"，即是"证明人所以为人之道"。"夫唯明乎人之所以为人，而学以致道，以道正习者，乃能为造化，主于以化民成俗，扶翌国运。其事由微而著，由小而巨。此证人学会之所勉企也。""或曰，天下熙熙扰扰，为利来往，道之废也久矣。且今国家多难，子无为于时，而侈言道学，不其慎乎？曰：恶是何言？王子（郭按，指王船山）不云乎，天下之不可一日废者道也。天下废之，而存之者在我。故君子不可一日舍其学而废于道。……君子自竭其才以尽人道之极致者，唯此为务焉。得志，行乎中国。不得志，而天下分崩、人心晦否之日，独握天枢，以争剥复，岂曰小补之哉！此证人学会之所以不可已也。""熊子曰：今民国初建，承清之弊，学绝道微。流俗既有所蔽，莫能兴。而一二天资高旷者，又服异化而昧其本。中藏鲜实，乃竞智名勇功以误国。耆儒故老，嫉世太深，复以言学为讳。甚矣，确乎不拔，任重道远之难也。斯学谁与振之？《诗》曰'国虽靡止，或圣或否。民虽靡膴，或哲或谋，或肃或艾。'剥极则复，贞下起元。天其或者不欲斯文之丧乎！敢告卿大夫士，文武之道，未坠于地。贤者识大，不贤识小。勖哉勖哉，毋谓道远。"②

从以上引文不难看出，熊先生早在民国元年即立志坚持道统，弘大

---

① 熊十力：《复吴贯因》，《熊子真心书》，《熊十力论著集之一——新唯识论》，中华书局 1985 年版，第 17 页。又见《熊十力全集》，第一卷，第 20 页。

② 熊十力：《证人学会启》，《庸言》，1913 年第 1 卷第 7 号。又见《熊十力全集》，第八卷，第 3—5 页。

旧学，以拯救世道人心。"独握天枢，以争剥复"，充分表达了熊先生的志向。他所拟《证人学会简章》曰："一、本会以证明人道、立人极、振学风为宗旨，故定名曰证人学会。二、本会会员以行己有耻为入德之门，故立身以实践为本，应世以实用为亟。"该会学规分博文约礼两门。其中博文之目有：近世诸子学、宋明诸子学、汉唐诸子学、周秦诸子学、太西哲学、景教、老学、佛学、孔学。熊先生特别指出，"百川汇于海，群言宗于圣，溯学派要诸孔"。约礼之目有：主静、执礼、求仁诸端。[①] 看来证人学会这一组织是一个以修养心性、砥砺品行、复兴学术为职志的组织。不管该组织是否真正形成过，这一资料表明，熊先生于民国初建时即已看到学绝道微的世纪之变，他的关怀即已开始由政向学。

是年在《庸言》上发表的《健庵随笔》和《翊经录绪言》也颇有意思。"健庵"显然是熊先生书斋名，取"天行健，君子以自强不息"之意，凸显了熊先生当时即倾向于孔学之刚健之德。从两则《健庵随笔》可以看出，熊先生当时与刘子通、熊省吾（嘘云）、方雪澄、李仲揆（四光）、殷子恒（勤道）等时常相聚讨论学问，涉及耶教、佛教、道家与道教、杂家、儒家等各种思想与著作。（殷先生后来皈依基督。）此时，熊十力对孔子、孟子、《论语》、《礼记》、《老子》、《周易》、《淮南子》，对陆子静、王船山、顾亭林、李二曲诸书颇有涉猎。其中说到孔子之道以天为根据，其"天"有三义，一以真宰言天，二以自然言天，三以虚无言天；此三义分别贯通景教、西方哲学、佛学；称美孔子确如庄子所言："六通四辟，大小精粗，其运无乎不在。"又肯定孔子系《周易》和王船山释《周易》时所阐述之道与器、形而上与形而下、乾与坤的统一观。对于宋学，他吸收友人沔阳张难先（琴）、孙雨初（雷鸣），特别是后者对心性情三字的界定："心者身之主，一以性为体而达其用者也。性，心之生理也。情者心之用，根于性而贞夫一

[①] 熊十力：《证人学会启》，《庸言》，1913年第1卷第7号。又见《熊十力全集》，第八卷，第3—5页。又见《熊十力全集》，第八卷，第5—6页。

者也。"① 熊十力《翊经录绪言》，推崇周濂溪、张横渠、王船山三人对《易》道的发明："周元公濂溪作《太极图说》、横渠张子作《正蒙》、船山王子作《正蒙注》、《思问录》，皆本隐之见，原始要终，于《易》学有所发明，余故辑三子书为《翊经录》。翊经者，谓可以扶翊圣经云尔。""濂溪、横渠、船山，实三代后圣人也。其学之大者，在以道器为一源、形上形下为一体、有无虚实聚散为一贯、昼夜古今为一致、平陂顺逆为一途，旁行而不倚，圆神而不流，所谓穷神知化，德之盛也。非天下之至精，奚足以语此。"② 他对周敦颐、张载、王夫之的易学特别感兴趣。

综观熊十力于1913年首次公开发表的这五篇随笔，可知他于儒、释、道、耶及汉宋诸学都有了初步比较和研究，尽管很不成熟，但却可以视做他日后《新唯识论》的诞生地。其中所透露出的消息，如批评佛学、批评士习等，都为他日后的思想发展埋下了伏笔。他指出："佛说尽高尚，然其为道也，了尽空无，使人流荡失守，未能解缚，先自逾闲，其害不可胜言矣。故学佛者必戒定慧俱修，庶乎寡过，此非实践者不知也。"③ 此时熊先生固然博杂，然于孔子、《易经》、《易传》和宋明儒学，特别是其道器、乾坤、形上形下两面的建设，已有相当的关注；对健行不息的刚健精神和修身立本的儒学本旨，已有相当的自觉。此时他又敏感地察觉到："欧美学风，渐以东被，三尺学童皆有菲薄儒术、吐弃经传之思，而于西学又不得其精意，撷拾名词，长其骄吝浮薄

---

① 熊十力：《健庵随笔》（续），见《熊十力全集》，第八卷，第18—19页。
② 熊十力：《翊经录绪言》，《庸言》，1913年第1卷第24号。又见《熊十力全集》，第八卷，第23页。
③ 熊十力：《健庵随笔》，《庸言》，1913年第1卷第18号。又见《熊十力全集》，第八卷，第9—10页。正是这一段文字，三年后引起了梁漱溟的不满。梁氏在其成名作《究元决疑论》（作于1916年，发表于同年《东方杂志》第5至7期）中指出："向所明如来如实之教，乃至此之遮遣世间百家之义，一法不立，凡小闻之莫不惊怖而失守。以是颇生其违拒之念，如此土凡夫熊升恒云……（郭案，此处从略）不知宇宙本无一法之可安立，彼诸不了义之教，假设种种之法，有漏非真，今日已不厌人心。……假使非有我佛直说了义，而示所依归，则吾人乃真流荡失守，莫知所依止耳！归依云何？出世间是。"

鄙倍之习。士气人心，不可复问。先圣曰：'道之不明也，我知之矣。'其逆睹今日之事哉？"① 这表明他已改变了1906年以前非汤武、薄周孔的取向。据此，我们可以把熊十力文化思想、哲学思想最初扭转的时间往前推到辛亥之前或民国元年。

熊十力是1913年二次革命讨袁失败之后离开武昌的。他回到德安，以遣散费为兄弟置田。不久，熊家搬到德安乌石门芦塘畈做房屋定居。这里风光幽美。朱子高足蔡念成的故居就在附近。

1914年，熊先生与韩樾（即傅晓榛）老秀才之幼女韩（傅）既光在黄冈结婚。这一家本宗韩姓，祖继舅家傅姓，由傅晓榛这代即开始归宗。这一家为黄冈马鞍山世代书香。傅晓榛能诗文，通医道，家境较宽裕。他比较欣赏熊十力的聪颖，且知道熊参加过革命，曾被通缉。据说傅晓榛的父亲傅雨卿曾在福建当过学正，即教育方面的官员，亦曾回乡参加《黄州府志》的纂修。熊十力妻既光有一姐二弟，姐姐傅子恭，适湖北省银行行长王渐磐（孟荪），大弟韩潛，后为黄埔军校一期学生，二弟韩煦。1915年10月，熊十力长女幼光出生。

1913至1916年间，熊先生主要居住德安，发愤读书。曾居九仙岭阳居寺和敷阳山（即望夫山）积庆寺钻研经学、子学、佛学和商务印书馆翻译的西方哲学书籍，并在古塘王村教了短时期的私塾。1916年所作文字，现保留在《熊子真心书》中的有《船山学自记》、《某报序言》、《记梁君说鲁滂博士之学说》等。《船山学自记》这篇文章文辞典雅，意境深沉，颇能反映熊先生通过曲折、烦恼及生命悲情，转而探求人生真幻问题与安心立命之道。他说："余少失怙，贫不能问学。年十三岁，登高而伤秋毫，顿悟万有皆幻，由是放荡形骸，妄骋淫佚，久之觉其烦恼，更进求安心立命之道。因悟幻不自有，必依于真；如无真者，觉幻是谁？泯此觉相，幻复何有？以有能觉，幻相斯起。此能觉者，是名真我。时则以情器为泡影，索真宰于寂灭，一念不生，虚空粉碎，以此为至道之归矣。既而猛然有省曰，果幻相为多事者，云何依真

---

① 熊十力：《证人学会启》，《庸言》，1913年第1卷第7号。又见《熊十力全集》，第八卷，第22—23页。

起幻？既依真起幻，云何断幻求真？幻如可断者，即不应起；起已可断者，断必复起。又舍幻有真者，是真幻不相干，云何求真？种种疑虑，莫获正解，以是身心无主，不得安稳。乃忽读《王船山遗书》，得悟道器一元、幽明一物。全道全器，原一诚而无幻；即幽即明，本一贯而何断？天在人，不遗人以同天；道在我，赖有我以凝道。斯乃衡阳之宝筏、洙泗之薪传也。"① 1915年夏至1916年夏，熊先生苦读船山遗书，并纂辑抄录一册船山语录，名《船山学》。船山道器统一观使他透悟真幻，贯通天人，坚持积极的人生态度。同时，对佛理也开始尊重。他读章太炎《建立宗教论》，始探讨三性三无性义，由此而批评王船山对于佛学研究甚浅。

　　1916年读梁漱溟在《东方杂志》第五期上发表的《究元决疑论》的头一部分，对梁引法国博士鲁滂（Le Bon, Gr.）的《物质新论》颇感兴趣。梁漱溟以鲁滂之论与佛家《起信论》、《楞严经》相比附，以"以太涡动"附会"忽然起念"，以不可思议之"第一本体"说明如来藏或阿赖耶。熊十力对此所作的另一附会是：应以《易》之不易而变易说明本体之涡动。看来熊先生当时只读了《东方杂志》第五期，而未读第七期。因为连载梁文的第七期中即有指名道姓批评熊升恒（十力）的内容。大约熊先生只是到1919年在天津南开执教时才读到梁先生《究元决疑论》的后一部分，并以此为缘开始了熊梁的交游。

　　1916年的另一篇文章《某报序言》仍是忧时之论，反映了熊先生对社会秩序混乱，特别是道德价值失序的忧患："民国以来，上无道揆，下无法守，朝不信道，工不信度，君子犯义，小人犯刑，上无礼，下无学，贼民兴，上下交征利，不夺不餍，是故上下之间，无是非可言。……常谓谈吾国今日事，当如佛祖说法，随说随扫，不立一说。民国五年之间，各种制度，各种人物，无一不经试验，而无一可加然否。自三五以降，吾国之不道，而至于无是非，未有如今日。故乱极而不知

----
① 熊十力：《船山学自记》，《熊子真心书》，《熊十力论著集之一——新唯识论》，第5页。又见《熊十力全集》，第一卷，第5页。

反也。"① 熊先生认为，报刊应主持社会正义，制约乘权处势者，即作为士大夫清议之工具，甄别淑慝，振作社会之气，而夺奸盗之魄。可见他十分重视舆论制衡的作用，以期重建社会公正。

1917年春，熊十力的岳父傅晓榛及其友人欲在黄冈县成立问津学会。在黄冈县孔夫子河（距黄州府治西北八十里），有一块碑石上刻有"孔子使子路问津处"。据说元代初年即发掘出这一碑石，一宋朝遗老龙仁夫先生在此地建夫子庙，后廓为书院，名曰"问津书院"。一时集蕲黄饱学之士，多讲学于其中。这就是问津书院的缘起。1917年春，该书院某理事怵世变之方殷，仰先贤之遗范，拟就书院设学会，即以问津名之，期于发皇旧德，保存国粹，挽救衰世之颓风。倡议者嘱熊继智（即熊十力）为作《问津学会启》。熊先生历数蕲黄学人精思博学、独立不苟的传统，进而指出近世学者之患，乃为物欲所累，而气不自振，认为邦人君子宜返求诸先哲，并学习佛家禅宗唯心胜义，超脱物欲，挺立气节人格。这一年，月霞法师再度回鄂，熊先生在湖北与他讨论唐代佛教之玄奘与那提事，都认为唐时旧派反对玄奘之暗潮甚烈。

1917年10月，非常国会选举孙中山为中华民国军政府大元帅，护法运动在孙中山先生领导下兴起。这年秋天，熊十力曾入湖南参与民军，并奔走于湘桂间，支持桂军北伐，抗击北洋段祺瑞军的进攻。不久即与友人天门白逾桓赴粤，佐孙中山幕。这年年底，蔡元培校长创进德会于北大，提倡不嫖、不赌、不娶妾（此为甲种会员，乙种会员除前三戒外，加不作官吏、不作议员二戒，丙种会员除前五戒外，又加不吸烟、不饮酒、不食肉三戒）等。熊先生闻之，十分向往，由远道贻书赞助，极声应气求之雅。蔡熊二人遂结文字之交。

熊先生居广州半年，所见所闻所思所感，与他当初参加辛亥革命、护法运动的理想，反差太大，刺激颇深。他此时对政治、政党，对国民党，都颇觉失望。他原来以为，政治革命理当促进道德进化，然而他所看到的是，政治运作只是一些肮脏的交易。"国人痛鼎革以来，道德沦

---

① 熊十力：《某报序言》，《熊子真心书》，《熊十力论著集之一——新唯识论》，第15—16页。又见《熊十力全集》，第一卷，第18—19页。

丧，官方败坏，（袁氏首坏初基，军阀继之。贪污、淫侈、残忍、猜妒、浮夸、诈骗、卑屈、苟贱，无所不至其极，人道绝矣。）士习偷靡，民生凋敝，天下无生人之气。"① 熊先生前思后想，深感民初开基已失，主要是失去了民族固有精神。熊先生慨叹："吾党人绝无在身心上做工夫者，如何拨乱反正？"② "由这样一群无心肝的人革命，到底革到什么地方去呢？"③ "念党人竞权争利，革命终无善果；又目击万里朱殷，时或独自登高，苍茫望天，泪盈盈雨下；以为祸乱起于众昏无知，欲专力于学术，导人群以正见。自是不作革命行动，而虚心探中印两方之学。"④ "吾亦内省三十余年来，皆在悠悠忽忽中过活，实未发真心，未有真心，私欲潜伏，多不堪问，赖天之诱，忽尔发觉，无限惭惶。又自察非事功之材，不足领人，又何可妄随人转。于是始决志学术一途，时年已三十五矣。此为余一生之大转变，直是再生时期。"⑤

这是熊十力一生最重大的转折。熊十力先生深感"革政不如革心"，慨然弃政向学。其实在辛亥之后，他已开始了这一个过程，最后是1917年底至1918年5月在广州的半年间，终而决定不再从事政治活动，全力步入学问之中，专门研读儒佛，探讨宇宙人生的大本大源，修养自身，并努力增进国民的道德。熊先生当时认为，中国之乱，不仅仅

---

① 熊十力：《读经示要》，1949年上海正中书局印本，第1卷，第33页。又见《熊十力全集》，第三卷，第626页。

② 熊十力：《黎涤玄记语》，《十力语要》，1947年湖北印本，卷三，第63页。关于这一段经历，熊先生说："及民六七，桂军北伐，余曾参与民军，旋与友人天门白逾桓先生同赴粤。居半年，所感万端，深觉吾党人绝无在身心上作工夫者，如何拨乱反正。"又见《熊十力全集》，第四卷，第425页。

③ 徐复观：《有关熊十力先生的片鳞只爪》，《徐复观文录选粹》，台湾学生书局1980年版，第348页。关于这一段经历，徐复观回忆熊先生曾说，自己三十多岁在德安开始认真读先秦诸子之书，"中间曾往广州，想继续参加革命事业。大家住在旅馆里，终日言不及义，亦无所用心。我当时想，由这样一群无心肝的人革命，到底革到什么地方去呢？又愤然回到德安，攻苦食淡"。

④ 熊十力：《与侄非武》，《十力语要》卷四，第58页。又见《熊十力全集》，第四卷，第542页。

⑤ 熊十力：《某报序言》，《熊子真心书》，《熊十力论著集之一——新唯识论》，第15—16页。又见《熊十力全集》，第四卷，第425页。

在于军阀、官僚作怪，同时在于"众昏无知"，在于清代以来传统道德价值的失序。熊先生又认为，从政总免不了权利的争夺杀伐，免不了肮脏交易、昧良心、妄随人转，而从学却可以自守节操，安立身心，保住良知和己性，不随人转。熊先生常常反省自己，说自己"私欲潜伏、多不堪问"，"赖天之诱，忽尔发觉，无限惭惶"，这都表明了他修身的自觉性。他希望提高国民、从政人员的素质，首先是道德素质。

关于熊十力说自己"非事功之材"。早年，与何自新共同参加革命，何自新曾经对熊十力说："君弱冠能文，奋起投笔，可谓有英雄之气。然解捷搜玄、智穷应物，神解深者机智短也。学长集义，才愧经邦，学问与才猷不必合也。夫振绝学者，存乎孤往，君所堪也；领群伦者，资乎权变，君何有焉？继往开来，唯君是望；事业之途，其可已矣。"十力怫然曰："天下第一等人，自是学问事功合辙，兄何薄吾之甚耶？"自新默然不复言。"民国既建，乱靡有定。自新固死于辛亥前一岁，十力孤存天壤间，荏苒不自立。久之，从军湘鄂，浪游两粤，默察人心风会，益知来日大难。于是始悟我生来一大事，实有在政治革命之外者，痛悔已往随俗浮沉无真志，誓绝世缘，而求为己之学。每有荒懈，未尝不追思吾自新之言，以自愧自励也。"[①]

尽管此后熊先生全身心投入为己之学，与世绝缘，避免随俗浮沉，然熊十力一辈子都没有忘记自己青年时代躬逢的辛亥革命以及辛亥志士的献身精神，并以此自励。辛亥革命所体现的刚健自强、民族腾飞的精神，成为熊十力日后创立的哲学体系的钢骨。熊十力哲学中蕴藏着昂扬的革命激情，凸显了主体性的原则，其"尊生"、"明有"、"主动"、"率性"的取向和外王学中对"民权"、"民主"、"革命"、"自由"的追求，都与他的这一经历有关。另一方面，辛亥之后，"革命成功，走狗当道"的沉痛教训，更加刺痛了他的心灵。所以，从辛亥前后直至

[①] 熊十力：《何自新传》，《十力语要》卷一，第80—81页。在这里，熊十力自责："呜呼，吾老矣。所学犹在知解间，知及而不能仁守，其负吾友也深矣。"熊先生面对志友、挚友何自新的亡灵，以《论语》中的"知及之而仁不能守之"自省，充分表明了他何等地严于律己！又见《熊十力全集》，第四卷，第160页。

1918年，熊十力思考的重心，已逐渐转移到重建民族的道德、重建民族的精神上来了。熊先生决心置身于政治之外，专力做学问，做一个堂堂正正的人，绝不仅仅是他说的自己"非事功之材"的缘故，其深刻的背景，正是他体悟到人类与我们民族所面临的世纪性的危机——失去安身立命之道、失去精神故园的危机。他企图挽救这一危机！

古往今来，从孔子、老子、墨子、孟子、庄子、荀子，直至"五四"时期的新诸子，各种学说发生的原因，都是起于时势的需求而救其偏弊，他们各自所论，都含有相当的真理。熊十力先生其学，亦起于忧世之乱而思有以拯救之，他的思想可谓应时而生。然而，从他早期的札记来看，他一开始就具备了反时尚、反潮流的特点。因此我们可以说，反时尚、反新潮，亦是起于时势的需求，甚至是更深刻的需求。熊先生早年遭际颇多悲愁，却以饥寒之身而怀济世之心，处穷迫之境而无厌世之想，为救时弊而弃政向学，应该说，这是一个十分难得的选择，这种选择，是熊十力自觉的结果，也是自立的开端。

第 二 章

深研佛学　自创新论

一　心曲：濂溪而后我重来

熊十力先生在广州住了半年，凡所观察，都无好感，下决心放弃从政而专力学术。1918年6月（夏历五月）由广州返回德安途中经过上海，与老友张纯一（仲如）相过从。张纯一曾是日知会骨干，与刘静庵等深受基督教影响。当时基督教武昌圣公会对日知会支持很大，刘静庵等被捕时亦设法营救。张是一个很有个性的人物，当年日知会同仁大多数都加入了同盟会，张虽认同同盟会的精神，但在组织上却不愿"舍日知会，入同盟会"。① 张在辛亥前还作过若干军歌和革命通俗歌曲的歌词，辛亥后又作过《武昌日知会事实记略》。民国初年，张"痛士习民风之弊，以为革政不如革心"。熊十力说："至今洪流横决，其祸滔天。故仲如以革心在革教，遂逃儒归耶，匿迹沪渎，不复与党人政客往还矣。"② 张会通儒佛耶教，发明《新约》义趣，皈依基督。熊十力在上海时，张以存稿出示。熊颇觉切实高明，尤觉张与刘子通往还书札

---

① 曹亚伯：《武昌革命真史》，中华书局1930年版第142页载，1906年初，曹与田桐曾劝张纯一加入同盟会，张说："革命在精神，不在形迹。凡真能爱国爱民的事，吾必生死之，决不退怯，以辱同志。若必舍日知会入同盟会，是以人为强制之结合重于血性至诚之契合，甚无取也"。

② 熊十力：《张纯一存藁序》，《熊子真心书》，《熊十力论著集之一——新唯识论》，第7—8页。又见《熊十力全集》，第一卷，第8—9页。

特别精要,熊认为张之存稿能明基督之道,有益于世教人心,故更名为《谈道书》,并为之作序。在这一序中,熊先生述说:"余廿年严惮之友,以仲如与同县刘子通为最。子通天资卓绝,仲如践履笃实,皆余所不逮。然仲如之学,于子通为近,独余向异其趣。近乃多同,常欲共席研摩,卒格于事势。茫茫大地,契心几人?并此寥寥者亦复难聚,惟有撑拳赤脚,独往独来于天地间而已。"①

这里表现了熊十力的孤往精神。至此,他决心撑拳赤脚,独往独来于天地之间,而不再与党人政客往还。哲人在世,大多数是孤独的,茫茫大地,理解者寥寥,相知相契者能有几人?熊十力由上海返回德安,曾登庐山,游历瞻拜宋人周敦颐隐居的莲花峰麓及其所建"濂溪书堂"和朱熹办学的"白鹿洞书院"旧址。熊十力钦慕周敦颐的清高不阿,并称道他的极其简明的《太极图说》、《通书》等著作开创了宋明道学。周敦颐(濂溪先生)虽仕宦三十年,清寒廉洁,耿介不阿,而平生之志,终在丘壑,晚年即以隐居山林为归。周子中年曾以莲花自比,身在世俗,心在方外,追求超俗的生活情趣,所作《爱莲说》脍炙人口、千古传颂:

> 水陆草木之花,可爱者甚蕃。晋陶渊明独爱菊,自李唐以来,世人盛爱牡丹。予独爱莲之出于淤泥而不染,濯清涟而不妖,中通外直,不蔓不枝,香远益清,亭亭静植,可远观而不可亵玩焉。予谓菊,花之隐逸者也。牡丹,花之富贵者也。莲,花之君子者也。噫!菊之爱,陶后鲜有闻。莲之爱,同予者何人?牡丹之爱,宜乎众矣。

程颢、程颐受学于周子,周子令寻孔子、颜回的乐处,即以提高人的精神境界为论学宗旨。黄庭坚《濂溪词并序》赞美周子"人品甚高,胸中洒落,如光风霁月,好读书,雅意林壑,初不为人窘束世故。……"

---

① 熊十力:《张纯一存蒐序》,《熊子真心书》,《熊十力论著集之一——新唯识论》,第7—8页。又见《熊十力全集》,第一卷,第8—9页。

缅怀宋明道学开山祖师周濂溪的人品学问,流寓匡庐的熊十力竟题壁曰:"数荆湖过客,濂溪而后我重来。"由此可以想见他的襟怀;亦不难看出他的豪气。周濂溪开启了宋明理学,熊十力呢?他能启导出一种什么精神出来呢?

1918年秋,熊先生汇集1916年以来的笔札二十五则,编成《熊子真心书》,自印行世。他的自序云:"我生不辰,遭兹多难。殷忧切于韶华,惨痛兴于棠棣。形骸半槁,待尽何年?耿耿孤心,谁堪告语?自惟失学,笔札极稀,又随手抛置。偶尔检存,得如干首,实我生卅年心行所存,故曰《心书》。船山有言,唯此心常在天壤间,或有谅者。"自序末署"七年九月朔熊继智"①。熊先生借《心书》传达他的孤独和悲苦。

《心书》所收笔札,有一部分我已在上章作了介绍。其余部分,如《与某参谋》、《罪言》、《忧问》、《至言》、《箴名士》等,大都属愤世嫉俗之作。熊先生对于政治的败坏、社会风习的败坏,痛心疾首。批评奸雄游士,相互勾结,皆纵一己之欲壑,不惜以民生国命为殉。他们利用人类的劣根性,威劫利饵以便自恣。他指出,政治工作根底在社会,社会之良恶,即可通过风俗看出来。熊先生1918年夏天在上海逛书肆,偶想购一部汪容甫《述学》,遍索不可得,但见各书肆摆有很多诲淫诲盗的小说。熊先生认为,灭绝仁义,自清代以迄民国,愈演愈烈,无论新党旧党,同怵于外人,而貌袭以相应,实无改其贪贼险诈浊乱荒淫之心理。军阀混战,生灵涂炭。灵台既蔽,一切学说,皆逢恶之媒,一切政法,皆济奸之具。熊先生提倡民本主义精神传统,肯定孟子,赞扬孟子提倡民权,又说王船山是东方的孟德斯鸠。另一方面,又作《思曾》,赞扬曾国藩诵法程朱,国民深蒙其福。又作《读陆贽请还田绪所寄撰碑文马绢状》,肯定唐人陆贽不苟受绢马,不轻假碑文,静而自正,刚而无欲,使犷悍之徒,知名义不可犯,士大夫不可袭,则欲自恣不得也。

---

① 熊十力:《熊子真心书自序》,《熊十力论著集之一——新唯识论》第4页。又见《熊十力全集》,第一卷,第4页。

从《心书》各则书札来看，熊先生当时思想非常博杂，孔孟老庄、程朱陆王、张载船山都有，随处发挥，且与佛学经论、与西方柏格森等相比附。又引《抱朴子》刺世，引《船山遗书》骂文采风流、倾动朝野的名士，如苏轼、元稹、白居易等。进而批评其谬种流传，士大夫相率为浮华浅薄、淫佚流荡，而无精湛之思、淡泊之操。此言学言治之所以终于无幸也。至若涉及佛学，辄引《起信》、《般若》、《肇论》和章太炎《大乘佛教缘起考》等。对章太炎欲振王阳明学派以挽今世颓靡的看法亦提出批评，认为王夫之（船山）对王阳明的批评有一定道理，说王阳明有术智，未能忘功名，其后学多气矜，高傲空谈而误国。又认为黄宗羲不及王船山远甚。

熊十力将《心书》书稿邮寄蔡元培先生，蔡先生为之作序。蔡先生说，熊子真是"绩学笃行之士"，认为他"所得者至深且远，而非时流之逐于物欲者比也"。蔡先生对熊先生当时流露的批评流俗的精神颇为赞同，指出：

> 自改革以还，纲维既决，而权奸之窃弄政柄者，又复挟其利禄威刑之具，投人类之劣根性以煽诱之，于是乎廉耻道丧，而人禽遂几于杂糅。昔者顾亭林先生推原五胡之乱，归狱于魏操之提奖污行，而今乃什百千万其魏操焉，其流毒宁有穷期耶？呜呼！履霜坚冰至，是真人心世道之殷忧矣。今观熊子之学，贯通百家，融会儒佛。其究也，乃欲以老氏清净寡欲之旨，养其至大至刚之气。富哉言乎！遵斯道也以行，本淡泊明志之操，收宁静致远之效，庶几横流可挽，而大道无事乎他求矣。是则吾与熊子所为交资互勉，相期以为进德之阶梯者，其即以是编为息壤之誓言焉可也。[①]

蔡元培1918年11月15日所作的这一序言，表明当时蔡熊二人对全社会政治道德败坏的忧虑。蔡先生在民国初年所持的振刷世道人心的

---

① 蔡元培：《熊子真心书序》，《熊十力论著集之一——新唯识论》，第3页。又见《熊十力全集》，第一卷，第3页。

立场，一直到今天仍有其意义。蔡熊之殷忧，是世纪之忧。然而横流其可挽乎？

丁去病先生为《熊子真心书》所作的跋语，盛赞此书"文辞简约，独抒精华，讽世情深，质直而忠厚。识者谓其立言有宗，过《潜夫论》，盖不阿也"。又说："余窃怪子真年少从军，谋毙某帅，几罹不测，辛亥参鄂军府，义气激昂，似非能沉潜于学问思索中者，今所造竟若此。观其貌，讷讷不能言，岂所谓孤怀独往者哉！"①

熊先生的《心书》中还收进了他为昔日日知会诸战友所作的若干传记。整部《心书》标志着熊先生由政向学的过渡，显示了熊先生由表层的政治关怀转向深层的道德关怀，其反思的中心是，辛亥革命后政治混乱之背后是民族道德价值的旁落。他与他的朋友张纯一，与学界泰斗蔡元培等人取得了共识：革政与革心之间应同步进展，甚至后者比前者更为重要。出路何在呢？张纯一主张革教，甚至皈依宗教；蔡元培主张以道德代替宗教；熊先生亦逐步走进道德主义的立场。问题在于，如果器物层面、制度层面、风俗层面、精神心理层面的文化变革有一个由外到内的震荡过程的话，那么现代化的转进不能不付出一些代价。熊先生的慧眼，即在民国初年就窥探出现代化的负面与病痛，主要是人文价值的失落。然而人文的重振不仅在"体"的层面的安立，还在于"用"的层面的撑开。

二 契机：漱溟走马荐十力

1919年，熊十力执教于天津南开学校，教国文。他曾与同事、教理化的孙颖川先生相过从。开玩笑时，他叫孙颖川为"孙悟空"。他们曾讨论过一个问题："中国何以向来无科学思想、民主思想？"熊十力认为，原因是秦以来二千数百年专制主义的毒害，造成学术思想之锢蔽。

---

① 丁去病：《熊子真心书跋》，《熊十力论著集之一——新唯识论》第35页。又见《熊十力全集》，第一卷，第42页。

这年暑假之前，熊先生曾致书给当时任北京大学讲师的梁漱溟先生，大意是说：你在《东方杂志》上发表的《究元决疑论》已经拜读，其中骂我的话却不错，希望有机会晤谈。梁先生1916年发表的《究元决疑论》的第三部分，对熊先生1913年在《庸言》上发表的《健庵随笔》批评佛学"了尽空无，使人流荡失守，未能解缚，先自逾闲，其害不可胜言"诸论提出批评，认为熊先生不了解佛学的真义恰恰是使人有所依归，不致流荡失守。暑假，熊先生由天津到北平，借居广济寺内，与梁先生讨论佛学。两人一见面就畅谈起来，但因看法相左，均未能说服对方。这是一次历史性的会见，此后梁熊二先生交游了近半个世纪，结下了深厚的友谊。梁先生此时劝熊先生好生研究佛学。在熊十力先生读过的《唯识述记》卷六第三十六页上，熊先生亲笔记有如下文字："八年夏历、月初十日读竟时在乡之黄龙岩大兴寺。子真记。"哪一月不甚清楚，但可知1919年他已读过《唯识述记》。

梁漱溟二十四岁发表的《究元决疑论》引起了学界的注意。他到北京大学担任讲席，也是缘于此文。经范静生先生的介绍，梁携带此文去拜访蔡元培校长。蔡先生看了此文，非常赏识，便与文科学长陈独秀相商，聘梁讲印度哲学。1917年10月，梁先生就任北大教席，就任时即向蔡元培申明："我此来除替释迦、孔子发挥外，更不作旁的事。"1919年，梁先生的《印度哲学概论》由商务印书馆出版。次年，他的《唯识述义》（第一册）由北大出版部出版。1920年暑假，梁先生赴南京访学支那内学院（筹备处），求教于欧阳竟无大师，并介绍熊十力先生入院求学。暑假过后，熊先生没有再去南开教书，而是由德安去南京内学院学习佛法。

1920年上半年，熊先生在南开收到蔡元培先生寄赠的《中国文学史》后，曾致函蔡先生讨论"以美术（育）代宗教"的问题。熊认为，美术、宗教当相辅而行，不能相"代"。此外他还提出了三件有关学术界的事，请蔡先生注意引导。第一，认为今日优秀人才多从事于办杂志，以东鳞西爪之学说鼓舞青年，对于精深之学术不能澄思渺虑，作有系统的研究。长此不改，将永远有绝学之忧。建议留学诸君刻苦自励，不求近效，翻译、专研西洋学术，如西方哲学史等等。对西学有了精深而有条理的研究，我国学术才有发达之望。第二，对欧化主义提出批评。熊先生指出："今日稍有知识者，皆知吾国之痼疾，非输入欧化不足以医之，然诚欲输入欧化也，则必取法于隋唐古德。"熊先生认为，印度佛教哲学传入中国后，有魏晋玄学、僧肇四论，特别是玄奘、窥基、智顗、宗密等等隋唐佛学翻译家和研究家的融通之业，"使佛学成为中国之佛学"，并启导宋明儒，遂使吾旧有学术、孔门儒学大放光明。他说"吾国治西学者，从未有独往之精神"，"每以中西强相比附"。熊先生评论胡适之在《新青年》发表的《新思潮的意义》，指出："《新青年》、《新潮》诸杂志，号为极端的新派，然犹不舍其整理旧学之事业。夫旧学诚宜整理，特非主张欧化者所宜从事耳。诸君何不上追隋唐古德之风乎？夫以吾国政治之纷扰，学校之废弛，人民受教育者至少，而诸君日日空谈'新'，空谈解放与改造，不务涵养深沉厚重之风，专心西学而广事译书，（昔奘师归自印度，总理译场，凡译经论一千三百三十余卷。）则欧化未得入而固有之文化已失，欲无绝命可得哉？此真所为栗栗危惧者也。"第三，关于"文学史"名称的意见（此处从略）。①

熊先生这一封信是针对"五四"新文化运动的浮浅而发的，希冀学界对西方学术作有系统、有条理的精深研究，首先是翻译；在学风上力戒空谈，而应涵养深沉厚重之风。

蔡元培先生接信后，致函罗家伦，"有熊君来信，请一阅，不知有可采入《新潮》者否？"罗之答书印排在熊之来书之后，开头说："子真先生：尊书由子师交下已久，因事忙未及即复，歉甚。"罗志希主要就美育与宗教之关系问题畅述己见，又逐一回答了熊所提出的三方面问题。关于"欧化"，罗说十二分佩服熊的大见，特别是批评强相附会的意见。但特别指出，现在的学问是活学问，研究方法日新，而比较的方法十分重要，有了比较的眼光，我们读起旧书来反而

---

① 熊十力·罗家伦：《通信》，《新潮》，1920年，第二卷第四号。又见《熊十力全集》，第八卷，第24—26页。

有趣。罗说，一般老先生以为我们谈新的人就不读中国书，是错误的；不知我们换了一副眼光，换了一套方法来读中国书，反而可以比他们多找出点新东西来。我们很想东西洋文化接触之后，酝酿出一种新文化来。这是我们大概的主张。罗信是1920年5月28日复的，最后一段说："写到一半的时候，友人王君来说先生现在南开学校大学部担任国文教授；以潜精旧学的国文教授而有这样积极的思想，谨为南开前途贺！"① 这里虽不难看出熊罗之间的分歧，但在主张全面系统引进西学方面，二者甚为相合。因此新派人物罗家伦亦惊讶熊先生有如此积极的思想。

罗家伦对熊十力所谓主张欧化者不宜整理旧学之说提出批评之后，冯友兰亦于1921年三卷一号《新潮》上发表《与印度泰戈尔谈话》一文，附带提出商榷，"本志二卷四号所载熊子真先生的信上面的话，我都很佩服；但是不许所谓新人物研究旧学问，我却不敢赞成"。

吊诡的是，熊十力在研究佛学方面，其实也面临新人物研究旧学问的处境。从1920年秋至1922年秋冬之交，熊先生一直在欧阳竟无先生门下学佛。欧阳先生名渐，江西宜黄人，生于1871年，卒于1943年。欧阳先生受杨仁山（文会）居士的影响，于中年对佛学有了信仰，并承续其师的刻经事业。这位学深识卓的著名佛学大师，章太炎称美他"足以独步千祀"，熊十力称美他"愿力宏，气魄大"。他不仅继承金陵刻经处的伟业，而且创办支那内学院，讲学著书，陶铸群贤，沾溉学子，影响深广。先后从学的有邱檗、姚柏年、徐钟峻、吕澂、黄忏华、陈真如（铭枢）、王恩洋、熊子真（十力）、汤用彤、缪凤林、景昌极、释巨赞、蒙文通、刘定权（衡如）、虞愚、聂耦庚、朱谦之、唐迪风与唐君毅父子、田光烈等数十人，章太炎、梁启超、梁漱溟等都曾向他问学。欧阳先生书法极佳，元气淋漓，雄强茂密。欧阳先生平生治学，主张：（一）不可以凡夫思想为基础；（二）不可囿于世间见，而必超于不思议界；（三）不可主观而必客观；（四）不可以结论处置怀疑，而

---

① 熊十力·罗家伦：《通信》，《新潮》，1920年，第二卷第四号。又见《熊十力全集》，第八卷，第40页。

必以学问思辨解决怀疑。欧阳先生以严格的学问家的态度研究佛学，也研究孔学，在这两方面都有很大的贡献。

熊十力在内学院（当时是金陵刻经处研究部）学习异常刻苦。内院弟子中数他最穷，据说当时他只有一条中装长裤，洗了之后要等它干了才有穿的。他起初并不为人重视，后来欧阳大师听说蔡元培先生为他的书作序，才找他要稿子看。熊先生请欧阳先生看他写的学佛笔记，欧阳先生阅后才刮目相看。1921年冬，熊先生开始起草《唯识学概论》。这年十月，他的儿子世菩生于德安。

1922年是我国佛学界十分热闹的一年。这年七月，南京支那内学院正式成立。夏天，梁启超、殷太如、蒋竹庄等聚于南京，邱晞明、熊十力、吕澂（秋逸）、陈真如等俱在内院，听欧阳大师讲《唯识抉择谈》、驳《大乘起信论》，论定《起信论》为伪经。这一年，杨文会居士的另一高足太虚法师在武昌创办武昌佛学院，自任院长，梁启超为董事长。太虚大师反驳欧阳之说，作《佛法总抉择谈》，维护《起信论》。欧阳让弟子王恩洋作答，次年王恩洋发表《起信论料简》。武昌佛学院出版《起信论》研究专书，多为反驳王恩洋之作。这是现代佛学史上的一大公案。《大乘起信论》相传为马鸣所造，有梁代真谛和唐代实叉难陀两种译本。自古以来就有人怀疑其作者与译者，围绕《起信论》的真伪问题产生许多争论。大体上欧阳先生的南京内学院派强调佛学的印度原旨，太虚法师的武昌佛学院派强调佛学的中国化，肯定《起信论》与中国佛学的联系。从一定意义上说，这场论争是坚持西土佛学义理还是主张中土佛学义理之争。

1922年秋，在北京大学讲授佛教唯识学的梁漱溟先生顾虑自己有无知妄谈之处，征得蔡元培校长同意，专程去南京内学院聘人。梁原意请吕秋逸，欧阳大师不放，遂改计邀熊十力北上。由于蔡校长十分看重熊十力的才气，熊十力被北京大学聘为主讲唯识学的特约讲师。这年冬天，熊先生到北大任教，与梁漱溟先生一起住在地安门吉安所。同住同学的还有当时北京大学的学生陈亚三、黄艮庸、朱谦之、王显珠等。

熊十力在南京欧阳门下整整学习了两年的佛学，接受了严格的理性思辨的训练，打下了坚实的唯识学和因明学的基础。熊十力去南京内学院是梁漱溟介绍的，离开南京赴北大任教，又是梁先生的因缘。在北京大学"思想自由"、"兼容并包"的学术环境中，熊十力如鱼得水，获得了与学术界精英砥砺学问的机会。正因为有了这一机缘，熊十力才逐步走上了"成一家之言"的道路。

三　转折：离开佛教唯识学

熊十力在北京大学讲授法相唯识之学，边讲边写讲义。原在南京已开始起草《唯识学概论》，1923年在北大重新整理、撰著。这年十月，北京大学出版组印制了署名熊子真著的《唯识学概论》，计一百四十多页。全书拟分为二部：部甲境论、部乙量论；境论又分识相、识性二篇。但当时熊十力只写出了识相篇的八章：唯识、诸识、能变、四分、功能、四缘、境识、转识。这一讲义基本上依据佛家本义，忠实于内院所学。熊先生此种讲义从唐代著名佛学理论家玄奘、窥基，上溯印度大乘佛学宗师无著、世亲、护法，清理唯识学系统的脉络，揭示其理论纲要。此时，他摆脱了章太炎的影响，批评章太炎《建立宗教论》、《齐物论释》的一些说法，同时又表现出他对佛学没有宗教徒式的信仰，而是力求得到理论上的满足。他对唯识体系的诠释，依据于护法、窥基、欧阳之学，以护法为主吸纳众流，折衷为宗。他对佛学的认同、理解，深得内学院师友的赞誉。此时，他虽然对佛学某些派别不满，但整个说来对佛学缺乏批评、扬弃。然而，这并不是说他对唯识学取经院派的教条式的态度，他在同情地理解的基础上，亦加入了自己的创见。例如他关于"变"的诠释，对于"生"的尊重，如强调"顿起顿灭"，批评"一切灭尽不生"，申言"生即为用，即是大化流行"，尤其是书末讲到人生哲学之健行精进，显然融进了他所钟爱的《周易》哲学的精义，"生生不已"的精神，特别是王船山易学的精神。他在《能变》章阐明变有三义："非动义"、"活义"、"不可思议义"。熊先生指出，"此土深了生灭者，庄周郭象其选也"，"晚世独有王船山颇窥及此"。又说："诠实性曰不变，显大用曰能变，能变依于不变而有其变。"① 这就渗入了《周易》的变易与不易的统一观。他在《四缘》章"附识一"提出了关于体与用的思想："不生灭是体，生灭是用。用中复分体用：功能是用之体，现行是用之用。"② 这仍然是对护法、窥基、欧阳的"用不离体，体必有用，功能是体、现行是用"的阐释。这是熊先生日后学说的生长点，尽管他后来批评并超越了此说，但其间的继承性却是不能抹杀的。熊先生这一讲义对窥基《成唯识论》的取舍，反映了他的理解，其中也有对窥基的批评。书中还以唯识学批评不久前来华讲学的英国哲学家罗素的感觉材料论。

熊十力是一个情感冲动的人。这一年，忽盛疑旧学，于所宗信，极不自安，乃举前稿尽毁之，而开始草创《新唯识论》。也就是说，在他的《唯识学概论》刚刚印出不久，他已决心自创新说，扬弃旧稿。这一年，熊十力与林宰平（志钧）交游，与梁启超晤谈于八大处魔秘岩，与梁漱溟等住北京西郊永安观。

1924年他为自己更名"十力"（此前，大家都叫他"子真"）。"十力"是佛典《大智度论》中赞扬佛祖释迦牟尼的话，比喻佛祖有超群的智慧、广大的神通和无边的力量。沈约《内典序》也有"六度之业既深，十力之功自远"之说。夏天，梁漱溟正式辞去北大教席，应邀到山东曹州创办曹州高中。熊先生亦暂停北大教职，随同前往。同行的还有他们在北大的学生陈亚三、黄艮庸，四川高节的王平叔、钟伯良、张俶知及北师大的徐名鸿等。他们共同办学、读书、讲学。熊先生参与其事，并任导师。梁、熊诸先生对当时学校教育只注意知识传授而不顾指引学生的人生道路十分不满，向往传统的书院制，师生共同切磋道德学问。梁先生来曹州办学，本意是办曲阜大学，以曹州高中为预科，可惜曲阜大学没有办成，又拟恢复重华书院，亦未实现。但梁先生参酌

---

① 熊十力：《唯识学概论》，1923年北京大学印本，第11、7页。又见《熊十力全集》，第一卷，第59、53页。

② 熊十力：《唯识学概论》第65页。又见《熊十力全集》，第一卷，第129页。

《学记》，提出"办学应是亲师取友"的原则，不独造就学生，还要造就自己，这种精神深得熊先生之心。熊梁二先生与弟子们一起组成了一个文化共同体。此时熊先生深感民国以来，唾弃固有学术思想，一意妄自菲薄，甚非自立之道。这年，高赞非由其父高硐庄带领，拜熊先生为师，尔后高赞非与其弟高佩经随侍先生多年。高硐庄与熊先生通信，每月数次。①

1924年底路过济南返乡，熊先生作《废督裁兵的第一步》，发表于北京大学《现代评论》1925年一卷五期上。该文谈及时政，主张孙中山与段祺瑞竭诚相劝。1925年阴历二月，小女再光生于黄冈傅家（熊先生岳父家）。是春，武昌高等师范改为武昌大学，石瑛（蘅青）先生任校长，邀请熊先生执教武大。石先生是湖北阳新人，曾任同盟会湖北支部负责人，当选为众议院议员，1913年（民国二年）再度赴英深造，学习采矿冶金，获博士学位，回国后曾任北大教授。石先生是湖北怪杰之一，人格高尚，熊先生十分尊重他。熊先生于三月中旬携高赞非到任，同住临蛇山之校舍东楼。时武大人才济济，同事中有李璜、方东美、郁达夫等，学生有胡秋原等。这年秋天，武大校长易人，熊先生又返回北大。

熊十力返回北大之后，为讲因明学（古印度的逻辑学）的需要，从秋到冬，埋头攻读、删注窥基的《因明入正理论》这部著作。熊与梁漱溟师弟十数人共住什刹海东梅厂胡同所租之房，斋名"广大坚固瑜伽精舍"。此前，因山东政局变化，梁漱溟等离开曹州回到北京。梁熊与弟子们每天清晨实行"朝会"。"大家互勉共进，讲求策励，极为

---

① 高硐庄是山东郯城人。熊先生笔下的高硐庄：贫苦好学，胸怀高旷；由梁先生介绍问学于熊先生；其为学不拘门户，先后问学于梁漱溟、熊十力、欧阳竟无、吕秋逸；其晚年笃好王船山，思传其学。1938年，日寇攻陷郯城，硐庄携夫人投水死，次子佩经从之死。熊先生对这一家人颇有感情，高度评价其节操。对父子三人的为学也大加赞扬。如熊说："硐庄遇倭寇殉难，遗音宛在，无限凄怆"；"佩经与兄赞非俱从吾游甚久。佩经沉静有慧，好哲学。其死也，余有丧子之恸。一门伟烈，可谓盛矣！"（详见《十力语要》卷四，《熊十力全集》，第四卷，第453、537页。）高赞非参加革命，1949年以后曾任山东省教育界与山东大学的领导人。

认真。如在冬季，天将明未明时，大家起来后在月台上团坐。疏星残月，悠悬空际；山河大地，一片静寂，难闻更鸡喔喔作啼。此情此景，最易令人兴起。特别感觉心地清明、兴奋，觉得世人都在睡梦中，我独清醒，若益感到自身责任之重大。在我们团坐时，都静默着，一点声息都无。静默真是如何有意思呵！这样静默有时很长；亦不一定要讲话，即讲话亦讲得很少。无论说话与否，都觉得很有意义。我们就是在这时候反省自己；只要能兴奋、反省，就是我们生命中最可宝贵的一刹那。……（朝会）初时都作静默，要大家心不旁骛，讲话则声音低微而沉着，话亦简切。到后来则有些变了，声音较大，话亦较长。但无论如何，朝会须要早，要郑重，才能有朝气，意念沉着，能达人人心者深，能引人反省之念者亦强。"① 从梁漱溟先生的这一描述中，我们大体上可以领略他们这一道义团体、文化团体的状况。熊先生当时即生活在这一群体中。

当时正值国民革命军兴师北伐前夕，南方革命空前高涨。李济深、陈铭枢、张难先力劝梁漱溟等南下，并以革命大义相责勉。梁漱溟常与熊十力、石瑛、林宰平商量去处，熊、林坚决不出山从政，梁先生则犹豫烦闷。梁遂派弟子黄艮庸、王平叔、徐名鸿去广州了解南方局势，三人旋随陈铭枢北伐。

这年十二月，南京内学院年刊《内学》第二辑出版，刊载熊十力著《境相章》（并附"带质境说"）。该文即1923年北大《唯识学概论》讲义之境识章的大部分内容。编者按语对此文大为推崇。这一年熊先生曾携张俶知、高赞非、李笑春等回黄冈熊的岳父母家读书。适逢大旱，生活极苦。

1926年，熊十力的《因明大疏删注》，由北京大学印成讲义本，后由上海商务印书馆出版发行。因明是佛家逻辑，研究佛学必须同时研究因明。唐代玄奘大弟子窥基曾对印度陈那的《因明正理门论》及其弟子商羯罗的《因明入正理论》作了一些解释和发挥，著《因明入正理论》，是现存因明学的重要典籍之一。熊十力认为窥基的疏证凌乱无

---

① 梁漱溟：《朝话》，教育科学出版社1988年版，第1—2页。

序，初学者不易理解，特删繁就简，并对其要点加以注释，使其条然有序，通晓易懂。熊十力的领悟力和概括力很高，将《因明入正理论疏》总括为三方面："一曰现量但约五识，二曰比量三术，三曰二喻即因。"全书围绕这三方面删繁注要，为研究佛学提供了便利的工具。熊十力说："吾尝以为治法相典籍，当理大端，捐其苛节。盖有宗末流，往往铺陈名相，辨析繁琐，将令学者浮虚破碎，莫究其原。自非神勇睿智，阔斧大刀，纵横破阵，便当陷没，出拔无期。"① 这就预示着作者在方法论上将与法相唯识学，乃至与西方实证论发生巨大分歧。

早在1923年《唯识学概论》印行的时候，熊十力忽不以旧师持论为然，于所钟信，甚不自安，乃自毁前稿，始创新论。1926年《唯识学概论》的印行，是熊十力由佛归儒、自创新论所迈出的极其重要的一步。至此，作者对唯识学持公开批评的态度。熊先生认为，护法、窥基以机械分析的方法，破析心体，繁琐无绪，滞于名相，以累神解。他对法相八识四分之说、种子现行分剖，均提出质疑。1926年印本，以《转变章》为主脑，该章与1923年印本的《能变章》相比较，确实有了较大的发展。在回答"谁为能变"、"如何是变"诸问题时，渐取人本主义之立场，接近指出心体具有整全、创造、能动诸特性。关于种现不二、心体"辟而健行，翕而顺应，生化万物"诸义的论述，均可视为熊先生日后提出的"体用不二"、"翕辟成变"之论的萌芽。

1926年北大印制的第二种《唯识学概论》只有唯识、转变、功能、境色四章，共六十页。印制四十五页时，曾托林宰平先生转送梁启超，向梁先生请教。这一种讲义是熊十力改造唯识学、自创新义的一个里程碑。这一年，熊先生与梁漱溟、卫西琴二先生及门生张俶知、薄蓬山、高赞非、李澂（渊庭）、云颂天、郝葆光、席朝杰、屠嘉英、吕烈卿、武绍文等十余人在北京西郊万寿山大有庄租房共住，共同研讨儒家哲学

---

① 熊十力：《因明大疏删注》，北京大学1926年印本，《揭旨》第1、7页。熊十力在这里指出："吾尝言，读相宗一本十支，正如披沙拣金。披沙愈多愈深，而得金愈乐愈妙。读世间哲学或宗教典籍，只可披沙得沙耳。然或者以为佛书字字皆金，则是谤佛，必未曾得金者也。"又见《熊十力全集》，第一卷，第276页。

与心理学，每星期五开讲论会，讲学的有梁、熊、卫三先生及张俶知等。这一年秋，熊先生因用功太勤、思虑过度，大病一场，由卫西琴介绍入德国人办的医院看病。熊十力先生患的是神经衰弱、遗精、胃下垂等疾病。

1926年是熊十力学术生涯中重要的转折关头，因为这一年殚精竭虑修订印行的《唯识学概论》，标明他已离开了印度护法、中国玄奘直至欧阳竟无先生的唯识学，而以儒家哲学立场怀疑、批判佛家唯识学，批评唯识学关于种子与现行关系的论断，强调宇宙万化的根源（本体）即是功能，即是屈伸翕辟之用。从此，熊先生以中国哲学的体用观作为自己立说的基点。

1927年，熊十力因患病到南京中央大学休养近月，与汤锡予（用彤）、李石岑及内学院师友欧阳竟无、吕澂、聂耦庚等相游处。春天由张立民陪侍移杭州西湖养疴，与另一位湖北怪杰、刚刚辞去独立师长之职的北伐名将麻城严重（立三）同住法相寺。五月，梁漱溟由王平叔、黄艮庸陪同，取道上海赴广州。梁先生等在上海会见陈铭枢先生，陈特意陪梁等到杭州西湖南高峰上住了数日。在南高峰，熊十力与严立三、张难先、梁漱溟、陈铭枢等聚会畅谈，叹息人才凋零。熊十力身体仍然很不好，每每半夜大咳不止，病中不能执笔，但仍勤于思索。这时他回归宋明道学，主张万物一体、同源之说，认为西方现代哲学家柏格森从生物学上求同源，而他自己则直接反求之于心，见得此意。

1928年，熊十力住西湖孤山广化寺。蔡元培先生来浙，看望熊十力。熊先生此次到南方养疴，生活来源多承蔡先生关照，教育部让北大安一名义，每月发薪二百元。蔡先生真是熊十力的大恩人。在蔡先生来说，不拘一格，发现人才，重用人才；在熊先生来说，没有蔡先生的知遇之恩和体贴入微，他也不可能成为一个哲学家。此次蔡先生来浙，熊十力与他谈论养才问题和兴办一个哲学研究所之事。他一生都想办哲学研究所，这是第一次提出来。

这一年，他应汤锡予先生邀请，去南京中央大学讲学。当时唐君毅是哲学系的学生，开始与熊先生交往，尔后成为熊先生最有名的学生之一。是年中秋，高赞非将平日熊先生的教诲及所闻酬对朋辈、训示学生的语录、笔札，记录整理出十万余言，由其父高硐庄命名为《尊闻录》，取"尊其所闻则高明矣"之义。

1929年，熊十力因病重，由孝感张立民陪回武昌，在连襟王孟荪先生家养病。胡秋原往谒熊先生，熊先生转请蔡元培推荐胡秋原为湖北省官费留日生。虽在病中，熊十力仍倾其心力再次修订《唯识学概论》。

1930年元月17日，中央大学日刊载汤锡予先生讲演，指出："熊十力先生昔著《新唯识论》，初稿主众生多源，至最近四稿，易为同源。"这一年，熊先生交公孚印刷所印制《唯识论卷一》，含辩术、唯识、转变、功能、色法、心法六章，末二章缺佚。据汤用彤先生讲词，熊先生唯识论稿本，应有四种。考1930年熊先生《唯识论》之导言，熊先生自谓："此书前卷，初稿、次稿以壬戌（1922）、丙寅（1926）先后授于北京大学。今此视初稿则主张根本变异，视次稿亦易十之三四云。"准此则不难断定，熊先生《唯识学概论》的稿本，只印行过如此三种。汤先生所说的四种，疑把熊先生原在内院学习时便已开始写作的最初稿作为初稿，但此稿未能印行，而且已融入1923年印本中了。熊先生一生不断修订自己的著作，不断地自我更新，表现了先生学无止境、舍故趋新的精神。

1930年《唯识论》印本，作者题署"黄冈熊十力造"。这个"造"字，在印度是被尊称为"菩萨"的人才敢用的。这一印本的《转变章》与1926年印本同名章相差无几，《功能章》则比前书同名章有了一些进展。总起来说，1930年印本基本上循着1926年印本的思路发展，全书结构无甚变化，但在内容上似乎更加强调了如下几个方面：首先，强调"吾生之富有，奚由外铄"，认定"生者，健行无碍之全体，本无内外可划"，反对将主客心境作内外分别，由主张"众生多源"彻底转到主张"众生同源"的立场，认同天地万物与吾心同体，陆王心学的成分加重。其次，更加尖锐地批判护法的种子论，批判护法体用对立，将体用、色心说为两种实体；指出唯识学以功能为现行之本根乃巨谬，"隐因显果，判以二重，体能相所，析成两物，其犹成器之工宰乎"？首次直接批评乃师宜黄欧阳竟无先生之

《唯识抉择淡》以体用各分二重。再次，彻底摆脱轮回说，强调人生的、现世的价值。

熊先生《唯识学概论》三种印本，足以使我们明了他是如何一步一步扬弃旧论师说的，也可以使我们知道《新唯识论》是如何形成的。

熊十力在1930年印本中阐发了自己的哲学观。他认为哲学是为了解决人生问题，哲学并不只是起于惊奇心。他区分了科学与哲学，认为前者是分析事物之关系的知识之学，而后者是探讨宇宙生命之本然的智慧之学。"哲学根本业务，在启示人类以人生最终鹄的，即返得实性，圆明寂静，而毋坠于迷乱虚诳之生活，故曰智慧之学也。"①熊十力主张，只有靠"内自证知"的体悟，才能从总体上把握"人生实性，即自家本体"。熊十力已从惊叹唯识学缜密的分析分法，转到了现代哲学，特别是生命哲学的直觉把握的立场。他说："我昔治护法学，叹其宏密，（吸纳众流，而组成博大谨严之系统。）然复病其凿。（护法立说只用分析排比之术，构划虽密，不必应理。）又且矫清辨之空，而不免于过，故尝欲别探真际。怀此既久，博求之内外载籍，复役役不自得，终乃摒弃书册，涤除情计，游神于无。（无者，谓不有妄情计虑杂之也。）极览众物，而不取于物相，深观内心，而不取于心相，乃至不取非物非心之相。由是复寻般若，而会其玄旨于文言之外。"②熊十力不仅要打破内心外境的分别，获得般若智慧，而且直接诉诸《大易》生生不已、刚健不息的本体，由此体开出现象界，开出文化建构。这一整套"体用如一"的哲学体系在1930年印本中已见雏形。

1930年在熊先生生涯中的另一件大事就是他的语录体的《尊闻录》的印行。在高赞非所记录、整理的熊十力1924至1928年谈话和书札的基础上，张立民加以进一步整理删削并序，保留九十九段谈话和三十通函札，约五万言。熊先生于1930年10月自费印行一百五十册，分赠蔡

---

① 熊十力：《唯识论》导言，1930年印本，第1、4页。又见《熊十力全集》，第一卷，第504页。

② 同上书，第501—502页。

元培、梁漱溟、林宰平、胡适等。[1]

　　熊十力著作中除系统性的理论著作外，尚有另一类著作，即《语要》系列，其中收录有先生与友人弟子随机应答的谈话或笔札，生动活泼，更能体现其真实的生命体验，与他的理论体系相互发明。《尊闻录》即属此类著作之滥觞。是书乃1924至1928年乃至1930年间作者思想变化的真实记录，值得珍视。全书以宋明儒者的语录体为形式，直接地显露作者的终极关怀。全书可注意者有如下数端：第一，打破轮回说，批评佛学的非人生的倾向，确立儒家的人本主义才是大中至正的，肯定人生的价值和现世生活的意义。第二，打破"生界为交遍"、"众生多源"说，强调"物我同体"，反对"另建一个公共大源叫做宇宙实体，我与一切人由之分赋出生"。作者申言，"吾学贵在见体"，反对以唯科学主义的知性立场去推度、构造或肢解实体，强调做鞭辟入里的切己工夫。不难看出，熊先生此时开始了本体论的重建。此体乃人的生命存在之本体，自身的主宰和安身立命之道。第三，衡论中国文化史、学术思想史，新意迭出。在学术思想渊源上，强调自己的思想虽从印土佛学出，但根底乃在大易（《周易》），旁及柱下（老子）、漆园（庄子），下及宋明巨子，皆有所摄，绝不偏枯狭隘。第四，在学术思想的创发性上，强调"自得"，"体悟"，"我即是我"，决不依傍门户，对各家各派均有所取，亦有所破。如既肯定宋明巨子心性之学、性理之学，又批判他们"主静"、"绝欲"，缺乏"活力"、"活气"。诚如张立民序所说，熊先生思想"规模宏阔，神解卓特。不轻于信，不轻于疑；不蔽于先人，不摇于外来；不依于天，不依于地；不依于古，不依于今；入乎佛而出乎佛，同情乎儒而未始专守乎儒；卓然独得，夐然孤往"[2]。第五，充分反映了作者"求真""嫉俗"的人格特征，甘贫贱，忍淡泊，掉背孤行，独立不苟，堂堂巍巍地做一个人。作者与世俗浮浅习气

---

　　[1] 1984年初，我到北大图书馆查阅熊十力先生资料，其中一册《尊闻录》，北大图书馆限定就室阅览，封面上有蔡元培先生亲笔题："熊十力先生属转赠　胡适之先生　十九年十月卅一日蔡元培"。记得此书中还夹有蔡元培先生给胡适之的一封信，可惜当时没有时间将蔡信抄下来。

　　[2] 张立民：《尊闻录》序，见《熊十力全集》，第一卷，第563页。

决绝，鄙弃随波逐流、追慕声誉、震慑于权威的奴才性格。总之，在《尊闻录》中，一个人本主义的、道德形上学的《新唯识论》体系，简直要呼之欲出了。

《尊闻录》所涉及的师友弟子有林宰平、梁漱溟、严立三、彭云谷、陶开士、梁启超、陈真如、汤锡予、邱希明、张俶知、马乾符、张立民、黄存之、王平叔、黄艮庸、郝心亮、李敬持、高硐庄、高赞非、高佩经、邓子琴、宋莘耕、张谇言、文德扬、胡炯、余越园、韩佯生、陈聚英、刘念僧、锺伯良、云颂天、冯炳权、潘从理、赖典丽、李笑春等。

《尊闻录》中有许多感悟，极为深刻，发人深省。如："凡人心思，若为世俗浮浅知识及肤滥论调所笼罩，其思路必无从启发，眼光必无由高尚，胸襟必无得开拓，生活必无有根据，气魄必不得宏壮，人格必不得扩大。""趋向既定，则求学亦自有专精。……如趋向哲学，则终身在学问思索中，不顾所学之切于实用与否，荒山敝榻，终岁孜孜，人或见为无用，而不知其精力之绵延于无极，其思想之探赜索远，致广大，尽精微，灼然洞然于万物之理、吾生之真，而体之践之，充实以不疑者，真大宇之明星也。故宁静致远者，哲学家之事也。"①

"人谓我孤冷。吾以为人不孤冷到极度，不堪与世谐和。"② "船山正为欲宏学而与世绝缘。百余年后，船山精神毕竟灌注人间。……然则恕谷以广声气为宏学者，毋亦计之左欤。那般房廷官僚、胡尘名士，结纳虽多，恶足宏此学。以恕谷之聪明，若如船山绝迹人间，其所造当未可量，其遗留于后人者，当甚深远。恕谷忍不住寂寞，往来京邑，扬誉公卿名流间，自荒所业。外托于宏学，其中实伏有驰骛声气之邪欲而不自觉。日记虽作许多恳切修省语，只是在枝节处留神，其大本未清，慧眼人不难于其全书中照察之也。恕谷只是太小，所以不能如船山之孤往。……习斋先生便有惇大笃实气象，差可比肩衡阳、崑山。凡有志根

---

① 熊十力：《尊闻录》，《熊十力全集》，第一卷，第575页。
② 同上书，第577页。

本学术者，当有孤往精神。"①

这里借赞扬清代学者王夫之（船山、衡阳）、颜元（习斋）、顾炎武（崑山）的独行孤往、精专学业和批评李塨（恕谷）的浮华时髦、驰骛声气来表达自己的心志。他常常引用王船山的话："恶莫大于俗，俗莫偷于肤浅。"针对有的青年人开口闭口称罗素，而又不肯在数学、物理、哲学上下功夫，熊十力说："有真志者不浮慕，脚踏实地，任而直前。……天下唯浮慕之人最无力量，决不肯求真知。"这是劝诫一弟子不要好名好胜、好高骛远，以浮慕而毕其浮生。又指出："君子于其所不知，盖阙如也。至其所笃信，则必其所真知者矣。不知而信之，惊于其声誉，震于其权威，炫于社会上千百无知之徒之辗转传说，遂从而醉心焉，此愚贱污鄙之尤。"② 熊先生又云：

> 为学，苦事也，亦乐事也。唯真志于学者，乃能忘其苦而知其乐。盖欲有造于学也，则凡世间一切之富贵荣誉皆不能顾，甘贫贱，忍淡泊，是非至苦之事欤。虽然，所谓功名富贵者，世人以之为乐也。世人之乐，志学者不以为乐也。不以为乐，则其不得之也，固不以之为苦矣。且世人之所谓乐，则心有所逐而生者也。既有所逐，则苦必随之。乐利者逐于利，则疲精敝神于营谋之中，而患得患失之心生，虽得利，而无片刻之安矣。乐名者逐于名，则徘徊周旋于人心风会迎合之中，而毁誉之情俱，虽得名，亦无自得之意矣。又且所逐之物，必不能久，不能久则失之而苦益甚。故世人所谓乐，恒与苦对。斯岂有志者所愿图之乎？唯夫有志者不贪世人之乐，故亦不有世人之苦，孜孜于所学，而不顾其他。迫夫学而有得，则悠然油然，尝有包络天地之慨。斯宾塞氏所谓自揣而重，正学人之大乐也。既非有所逐，则此乐乃为真乐，而毫无苦之相随。是岂无志者所可语乎？③

---

① 熊十力：《尊闻录》，《熊十力全集》，第一卷，第 578—579 页。
② 同上书，第 580 页。
③ 同上书，第 581 页。

以上所引，表达了熊十力堂堂巍巍做人、独立不苟为学的自立之道。

1930年，熊十力仍住杭州广化寺。中秋前数日，在广化寺外竹林边，熊十力与邱希明、李笑春、周少猷、张立民、黄艮庸、涂家英、易希文、张谆言等合影留念。熊十力家眷住南京大石桥，与词曲家吴梅为邻。

四 立说：新唯识论的诞生

1930年，熊十力在杭州知道了当代国学大师、诗人、书法家、隐居不仕的马一浮先生，听说了他的颇具传奇色彩的经历，特别是他的佛学造诣很深，因而极思晤谈。熊十力请原北大同事、时任浙江省立图书馆馆长的单不庵先生介绍。单先生感到很为难，因为马先生是不轻易见客的。从前蔡元培校长电邀马先生去北大任教，马曾以"古闻来学，未闻往教"八个字回绝。（郭按：《礼记·曲礼》："礼闻来学，未闻往教。"）熊听说后思慕益切，于是将自己在原唯识论讲义基础上进一步修订、删改成的《新唯识论》稿邮寄给马先生，并附函请教。寄后数星期没有消息，熊先生感到非常焦虑和失望。一日，忽有客访，一位身着长衫、个子不高、头圆额广、长须拂胸的学者自报姓名：马一浮。熊十力大喜过望，一见面就埋怨马先生，说我的信寄了这么久，你都不来。马先生说，如果你只寄了信，我马上就会来，可是你寄了大作，我只好仔仔细细拜读完，才能拜访呀！说后二人哈哈大笑起来。此后，马熊二先生商榷疑义，相交莫逆。熊先生后来修订《新唯识论》（文言文本）的末章《明心》章部分，吸收了马先生的许多意见。特别是在心、性、天、命、理等宋明理学范畴的同一性疏解上，受到马先生的影响。1930年11月，马熊二先生往复通信数通。北京大学陈大齐（百年）先生请马先生为研究院导师，马先生举熊先生代。二人终都未去，但相互尊重之情甚为深厚。熊先生让李笑春给马先生送去《尊闻录》，马先生阅后，特举"成能"、"明智"二义加以讨论。

1930年12月至1931年12月，熊十力老友沔阳张难先主政浙江。张难先（义痴）、严重（立三），石瑛（蘅青）为湖北三怪，生活清苦，砥砺廉洁，在政界颇属难得。杭州下雪，张难先率员工到街上铲雪。他说："我别号'六其'居士，区区铲雪扫路，何足道哉？""六其"之号，源于《孟子》"苦其心志，劳其筋骨"云云。张不愿凭地位借住别墅，其眷属只得花钱租居。张在任上两袖清风，离任时尚亏欠九百余元，由自己带来的属下归还了事。张上任时即荐石瑛任他的建设厅长。石瑛与张同时离任，去苏州古寺隐居，临走仍是一卷铺盖、一旧皮箱，仍由来时的乡佣提携。熊十力与这几位湖北老乡时常谈心，相交甚洽。1931年又结识江西贵溪彭程万（凌霄）先生，为昆弟交，二十年后成为儿女亲家。

　　这一年宁粤合作，林森当了"国府主席"。"九·一八"事变发生，日本进兵东北三省。次年1月28日，日军进攻上海，十九路军将士英勇抵抗。此前，熊十力曾赶往上海，力劝老友陈铭枢率十九路军抗日。1月25日，上书国民政府主席林森，指陈抗日救国大计，认为"今宜下决心，与倭人死战而不宣"。这一书札下款具"国民熊十力扶病书"。①"一·二八"战斗结束后，熊又曾赴沪慰问十九路军将士，高兴地与陈铭枢合影，并嘱家人悉心保留这张照片。

　　1932年10月，熊十力的哲学代表作《新唯识论》（文言文本）在杭州自印行世，由浙江省立图书馆总发行。全书原拟分两部，部甲境论，部乙量论。境论即我们今天所讲的本体论、宇宙论；量论即我们今天所讲的认识论、方法论。但本书尚只是境论部分，量论尚未及作。是书包括明宗、唯识、转变、功能、成色上下、明心上下八章，九万余言。

　　《新唯识论》文言文本上半部成于北平，下半部成于杭州；上半部多与林宰平（志钧）先生讨论，下半部多与马浮（一浮）先生讨论。比较1930年《唯识论》稿本与1932年《新唯识论》文言本，不难发现，从结构到内容，主要变化是增加了明心章（上、下）。该章几占全

---

① 熊十力致林森的这一信件仍存台湾立法院图书馆档卷中。

书一半的篇幅。唯识、转变、功能、成色诸章，在1926、1930年稿本中就已经有了。熊先生境论（即本体论）建构至此基本完成。尔后语体本、删节本和《体用论》——《明心篇》系统，都是文言本的衍变和发展。所以，研究熊十力哲学，最基本和最重要的文献仍然是《新唯识论》文言本。这是尔后任何一种熊著都无法替代的。

熊先生"仁的本体论"即生命体验的道德形上学思想体系是由《新唯识论》文言本奠定的。这一哲学体系凸显了现实、能动、刚健、充满活力的人类生命本体。它即是本体，即是主体，即是现象，即是功能。"仁心本体"、"体用不二"模型将宇宙人生打成一片，合天地万物于一体，强调了人之生命与宇宙大生命的有机、动态的整合，进而认定生生不息、翕辟开阖的宇宙本原，即是吾人之真性，是人之所以为人之真宰。熊先生通过"举体成用"、"称体起用"、"立体开用"、"由用显体"的论证，突出了生命本体的实有性、能动性、创造性、流衍性，使之成为一切文化活动、一切文化成果、一切文化价值的真实的根源。熊先生以这种方式探讨了人的本体论的地位和最高存在的思想，以人文主义的自觉，维护了"人道之尊"，高扬了人的主体性和个体性，肯定了现世的、刚健进取的人生态度。这就把中国传统本体论与西方前现代哲学本体论所强调的"存在"之静止的自立性和"存在"高居于超越界，与表象世界截然二分的思维模式的差异，更加凸显出来。

熊先生形上学的路数，大体上是孟子——陆王的路数，同时综合了佛学的变化观、《周易》哲学的生生不已之论，把客体面的大化流行，建基于主体面的日新其德。熊先生哲学洋溢着勃勃生机。他虽然也间接地受到柏格森、倭伊铿哲学的影响，但严厉批判西方生命哲学把本能、欲望、冲动等与形骸俱始的习气看成是生命力的本质。熊先生挺立人的道德主体，肯定自我本然的道德心性（良知）的自我觉醒和自家体贴的个人生命体验，将文化生命或精神生命实存地投射或推扩到天地万物中去。熊先生借助他学到的唯识学和因明学，以缜密的理性思辨，对实存的本体论化及其所导致的宇宙论观点作了系统的论证。

马一浮先生为《新唯识论》文言本题签作序。1932年8月31日，蔡元培先生亦为此书作序，惜此书未将蔡序收入。（我在编《熊十力论著集》、《熊十力全集》时,将蔡序放在了《新论》文言本之前。)

俗话说,十年磨一戏。营造了十年的熊先生哲学体系正式确立起来了!蔡元培、马一浮对这一成果给予了很高的评价。

蔡序指出:"现今学者,对于佛教经论之工作,则又有两种新趋势:其一,北平钢和泰、陈寅恪诸氏,求得藏文、梵文或加利文之佛经,以与中土各译本相对校,胪举异同,说明其故;他日整理内典之业,必由此发轫;然今日所着手者,尚属初步工夫,于微言大义,尚未发生问题也。其二,欧阳竟无先生之内学院,专以提倡相宗为主。相宗者,由论理学(郭按,指逻辑学)、心理学以求最后之结论,与欧洲中古时代之经院哲学相类似。内学院诸君,尚在整理阐扬之期,未敢参批评态度也。当此之时,完全脱离宗教家窠臼,而以哲学家之立场提出新见解者,实为熊十力先生之《新唯识论》。"[①] 这就是说,熊先生既不是没有发挥微言大义的考据派,又不是没有提出批评意见的经院派,而是本哲学家立场发表一家之言的新玄学派。

"熊先生寝馈于宋明诸儒之学说甚深,而不以涉佛为讳,研求唯识论甚久,颇以其对于本体论尚未有透彻之说明,乃发愿著论以补充之;近岁多病,稍间则构思削稿如常,历十年之久,始写定境论一卷,其精进如此。"

"熊先生认哲学(即玄学)以本体论为中心,而又认本体与现象不能分作两截,当为一而二、二而一之观照。《易》之兼变易与不易二义也,《庄子》之《齐物论》也,华严之一多相容、三世一时也,皆不能以超现象之本体说明之,于是立转变不息之宇宙观,而拈出翕、辟二字,以写照相对与绝对之一致。夫翕辟二字,《易传》所以说坤卦广生之义,本分配于动静两方;而严幼陵氏于《天演论》中,附译斯宾塞尔之天演界说,始举以形容循环之动状,所谓'翕以合质,辟以出力,质力杂糅,相济为变'是也。熊先生以《易》之阴阳、《太极图说》之动静,均易使人有对待之观,故特以翕、辟写照之。"

[①] 蔡元培:《〈新唯识论〉序》,《蔡元培哲学论著》,河北人民出版社1985年版,第414—415页。又见《熊十力全集》,第二卷,第3—5页。

"熊先生于新立本体论而外,对于唯识论中各种可认否认之德目,亦多为增减数目,更定次序。诸所说明,皆字字加以斟酌,愿读者虚衷体会,勿以轻心掉之,庶不负熊先生力疾著书之宏愿焉。"①

蔡元培将序文写完后,又加写了一段话:"此等非佛教徒,完全以孔教徒自命,而又完全以佛家经论为纯粹宗教性质,故态度如此。其实,佛典中宗教色彩固颇浓厚,而所含哲学成分,亦复不少。盖宗教本以创教者之哲学思想为基本,犹太、基督等教均有哲理,惟佛教则更为高深耳。仁者见仁,智者见智,视读者之立场。惜二千年来,为教界所限,未有以哲学家方法,分析推求,直言其所疑,而试为补正者。有之,则自熊十力先生之《新唯识论》始。"②

蔡先生的评价是高屋建瓴的。他深刻地指出了熊先生自立一家之言在现代思想史上的地位,全面地肯定了熊先生本体论玄思的价值和意义,尤点醒出"体用不二"、"翕辟成变"乃熊先生哲学的核心命题。蔡序首段,以上未引,更是以佛教传入中国二千余年为背景,批评了佛教徒以信仰为主,视佛教经论为神圣不可侵犯的态度;批评了韩愈等并不读佛书的盲目排佛态度;又批评了宋明理学家程朱、陆王二派读佛家书而好之,且引以说儒家四书之义,但又以涉佛为讳的态度。比照历史和现代诸学派,蔡先生认同熊先生出入于佛学,批判吸取,自创新论的慧识。

马一浮先生的序文,以骈体文作,典雅华丽,又是一番风味。曰:"夫玄悟莫盛于知化,微言莫难于语变。穷变化之道者,其唯尽性之功乎。圣证所齐,极于一性。尽己则尽物,己外无物也;知性则知天,性外无天也。斯万物之本命,变化之大原,运乎无始,故不可息;周乎无方,故不可离。《易》曰:'乾道变化,各正性命。'性与天道,岂有二哉?若乃理得于象先,固迥绝而无待;言穷于真际,实希夷而难名。然反身而诚,其道至近;物与无妄,日用即真;睽而知其类,异而知其

---

① 蔡元培:《〈新唯识论〉序》,《蔡元培哲学论著》,第414—415页。又见《熊十力全集》,第二卷,第3—5页。

② 同上。

通。非天下之至精，其孰能与于此？惑者缠彼妄习，昧其秉彝，迷悟既乖，圣狂乃隔，是以诚伪殊感，而真俗异致。见天下之赜，而不知其不可恶也；见天下之动，而不知其不可乱也。遂使趣真者颠沛于观空，徇物者沦胥于有取，情计之不祛，智照之明不作，哲人之忧也。唯有以见夫至赜而皆如，至动而贞夫一，故能资万物之始而不遗，冒天下之道而不过，浩浩焉与大化同流，而泊然为万象之主。斯谓尽物知天，如示诸掌矣。此吾友熊子十力之书所为作也。"① 这就是说，熊先生《新唯识论》所要解决的是体用、有无、动静、真妄、心物之间的问题，既不能沉溺于空，又不能沦没于物。

马序又说："十力精察识，善名理，澄鉴冥会，语皆造微。早宗护法，搜玄唯识，已而悟其乖真。精思十年，始出境论。将以昭宣本迹，统贯天人，囊括古今，平章华梵。其为书也，证智体之非外，故示之以《明宗》；辨识幻之从缘，故析之以《唯识》；抉大法之本始，故摄之以《转变》；显神用之不测，故寄之以《功能》；徵器界之无实，故彰之以《成色》；审有情之能反，故约之以《明心》。其称名则襮而不越，其属辞则曲而能达。盖确然有见于本体之流行，故一皆出自胸襟，沛然莫之能御。""尔乃尽廓枝辞，独标悬解，破集聚名心之说，立翕辟成变之义，足使生、肇敛手而咨嗟，奘、基拑吞而不下。拟诸往哲，其犹辅嗣之幽赞《易》道，龙树之弘阐中观。自吾所遇，世之谈者，未能或之先也。可谓深于知化，长于语变者矣！"

"且见虹则雨雪自消，朝彻则生死可外。诚谛之言既敷，则依似之解旋折。其有志涉玄津犹縈疑网，自名哲学而未了诸法实相者，睹斯文之昭旷，亦可以悟索隐之徒勤，亟回机以就己。庶几戏论可释，自性可明矣。彼其充实不可以已，岂曰以善辩为名者哉？既谬许予为知言，因略发其义趣如此，以俟玄览之君子择焉。"②

我们读过不少序跋，我看都不及这一序言如此典雅，朗朗上口，回

---

① 马一浮：《〈新唯识论〉序》，《新唯识论》，1932年浙江印本，第1—2页。又见《熊十力全集》，第二卷，第6—7页。

② 同上。

肠荡气。马先生认为熊先生这一著作,足以与王弼、龙树比肩,而使道生、僧肇惊叹不已,玄奘、窥基瞠目结舌。王弼是魏晋玄学鬼才,一扫汉代经学烦琐之风,阐发周易哲学大义。龙树菩萨是印度大乘佛教中观宗的创立者。竺道生和僧肇都是东晋著名高僧,在佛教中国化方面作出过重大贡献。玄奘、窥基师弟是唐代唯识学宗师。马先生可谓善譬。马序说,熊著统贯本迹、天人、古今、华梵,"深于知化,长于语变",破除了佛教唯识学繁琐的关于认识心的分析,建立起了凸显主体性的、动态流衍、大化流行的精神生命的本体论系统,寓含了中国文化的神髓。熊先生看到马先生序文后,曾致函马先生,说:"序文妙在写得不诬,能实指我现在的行位。我还是察识胜也,所以于流行处见得恰好。而流即凝、行即止,尚未实到此阶位也。'乾道变化,各正性命',吾全部只是发明此旨。兄拈出此作骨子以序此书,再无第二人能序得。漱溟真能契否,尚是问题也。"①

在《新唯识论》创作过程中,值得一提的是与熊十力切磋琢磨道德文章的林宰平(志钧)先生。林先生留日时与梁任公、蔡松坡相友善,后与熊同在北大哲学系任教。熊十力与梁任公晤谈,居北海快雪堂"松坡图书馆"读书,都是宰平先生的安排。林宰平知识面极宽,博闻精思,尤喜攻难。熊十力说:"余与宰平及梁漱溟同寓旧京,无有暌违三日不相晤者。每晤,宰平辄诘难横生,余亦纵横酬对,时或啸声出户外。漱溟默默寡言,间解纷难,片言扼要。余尝衡论古今述作得失之判,确乎其严。宰平戏谓曰'老熊眼在天上'。余亦戏曰:'我有法眼,一切如量'。……余与宰平交最笃。知宰平者,宜无过于余;知余者,宜无过宰平。世或疑余浮屠氏之徒,唯宰平知余究心佛法而实迥异趣寂之学也;或疑余为理学家,唯宰平知余敬事宋明诸老先生而实不取其拘碍也;或疑余简脱似老庄,唯宰平知余平生未有变化气质之功,而心之所存,实以动止一由乎礼,为此心自然之则,要不可乱也。宰平常戒余混乱,谓余每习气横发而不自检。世或目我以儒家,唯宰平知余宗主在儒而所资者博也;世或疑余《新论》外释而内儒,唯宰平知《新论》

---

① 熊十力:《复马一浮》,《熊十力全集》,第八卷,第388页。

自成体系，入乎众家，出乎众家，圆融无碍也。"① 熊先生又说，关于《新论》的重大问题，"常由友人闽侯林宰平志钧时相攻诘，使余不得轻忽放过。其益我为不浅矣"②。这都表明，林宰平是熊先生学问与人格的诤友。熊先生对自己学术思想的定位和率直地把畏友批评自己的话公之于众，确实度越流辈。有的论者不知底里，把熊先生觉识到的、诤友批评的、且是自责的话，"未有变化气质之功"，"习气横发而不自检"，来作为对熊先生的盖棺定论，实在是缺乏品鉴此类人物的质素。

五 论战：围绕"新论"的公案

1932年11月，熊十力于渴别六载之后，重返北京，住梁漱溟先生家——崇文门外缨子胡同十六号。当时梁漱溟在山东邹平从事乡村建设工作。熊十力又回到北京大学讲授唯识学，仍援旧例，每周到校上一次课。熊十力由学生云颂天陪住。不久，学生谢石麟亦搬来梁宅。造访者有张申府、张季同（岱年）兄弟、林宰平、汤用彤、邓高镜、李证刚等。郑奠、罗庸、郑天挺、罗常培、陈政、姚家积等对熊先生执弟子礼。当时就读于北大哲学系的牟宗三始从游熊先生，成为熊先生的又一著名学生。

《新唯识论》文言本的总体特点是"深于知化，长于语变"，以及破斥唯识学关于心的分析（"破集聚名心之说"），强调本心仁体的综合性、整全性和能动性。《新唯识论》的出版，引起了现代佛学史上的一桩公案。佛学界主张唯识学的南欧派（南京支那内学院欧阳竟无一派）、北韩派（北京三时学会韩清净一派）和主张各宗融通的太虚派等，都立即对熊著展开了严厉的批评。出版不到两个月，内院即组织刘定权（衡如）撰《破新唯识论》，由欧阳大师亲自作序，作为《内学》

---

① 熊十力：《十力语要初续》，台北乐天出版社1971年印本，第17—18页。又见《熊十力全集》，第五卷，第27—28页。
② 熊十力：《新唯识论》文言本，1932年浙江印本，第2页。又见《熊十力全集》，第二卷，第9页。

特辑（1932年12月）发表。次年初，太虚大师在《海潮音》发表《略评新唯识论》。同年，周叔迦发表《新唯识三论判》批评熊刘论战各书。尔后，欧阳、吕澂、王恩洋、陈真如、印顺、巨赞、朱世龙居士等，都有专文或书信批评熊先生《新唯识论》。论战持续了半个世纪。

1933年1月，在北大的熊十力为赶写反驳刘定权的文章而不到校上课（改为在家中上课）。同年二月，北大出版部出版熊十力的《破〈破新唯识论〉》。这一回合来得如此之快。从《新唯识论》出版到《破新唯识论》发行再到《破〈破新唯识论〉》问世，前后只用了五个月的时间。如果说，熊先生"新论"是对佛教唯识学的挑战，刘衡如的"破论"是对这一挑战的应战；那么，熊先生"破破论"则是再挑战。

刘衡如《破新唯识论》对熊十力的批评是严峻的。刘文分三个部分：徵宗、破计、释难。其中第二部分批评熊十力的主要论点计有如下数条：一元之体、众生同源、宇宙一体、反求实证、真如为体、种子为体、一翕一辟、能习差违。刘文甚至讥讽熊先生"于唯识学几于全无所晓"，指责熊先生没有弄懂"缘起性空"的道理，不懂得佛教种子说之深意，于是对缘起之理十分隔膜；所说现象界以种子为体或以真如为体，甚至体用割裂，均起于对缘起说的误导。"今熊君以参稽外论为创作，以观物会理为实证，其果于自信，殊堪骇诧。熊君书中又杂引《易》、《老》、《庄》、宋明诸儒之语，虽未显标为宗，迹其义趣，于彼尤近。若诚如是，则熊君之过矣。彼盖杂取中土儒道两家之义，又旁采印度外道之谈，悬拟佛法，臆当亦尔。遂摭拾唯识师义，用庄严其说，自如凿枘之不相入。于是顺者取之，违者弃之，匪唯弃之，又复诋之，遂使无著、世亲、护法于千载之后，遭意外之谤，不亦过乎！且淆乱是非，任意雌黄，令世之有志斯学者，莫别真似，靡有依归，是尤不可不辨。"[①] 欧阳大师为刘文所作的序言指出："六十年来阅人多矣，愈聪明者愈逞才智，愈弃道远。过犹不及，贤者昧之。而过之至于灭弃圣言量

---

① 刘定权：《破新唯识论》，南京内学院《内学》第六辑，第1页。又见《熊十力全集》，附卷（上），第4—5页。

者，惟子真为尤，衡如驳之甚是，应降心猛省以相从。割舌之诚证明得定，执见之舍皆大涅槃。鸣呼子真，其犹在古人后哉！"①

熊十力以"吾爱吾师，尤爱真理"的信念对待师友们的批判。熊十力离开了唯识学，的确是离经叛道，非圣无法。但熊十力与内院师友的争鸣，是华梵之争，即印度原版佛学与中国化佛学之争，又是儒佛之争。他对唯识理论，作了创造性的误读。

熊先生《破〈破新唯识论〉》针对刘文，亦分三部分，"破徵宗"、"破破计"、"破释难"。中间部分包括六个子目。熊十力为自己的《新唯识论》作了全面辩护和进一步发挥。他一开始就引孟子"予岂好辩哉，予不得已也"，表明自己以不得已之心，行不得已之辩。

熊十力以儒家性善论为立足点，强调人本具有光明宝藏，这即是人之"性"、人的"本心"、"本体"。尽管人受到身体物质欲求的局限，即所谓"形气"、"习心"的遮蔽，但终究能反身而诚，战胜自己。熊十力认为，"本心"是纯善的，"习心"有善有恶，人只需保任、扩充本心之善，即令恶习不见。他批评佛学"鄙夷生类，坚持恶根"。这里，熊先生显然是用儒家之"性"说，特别是孟子之"性善论"来批判佛家的"性"论，特别是"三性说"。熊十力这里于佛家之"性"说完全是"隔靴搔痒"、"郢书燕说"，确实是以己意进退佛学。

熊十力批评佛教"无记"性（非善非恶），立本心固善；又以儒家"变化气质"、"尽心成性"之工夫论来诠解佛教"转识成智"的修行法。其实，佛教的修行法启示人们一步一步修身，与儒家工夫论本可互释。但熊十力这里却强调"顿悟"，如说"难言哉智也！须做过鞭辟近里切己工夫，自明自了，断非守文之徒，依名辞训释可以相应"②。实际上在道德修行问题上，熊先生主张禅宗和陆王心学的理路，不喜执著于名言概念，不喜依循一级一级阶梯。

---

① 欧阳竟无：《破新唯识论》序，刘定权《破新唯识论》。又见《熊十力全集》，附卷（上），第3页。
② 熊十力：《破〈破新唯识论〉》，《熊十力论著集之一——新唯识论》，第159页。又见《熊十力全集》，第二卷，第157页。

关于佛家的种子说及种子与现行的关系，熊先生以体用范畴加以疏释，批判佛学将体用打成两橛，将世界分成两重。熊先生是以中国哲学的体用观，特别是"即体即用"的思想，即体用互动互流、辩证统合的理路，强调道德本体与道德功用的关系，因此又发明并重申以流行言本体的"翕辟成变"说，反对佛学的空寂、超世。

熊十力与刘定权的论战，如果纯粹从学理上来看，相互间其实是唱的隔壁戏，即语码、思想方式完全不同。刘坚持唯识学的原意，熊则不过是借题发挥。熊十力创造的哲学是积极入世、体用如一、易简综合、创化不息的。他批判了佛学的消极遁世、体用割裂、分析支离、寂灭寂静。

1933年初，北京大学出版组油印了《新唯识论参考资料》，内含两篇文章，一为《答某君难新唯识论》，一为《略释"法"字义》，均为熊十力所作。这年元、二月，《海潮音》十四卷一、二期分别发表太虚法师《略评新唯识论》和燃犀《书熊十力著所谓新唯识论后》。这年秋天，北方唯识学派韩清净的弟子周叔迦在北平直隶书局出版《新唯识三论判》一书，对"新论"、"破论"、"破破论"提出总批评。

太虚法师的文章，联系与欧阳学派关于《大乘起信论》的论战，认为南京支那内学院掊击《起信》，几乎将宗《起信》立说的中国化佛学华严宗哲学，一蹶而踣之。太虚的意思是说，好了，现在你们培养出来的熊十力则成了"掘墓人"，他的学说是一新的华严宗，而对于你们所宗的护法、窥基法相唯识学，亦有一蹶而踣之之慨。太虚说，熊十力的《新唯识论》，本于禅宗，崇尚宋明儒学，斟酌采纳了法性宗、天台宗、华严宗、密宗、孔孟儒学、老庄道家，隐含印度数论、西学进化论、创化论之义，而成立一新的华严学说。太虚指出："大乘佛学分唯识、性空、真心三宗。中国之禅、贤、台属真心宗，熊论近之，于佛学系统应名真心论，不应题唯识论。至其杂糅《易》、《老》、陆、王暨印度数论、欧西天演论等思想，在说明世间因缘生法未逮唯识，而发挥体用亦不如华严十玄，故其妄破唯识论处，百无一当。"太虚认为，熊先生虽不妨自成一派，但不过是"顺世外道"，因其"宗在返究心体，故为唯心的顺世外道也。"①

周叔迦指出，关于体用之论，佛教持不固定说，即是说，体也好，用也好，依缘而起，随缘而兴。"今熊君既执体固定，纵使全同佛教，亦是附内外道，但与佛教不符合耶。亦彼不知体用相待之义，所以曰护法唯未见体，故其持论迷谬……以执体定，自谓见体，谤彼护法……"周叔迦又认为，一元、多元，不过为立说方便，均无不可。"熊君所计功能，乃有翕辟，其过非在一元，只是混真俗为一谈，昧事理之群相，不应正理，斯成戏论耳。破者（按指刘定权）执彼多元，攻彼一计，宁非自陷淤泥而欲援人。至谓三藏十二部经中；固未尝有以众生为同源、宇宙为一体之说，诬彼佛教，假人口实。况复圆成实性，即是真如，假说唯一；依他起性，众缘生故，假说为多……""故熊君计彼众生同源，并非是过，只是在真如门中，说彼生灭情事，殊不知真俗二谛，不容相乱。于俗谛中，妄立真相，故其功能，名有而实无也。""翕辟之说，为熊君立说肝髓，亦即其说不能立足之处，以稍习佛教者，皆知翕辟不应正理，同子虚故。"②

太虚与周叔迦既与欧阳有分歧，亦批评出入于欧阳的熊十力。他们对熊先生《新唯识论》立说根本、思想渊源、主要内容都提出了批评。问题在于，他们并没有把熊十力当做哲学家来看，而是把他视作学问家。哲学家与学问家不同，前者可以把思想资料当做触发灵感的媒介，尽情发挥己意，后者则必须强调言必有据，无一字无出处。熊十力治学的特点是不依经傍传，不拘守家派，于古今中外一切思想资料都有所借取、有所斥破，意在建立自己的哲学体系。从中年至晚年，熊十力一直保持了他自立权衡、径行独往、无所依傍的学术品格。他对于中国传统哲学和中国化了的佛学有着敏锐的直觉、深切的理会和强烈的共鸣。在他那放胆的、天才的批评佛学的言论中，尽管难免不周到、不准确

---

① 太虚：《略评新唯识论》和《新唯识论语体本再略评》，俱见《太虚大师全书》第十六编第五十册，香港，1956年版。太虚两文，现收入《熊十力全集》，附卷（上），引文见第157—158页。

② 周叔迦：《新唯识三论判》，直隶书局1933年版。周书现收入《熊十力全集》，附卷（上），引文见第80—83页。

（例如在缘起性空的理解上和对于空有二宗及其相互关系的评价上），然往往一语中的，抓住了佛教泯灭人的创造功能和无上价值，使人生屈服于神权、沉沦于鬼趣、侥幸于宿定的毛病。熊十力以儒家《周易》刚健辩证法的精神，批判重灭而不重生，蔽于天而不知人、消极遁世、脱离现实的佛、道二家。熊十力自诩"入乎其内，出乎其外"，又自称既非佛家，又非儒家，"吾只是吾"，似乎不无根据。如果说，他的师友欧阳渐、吕澂、汤用彤等，以谨严的学风、广博的学识和深厚的功力成为现代佛学的大师，那么，熊十力则是以非凡的洞察力和创造力，以吞而食之和取而代之的气魄成为现代哲学的大家。他们之间有着狷与狂、收敛式思维与发散式思维、学问家与哲学家、我注六经与六经注我的不同。熊十力陶铸百家，钳锤中外，形成了他的创造性的哲学系统。在论战过程中，他对《新唯识论》文言文本的基本思想有了新的补充和推进，于体用和翕辟义论述更详，进一步完善了《新唯识论》理论体系。

第 三 章

困厄万端　神游玄圃

一　战前时代——治学北平

　　熊十力于1933年5月9日致胡适长函，约五千言。胡适将此信加上标题《要在根本处注意》，刊发在他与傅斯年、丁文江、蒋廷黻等于前一年创刊的《独立评论》上。在5月21日该刊第51号的"编者附记"中，胡博士写道："熊十力先生现在北京大学讲授佛学，著有《新唯识论》等书，是今日国内最能苦学深思的一位学者。""熊先生此次来信，长至五千字，殷殷教督我要在根本处注意，莫徒作枝节之论。他的情意最可感佩，所以我把全文发表在此。"①

　　同年4月、7月，熊十力在《大公报》（张申府主办）"世界思潮"专栏发表《杂感》、《略释"法"字义》等文。8月17日，熊十力在《大公报》发表《循环与进化》一文，针对某教授谈中国历史的循环之理，有感而发。熊先生强调运动变化的内在矛盾性，强调循环与进化的交参互涵，反而相成。熊先生擅长以《易》学经传的辩证法来解释社会历史与人生的发展道路。他解释泰与否、既济与未济、善与恶、治与乱之间，并非只有循环而无进化。"循环与进化，本交参互涵而成其至妙。循环之理，基于万象本相待，而不能无往复；进化之理，基于万象

---

①　熊十力：《要在根本处注意》，《独立评论》，1933年5月，第51号。又见《熊十力全集》，第八卷，第58—59页。

同出于生源动力,而创新自不容已。进化之中有循环,故万象虽瞬息顿变而非无常轨;循环之中有进化,故万象虽有往复,而仍自不守故常。此大化所以不测也。"① 这里含有一些历史辩证法的内容。其特点是,不把常与变、循环论与进化论对立起来,进而认为进化的实质是创新。这种创新式的进化,包括了一定程度的循环,那么进化便可理解为多线、多样的进化,涵盖退却、反复乃至跳跃的进化,既有常轨可循而又不守故常。进化论是熊十力思想的一个源泉,在这里他已作了扬弃。

是年,熊十力在北平住后门二道桥,与钱穆、蒙文通、汤用彤、张尔田和张东荪兄弟交游。熊十力住的房子,原是钱穆住的,经汤用彤商与钱穆让出一进给熊十力住。此时冯友兰曾带着他的新著《中国哲学史》来看望熊先生。是夏,熊十力携谢石麟、云颂天赴邹平看望梁漱溟。梁漱溟正忙于乡建讨论会,全国乡村建设工作者集会邹平。是秋,熊十力曾致书汤用彤,谈自己读佛书的感受:"看《大智度论》,镇日不起坐,思维空义,豁然廓然,如有所失(如拨云雾),如有所得(如见青天)。起坐,觉身轻如游仙。"② 是冬,熊十力仍回湖北度岁。熊先生因病,冬天不能衣裘与向火。

熊十力与钱穆、汤用彤、蒙文通诸先生的交游颇有趣味。钱穆(宾四)先生是国学大师,无锡人氏。蒙文通先生是廖平和欧阳竟无的弟子,博通经史,巴蜀人氏。蒙先生每与熊先生聚首,必打嘴巴官司,驳难《新唯识论》。从佛学到宋明理学,二人往往争得不可开交。敦厚的佛学专家汤用彤先生在旁观战,独默不语,只有钱先生从中缓冲。蒙文通、熊十力二先生见面时相互攻难,背着面却向各自的友人推崇对方。除他们四人相聚外,间或有林宰平、梁漱溟加入。钱穆先生在《师友杂忆》中曾回顾了他们交游的一些细节。有一次,熊、钱、汤、

---

① 熊十力:《循环与进化》,《大公报》,1933年8月17日。又见《熊十力全集》,第八卷,第63页。

② 熊十力:《与汤锡予》,《十力论学语辑略》,北京出版社1935年版,第18页。又见《熊十力全集》,第四卷,第47页。

蒙四先生"同宿西郊清华大学一农场中。此处以多白杨名,全园数百株。余等四人夜坐其大厅上,厅内无灯光,厅外即白杨,叶声萧萧,凄凉动人,决非日间来游可尝此情味。余等坐至深夜始散……至今追忆,诚不失为生平难得之夜。"① 这是何等的境界啊!

钱穆先生还回顾了他们与张先生兄弟的交游:"余其时又识张孟劬及东荪兄弟……十力常偕余与彼兄弟相晤,或在公园中,或在其家。十力好与东荪相聚谈哲理时事,余则与孟劬谈经史旧学。在公园茶桌旁,则四人各移椅分坐两处;在其家,则余坐孟劬书斋而东荪则邀十力更进至别院东荪书斋中,如是以为常。"②

从这些剪影中,我们不难看出这些大学者的风范及熊先生的特殊气质。熊先生通过与张东荪、张申府的交游,了解西方哲学。张东荪对熊先生的哲学慧识特别欣赏,倍加赞誉,曾许《新唯识论》为中国哲学界的一部奇书,又曾填有词《金缕曲》,表达他初读《新唯识论》的感想:

熊子今传矣。制新论,融通空有,直阐本体。譬似众沤同归海,一切随消随起。正翕辟,生生不已。唯识旧师须修改,会连山,方见功能理。儒与释,究何异。

年来我亦求诸己。检吾躬,摒除习气,幸余有几?只愧二三相知者,世论悠悠安计?养活泼自家心地。永忆获麟千载叹,愿天长,此义无终闷。初读罢,杂悲喜!

以张东荪的哲学素养,他当然品味得出熊十力《新唯识论》的意蕴。这种理解和概括是准确而又别致的。

1934年,熊十力曾在《独立评论》发表《无吃无教》、《英雄造时势》等文,又在《大公报》世界思潮栏发表《易佛儒》、《答谢石麟》,《新唯识论要旨》(石麟记)等文。一度住沙滩银闸胡同6号,原是谢

---

① 钱穆:《八十忆双亲·师友杂忆》,岳麓书社1986年版,第152—153页。
② 同上书,第168页。

石麟与亲戚合租的房子，后将熊先生接来住。冬天，熊十力南行，过南京汤锡予（用彤）家，蒙文通、钱穆、贺麟等均在座。熊先生发表议论曰：

> 中国学人有一至不良的习惯，对于学术，根本没有抉择一己所愿学的东西，因之于其所学，无有不顾天不顾地而埋头苦干的精神，亦无有甘受世间冷落寂寞而沛然自足于中的生趣。如此，而欲其于学术有所创辟，此比孟子所谓"缘木求鱼"及"挟泰山超北海"之类，殆尤难之又难。
>
> 吾国学人总好追逐风气，一时之所尚，则群起而趋其途，如海上逐臭之夫，莫名所以。曾无一刹那，风气或变，而逐臭者复如故。此等逐臭之习，有两大病：一，各人无牢固与永久不改之业，遇事无从深入，徒养成浮动性。二，大家共趋于世所矜尚之一途，则其余千途万辙，一切废弃，无人过问。此二大病，都是中国学人死症。①

熊先生批评学界爱逐臭，不能竭其才分途并进，各专所业，人弃我取，孜孜矻矻，认为如此而谈中国文化建设，是不可能有希望的。熊先生主要是针对全盘西化思想而言的，当时的风潮，视固有文化为敝屣，不肯深入研究，而一味抄袭西方，对西方文化也只限于浮面引进。知识分子之为知识分子，就应当视学术、视专业为本己的职分、本己的生命，甘于寂寞，埋头苦研；除此之外，别无所求。熊先生看得很透。这是对学者、学术自身独立价值（独立于政治、经济，功利……）的贞认。到今天，熊先生所批评的中国学人的顽症仍未克服。因此，我认为特别需要提倡这种精神！

1935年年初，萨孟武、何炳松、陶希圣、王新命等上海十教授发表《中国本位的文化建设宣言》。3月底，胡适作《试评所谓中国本位

---

① 熊十力：《为哲学年会进一言》，《十力论学语辑略》，第68—69页。又见《熊十力全集》，第二卷，第297—298页。

的文化建设》。4月,中国哲学会成立,举行第一届年会。中国哲学界诸位学人首次在这种场合宣读各自的研究成果,标志中国哲学家各自创立哲学系统的时机已经成熟。中国哲学会由汤用彤、金岳霖、冯友兰任常务理事。原于1927年创刊,由梁启超的尚志学会办,实由瞿菊农、张东荪、黄子通等编辑的《哲学评论》,此时遂成为中国哲学会的刊物,由冯友兰任主编。

4月23日,熊十力在天津《大公报》发表《文化与哲学——为哲学年会进一言》(该文又载6月出版之《文化建设》一卷9期)。本文除前引学术与学人自立之道的内容之外,主要就张申府先生在哲学年会上提及当时国内的两件大事而发表己见。一件事是关于中国本位文化建设的讨论,另一件事是关于需要一种新哲学的呼声。

对于这两件事,熊十力认为,首先必须抛弃逐臭的恶习,"孤往而深入焉","于其所学,必专精而有神奇出焉"。他主张,对吾国固有思想和西洋哲学的方方面面,均应有沉潜深刻的研究。新哲学产生,须靠治中国、西洋哲学者共同努力。本文特别阐发了儒家哲学的精义。他指出,儒家的宇宙观与人生观,"明示自我与宇宙非二,即生命与自然为一。哲学家向外觅本体,不悟谈到本体,岂容物我对峙、内外分别?……本体是流行不息的,是恒时创新的,是至刚至健的,是其流行也,有物有则,而即流行即主宰的。故如佛道之以虚寂言者,不悟虚寂舍不得动用。如西哲亦有言变动者,却又不能于流行识主宰"[①]。儒者之学不能以西方的唯物、唯心之论加以衡量。儒者虽不妨以心言本体,然本体是无内外可分的。尤其是,儒学的理解必待实践而证实,践履笃实处,即是理解真切处。因此不停留在浮泛知解上,而必须及于实践。儒家并不反对知识,并不反对科学。儒家规模广大,其言"正德、利用、厚生",其言经国济民的思想在现代仍有价值。因此,"儒家思想,宜图

---

① 熊十力:《为哲学年会进一言》,《十力论学语辑略》,第72—73页。又见《熊十力全集》,第二卷,第302页。

复兴，以为新哲学创生之依据"①。如没有以儒学为根据、会通中西而建构的新哲学，侈谈什么本位文化建设，殆如缘木求鱼。他强调的儒学，是实践的、体验的，是生命，并不是文字游戏。

1935年，熊十力还发表了《读经》、《中国哲学是如何一回事》等文章。这一年的10月20日，他在北京出版了《十力论学语辑略》，收入1932年冬至1935年秋近三年间的短文笔札，由他的学生云颂天、谢石麟录副存之者。这是继《尊闻录》之后的又一部语要集。《十力论学语辑略》初版本，装帧精美，四针眼线包背装，书衣藏蓝，册页天头地脚颇宽，仿宋铅字宣纸印制。蠲叟（马一浮先生）题署"十力语要"四字于首页。该书收文五十一篇，依据年代分为二编：一为"壬癸录"（壬申冬迄癸酉合编），即1932年冬至1933年；一为"甲乙录"（甲戌、乙亥合编），即1934年至1935年秋。"叙"末具："中华民国二十四年乙亥九月十日病翁熊十力记于我旧京莽苍室。"

以上书札短文可以分为三类。第一类是熊先生解释自己的《新唯识论》及有关此论的论战，阐述"新论"思想体系之要点及其与佛学之区别者。如说《新唯识论》与佛家的根本异处：佛家思想毕竟是趣寂的、出世的，而"新论"是积极的、入世的，对现世人生抱乐观的态度。"其谈本体，即所谓真如则是不变，是不生不灭，颇有体用截成二片之嫌。即其为说，似于变动与生灭的宇宙之背后，别有不变不动不生不灭的实法叫做本体。吾夙致疑乎此，潜思十余年，而后悟即体即用，即流行即主宰，即现象即真实，即变即不变，即动即不动，即生灭即不生灭，是故即体而言用在体，即用而言体在用。"②

第二类论及哲学与科学的区别、中西哲学异同与会通、中国哲学的特点。熊十力坚决主张划分科学与哲学领域。"科学假定外界独存，故理在外物；而穷理必用纯客观的方法，故是知识的学问。哲学通宇宙、

---

① 熊十力：《为哲学年会进一言》，《十力论学语辑略》，第75页。又见《熊十力全集》，第二卷，第304页。

② 熊十力：《讲词》，《十力语要》卷一，见《熊十力全集》，第四卷，第79—80页。

生命、真理、知能而为一，本无内外，故道在反躬；非实践无由证见，故是修养的学问。"① 熊十力认定以本体论为哲学的领域和对象。

中西哲学的区分，张东荪认为是知识与修养、求真与求善的分别；熊十力则认为中国式修养并不排除知识，求真与求善不能分做两片。"西洋人自始即走科学的路向，其真善分说，在科学之观点上固无可议；然在哲学之观点上亦如之，则有如佛家所斥为非了义者。此不可不辨也。哲学所求之真，乃即日常经验的宇宙所以形成的原理或实相之真。此所谓真，是绝待的，是无垢的，是从本已来，自性清净，故即真即善。儒者或言诚，诚即真善双彰之词。或但言善（孟子专言性善），而真在其中矣。绝对的真实故，无有不善；绝对的纯善故，无有不真。真善如何分得开？……中国人在哲学上是真能证见实相，所以他总在人伦日用间致力，即由实践以得到真理的实现。如此，则理性、知能、真理、实相、生命，直是同一物事而异其名。"②

第三类论及孔孟儒学、老庄道家、易学派别及其衍变、佛学各宗之发展和宋明理学的得失，以及如何治学等等，内容相当丰富。

总之，《十力论学语辑略》较为全面地呈现了熊十力在抗战以前的思想面貌，标志其思想已经成熟。

1935年，熊十力曾与张申府反复讨论象数易，尤其是胡煦的易学，又读尚秉和《焦氏易诂》，改变了过去厌闻象数的习惯。是年曾与俄国通梵文的佛学研究者钢和泰、德国学者李华德交往。冬天南归，曾与伍庸伯游黄州，访刘慧凡。

这一年华北危机，熊十力与邓高镜兄弟请汤用彤出面敦请胡适表态。胡适与北平教育界发表宣言，反对日本嗾使汉奸策动的冀察自治。

1936年，熊十力最主要的精力放在写作《佛家名相通释》这部著作上。

---

① 熊十力：《与张东荪》，《十力论学语辑略》，第85页。又见《熊十力全集》，第二卷，第315页。

② 熊十力：《答张东荪》，《十力论学语辑略》，第78—79页。又见《熊十力全集》，第二卷，第308页。

《佛家名相通释》是一部简明的佛学辞典，被公认为是治佛学的津梁。分上下两卷。上卷包括序、撰述大意和34个条目；下卷包括13个条目。上卷依据《五蕴论》综述法相体系，下卷依据《百法论》综述唯识体系。当然，这并不是一般的佛学辞典，而是渗透了熊十力哲学思想、佛学思想的佛学辞典。熊先生的诠释明显地打上了《新唯识论》的烙印。是书起草于1936年夏，成稿于是秋。1936年8月7日即在北平《晨报》发表了《佛学名词释要序》，12月又在《哲学评论》七卷二期上发表了上卷的大部分内容（28个条目）。在1937年2月6日北京大学出版组正式出版两卷两册通行本之前，北大已有了另一印本，名《佛学名词释要》，上下卷合为一册，内容与通行本完全相同。此书印制得到了熊先生老友居正（觉生）先生资助，并由马一浮先生题签。这是抗战前熊十力于1932年冬至1937年夏居住北平时的最后一部著作。

　　这本著作的起因是，学生刘公纯（锡嘏）、阎悌徐等有志研究佛学，但苦于名词难解。学生黄艮庸认为《佛学大辞典》卷帙甚巨，初学者如堕烟海，因请熊先生写一本疏释名相，提挈纲维的书。熊十力确实能使玄关有钥，智炬增明。没有他这种大刀阔斧砍去枝蔓的智慧，是不可能从浩如烟海的佛学系统及其资料中清理出头绪来的。

　　从本书里，我们可以学到熊先生的治学方法，没有这一套方法，是难以从读书中获得营养的。他说："读佛书，有四要：分析与综会，踏实与凌空。名相纷繁，必分析求之而不惮烦琐，又必于千条万绪中，综会而寻其统系，得其通理。然分析必由踏实，于繁琐名相，欲一一而析穷其差别义，则必将论主之经验与思路，在自家脑盖演过一番，始能一一得其实解，此谓踏实。若只随文生解，不曾切实理会其来历，是则浮泛不实，为学大忌。凌空者，掷下书，无佛说，无世间种种说，亦无己意可说，其唯于一切相都无取着，脱尔神解，机应自然，心无所得，而真理昭然现前。此种境地，吾无以名之，强曰凌空。如上四要，读佛书者缺一不得。吾常求此于人，杳然无遇。慨此廿露，知饮者希，孤怀寥寂，谁与为伦？什师颂云：'哀鸾孤桐上，清音彻九天。'"①

　　熊十力所总结的"分析与综会"、"踏实与凌空"相结合的方法不仅对读佛书，而且对读所有的书都有普遍意义。这亦是熊先生治学的夫子自道，弥足珍贵。

　　在《佛家名相通释》的《撰述大意》中，熊十力对佛家哲学作了充分的肯定。在宇宙论方面，佛学主张摄物归心，并不是不承认客观外物，只是肯定外物客体离开了主体即没有意义。在人生论方面，佛学辨明染净，以舍染得净、转识成智、离苦得乐为人生最高蕲向。在认识论方面，佛学由解析而归趣证会。证会，即是超越了寻思与知解的境地。熊十力赞扬了佛教哲学的特殊贡献。

　　1936年，熊先生还在《中心评论》、《文哲月刊》、北平《晨报》思辨栏发表近十篇文章，其中最主要的是与张东荪讨论宋明理学的问题，与唐君毅讨论科学真理与玄学真理的问题。这年冬天至1937年春，熊先生在答意大利米兰大学教授罗雪亚诺·马格里尼长函中，论中国传统哲学的特色，详细解释《老子》。熊曾将此长函副本寄马一浮先生，马先生复书说熊先生料简西洋哲学之失，抉发中土圣言之要，极为精彩。马与熊又讨论了老庄思想问题。熊十力仍住北平后门二道桥，与贺麟为邻。来访者有刘公纯、阎悌徐、谢石麟、张东荪、金岳霖、张申府、张岱年、贺麟、沈有鼎、王维诚、黄艮庸、牟宗三等。

　　黄梅人冯文炳（废名）此时亦与熊先生交游。废名与俞平伯、冰心等都是知堂先生周作人的得意门生。废名亦是怪材，十分尊重他这位大同乡前辈熊十力先生，但在学问上则常与之辩难。每有争执，双方都面红脖子粗，终至扭打，废名拂袖而去。第二天废名再来，他们又和好如初，谈笑风生。这在北大传为笑谈。足见他们二人都如孩童赤子，一任感情自然流露。1936年，废名的儿子满周岁，熊先生还去拜访，送六块银元祝贺。

---

① 熊十力：《撰述大意》，《佛家名相通释》，中国大百科出版社1985年7月版，第6页。又见《熊十力全集》，第二卷，第349—350页。

抗战前夕，熊十力在学术界的影响也渐渐大起来了。1935年10月7日，北平《晨报》曾发表孙道升的文章《现代中国哲学界之解剖》，将熊十力与前期梁漱溟划为"新法相宗"，认为此派是中西思想而不是中印思想的会合，接近柏格森。这一学派当时势力最小、地位最低，知道它的人不多。1936年7月17日，也是北平《晨报》思辨栏，发表牟离中（宗三）《最近年来之中国哲学界》一文，仅专门介绍熊十力、张东荪、金岳霖三人的学术思想，对三家都有好评。1937年4月，李源澄主办、无锡出版的《论学》杂志，发表了巨赞法师（用笔名万均）《评熊十力所著书》的前二节，对《新唯识论》提出批评。巨赞俗名潘楚桐（字琴朴），生于1908年，1931年在杭州灵隐寺削发出家，法名传戒（字定慧），后改巨赞。巨赞将此文寄给熊十力，熊先生复信只是说："是用心人语，非浮士口气。"1938年《燕京学报》第23期发表了朱宝昌的《唯识新解》一文。作者说自己融会怀特海与唯识学，颇受熊十力先生的启发。熊先生重在一本，古唯识学重在万殊，两者在方法论上有很大分歧。西方哲学家布拉德莱、柏格森偏重一本，怀特海偏重万殊。怀特海要救柏格森的神秘主义，而熊先生要弹正古唯识家的支离扞格。

二　八年抗战——流寓巴蜀

抗日战争时期，我们的民族遭逢了深重的苦难。熊十力先生作为民族的哲人，在贞下起元、民族复兴的时代，虽颠沛流离、生活穷困，然凭着他对国家、民族、人民和传统文化执著的爱，发愤忘食，矻矻孜孜，努力著述、讲学。

"九·一八"事变后，华北危机。熊十力平时深居斗室，不参与政治活动，但对同学们反对华北独立、反对日寇侵略的罢课、游行，予以同情和支持。他说："若乃明圣挺生，独知民族思想之可贵，而以哀号于族类，其唯衡阳王子（郭按，指王夫之），郑所南（郭按，指不忘宋室的诗人、画家郑思肖）、吕晚村（郭按，即吕留良）亦其亚也。今外侮日迫，吾族类益危，吾人必须激发民族思想，念兹在兹。凡吾固有之学术思想、礼俗、信条,苟行之而无敝者,必不可弃……"① 他以王船山自励,并教育学生增强民族意识,尤其是文化意识。

七七事变后,北平为日军占领。熊十力抱着誓死不当亡国奴的信念,于7月8日冒险出逃。他由弟子刘锡嘏(公纯)陪同,装成商人,从南城逃离北平,乘运煤的货车返汉。路遇倾盆大雨,衣履尽湿。熊十力历尽艰辛,辗转到达武汉。是冬曾返黄冈,住在团风粮道街。同乡青年、省六中学生段亚杰(后改姓文名祥)等乡帮后进向熊十力请教国是。熊十力痛哭国土沦丧,大骂政府不抗日,让青年们去找中共,拿起枪杆抗击倭寇。

1937年与1938年冬春之际,熊十力入川,先住重庆,旋到璧山。璧山县中学校长钟芳铭欢迎他住下。他的学生刘公纯、钱学熙夫妇也随后到达。熊十力与邓子琴、钱学熙、刘公纯、陈亚三、刘冰若、王绍常、任伦昉等学生相依于忧患之中,并对他们讲民族精神、种源及通史,砥砺气节。他动情地对身边的弟子们说:"吾有一坚确信念,日本人决不能亡我国家,决不能亡我民族,决不能亡我文化。"熊十力的这些谈话,于1938年夏天整理出来,秋天由中央陆军军官学校石印。这即是《中国历史讲话》。熊十力认为,"发扬民族精神莫切于史"。全书主要谈"种源"和"通史"两大内容。② 是书大讲汉、满、蒙、回、藏五族同源,尽管人类学与民族学的依据不足,但意在发挥全民族的团结抗战。后来贺麟、任继愈从重庆南温泉去璧山看望熊十力,熊亦对他们大谈"五族同源"的中国历史观,并且很得意地讲述他如何解决了"回族"的起源问题,说这个问题是他苦苦思考了很久才解决的。熊十力的忧患意识和民族感情洋溢于这本书的字里行间。在熊十力看来,历史上早已融合形成整体的中华民族具有极为顽强的生命力,是不可战胜的。本书还批评了专制主义制度,抒发了作者的爱国主义情怀和民主主义理想。

---

① 熊十力:《答某生》,《十力语要》卷一,《熊十力全集》,第四卷,第47页。

② 熊十力:《中国历史讲话》,见《熊十力全集》,第二卷,第621页。

我们搜集到熊十力的未刊手稿《中国历史纲要》[①]，题目是原收藏者邓子琴教授加的。手稿是用毛笔写在两册草纸小字簿上的。簿长238毫米，宽140毫米，甲簿36页，乙簿32页，每页7行，每行22格，红格，有行距，中缝下有"清荣长制造"红字。熊十力未按格写。甲簿扉页上写有全国各省的全称和简称，其中写到辽、吉、黑、热后注："以上东北四省，亡于倭。"乙簿封面上写有"安息在葱领西、条文在安息西"的字样，又写有"只要工夫深，铁斧也能"字样，后者又用墨涂掉；封底上写有"杂论见闻录□订于璧山寓所"字样，又用墨涂掉。（其中一字不清，以□代替。）我们判定这一手稿仍作于璧山，与《中国历史讲话》的写作时间相差不大，似是作者为自己清理中国通史而作，并非为发表而作。其中关于作史应注意之点和关于宋明理学的看法，均透露了作者的民族观、历史观和学术史观，完全可以与《中国历史讲话》对参。

抗战以前，学生钱学熙就打算将《新唯识论》译成英文。1938年冬，钱学熙欲偿夙愿，决心先将《新唯识论》文言文本翻译成语体文本，以资熟练。这种翻译当然不是直译，而是内容的增损。由熊十力随时口授，钱学熙记录整理。仅译到"转变章"（文言本的第三章、语体本的第四章）首段，钱学熙因事离川，这项工作只好暂停。到1939年冬天，熊十力的另一学生，诚朴敦厚的韩裕文接着将文言文译成语体文，在熊十力直接指导下，遂完成"转变章"。至此，《新唯识论》语体本上卷完成，经黄艮庸校核，于1940年夏由学生吕汉财出资印行二百部。

抗战入川后，熊十力的主要工作是继续发展、扩充自己的哲学体系。这一哲学体系是在西化之风狂飙突进时代，熊十力以大无畏力改造旧学、平章华梵而创发的。由于中国传统思想缺乏系统性，浅见者不承认中国有哲学或形上学。当时，作为不满足于转手稗贩的中国哲人，熊十力孤往直勇，创造了继承东方哲学的骨髓与风貌，又融和了西方科学

[①] 熊十力的《中国历史纲要》，现收入《熊十力全集》第二卷，第735—752页。

思想和知识论，对宇宙人生诸大问题无不网罗融合，具有系统严谨之体系的《新唯识论》哲学。如今，在风雨如晦、鸡鸣不已的抗战时代，熊十力更是勤思枯索，钳锤中外，发展了自己三十年代初的思想，完善了昂扬进取、思辨细密、中国化了的、成体系的哲学，为挺立中华民族精神，使之具有世界价值和现代意义，作出了难能可贵的贡献。

1939年夏天，8月初，熊十力有嘉州（乐山）之行。马先生致云颂天云："熊先生廿六日由渝附轮首途……计时今日必可到（1939年8月4日）。"因为马一浮先生主持的复性书院在乐山乌尤寺内创建，熊十力应马先生之聘，担任讲座。乌尤山位于岷江、青衣江、大渡河三江交汇处的江心中，乐山大佛的对面，风景绝佳。马一浮以"讲明经术，注重义理，欲使学者知类通达，深造自得，养成刚大贞固之才"为书院宗旨。马一浮以复性为旨趣，以讲明六艺（六经）为教。六经之外，兼明四学，玄学（以王弼为祖），义学（以僧肇为祖），禅学（以大鉴为祖），理学（以周敦颐为祖）。马先生原拟请谢无量讲玄学，熊十力讲义学，肇安法师讲禅学，自己讲理学，后因种种原因，主要由马一浮自己独立承担。[①] 复性书院的行政事务，主要是张立民负责。先有监院沈敬仲，事务乌以风（1939－1940年）、王星贤（1941年到东归），后有院长，副院长。

熊先生8月19日在乐山遇寇机轰炸，居所全毁于火，左膝受伤，积稿尽焚，幸有学生陈仲陆录有部分笔札于副本，邓子琴、潘从理请辑为《十力语要》卷二。这是后话，暂且不表。先说复性书院事。9月13日，书院举行开讲礼。9月15日，书院正式开学。马一浮举"主敬为涵养之要，穷理为致知之要，博文为立事之要，笃行为进德之要"四目为学规，详加阐释，并印发《复性书院开讲日示诸生》。9月17日，熊十力作《复性书院开讲示诸生》，也就书院规制、地位、性质和研究旨趣等问题，以及学风、学习方法等，作长篇开讲谈话。

这年秋天，熊十力与马一浮在书院规制及用人和学生没有文凭不便

[①] 关于复性书院，参阅马一浮《复性书院讲录》，1941年木刻本，卷一；乌以风编述《马一浮先生学赞》，1987年6月印本。

就业谋生等问题上有一些意见分歧，产生了一些隔阂。马一浮主要希望培养几颗读书种子，学生自愿来读，其他一切不管；熊十力则希望考虑学生的实际生活问题。熊十力引《老子》之言，批评马先生有一点"执古之道，以御今之有"。① 不久，熊十力辞去了书院讲席。熊十力离开时，约在10月中下旬。马一浮《蠲戏斋书问集》中，集中保存了马先生1939年5月至12月致熊先生函十通，可以详细了解熊马分歧。早在书院创办前，二人就有分歧。熊希望办得很大，请马一浮学蔡元培，又要介绍许多人来，包括研究西方哲学的张颐、贺麟、牟宗三等。马一浮主张实事求是，因经费短缺，一切只能量力而行。熊十力来书院后，对学院规制及用人提出诸多意见，未能为书院采纳，致最后离开时，熊十力有些意气用事。

当时武汉大学迁至乐山，教务长朱光潜请熊十力来武大作短期讲学。这一年，熊十力还去鹿角场周鹏初（熊先生的学生）家住了一段。不久，熊十力仍返璧山，与梁漱溟等借住来凤驿古庙西寿寺内。时支那内学院迁至江津，熊十力去江津看望过欧阳竟无老师。欧阳大师于是年7月和12月分别作《答陈真如论学书》和《与熊子真书》，严厉批评熊十力。冬天，熊十力与学生韩裕文移居来凤驿小学校长刘冰若处，作前面说及的《新唯识论》译成语体文之事。

1940年，熊十力仍住璧山来凤驿，与梁漱溟先生过从。二人谈及甘地，梁慨然有振厉群俗之意。当时梁漱溟创办勉仁中学与勉仁书院于北碚金刚碑。发起筹备勉仁中学的还有陈亚三、黄艮庸、王平叔、云颂天等，校务由张俶知、黄艮庸、李渊庭经办。

---

① 熊十力《与贺昌群》曰："马先生道高识远。吾非虑其有所拘也。前见所拟书院草案，归本六艺。吾国诸子百氏之学，其源皆出六艺，马先生所见甚谛。今后如欲新哲学及新文化之启发，虽不得不吸收欧化，要当滋植固有根荄，方可取精用物。吾于马先生，大端上无甚异同（按，同或为义），唯书院应采何种办法，始堪达到吾侪期愿，恐马先生犹将执古之道，以御今之有，未得无碍耳。关于学生资格问题之诤，吾答刘公纯一函，极为扼要。马先生以世情议之，过矣。此信仍便请马先生一看。"见《十力语要》卷二，1947年印本，第68页。又见《熊十力全集》，第四卷，第269—270页。

1941年，熊十力的《十力语要》卷二由弟子周封歧资助印行四百册。周封歧是汤用彤先生的晚辈亲戚。《十力语要》卷二汇集了熊十力1936至1940年的书札短论，并印有熊十力于1940年6月15日写的跋语。是书副题为"丙庚录"，"起丙子迄庚辰"，所收书札29篇，内容涉及宋明理学、良知论、道家、佛学等，讨论了科学的心理学与哲学的心理学的关系，表达了作者的哲学思想、教育思想等等。

　　1941年，熊十力住北碚勉仁书院，钱穆曾来看他。牟宗三也自大理来北碚看望先生，并住了一段时间。熊十力自己改写的《新唯识论》语体文本卷中成稿。1942年正月，以勉仁书院哲学组名义出版了《新唯识论》语体本上中卷，经费由老友广济居正觉生先生所募资。在1942年1月15日作者所写序言中，谈到韩裕文因经济生活来源发生问题离去后，熊自己改写中卷的经历："余孤羁穷乡破寺中，老来颠沛，加复贫困，乃强自援笔，续翻功能章上下，以三十年孟秋脱稿，辑为中卷。"① 这两卷书历时四载。"上卷之文，既非一手（余颇有核定，但损益无多）。中卷则余亲秉笔，而流亡困厄，意兴萧索，老来精力益复无几，写稿断难一气贯注。然义有据依，词必精核，要归无苟，则非文章之士所与知也。尝与朱孟实光潜书云：'哲学之事，基实测以游玄，从观象而知化。穷大则建本立极，冒天下之物；通微则极深研几，洞万化之原。解析入细，茧丝牛毛喻其密；组织精严，纵经横纬尽其巧。思凑单微，言成统类，此所以笼群言而成一家之学，其业诚无可苟也。焉得知言者，而与之游于玄圃。'"② 该书中卷进一步申明体用关系，评判佛家空有二宗大义，阐释、发挥《易》道。

　　熊十力于流亡困厄之中，仍神游玄圃，对于哲学创作，情有独钟。他确乎做到了"以理想滋润生命，以生命护持理想"。对传统文化深挚的爱，使他虽长年颠沛流离，居无定所，饱受贫困、病痛的折磨，仍以忧乐圆融的情怀，肩负起振兴中华文化的责任。"这种深挚而悲苦的责

---

　　① 熊十力：《新唯识论》语体文本《初印上中卷序言》，见《熊十力全集》，第三卷，第5页。

　　② 同上书，第7页。

任感,是 20 世纪多灾多难的中国爱国的知识分子独有的。对中国传统文化了解得愈深刻,其深挚而悲苦的文化理想也愈强烈。这就是熊先生理想的动力。""有了这个理想,使他百折不回,精进不已,勇往直前,义无反顾。"① 他的著作,就是这种忧患意识和责任意识的结晶。

1942 年,熊十力仍住北碚。春节,两位老友建议他到重庆一所官办大学去办哲学研究所,遭到他的拒绝。熊先生虽然一直想办研究所,但要民办而不要官办。这年,居正、陶希圣、郭沫若、贺麟、唐君毅等曾来探访。郭沫若曾书一笺云:"愿吾夫子,永恒康健,爱国讲学,领袖群伦。"

方东美致函熊十力讨论佛学,对熊先生的理解提出批评,并作《熊十力学述评证》手稿。太虚大师发表《新唯识论语体本再略评》。这年春天,熊先生向许多朋友寄赠《新唯识论》语体本上中两卷。其中有一部寄给抗战时滞留家乡黄梅的冯文炳(废名)。废名头一年写了一篇《说种子》的小文寄熊十力,讨论佛教阿赖耶识种子义。熊著显然是反对唯识种子、现象二分之说的。正在黄梅东山五祖寺教书的废名忽起心动念著《阿赖耶识论》。这一年,熊先生还在由蒙文通主持的四川省立图书馆编辑的《图书季刊》第二期发表《论周官成书年代》一文,与蒙文通辩难。但从总体上说,熊蒙二人都发挥《周礼》的社会政治理想,并与民主主义和社会主义联系起来。这一年,熊先生与流徙贵州遵义的浙江大学谢幼伟、张其昀、张荫麟等教授结文字交。留学西洋回国的哲学家谢幼伟十分欣赏《新唯识论》,认为可与英国哲学家布拉德莱会通。在浙大所办《思想与时代》杂志上,熊先生发表了《论体相——答梅居士》、《论玄学方法》、《儒家与墨法——致张其昀书》、《谈生灭——致谢幼伟书》、《答谢幼伟论玄学方法》。该刊还刊登了谢幼伟的《熊著〈新唯识论〉》、《答熊先生论玄学方法》。

1943 年元旦,《思想与时代》杂志出纪念专号悼念张荫麟逝世。熊十力发表《哲学与史学——悼张荫麟》一文,认为哲学与史学应兼治

---

① 任继愈:《熊十力先生的为人与治学》,《玄圃论学集》,生活·读书·新知三联书店 1990 年 2 月版。又见《熊十力全集》,附卷(下),第 1463—1464 页。

而赅备。2月23日，欧阳竟无大师逝世于江津，熊十力专程前往吊唁。3月10日，熊十力复书吕澂（秋逸）先生，首先谈及内学院事，支持、信任由吕澂先生主持院务，对自己不能继承老师留下的事业表示了愧疚，对内院如何培育人才提出了自己的看法。随信附上了熊自己给梁漱溟的一封信中论及欧阳大师一生的一段文字——《与梁漱溟论宜黄大师》。这篇文章全面评价了欧阳先生的一生，赞扬老师"为学踏实，功力深厚"，"规模宏廓"，"愿力宏，气魄大"，"开辟一代风气"，使得千载久绝的法相唯识之学重新崛起，承学之士有所资借。但此文亦批评了欧阳老师，涉及对佛学根本问题理解上的分歧和对宋明理学、禅学的评价。最后说："吾《新论》一书，根本融通儒佛，而自成体系。其为东方哲学思想之结晶，后有识者起，当于此有入处。吾学异于师门之旨，其犹白沙之于康斋也。虽然，吾师若未讲明旧学，吾亦不得了解印度佛家，此所不敢忘吾师者也。"①

熊十力3月16日又致函吕秋逸，批评佛教的"闻熏"义。吕先生于4月2日即复函反驳。双方展开论战。自3月10日至7月19日，熊致书九通，吕复书七通，往复辩难。总起来说，吕先生批评熊先生《新唯识论》与中国佛学的伪经（如《圆觉》、《楞严》经等）、伪论（如《大乘起信论》等）一鼻孔出气。吕先生说，西方佛说与中土伪说根本不同之辨，一在根据自性涅槃（即性寂），一在根据自性菩提（即性觉）。印度佛学的心性本净一义是本源，性寂乃心性本净的正解，性觉说则是望文生义，圣教无徵，讹传而已。"尊论说到一究竟处，不过一血气心知之性，而开口说化，闭口曰仁，正是刍狗万物，天地之大不仁。此明眼人一目了然者，又岂缀拾佛言，浓妆艳抹，遂可自矜新异乎？"② 熊十力亦作了答辩，护持中土佛学、宋明理学和他自己《新唯识论》的主要精神。

1943年春天，熊十力勉力将《新唯识论》下卷改写完工。至此，

---

① 吕澂与熊十力往复函稿：《辩佛学根本问题》，《中国哲学》第十一辑，人民出版社1984年版。又见《熊十力全集》，第八卷，第422—423页。

② 同上书，第429页。

《新唯识论》语体本三卷齐备。8月1日，国立北京大学校长蒋梦麟续聘熊十力为北大文学院教授，聘书由北大昆明办事处发给。这一聘书是我与景海峰先生与熊先生家人一道在上海长宁区新华房管所堆积的杂物中找到的。熊先生接受西南联大发给的薪水或代用品，但一直未到昆明去，滞留重庆治学。是年，他曾在《孔学》杂志第一期发表《研究孔学宜注重大易春秋周礼三经》，在勉仁书院讲授此三经，又曾与侯外庐通信辩论船山哲学。陈立夫来拜访熊先生，熊颇不悦。

1943年，徐复观开始与熊先生通信、交往。徐复观是浠水人，与熊先生是大同乡。徐复观后来回忆了他与熊先生之间富有传奇色彩的交往：先是听到友人对熊老的推崇、介绍，继在上司处看到熊先生的《新唯识论》上卷，很惊讶此书的构思之精、用词之严、辩证之详审，与文章气体的雄健，于是向先生写了一封表示仰慕的信。"不几天，居然接到回信，粗纸浓墨，旁边加上红墨两色的圈点，说完收到我的信后，接着是'子有志于学乎，学者所以学为人也'两句，开陈了一番治学做人的道理。再说到后生对于前辈应当有的礼貌，责我文字潦草，诚敬之意不足，要我特别注意。这封信所给我的启发与感动，超过了《新唯识论》。因为句句坚实凝重，在率直的语气中，含有磁性的吸引力。"[①] 有一次徐穿着陆军少将的军服去北碚金刚碑勉仁书院拜谒熊先生，请教应该读什么书。熊先生教他读王船山的《读通鉴论》。徐说早年已读过了。熊先生以不高兴的神情说："你并没有读懂，应当再读。"过了些时候，徐再去时，说《读通鉴论》已经读完了。熊先生问："有点什么心得？"徐接着说了他许多不同意的地方，熊老先生未听完便怒声斥骂："你这个东西，怎么会读得进书！……［像你］这样读书，就是读了百部千部，你会受到书的什么益处？读书是要先看出他的好处，再批评他的坏处，这才像吃东西一样，经过消化而摄取了营养。譬如《读通鉴论》，某一段该是多么有意义，又如某一段，理解是如何深刻，你记得吗？你懂得吗？你这样读书，真太没有出息！""这一骂，骂得

---

① 徐复观：《我的读书生活》，《徐复观文录选粹》，台湾学生书局1980年版，第315页。

我这个陆军少将目瞪口呆。脑筋里乱转着,原来这位先生骂人骂得这样凶!原来他读书读得这样熟!原来读书是要先读出每一部的意义!这对于我是起死回生的一骂。恐怕对于一切聪明自负,但并没有走进学问之门的青年人、中年人、老年人,都是起死回生的一骂!"[①] 经过这起死回生的一骂,徐复观后来选择了新的生活道路。徐晚年说他决心叩学问之门的勇气是启发自熊十力先生;对中国文化从二十年的厌弃心理中转变过来,因而多有一点认识,也是得自熊十力先生。徐复观后来为中国文化的再检讨、再弘扬做了出色的工作,著作等身,颇有慧识,在港台地区是熊先生除唐君毅、牟宗三之外的第三大弟子。熊先生的人格感召力,由此可见一斑。人们常说,"经师易得,人师难求"。熊先生是人师!

有的人一辈子教书,但不一定能教人以智慧和德行,纵然有很多学生,却没有受到精神感召和情感熏炙的传人。熊十力就不一样了,他像一团火烤炙人,他像磁石吸引人,他深切地关怀人,并且具有启发人自省自立的真情实感。无论是旧时的经师还是新式的讲堂教授都望尘莫及。徐复观还回忆了抗战末期,徐又去金刚碑看先生,临走时,先生送他送得很远,一面走一面谈自己穷困的经历,并时时淌下黄豆大的泪珠。从这里我们可以看到熊十力个性的影子,他的悲情和忧患。

1944年1月,熊十力作《新唯识论全部印行记》,同月《哲学评论》八卷五期于卷首刊载熊先生四万余言长的《新唯识论问答》。3月,全部《新唯识论》语体文本由中国哲学会作为中国哲学丛书甲集之第一部著作由重庆商务印书馆出版(全一册)。限于战时后方的物质条件,这个排印本印刷装帧质量都不好。是书共三卷九章一附录,三十余万言。"卷上"四章:明宗、唯识上、唯识下、转变;"卷中"两章:功能上、功能下,外加卷中后记;"卷下之一"两章:成物、明心上;"卷下之二"一章:明心下,并一附录。附录包括《略谈有宗唯识论大意》、《答问难》、《答谢幼伟》、《答友人》、《与杨中慎》、《与张

---

① 徐复观:《有关熊十力先生的片鳞只爪》,《徐复观文录选粹》,第345页。

君》等。

这部著作凝结了熊先生近二十年的心血,标志其哲学体系最终成熟。如果说《新唯识论》文言文本是融《易》以入佛的话,那么语体文本则是宗主在《易》了。语体文本不仅仅是文言文本的改写,实际上已逐渐脱离了原有的佛学袈裟,完全是一独立的博大精深的哲学体系。应当说,语体文本的《新唯识论》才是熊十力的第一代表著作。

熊十力在《新唯识论》语体文本中,发挥《周易》哲学义理,依据先秦儒学和宋明儒学精义,创造性地重建了儒学思想体系。全书宗旨为"体用不二、心物不二、能质不二、吾人生命与宇宙大生命本来不二"。作者以"本心"为绝对待,遍为万物实体,不仅主乎吾身,而且遍为万物之主。"本心"是作为万化之原、万有之基的"仁体",是永恒绝对之本体。此体又是每一物的主体,又是流衍变化、化生万物的过程。刚健的本心之显现,有摄聚而成形象的动势,名曰翕;有刚健而不被物化的势用,名曰辟。翕辟相反相成,是一个整体的辩证历程之两个方面。所谓心物万象、文化建制,都是仁心本体的展示、显现、流行、过程。熊十力发挥王阳明、王船山的体用观,反复论述"无体即无用,离用原无体",认为"离用言体",即于"性体无生而生之真机不曾领会"。工夫要在即用显体,从用中悟出本体。宇宙一切原是大用流行,大用流行即是体之显现。我们既不能执著此流行者为真实,谓其别无有体,亦不能离弃这流行者,而外流行以求体。熊十力在本书中凸显天地万物一体之仁,以生意盎然、生机洋溢、生命充实言本体,赋予此本体以生命创造的特质。由此看来,仁心本体亦是一切文化现象和道德行为的根源和根据,是开发创新、社会进步、人格完美的原动力。此体就在我们心中,我们每人都自足圆满地拥有这一个大宝藏。熊十力以这一理路建构了道德理想主义的形而上体系,为现代新儒学奠定了基础。

1944年对于熊十力来说,最大的工程是起草另一部大著——《读经示要》。从正月初一开始,迄秋冬之际而毕。据说,这本书的自序,就是在北碚镇长卢子英捐给熊先生办哲学研究所的一个空荡荡的房子中起草的。当时，熊十力所用毛笔秃而掉毛，没有砚台，用两只粗饭碗代替，一盛墨汁，一盛朱红。熊先生的写作条件，可见一斑。这一年，熊十力约居正、陶希圣、陶钧筹组中国哲学研究所，没有成功。郭沫若、何鲁造访。严立三病逝于湖北恩施。张难先自鄂西来北碚小住，谈到石瑛于头一年冬病逝事，熊十力极为悲愤。这一年，熊十力还在《哲学评论》上发表了一些短文，如《论性》、《说易》、《论文》、《答友人书》、《情感与理智》、《谈郭象注》等；又在《三民主义半月刊》发表《与人论执中》。是年，为居正《辛亥革命札记》（梅川日记）一书作序，又为谢幼伟《现代哲学名著述评》作序。

1945年9月2日，日寇投降，八年抗战胜利结束。中华民族经受了痛苦的磨炼，血与火的洗礼。

这一年，熊十力在《图书集刊》第六期发表《重印万澍辰〈周易变通解〉序》，在《中国文化》第一期发表《论汉学》，在《三民主义半月刊》七卷八期发表《说食》。熊十力所写的《吴崑传》、《何自新传》，收入是年由重庆商务印书馆出版的张难先著的《湖北革命知之录》中。

是年12月，熊十力继《新唯识论》之后推出的又一鸿篇巨制《读经示要》，由重庆南方印书馆作为中国哲学丛书甲集之三印行。全书共分三讲：（一）经为常道不可不读；（二）读经应取之态度；（三）略说六经大义。这部三十万字的大作，是熊先生文化哲学、政治哲学、历史哲学和思想史专著。这部著作的初版本带有抗战的痕迹，系土纸本，铅印，印刷装帧都极不佳。

熊十力认为，六经是中国文化根底，《易》为五经之源，《大学》为六经之宗要。作者特拈出《周易》、《春秋》、《周官》、《礼运》加以疏释，发掘其中自由、民主、社会主义思想和科学精神，批判秦汉以降的君主专制制度及其思想钳制。作者认为，先秦儒学经典中之"天命"、"天道"与"性"是一非二，即为万物之本和吾人所以生之理。"夫道生生也，生天生地生人只是此道。……尧舜以来，历圣相承，逮于孔子，皆从人生日用中敦笃践履而后旷然默喻于斯。至哉道也！生生不息，真常维极。反己自识，则万化在我，万物同体。仁覆天下而我无功名，本性自足而脱然离系……夫经之所明者，常道也。常道如何可废？"①

在本书中，熊十力肯定汉学、宋学各自的贡献，尤其推重宋明儒者反己体认的内圣之学，又批评其守静窒欲主张，病其拘碍。对朱子学和阳明学多有发挥，在"心即理"上认同阳明，在格物学上认同朱子。作者赞扬王船山、黄宗羲等晚明诸大儒的革新精神和实学风格，认为晚明是继晚周之后中国文化又一黄金时代，足以接殖西学。在文化观上，熊先生既不同意"西化派"，又不同意"国粹派"，主张以民族精神为主体融贯中西。本书把汉学、宋学打通了，把朱熹与王阳明也打通了。

抗战八年，熊先生在颠沛流离之际潜心游于玄圃，取得了丰硕的成果。除写作了大量书札短论外，最主要的是拿出了两部巨著：《新唯识论》语体文本和《读经示要》。熊先生以这两部著作向抗战胜利献了厚礼。

1944至1945年，学术界关于熊十力哲学的评论增多。1944年12月，《图书季刊》五卷四期发表周通旦《新唯识论（熊十力著）》一文，《海潮音》刊载刘天行《新唯识论述评及质疑》一文。1945年2月，王恩洋在内江出版的《文教丛刊》第一期发表《评新唯识论者之思想》，同月《文化先锋》四卷廿期刊载周通旦《熊十力先生哲学释疑》，四月《建国导报》一卷十七期刊载贺麟《陆王之学的新发展（介绍熊十力及马一浮二先生的思想）》，九月《三民主义半月刊》七卷一期刊载黎涤玄《记熊十力先生自述》，十二月《哲学评论》九卷四期刊载周通旦《读新唯识论》。

其中最值得重视的是贺麟先生的评价。贺麟认为，熊十力是陆王心学的集大成者，其哲学为"绝对的唯心论"。熊先生"对陆王本心之学，发挥为绝对待的本体，且本翕辟之说，而发展设施为宇宙论，用性智实证以发挥陆之反省本心，王之致良知"。贺麟认为熊十力哲学是"陆王心学之精微化系统化最独创之集大成者"。熊先生"冥心独造地，

---

① 熊十力：《读经示要》，卷一，上海正中书局1949年印本，第9页。又见《熊十力全集》，第三卷，第576—577页。

直探究宇宙万有的本体。本体，他指出，是无形相的，是无质碍的，是绝对的，是永恒的，是全的，是清净的，是刚健的。最后他启示我们，人的本心即是具备这些条件的本体"。贺麟高度评价了熊十力的"仁的本体论"、"仁的宇宙观"。贺先生认为，熊先生"明晰指出本心与习心的区别，最祛除不少误会。因一般反对唯心论的人，只能反对执著习心的主观唯心论者。若根本反对心同理同的本心，即等于根本反对哲学，而只承认有心理学"。贺麟先生指出，熊先生"翕辟成变"说"破除把心消纳到物、执著物质的唯物论，并破除执著习心或势用之心，把物消纳到心的唯心论，而成一种心物合一的泛心论"。心物既为一个整体的两面，则心物永不分离。"但熊先生的高明处，即在于认为与物对待或与物合一之心，无自体，换言之，非本心，非本体，乃本体显现之一面。是以他既能打破科学常识的拘束，亦不执著泛心论，而归于绝对先天的本心。""假如他单讲本心而不言翕辟，单讲本体而不讲大化流行之用，即不免陷于空寂。然而他又能发挥阳明'即知即行'的意蕴，提出体用不二、即流行见本体的说法，以为基础。……所以他所提出的即用显体之说，实不啻为反本归寂，明心见性，指出一下学上达简易平实之门径。"①

谢幼伟先生指出，抗战时期，最有创获、有永久价值的哲学著作，首推熊十力的《新唯识论》（1944年商务版）、贺麟的《近代唯心论简释》（1942年独立版）、章士钊的《逻辑指要》（1943年时代精神版）三书，其次是冯友兰的《新理学》（1939年商务版）、金岳霖的《论道》（1940年商务版）和沈有鼎的《意指分析》（发表于1944年的《哲学评论》上）。谢幼伟认为，这是抗战期间哲学界最有价值的学术成果，"可以说是中国哲学的新生"，"不论在哪一方面，都显示特殊的色彩"。谢幼伟评价熊十力哲学的价值，"不仅中国哲学上尚是少见，即置诸西洋哲学名著中，亦当占一地位"。熊十力先生"不惟保存了中

---

① 贺麟：《陆王之学的新发展》，《建国导报》1945年一卷十七期；《当代中国哲学》，胜利出版公司1947年版。又见《熊十力全集》，附卷（上），第667—671页。

国哲学的优点，而且改正了中国哲学的缺点"，足以代表现代中国哲学的如下特征："其主张为唯心的，其精神则理论与实践并重，其方法则直觉与理智相辅，而其态度只为哲学的（非宗教的）"。①

抗战时期，中国的哲学界得到长足的发展。以上成果，都清楚地表明了在西方哲学的影响、刺激下，在近世佛学的新研究方法训练的基础上，中国哲学有了深度的开掘和广度的拓展，乃至有了新的哲学系统。中国哲学界当时正是在儒佛的对立、程朱与陆王两派的对立、汉学传统与宋学传统的对立中得到新的调解。此期间，对于中国哲学更有了新的整理。同时，有计划、有系统、有学术水平地译介西方哲学。1941年，贺麟主持的中国哲学会西洋哲学名著编译委员会的成立即是一个标志。

熊十力的《新唯识论》语体文本和《读经示要》分别被作为中国哲学丛书甲集之一和之三出版，亦是一份殊荣。（甲集出版有创见的哲学著作，乙集出版中国哲学史研究著作。）这也表明了熊先生的一家之言在中国哲学界的地位。1944年，中国哲学会召开第四届理事会。理事有：方东美、全增嘏、汪奠基、何兆清、吴康、金岳霖（常务兼会计）、林宰平、宗白华、胡适、范寿康、冯友兰（常务）、张君劢、张东荪、汤用彤、贺麟（常务兼秘书）、黄建中。下设西洋哲学名著编委会（贺为主任）、中国哲学研究会和中国哲学会编委会（均冯为主任）。参加者除上述部分理事外，尚有张颐、瞿菊农、刘衡如。

特别应当指出的是，熊十力（1885—1968）、冯友兰（1895—1990）、金岳霖（1895—1984）、贺麟（1902—1992）的哲学，是抗日战争时期中国哲学的瑰宝。他们是在艰难困苦、颠沛流离之际，满怀悲愤、悲情、悲愿和中华民族必定复兴的坚定信念，发愤创制了各具特色的民族化的哲学体系的。在吸纳古今中西印各种思想资源的基础上，他们的哲学挺立了民族文化的主体性，为传统哲学现代化作出了难能可贵的探索。他们又摆脱了中西文化冲突碰撞中的情绪化对峙，开始了真正意义上的"新的综合"，即在吸收融化、超越扬弃中外文化遗产的基础

---

① 谢幼伟：《抗战七年来之哲学》，被收为贺麟《当代中国哲学》之附录；又见谢著《现代哲学名著述评》，正中书局1947年4月初版。

上，重建民族文化精神。

熊、冯、金、贺共同的、终极的关怀是重建中国哲学，尤其是它的形上学。他们面临的、必须作出回应的，不仅有外王学的问题，即中国社会与中国文化的现代化的问题；更重要的是内圣学的问题，即重新探寻人类的、民族的精神家园，人的安身立命之道，人对于宇宙、人生的根本意义的终极信念。在这一方面，特殊的中国文化之精神价值，能否救治人们在工商业竞争的紧张下出现的无所依归、无所适从的精神或心理危机，即信念、价值、存在与形上的迷惘，填补五四运动以来，对传统的冲击、毁谤之后留下的一大片精神或心理的空间，则是至今仍摆在我们面前的思想或哲学难题。不解决这些问题，中国的现代化只可能是无本无根的，只能是片面化、平面化的。抗战时期，熊十力等很敏锐地作出了回答。不管他们各自的结论如何，那是不重要的。重要的却是，他们各自都作了思考，提出了问题。可惜以后几十年的阶级斗争的紧张，致使他们和后续者不可能接着来回应这些根本问题。

熊、冯、金、贺哲学的另一个意义在于：能否使中国哲学重新挺立于世界民族现代文化之林，取决于中国哲学家能否现代化地建构我们固有的文化精神与哲学智慧。这种建构、阐释或表达，必须部分地摆脱注经或解经传统，但又不能完全抛弃传统哲学有益的概念、范畴；必须部分地摆脱原有的语言和方法，使用新的语言表达和方法论架构，具有冷峻的理性思辨和严整的系统，但又不能阉割传统哲学的神髓和风貌、活的精神和丰富的情感，而且仍然可以使用体悟的、哲理诗的形式；必须从深层次上把握中西印哲学之本质特点，而又不能没有哲学家个人的创见、卓识，不能没有自己独立完整的思想系统和独特的风貌、风格、个性。

熊十力的"本心"、"体"、"用"、"翕"、"辟"，冯友兰的"理"、"气"、"道体"、"大全"，金岳霖的"式"、"能"、"道"，贺麟的"仁"、"诚"、"心"、"物"、"知"、"行"等范畴的讨论，试图找到中国文化区的中坚思想与核心价值系统，捕捉中国人关于世界和自身之觉解，把握人之所以为人的根据，并且与现代化的外王学联系起来。"本立而道生"。人生最根本的信念、依托、根据，是我们从事的现代化的政治、经济、科学、文化活动的本体的支撑。

抗战时期熊、冯、金、贺哲学，是传统哲学与现代哲学、中国哲学与西方哲学、中国内地哲学与港台及海外华人哲学的中间环节。我们如此去体会熊十力等的哲学创慧，才不致拘泥于细节，而把握其精神。①

三 复员之后——居无定所

1946年春，熊十力由重庆返回武汉。他在八年之后重踏故土。熊十力住在汉口保元里12号连襟王孟荪先生家。王孟荪是银行家，平素对熊十力家多有资助。熊十力小女再光曾过继给他。是年，熊十力曾向鄂省议会建议为刘静庵、王汉、何自新等昔日辛亥革命烈士建立新祠，以慰忠魂。虽获通过，惜未实行。夏初，熊十力重入川。当时，熊十力早年在南开时的同事孙颖川（学悟）先生（1945年2月经王星贤联系上的），在四川五通桥任黄海化学工业社（原为著名化学实业家范旭东创办）社长，邀请熊十力主持其附设哲学研究部。

熊十力一生有一个难圆之梦，就是由他自己来主持一个民间的哲学研究所，可惜好梦难圆，原因盖在于经费问题无从着落。此次黄海社虽经济上并不宽裕，仍能满足熊十力的愿望，亦是盛举。熊十力在此间也没有拿多少薪，以便多招一二学人。关于熊十力在五通桥办哲学研究部的资料，笔者承熊先生弟子周通旦的女儿周泽玲女士寄来当年熊先生与学生的合影，又承熊先生弟子韩镜清先生以当年所印《黄海化学社附设哲学研究部特辑》相示。这个特辑的主体是熊先生1946年8月望日所写的两万言《讲词》。从熊先生另一位弟子所剪贴的资料看，这个《讲词》当时曾以《中国哲学与西洋科学》为题在某报连载九次。《讲词》的内容是中西文化比较研究，相当广博而有深度。

《特辑》首先是以孙学悟名义写的《缘起》，指出为纪念亡友范旭

---

① 关于熊十力、冯友兰、金岳霖、贺麟哲学之间的联系和区别，请见拙文《熊冯金贺合论》，载北京《哲学研究》1991年第2期和台湾《哲学与文化》1991年7月出版的总第206期。

东先生,探讨哲学与科学的关系,"庶几置科学于生生不已大道,更以净化吾国思想于科学熔炉,敦请熊十力先生主持讲座"①。《讲词》之后另有两个文件,一是《黄海化学工业研究社附设哲学研究部简章》,另一是《黄海化学工业研究社附设哲学研究部理事会简章》。从中不难体会熊先生的教育思想。其中教学宗旨规定为:"上追孔子内圣外王之规";"遵守王阳明知行合一之教";"遵守顾亭林行己有耻之训"。主课为中国哲学、西洋哲学、印度哲学,兼治社会科学、史学、文学,此外还有科学方法论。②

这个研究部因经费拮据的原因办得不甚理想,该社亦有迁回北方之议,因此熊十力在这里似并不遂意。所办之事,就是请王星贤协助自己汇编《十力语要》卷三、卷四。卷四其实就是《尊闻录》。卷三则是未曾汇集过的熊十力1942年至1946年间的短札书信,原系黄艮庸所选存者,计有62篇。

1946年发生了两次熊十力退回蒋中正资助他办哲学研究所经费的事。一次发生在是春,熊十力住在汉口王孟荪家。蒋曾令陶希圣打电话给湖北省主席万耀煌,送一百万元给熊十力办研究所。万派人送给熊,熊当场退掉。来人说不收下回去不好交差,熊说,这不关你们的事,我熊某对抗战既无寸功,愧不敢当。③ 这一件事显然与陶希圣有关。

---

① 孙学悟:《黄海化学工业研究社附设哲学研究部缘起》,载1946年自印本《黄海化学工业研究社附设哲学研究部特辑》。又见《熊十力全集》,第四卷,第558页。

② 熊十力:《黄海化学工业研究社附设哲学研究部简章》,载1946年自印本《黄海化学工业研究社附设哲学研究部特辑》。又见《熊十力全集》,第四卷,第585—587页。

③ 关于这一件事,我访问了熊先生长女熊幼光、徐碧宇夫妇及多人,他们都曾提及。民间传说熊把来送钱的人打骂赶走了,熊幼光夫妇说是婉谢退走的。又,我在拙著《熊十力与中国传统文化》中说钱是蒋令王东原省主席送的,不对。当时省主席已是万耀煌。台湾中兴大学教授李霜青先生是熊先生生平和思想研究的开拓者之一。他曾来信纠正过这一说法。他在1989年12月给我的信中说,他曾访问过万、陶:"万耀煌先生告诉我,钱是他任省主席时送给熊先生的。陶希圣先生也告诉我,是蒋主席命他打电话给万耀煌省主席的。"

这年六月，徐复观将熊十力《读经示要》呈送蒋中正先生，蒋令何应钦拨款法币二百万元资助先生办哲学研究所。熊十力再次拒绝馈赠。

1946年6月7日，熊十力致函王孟荪转徐佛（复）观（信写到最后，决定不通过王而直接寄徐了）。此时熊先生住汉口三新街市立中学杜曜如处。

孟兄：转示佛观信已收到。研究所已决定罢论。弟禀气实不厚，少壮已多病，兄自昔所亲见也。只平生独处成习，（此为保命之原，曾告佛观。）又常游心义理之中，故未遽殒耳。然去年以来，衰象忽增。今春回汉，所闻所见，无非乱人损人刺人伤人之事。前年由金刚山上往返北碚，毫不觉苦。今市中与公园咫尺，每往一次，腰部胀痛。此等衰象，确甚险也，生命力已亏也，中医所云元阳不足也。弟因此决不办研究所。北方如[不]可去，定回北碚，否则亦欲另觅一静栖之所。觉老（按即居正先生）十日或可到，但亦决不与之谈此事。佛观以师事我，爱敬之意如此其厚，岂愿吾早无耶。研究所事，千万无复谈。吾生已六十有二，虽不敢曰甚高年，而数目则已不可不谓之大，不能不自爱护也。何敬之先生款，既不办研所，自须璧还，否则将成笑话也。此信千万即日看后并转示佛观。希圣先生，亦烦佛观转之一看。六月七日午后

此信所附另纸无上款，径写下去：

研所不独今日无精力也，以事势论，亦宜罢。昔时本意，原专藉乡谊（专字吃紧），纯是民间意味，则讲学有效，而利自在国族矣。若声气渐张，在我虽无夹杂，而如斯浊世，人心险如山川，妄猜妄诬，吾个人不足惜，其如所担负之学术何？章太炎一代高名，及受资讲学，而士林唾弃。如今士类，知识品节两不败者无几。知识之败，慕浮名而不务潜修也；品节之败，慕虚荣而不甘枯淡也。举世趋此，而其族有不奴者乎？当局如为国家培元气，最好任我自

安其素。我所欲为，不必由当局以财力扶持。但勿干涉，即是消极扶持。倘真有意主持，正当办法，则毋宁由教部以国立方式行之。如中央研究院，专为国家学府，则无所不可。但今之教育当局恐未足语此耳。吾顷当有依止，容一二月后相告也。又及。

亦可与希圣先生一看。

寄还汉口三新街市立中学杜曜如转。

由［此］信写时本以答孟荪先生，请其转你，后恐他忙乱迟发，故直寄你。此是铁案不可移之言。幸勿再进行。何公款切须还。

希圣先生处，此信必与之一看。①

这一封信最清楚不过地表明熊十力像爱护眼珠一样爱护名誉、自尊和学术生命，保持气节操守，坚持独立人格。虽然他非常想办哲学研究所，但因是政府最高当局资助，他宁可不办，也不能拿这笔钱。说身体不好，绝不办研究所，只是托词，因为他不久即动身去五通桥办研究所去了。他坚持民办，不愿沾染官方的秽气，以保持己性、独立性。拿了官方的钱，人家就要干涉，就要为官方服务，熊十力清醒得很！任何持公正之心的人，从此信中所读出的意涵都会如此，都会赞扬熊先生不肯为五斗米折腰的精神。

关于这一件事，徐复观作为当事者，是这样回忆的："先生的大节，首表现于他的民族思想……他对国民政府的误会颇深。我曾将他新

---

① 此据王守常兄整理稿，标点略有改动，重点号是我加的。此信年代，景海峰兄判定为1946年，是。此函我编入《熊十力全集》时，对照原件复印件校核，并用括号补字，见第八卷，第484—486页。翟志成君"审订"时，将此分为两信，又把后一半判为6月6日，误。翟氏审订稿发表于台北《当代》杂志1992年第七十六期95页NO.22和第七十七期86页NO.23。翟君不能客观公正地看待此函，他从此信中读出的竟是：熊先生不是不要蒋的钱，而是争名义，如果蒋的钱以教育部或中研院的名义送，熊先生是乐于接受的。说见《当代》七十七期第69—70页。翟君显然在断章取义、借题发挥。此不须多辩，读者自有公论。蒋的钱即使转个弯，熊也不会要！

出的《读经示要》，呈故军事委员会委员长蒋公一部，蒋公馈法币二百万元，先生深责我的鲁莽，后以之转赠流徙于江津之内学院，即是这种感情的反映。但对抗战一事，则衷诚拥护，历艰茹苦，绝无怨言。当时的欧阳竟无及马一浮两大师，亦莫不如此。因为在深厚的中国文化传统中，很昭著地教示知识分子，以一个最基本的立足点，即是民族的利害，必然地高置于政权是非之上。在此等处有所颠倒，其他学问，便难有一安放的地方。"①

1947年仲春，熊十力由重庆乘船东下，然后由武汉北上，于4月24日抵北平，重返暌违近十年之北京大学。先后住孑民堂后院集体宿舍和沙滩松公府宿舍。熊十力与北大胡先骕谈学术与养材问题，建议北大设立哲学研究所。

1947年4月，熊十力接受美国康乃尔大学柏特（E. A. Butee）教授对他的访问，并与汤用彤、胡适、林宰平、金岳霖、梅贻宝、贺麟、朱光潜等出席中国哲学会欢迎柏特的会议。熊先生在北大孑民堂上课，殷海光、刘孚坤等曾听课。是年北大50年校庆，《哲学评论》为祝贺林宰平先生70华诞出专号，熊十力撰文《纪念北京大学五十年并为林宰平祝嘏》。是秋，由北平经上海返汉口，在上海住朱惠清家，与牟宗三、徐复观、张立民等合影。湖南衡山县长、熊十力的学生刘树鹏建议湖南省主席王东原在衡山建"船山书院"，聘国学大师熊十力讲学，实未果。

1947年，熊先生在北大与废名同住。废名是1946年返回北大的。他1942年至1946年在黄梅很用功地著成《阿赖耶识论》一书，约二十章，却始终未能出版。这是由熊先生破斥佛教的种子说引发的。彼此见面，少不了唇枪舌剑。② 由续可法师主编，在天津出版的《世间解》杂志，1947年7月创刊号上发表了废名的《孟子的性善与程子的格物》

---

① 徐复观：《远莫熊师十力》，《华侨日报》1979年3月27日，又见《徐复观杂文——忆往事》，台北时报公司1980年再版本，第227—228页。

② 后来在《十力语要初续》中有《与冯君谈佛家种子义》，即是熊先生对废名批评的反批评。

一文。废名认为是关系甚大的文章，写完后给熊先生看，熊先生认为好。《世间解》第三期编辑室杂记写道："熊十力先生在哲学界的地位用不着我们在这里说一句话。说一句话是多余的，说一个字也是多余的。"1947年11月15日出版的《世间解》第五期编辑室杂记曰："熊十力先生也已经南去，想现在已抵湖北老家，祝他获得平安、温暖。——与熊十力住在一起的废名先生也许更加寂寞了。"12月15日出版的该刊第六期刊登废名的《体与用》一文，对熊先生略有批评。1947年12月，《人言月刊》第三期，发表熊十力《论东方哲学与西方科学——答张东荪书》。

  1947年，熊十力论著的出版和发表颇为可观。三月，上海商务印书馆重印《新唯识论》语体本（全一册）。特别是年底湖北版"十力丛书"的印行，非常令人鼓舞。此次印制《新唯识论》语体本三卷四册、《十力语要》四卷四册线装大字本各一千部，印刷质量相当可观，是《新唯识论》和《十力语要》最好的版本。这一次筹印，是王孟荪、林逸圣、张番溪、姚芷孚、吴周钦等，以及联名署《印行十力丛书记》的熊先生门人刘虎生、杜则尧，黄焯、柯树平、丁实存、卢南乔、明无垢、周通旦等奔走的结果。《丛书记》云："虎生等伏念先生著作，于学术界关系甚钜，而世无传本。先生已届高年，书未刊布，遭时衰乱，诚恐散佚。如付书局，则细字密行，纸料又劣，将不数年而坏。眷念及兹，惶然罔措，间与侪辈谋辑丛书付印。力薄则献曝靡济，人微则呼号寡应。因商请省市当道，乐与倡率，幸承万主席耀煌、徐市长会之、王教长文俊、张议长弥川、程参事发轫，酌拨印费。先印出一二种，余俟续筹。"① 实际上除这一次印行的两种著作外，未能续印。校对由刘公纯、李仲强担任。

  《印行十力丛书记》概括了熊先生著作及其主要思想，又引用了《十力语要》不曾收录的熊先生1947年的笔札《与黎邵西教授书》，以及辑《语要》时误遗的《与徐君书》。《丛书记》云："先生之学，规

---

  ① 刘虎生等：《印行十力丛书记》，1947年湖北版《新唯识论》第一卷，第14页。又见《熊十力全集》，第四卷，第24页。

模宏远，而精思果力，直凑单微。……先生教学者治哲学，宜始乎西洋，中涉梵方大乘，而归宿此土儒宗。其说曰：'夫思辨精密，莫善于西洋；极论空有，荡除知见，莫妙于印度佛法；尽人合天，体神化不测之妙于人伦日用之中，莫美于中国。游乎西洋，慎思明辨；游乎印度佛法，荡一切执；归乎吾儒，默与道契。三方者备，而学乃大成。夏虫井蛙，学者宜戒。'据此，则先生言学，植基广大，取资宏博。管窥不可以言天，会通乃几于见道，旁求不失其宗，取舍于斯弗乱。孟轲力拒杨墨，宋师禁窥二氏，方之于兹，何其狭隘。若乃习殊方一派或一家之说而不究华梵先师宏旨，庄呵一察，冉伤自画，此亦先生之所戒也。"①足见熊先生不是狭隘的人，而是兼容并包而又学有宗主的人。《丛书记》着重引述熊先生之论，指出建本立极的形而上学，才是哲学之极诣。肯定了本体论研究的意义和价值，指出了熊先生哲学不反对知识（科学）而超越知识（科学）的特点。又指出《新唯识论》语体本比文言本精密得多，是熊先生哲学根本。《读经示要》与《新唯识论》相互发明，《佛家名相通释》为研究《新唯识论》之参考，《十力语要》则随机酬对，精义络绎，《读智论钞》别具手眼。《读智论钞》是1947年暑假，熊先生再读《大智度论》后的摘录和注释，非常精要，颇有创意，曾在9月《东方与西方》一卷四期上发表一节，又在9月至次年元月《世间解》第三至七期上陆续发表。

《十力语要》卷三直到丛书印行时才首次与读者见面，卷一、卷二、卷四已分别于先期印行。卷一以1935年出版的《十力论学语辑略》为主体，文字略有改动，又增加了40年代初所写的十篇书札、短文和六篇小传，一篇墓志铭。卷四即1930年出版的《尊闻录》，只是删掉了张立民序。卷二即1941年所印者。熊十力在1947年3月所写《增订十力语要缘起》中说："此四卷之书，虽信手写来，信口道出，而其中自有关于哲学思想上许多问题及做人与为学精神之砥砺者，似未

---

① 刘虎生等：《印行十力丛书记》，1947年湖北版《新唯识论》第一卷，第1页。又见《熊十力全集》，第四卷，第3—4页。

容抛弃。"①

　　1947 年，熊先生发表的文章还有：5 至 10 月，在徐复观主办之《学原》杂志一卷一、二、四、六期上发表《论学三书》、《答牟宗三论格物致知书》、《略说中西文化》、《与友论新唯识论》。6 至 8 月，在《哲学评论》十卷五、六期上发表《与柏特教授论哲学之综合书》和致贺自昭（麟）、朱孟实（光潜）的《论本体书与说理书》。6 月在《东方与西方》一卷三期发表《论关尹与老子》。5 至 8 月，在《龙门》杂志发表《论关老之书》、《论湖湘诸老之学书》、《论治学不当囿于一孔书》、《读汪大坤绳荀》等。

　　1947 年，对熊十力哲学的评论，除前已介绍过的贺麟著《当代中国哲学》（胜利出版公司出版），谢幼伟著《现代哲学名著述评》（由熊先生作序并附录熊先生《论玄学方法》）之外，更有周谷城、杜守素（国庠）的批评。周谷城在《中国史学之进化》（生活书店出版）中有专文《评熊十力氏之新唯识论》。此文前曾在杂志上发表。周文批评熊先生本体是遮拨万有而觅取的，如要返本，则必遮拨科学，使我们的行为赶快退到纯一寂净的空无。周文不能同意在玄学上不得不遮拨宇宙万有或外在世界，认为科学的世界不必予以遮拨，如要遮拨科学或科学的安足处，则熊先生的整个体系，都要重新加以考虑。针对此文，熊先生弟子周通旦撰《熊先生哲学释疑》予以反驳，认为说《新唯识论》反科学，恰恰是没有弄懂熊十力哲学的要旨。熊先生哲学正是反对不给科学以一定地位的。周通旦文又作为《十力语要》卷二的附录刊行。

　　杜国庠对熊十力的批评《略论新唯识论的本体论》于 1947 年 11 月发表于《中国建设》第五卷第二期。杜文批评熊先生否认物质宇宙的存在，视之为"空无"，都是"乍现"，是人们的"妄执"，进一步连我们认识事物的意识也作为"妄执的心"，说为空无的而加以斥破，因而否认了知识的价值。杜国庠认为熊先生对于本体的证法，是从概念出发的演绎法，与欧洲中世纪经院哲学家安瑟伦证明神存在的本体论的

---

　　① 《十力语要》卷一，1947 年湖北印本，第 1 页。又见《熊十力全集》，第四卷，第 27 页。

证法一样，是神秘的。熊先生哲学最后基石的反求实证，正像颜习斋所批评的一样，越谈越惑，越妙越妄。现在看来，杜国庠的批评与熊十力哲学本身并不相干。因为熊十力并不否认万象世界及其对它们的认识。熊十力主要是为人们的道德行为作本体论的论证，不是从概念出发的演绎法，与安瑟伦的证明相距甚远。熊先生从生活实践中体证道德的本体和主体的合一，带有理想的和理性的哲学品格。

1947年，报刊上发表的评论熊十力哲学的文章还有：3月份敖英贤在《历史与文化》第二期发表的《与熊十力先生书：论船山易传》，10月份子韬在《世间解》第四期发表的《读〈读智论钞〉》，12月份谢幼伟在《浙江学报》一卷二期发表的《熊著〈读经示要〉》。其中子韬的文章认为熊先生属于"新儒学派"，是用佛理附会、充实、改造儒家哲学的内容，以期因此而重建宋儒理学、新的道统。这套方法也是宋明儒早就用过了的。子韬认为"新儒学派"是以佛释儒，然后再把佛扔开。子韬批评了熊十力所说的佛教只见到宇宙的本体是"寂体"而不曾见到它的"动用"，人生态度上只能以悲观主义为出发点等，认为这都是厚诬佛教。子韬认为新儒学派不但要以佛释儒，而且还要以佛附儒。这样，不但不能显出佛教的至理，而同时也就失去了儒教的真面目。

1948年2月，熊十力再度赴杭，应聘到浙江大学讲学。这次到浙大，是文学院院长张其昀（晓峰）、哲学系主任谢幼伟聘请的。张、谢与文学院教授郑奠（石君）等出资为熊先生在文学院附近辟园筑屋。房屋不大，熊十力名以"漆园"，取庄子知其无可奈何而安之若命以自警。熊十力所写《漆园记》说："吾时念此以自遣，故有契于庄生。然吾以为缓吾痛则可，若姑安乎是，则将负吾平生之心与所学，而不免为庄生之徒，是又吾之所以自警也。"① 这反映了熊十力内心的痛苦，健行不息与安之若命的矛盾。先生自题堂联："白首对江山，纵横无限意；丹心临午夜，危微俨若思。"自此，先生以"漆园"为号。

---

① 熊十力：《漆园记》，《十力语要初续》，第31页。又见《熊十力全集》，第五卷，第46页。

是春，马一浮先生与复性书院同人欢迎熊十力、叶左文两先生小聚，并在杭州里西湖葛荫山庄复性书院庭园内合影留念。叶左文先生系马先生友人，宋史研究专家。一同留影的还有熊、马的老弟子张立民，以及马老弟子寿毅成、吴敬生等，共计14人。

此次熊到浙大，浙大校长竺可桢并不满意。竺承认熊先生对于国学、哲学造诣甚深，但已60多岁，似对学校不能有大的贡献。竺校长希望物色前途有望之青年，认为谢幼伟此举甚无眼光。因此对张晓峰、郑石君来谈建立国学研究所事，考虑资金、时局等问题，不作安排。竺校长是自然科学家，不知人文学者越老越有价值，并非都是龙钟不堪之过去人物也。

1948年，熊十力收安陆池师周遗孤、四女儿池际安为嗣女，改名熊池生，字仲光。此因王孟荪先生推介池家一男四女个个聪明（三姊池际尚后来成为著名自然科学家、学部委员），幼女尤奇特，且曾潜心儒佛诸学，益有超世之志，誓不嫁人。因湖北遭兵祸，安陆鱼烂，际安无所托，孟荪先生请熊先生抚教之。十力先生又将际安的来信给马一浮先生看，马先生亦许其有拔俗之资。熊先生遂允抚为嗣女，以精神与道义相授。取名"光"，欲其显扬先圣之学也。仲光随侍熊先生直至50年代初。6月，熊十力在杭作《命仲女承二姓记》，其中有联云："学惭伏老，传经无待于男；道愧庞公，闻法居然有女。"

4月至10月，熊十力先后在《学原》一卷十二期和二卷一期、六期上分别发表《论事物之理与天理答徐复观》、《略谈新论旨要（答牟宗三）》、《漆园记》等。7月13日致信胡适，并附《读谭子（峭）化书》一文，望予以发表。信曰："适之先生：总觉民生已尽，此局不了。偶阅《化书》，感触万端，信笔写成一纸。本无心于文，自述所感而已。"[①]

1948年秋末，熊十力与仲光经上海坐船到广州，居广州郊外四十多里地番禺化龙乡黄氏观海楼，小地名一称新造细墟。这里是黄艮庸的

---

① 熊十力：《致胡适并附读谭子化书》，见《熊十力全集》，第八卷，第504页。

家，有一农场。时黄执教于广州中山大学，星期天才回。熊十力到广州后，收到邓子琴由南京抄寄印顺法师《评熊十力的新唯识论》的长文，遂借用黄艮庸的名义作长文《申述新论旨要平章儒佛摧惑显宗记》，逐条反驳印顺法师。1949年春，在广州黄家，熊十力给熊仲光讲授佛学。仲光写学佛札记——《困学记》，并经熊十力改定。熊十力住在乡间，甚觉寂寞。因交通不便，谈话问学的人很少，气候湿热，颇感不适。钱穆，唐君毅、唐至中兄妹，王季思等曾来看望先生。钱、唐去看他的时间是4月22日。

1949年2月，《读经示要》由上海正中书局印成三卷三册线装大字本，是《示要》最佳版本。这个本子的印成，徐复观、吴俊升、柯树平等都作了努力。这一年，熊十力又编成两种书。一是胡哲敷30年代在杭州听熊十力讲授《韩非子》，在此基础上撰成四万多字的《非韩》长文，又名《述熊正韩》，经熊十力再作改定，成《韩非子评论》。是书对商韩法家之学持尖锐的批评态度，对专制主义与法、术、势之关系，颇有精到的研究。二是继昨年之工作，编成《十力语要初续》一书。《初续》主要汇集了1947年秋至1949年春熊十力的主要书札、短文，亦有20年代中期的书札三通，由友人保存献出。此外，还有约六万字的假托黄艮庸答邓子琴名义反驳印顺法师的长文《新论平章儒佛诸大问题之申述》，再就是熊仲光的十多篇读书札记《困学记》，共约十七八万字。熊十力在《十力语要初续》的"卷头语"中说："及门诸子旧辑有《十力语要》四卷，三十六年鄂省印一千部。昨年，栖止杭州，次女仲光又辑《语要初续》一卷。余已衰年，而际明夷之运，怀老聃绝学之忧，有罗什哀鸾之感，间不得已而有语，其谁肯闻之而不拒，奚以存为？客曰：先生语语自真实心中流出，不俟解于人，而人其能亡失此心乎？姑存之以有待可也。余笑颔之。己丑一月十五日漆园老人识。"[①]

《十力语要初续》所收文，有一部分曾发表在《哲学评论》，《学

---

① 熊十力：《卷头语》，《十力语要初续》，第1页。又见《熊十力全集》，第五卷，第3页。

原》等刊物上。基本上反映出抗战胜利之后，熊先生在北平、杭州、广州等地的学术思想与学术活动。其中主要内容乃围绕《新唯识论》作出阐释和发挥，一方面提要钩玄，另一方面继续论战。在徐复观、张丕介、唐君毅、钱穆等人的关照和安排下，主要是由于徐复观的努力，1949 年 12 月，《十力语要初续》由香港东升印务局出版发行。《韩非子评论》也于同月由香港人文出版社出版，亦刊于 1950 年元月出版的《学原》三卷一期上。

熊十力在广州后期，由于内战酷烈，政局动荡，民生凋敝，人心浮散，加以住在广州郊外乡间，封闭于家，音讯阻隔，语言不通，无人谈话，而且气候闷热潮湿，令人疲乏，自然心境不佳。熊十力也是凡人，而且任何人处在这种境况之下都不可能没有种种考虑。在精神、心理的负重状态下念虑身家性命，有某种烦躁不安，亦属正常，可以体谅。由于对国民党政府已失去信心，对共产党心存疑虑，熊十力对未来之生活出路颇不乐观。这种焦躁，是时局带来的。熊十力此时给徐复观、唐君毅、钱宾四、张丕介、牟宗三、万幼璞（儿女亲家）、柯树平、胡秋原等友生写过不少的信，有的信是同时给以上数人的，有时一天就有两封，除了催印《语要初续》、《韩非子评论》外，又在去向等问题上与徐复观发生了一些矛盾。当时，熊十力本意不愿离开大陆本土，流寓海外，但也曾考虑过是否去台港或印度的事；本意欲回北大执教或回湖北老家隐居，但怀有恐共心理；他不愿在黄艮庸家过着封闭的生活，但中山大学有聘书却没有转到手，复旦大学欲聘又未下决心；他也曾考虑去中央大学（南京），又与友人、四川大学教务长叶石荪教授联络，甚至也想应北碚老友卢子英邀再度入川。此间于通信中常骂名士（康有为、梁启超、吴稚晖、胡适等），对章太炎颇不敬，而盛赞曾国藩、胡林翼、左宗棠、李鸿章。

1949 年 10 月 25 日，郭沫若、董必武联名打电报邀请熊十力北上，电报打到中山大学，因中大人多移开，几经辗转，熊十力收到时已是 11 月中旬了。从此，熊十力与颠沛流离、居无定所的生活诀别，再也不为生事犯愁了。

第 四 章

儒的真性 道的孤寂

一 一厢情愿的提议

1950年元月，熊十力由广州回到武汉。董必武元月28日致函熊十力，指出，董与郭沫若、马叙伦、张东荪、张云川诸先生往复商酌，都认为，熊所提出的到北京来后不做官，能讲学，路上要人招扶等，都容易办，只是坐北向南的房子尚未找到。非敢缓也，求之实难。3月7日，郭沫若致函熊十力，告诉熊，已电告湖北省主席李先念备车票。熊十力离开广州时，叶剑英送行，到武汉之后，林彪、李先念曾设宴招待，郑位三亲到住所探望。

熊十力3月到京，齐燕铭到车站迎接。到京后住在董必武租定的北京安定门内车辇店胡同51号，房主为周刘氏，系南向房屋，租金若干担米。6月17日，移住护国寺大觉胡同12号，是张云川觅得的单独的院落。张系熊先生早年的学生。此时，房屋家具均由政府安排购置，工资按当时最高标准订为八百斤小米。

郭沫若本希望熊十力到中国科学院去，那里设有哲学社会科学学部，但熊十力说他仍回北大老巢，按老规矩，每周两点钟课，不到校上课，让学生到他家里来。[①] 他仍然过着独居、思考、著述的生

[①] 1950年5月4日，熊先生复书叶石荪，谓北大哲学系"颇无相纳之意"。说及不去科学院的原因，"因科［学］院犹是过去中研院一辈人，老朽与洋面包似

活。贺麟、任继愈曾分别带学生到熊家听熊讲课。这一段时间，熊十力生活比较安定。董必武、徐特立、郭沫若、李四光、张东荪、张申府、陈铭枢等都来看过他。他与梁漱溟、林宰平、贺麟、伍庸伯、废名等，有过一些往来。得游者有王星贤、郭大中、刘公纯、阴法鲁等。

熊先生希望兴民间学校之教，反对思想禁锢，提倡学术自由研究、独立创造的风气。熊先生到北京的次月，就写信给毛泽东和中央政府，建议设立中国哲学研究所，培养研究生研讨国学；恢复南京内学院，由吕秋逸主其事；恢复浙江智林图书馆，由马一浮主其事；恢复勉仁书院，由梁漱溟主持之。以上后三机构是民间性质，但请中央或地方政府资助。毛泽东曾复信数字："十力先生：四月九日长函读悉，谨致谢意。"[①]不过熊十力仍坚持提以上建议，1951年曾再上书林伯渠、董必武、郭沫若，1954年又分别致函毛泽东、郭沫若。

1950年夏天，熊十力在书肆上偶得《张江陵集》一部。仲秋，写成六万多字的《与友人论张江陵》的小册子（这里，友人是指傅治芗），由几人集资印存二百部。这本书以儒家政治理想来阐释张居正的业绩和张的思想。在充分肯定江陵政绩的同时，批评其禁讲学、毁书院。有一段话，实在是熊十力对中共新政权的提醒："学术思想，政府可以提倡一种主流，而不可阻遏学术自由研究、独立创造之风气。否则，学术思想锢蔽，而政治社会制度何由发展日新？江陵身没法毁，可

不必打在一起"。考虑到自己是北大哲学系老人，"世变而学校之地自若也。故愿回此，挂名养老其间，于义无悖"。又说："吾之学，百年之后能否有人讲，甚难说。吾书恐亦难存下去。""吾常愁苦一室之中无人可与言斯学者"。详见《熊十力全集》，第八卷，第645—646、648页。

① 熊的建议和毛的复信事，是北京大学教授阴法鲁先生于20世纪80年代告诉我的。阴法鲁先生记得的是"十力先生：长函诵悉，谨致谢意。"2002年，我编"熊十力与中国传统文化国际学术研讨会"论文集时，沪上同仁从中共中央文献出版社1998年的多媒体光盘版《毛泽东》中，发现毛致熊手扎，影印寄我。我已将影印件印在《玄圃玄学续集》（湖北教育出版社2003年版）卷首。全信为："十力先生：四月九日长函读悉，谨致谢意。毛泽东 一九五〇、六月十二日。"

见改政而不兴学校之教，新政终无基也。"①

这一年 11 月，熊十力通过张云川与大众书店郭大中、万鸿年商量，将他与印顺法师论战的《摧惑显宗记》印二百册。资金由赵介眉赞助。是书以黄庆（艮庸）述的名义，全称为《申述新论旨要平章儒佛摧惑显宗记》，作为"十力丛书"之一。较之《十力语要初续》中所收入的原文，增加了一些内容，主要是前面增写约一万字，简要概括《新唯识论》的主旨，书后又附录两文，一是《与诸生谈新唯识论大要》、一是《为诸生授新唯识论开讲词》。

1951 年 2 至 5 月，熊十力在北京著成《论六经》，商诸大众书店郭大中、万鸿年印二百余部，作为"十力丛书"之一存之。安贫好学的刘公纯帮助校对。这本书又题"与友人论六经"，友人系指董必武。熊十力春天与董见面时就想与他谈儒家经典，后取笔谈形式。全书于六经中对《周礼》（即《周官》）发挥甚多，带有空想社会主义色彩。是书认为，《周官》、《春秋》之社会主义与民主主义为同一系统，是孔子为万世开太平之书，是中国文化与学术思想之根源。这些观点，在抗战末年的《读经示要》中已经有了，在以后的《原儒》中更有发挥。本书书末的部分，是熊十力致林伯渠、董必武、郭沫若的一封长信。信中恳请当局复兴中国文化，提振学术空气，恢复民间讲学。熊先生的思想是清醒的。

熊十力说："共和已二年，文教方针宜审慎周详，学术空气之提振，更不可缓。余以为，马列主义毕竟宜中国化。毛公思想，固深得马列主义之精粹，而于中国固有之学术思想，似亦不能谓其无关系。以余所知，其遥契于《周官》经者似不少。凡新故替代之际，新者必一面检过去之短而舍弃之，一面又必因过去之长而发挥光大之。"② 熊先生指出，中国过去所有学术思想，不可一刀斩绝。"政府必须规设中国哲

---

① 熊十力：《与友人论张江陵》，1950 年自印本，卷头增语，第 3—4 页。又见《熊十力全集》，第五卷，第 553—554 页。

② 熊十力：《论六经》，1951 年自印本，第 123 页。又见《熊十力全集》，第五卷，第 772—773 页。

学研究所，培养旧学人才。凡在研究机关工作之学者，只需对于新制度认识清楚，不得违反，而不必求其一致唯物。其有能在唯心论中发挥高深理趣，亦可任其流通。""凡高深理趣之影响于人类生活，恒在无形中。无形也，故乃久大，不当持实用之观点以苛求之。民国近四十年，新人物对于固有学术思想太疏隔，此为彰明之事实，无待余言。今日诚欲评判旧学，必先养材。养材必须成立一种研究机关，搜求老辈素为义理之学者，请任指导。"① 他希望首先培养 80 名研究生。

熊十力提出，"私立讲学机关宜恢复者"：（一）南京内学院，（二）智林图书馆，（三）勉仁书院。"一，南京内学院。此为欧阳竟无居士所创办，实继承杨仁山居士金陵刻经处之遗业。杨公道行，犹在众口。欧翁一代大师，不烦称述。谭浏阳在清季为流血之第一人，即与欧翁同受佛法于杨公者也。同盟会中巨子如章太炎等，皆与杨公、欧翁有关系。南京佛学研究机关对革命人物不无相当影响。欧翁虽下世，而其弟子吕秋逸居士克宏前业。当请政务院函商南京省市政府觅一房屋为内学院院址，邀秋逸主持，暂聚生徒数名，由公家维持其生活，以后徐图扩充。吾于佛学本不完全赞同，世所共知。然佛法在中国，究是一大学派，确有不可颠仆者在。内学院为最有历史性及成绩卓著之佛学机关，如其废坠，未免可惜。"② 内学院后来确实得到恢复，不过那是在 10 年以后。

"其次，杭州马一浮先生主持之智林图书馆。一浮究玄义之殊趣，综禅理之要会，其学行久为世所共仰。抗日时，曾在川主持复性书院，不许某党干涉教学，而院费卒无着。当世知其事者不少，尚可查询。一浮以私人募资，选刻古书，皆有精意卓裁，于学术界大有贡献，后改立智林图书馆，绝无经费。清季以来，各书局翻印古籍，甚多错误。保存木刻，不失古代遗法，似亦切要。拟请政务院函杭州省府、市府，酌予资助其刻书事业，并得聚讲友及生徒数名，存旧学一线之延。一浮之友

---

① 熊十力：《论六经》，《熊十力全集》，第五卷，第 773—774 页。
② 同上书，第 774 页。

叶左文先生，博文约礼之醇儒也。同居讲学，实为嘉会。"①

"其三，梁漱溟先生主持之勉仁书院。在民国十年左右，彼与北大哲学系诸高材生，有私人讲习之所，曰勉仁斋。青年好学者，颇受影响。抗日时，始在四川北碚成立勉仁书院。漱溟方奔走民盟，余时栖止勉院，曾以《大易》、《春秋》、《周官》三经教学者。漱溟本非事功材，以讲学为佳。愚意，拟请政府准予资助其恢复勉院。规模不必大，使其培养旧学种子可也。"②

"中国文化在大地上自为一种体系。晚周学术复兴运动，此时纵不能作，而搜求晚周坠绪，存其种子，则万不可无此一段工夫。中国五千年文化，不可不自爱惜。清季迄民国，凡固有学术，废绝已久。毛公主张评判接受，下怀不胜感奋，故敢抒其积怀。年来深感政府以大公之道，行苦干实干之政。余确有中夏复兴之信念，故对文化，欲效献曝之忱。"③

熊先生这些话说得相当客气，但在当时亦是空谷足音，特别具有深意。关于不必强求一致信奉唯物主义，允许唯心论流通，关于应当复兴私人讲学，培养旧学种子，弘扬固有学术文化，可谓言人之所不敢言。熊十力在本书开篇从立国之道的高度，提出今之所急，莫如立国立人精神。强调中华立国五千年，自有高深悠久之文化。中国人之做人与立国的特殊精神，正是我们的立国之道。虽被人目为迂阔，却令人深思。他认为，全世界反帝成功后，孔子六经之道当为尔时人类所急切需要，故希望政府注意培育种子。

熊先生不同意斗争哲学，亦看到夸大斗争的绝对性的弊病，指出中西文化之不同。1951年5月，熊十力曾托李渊庭带一字条给梁漱溟："《易》与新学说确有不同处。新义根底是斗争，《易》道虽不废斗争，但斗争是不得已而用之。要以仁义为经常之道，我正在于此处用心。"④

---

① 熊十力：《论六经》，《熊十力全集》，第五卷，第774—775页。
② 同上书，第775页。
③ 同上。
④ 熊十力：《与梁漱溟》，《熊十力全集》第八卷，第653页编者注。

是月，曾有两长函致梁漱溟，讨论梁著《中国文化要义》，对梁先生提出的中国文化"早熟"、"退化"诸说，对所谓中西文化发展归本于情感与理智各有偏胜之说，关于中国古代没有"民治"思想之说，关于中国学术不能谓为哲学，不妨说为主义与思想及艺术云云，熊十力都提出了批评。①

这年6月30日，熊十力致函蒙文通，言及自己的孤独，说自己足不出户，亦无人往来，老学生只二三人有时来小坐。林宰平住得太远。梁漱溟和张东荪不常到此，所思亦不尽同。唯贺麟还常见面。贺是性情中人。北大哲学系学生九人左右，每星期天来一次，听熊先生讲授《新论》，然往往因开会游行，不能不多旷缺。8月，通过张遵骝介绍，刘静窗始与熊十力通信。

1951年腊月至1952年秋，熊十力集中精力删削《新唯识论》语体本，文字减少了近一半左右（熊先生自己说减少了三分之二），结构、主旨未变。1952年秋移居什刹海后海的鼓楼大金丝套十三号，一所小四合院。这是国务院购买的，乃公房，安排熊先生住。（熊先生1954年离开北京时即把房子退还公家。）1953年冬，由董必武协助印行的《新唯识论》（壬辰删定本）问世。是书线装一册，仍是上中下三卷九章，加一附录。是书"赘语"仍申体用不二、心物不二、能质不二、吾人生命与宇宙大生命本来不二等义，强调推衍《易》义，归本《大易》。熊十力说自己"七十年来所悟、所见，所信、所守在兹。今衰矣，无复进境，聊存此书，为将来批判旧学者供一参考资料"②。

1953年，美籍华裔学者陈荣捷的英文著作《现代中国宗教之趋势》由美国哥伦比亚大学出版，在"知识分子之宗教"一章详述了熊十力的《新唯识论》，首先把熊先生思想介绍到西方。

1953年，斯大林去世，让许多小学生也哭成一团。熊十力对此持坚决的批评态度。

---

① 熊十力：《与梁漱溟》，《熊十力全集》第八卷，第653—660页。
② 熊十力：《新唯识论》（壬辰删定本）"赘语"，《熊十力全集》，第六卷，第4页。

1954年，自春至秋，熊十力埋头著《原儒》。这是熊十力的又一大著。到中秋节，熊十力已将上卷写完。熊十力在北京居住，生活上乏人照料，仲光早已外出参加工作，幼光一家住得又远，加以气候干燥，冬季太冷，遂提出要求，回上海依子世菩居住。董必武从他生活上考虑，也劝他去沪与家人团聚。董老说，老人还是与子女住在一起好。10月29日，由弟子刘公纯、周朋初陪同，先生离京，从此定居沪上。行前，董必武、林伯渠、吴玉章等在北京饭店为熊十力饯行。

　　50年代初，熊十力在北京四年多的生活是安定的，但也是孤寂的。他虽然受到礼遇，但内心深处却充满着惆怅。他那一厢情愿的建言，关于复兴中国文化、重振古代儒学的主张，不可能不被晾在一边；而自己的哲学，理会者更加稀少；昔日的友朋门生故旧又开始各忙各的，聚首日渐稀罕。在北京先还有些学生来谈谈，后来就没有什么人上门了，有的连信都没有一封了。有的人过去对他执弟子礼，但是到某种运动一来，竟说我不知道熊有什么学问。这才是他离开京华的真实原因。

　　初回北京的那些年，一段有趣的轶闻，是熊十力与齐白石的交往。仲光经人介绍曾从齐白石学画，成为白石老人的女弟子之一。齐先生有一天忽然提出访问熊先生。国画大师与哲学大师竟然一见如故，相见恨晚。熊十力的书法很少有人称赞，独独齐白石认为妙不可言。熊曾写一文祝寿。齐白石很佩服其文采，曾请熊为齐母写祭文。齐白石为此还送给熊一幅题为《老少牛》的国画。齐白石曾对人说，熊十力是我最好的朋友。

二　更加孤独的晚年

　　熊十力回上海前，上海市府出面，将世菩家所居闸北青云路169弄91号寓所的楼下住户迁出（世菩原住楼上），便于先生居住。11月，刘静窗先生拜谒熊先生。此后七八年间，熊刘过从甚密，切磋学问。刘还为先生看病，并介绍中医程门雪医生为先生看病。12月，熊致书郭沫若，提出精神文明与物质文明并重，正确评价、实事求是地研究中国传统哲学自身的特点，马克思主义宜中国化，正确对待西方唯心主义者的论著,以及中国辩证法的特点,中国哲学没有唯物主义与唯心主义之形态,张横渠、王阳明与王船山哲学的关系,哲学研究所如何才能办好等等意见。同月,又致书林宰平及黄艮庸,批评吕秋逸的《佛家辩证法》一文。这两通长函的底稿钞在一起,取名为"甲午存稿"。

1955年初将《原儒》上卷交寄印刷厂排印,5月印出一百部。是春又应唐玉虬之邀,作《哀文》,为唐悼念夫人的集子《怀珊集》所收。因家人太多,孙辈又小,写作环境很差,因而四处觅房。向在杭州、苏州的友生联络,又向在北京的友生联络,很后悔不该退北京什刹海的房子。他说,因家居烦扰,白天无可用心,不得不起五更,损神伤气。熊十力仍然想一个人独住,以专事写作,避免干扰。在给唐致中的信中说:"吾有三戒:一、不出门,二、不会客,三、不写信。衰年求静,聊以卒岁。望汝亦闭户读书与教书。令慈年已衰矣。开拓胸怀,遣除俗累,唯学圣人之道以自娱可也。"[①]

1956年2月2日傍晚,熊十力正在家中洗澡,上海市人民政府派员来说:"陈毅副总理(兼上海市长)请熊先生到北京去开会。能坐飞机,明天动身,如坐火车,现在就要动身。"熊十力由人陪侍坐车去京出席已经开幕了的全国政协关于知识分子的会议。这次会议原来并没有请熊参加。在一次小组会上,曾在抗战时与他结识的杨玉清先生说:"今天说的知识分子,即古之所谓士。《说文》上说:'推十合一之谓士'。这就是说,能把复杂的事物简单化,得出定理,得出公式,就是'士'。孟子说:'无恒产而有恒心,惟士为能。'这就是说,只有士才能在困厄中坚守节义,怡然自得。前者所指的是知识,后者所指的是德行。过去曾经有人说:'可惜今天称得上士的人,只有马一浮、梁漱溟、熊十力二三人而已。'梁先生今天在座,马先生也由杭州到北京来了,只有熊先生还在上海。"[②] 熊这次作为特邀代表来京,或许与杨玉清的这番话有联系。此后增选熊为第二届全国政协委员,继当选为第三、四届全国政协委员。以后去京开会,熊先生保证"三到",即开幕

---

① 熊十力:《致唐致中》,《熊十力全集》,第八卷,第734页。
② 杨玉清:《关于熊十力》,《玄圃论学集》,第67页。

到、闭幕到、照相到，其余大小会都不参加，住在宾馆与友生及家人（幼光家及仲光）晤谈。会议期间得以与故交张难先、陈铭枢、吕澂、马一浮、梁漱溟、杨玉清等过从。

熊十力向陈毅提出房子问题，希望给他单独的住处，专事学术研究。3月14日，陈毅复信熊先生，将派市府人员与他面商房子问题。"无论从事著述或作个人修养，政府均应予照顾和协助。毛主席和党的政策如是订定甚为合理，我人所应遵办者也。至学术见解不能尽同，亦不必强求其同。此事，先生不必顾虑。对尊著毅除佩赞外尚有若干意见，俟他日见面时再细谈。"[①]

陈毅市长儒雅风流，对熊十力、马一浮等海内耆硕都十分尊重。1952年春，他亲自到杭州西湖蒋庄拜访马一浮。此前他曾从沈尹默、谢无量处知道马先生的道德文章。陈曾向谢无量学旧体诗，谢介绍他向马学，但去时必须以师礼事之。所以陈毅第一次拜访马先生时穿着长褂，以示尊重。陈毅这位帅才也读佛经，有时还与熊、马谈佛。陈与熊先生见面时，曾扳着指头，如数家珍地说出现代著名鄂东学人，连熊先生都十分惊讶。后来他得知熊先生门庭冷落，学无可传，很多人怕扣"唯心论"的帽子不敢去问学讨教时，曾在一次上海高等学校教师大会上说，熊十力先生是我们的国宝，你们要去问学请教，不要怕说是封建迷信。我们要善于向老前辈学习，还要引导他们跟着时代前进。当然，由于时代氛围的限定，即使有陈毅这番话，仍没有人敢上熊门讨教。因为谁都怕沾唯心主义的边。据说熊十力常向陈写信反映对政府工作的意见，陈毅说，熊先生是难得的诤友。（1957年后，龙榆生被打成右派，熊先生为他讲话，与陈毅谈，陈毅让他不要管。）一次全国政协开会，上海政协工作人员反映熊先生难得招扶。原来，熊十力不准闭车窗，同车厢的人受不了。豪爽的陈毅笑呵呵地对服务人员说：我们国家有几个熊十力？答曰：只有一个。陈说：若大个国家只有一个熊十力，你们能不动脑筋照顾好？给他买四张软卧票包一个厢不就行了吗？此后京沪之行便照此办理了。一次熊幼光还得便与他父亲一道去上海看母亲和弟弟

[①] 陈毅：《致熊十力》，见《熊十力全集》，第八卷，第735—736页。

一家。这都是后话。

在陈毅的关照下,上海市府秘书长管易文为熊十力觅房。1956年6月14日,熊十力搬到淮海中路2068号一座古老的小洋楼第二层居住。房子较宽,有一花园,熊十力很高兴。先由刘公纯陪侍。刘公纯是熊先生私人秘书,极为厚道。1957年左右,马先生需要助手,熊十力介绍刘公纯去杭州西湖蒋庄陪侍马一浮先生。1956年,熊先生老弟子韩元恺(庠生)由湖南邵阳来,因被划为地主,生活无着,熊十力留下。但韩不善抄写,同年通过袁道冲介绍,请松江人封用拙先生来熊寓做文书。后又请一男工做饭。1956年以前,熊先生月薪二百元。1956年,北京大学评定熊先生为一级教授,月薪三百四十五元。先由任继愈,后由北大哲学系办公室每月寄沪。韩元恺、封用拙和一男工工资全由熊先生支付。

是年6月,先生应《哲学研究》编辑部所请,参加"百家争鸣笔谈"。熊十力在《谈"百家争鸣"》一文中指出:"哲学界宜注重中国固有精神遗产与东方先哲学术思想之研究,外学长处不可不竭力吸收,国学有长,亦未可忽而不究,此吾所欲言者。""若批评旧学,只以地主或小资产阶级等名词为主意,而任意取古人书中一段话胡乱骂他一顿,以为是据马列主义作批判,吾恐马列诸哲有知,亦必不愿如此也。"①

这年夏初,熊先生的《原儒》下卷脱稿。初秋,印存一百部。《原儒》上下卷先后各印一百部,是董必武、郭沫若协助的。12月,《原儒》上下两卷线装二册,由上海龙门联合书局正式出版发行。此次共印行五千套,是熊先生单本著作印量最多的一次。这次书局给了稿费,据说熊先生退掉了一半。

《原儒》上卷包括"绪言"、"原学统"、"原外王"三篇,下卷包括"原内圣"篇及附录"六经是孔子晚年定论",共三十余万言。全书重申和发展了作者《新唯识论》和《读经示要》的基本思想。"绪言"

---

① 熊十力:《谈百家争鸣》,《哲学研究》1956年第3期。又见《熊十力全集》,第八卷,第369—370页。

主要论述了作者未及创作的"量论"的规模。作者拟著却未能著成之"量论"的大纲,在这里得到表述。按作者构想,"量论"应包括"比量篇"和"证量篇"。比量篇又包括"论辨物正辞"(实即形式逻辑)和"论穷神知化"(实即宇宙论和人生论中的辩证法)。证量篇主要"论涵养性智",实即通过思维和修养交致其力,达到"天人合德"之境界的冥悟证会方法。

"原学统"篇分述儒、墨、道、法、名、农六家,儒家六经及儒学流变。作者认为,儒为诸家之源。作者主张把六经孔子和汉代以后的三纲五常区别开来。作者批评了儒学在社会政治层面的负面影响,特别是孝治的弊病,而主张弘扬原始儒家"贬天子、退诸侯、讨大夫"的民主精神。

"原外王"篇将儒学传统分为"大道之学"的传统和"小康礼教"的传统。作者指出,孔子外王学的真相是"同情天下劳苦小民,独持天下为公之大道,荡平阶级,实行民主,以臻天下一家、中国一人之盛"[①]。熊十力着重阐述了《易》、《春秋》、《礼运》、《周官》的外王学思想,指出以上四经中即包含有科学和民主思想的萌芽,如格物之学、发展生产工具、尊重知识,以及三世说、民本说等等。作者尤其阐发了"平均"与"联合"的原则,主张"以均(均平、和谐)为体","以联(联合、互动)为用"。

"原内圣"篇着重阐述儒释道三家的体用、有无、心物之论,涵养灵性生活,体证生生乾元性海。熊十力指出,古代哲学家无唯心唯物之分,均主张心物之动态统一。"儒道二家,虽学术不同,而以认识心体为第一着,则莫或异也。禅学直指心源,活泼泼地……然真正认识心者,却是于心之行相而透悟心体,既见心体,方是真正认识心。易言之,即是真正认识精神。"[②] 作者重申了乾辟刚健之心对于自然世界与

---

① 熊十力:《原儒》,上海龙门联合书局1956年版,上卷,第51页。又见《熊十力全集》,第六卷,第450页。

② 能十力:《原儒》,下卷,第61页。又见《熊十力全集》,第六卷,第713—714页。

文化世界的主导作用。他指出，物质世界与精神世界均是本体之功用。

附录《六经是孔子晚年定论》认为，孔子早年服膺小康礼教，五十岁学《易》之后，在内圣外王两方面都有了革命性变化，所创制六经与秦汉儒生改窜的六经，根本精神并不相同。后者拥护专制主义和私有制，前者却是天下为公、选贤与能的民主社会主义。

熊十力在《原儒》中试图以道德的理想主义之内圣修己之学、良知仁德之教，开出科学、民主、社会主义的新外王。他试图批判传统的僵化、腐败之负面影响与束缚，而提扬其中可与现代生活相结合的精神。但作者的一些所谓的"考证"并无实据，多为随意发挥，而又任意将古代原始学术思想打上"社会主义"、"无政府主义"等标记，不甚妥当。熊十力在这里更多地发挥了所谓消灭私有制的"均"与"联"的原则等等，都具有乌托邦思想的印痕。

熊十力的《原儒》流布欧亚、影响深远。政府文化部门曾将此书和田汉的戏剧集分送印度、日本、苏联和东欧来访问的朋友，由此还引起田汉拜访熊翁。日本哲学界曾围绕《原儒》讨论过熊十力学术思想。

1956年秋天，熊十力又马不停蹄地开始起草《体用论》，导致心血管病复发。这年冬天，又曾起心删改旧作《佛家名相通释》一书，但只修改了"撰述大意"和第一个词条，因病而中止。

1957年4月3日，应何自新子何小龙请，为其母杜氏夫人作墓志铭。冬天，《体用论》基本完稿。原计划《体用论》末章为"明心章'，因病而辍笔。

1958年4月，《体用论》由上海龙门联合书局按封用拙抄写稿石印二百册。全书九万言，含明变、佛法上、佛法下、成物四章，明心章有目无文。书前有韩元恺序，时韩生侍奉在侧。但从文气上看，此序仍为熊先生自己所写，假韩元恺名义耳。本书四章，应视为熊先生代表作《新唯识论》语体本"转变"、"功能"上下、"成物"诸章删定、修改的产物。本书集中表达了作者的哲学创见，特别是"体用不二"的学说。熊先生说："此书之作，专以解决宇宙论中之体用问题。""本论以体用不二立宗。本原现象不许离而为二，真实变异不许离而为二，绝对相对不许离而为二，心物不许离而为二，质力不许离而为二，天人不许离而为二。种种原理，皆禀《大易》之辩证法。"①

作者在书成之后，多次对友人说，此书既成，两种《新唯识论》均无保留之必要。但在我看来，本书虽概括地表达了《新唯识论》主旨，但仍不能取而代之。本书的优长是直接点醒体与用的关系问题，便于读者了解熊先生思想要旨，但缺乏论证。全书环绕"实体"、"本体"范畴而展开，对本体范畴的界定较之《新论》则简略得多。作者赋予存在的根源、人生的根据以刚健、乾辟的特性，以陆王心学一系的易学观发挥儒家《大易》形上学。熊十力认为，本体并不超越于万物之上，既是实体又是功能，既是主宰又是流行，既是无又是有，既是体又是用。本体潜在地包含翕辟、乾坤、精神性与物质性等矛盾，正是由于这些内在矛盾的运动变化才展示了丰富复杂的现象世界。实体即是大用流行、灿然现象之自身。反过来说，宇宙、社会、人生，正是由于保留了崇高的"仁""健"德性，才得到健康、和谐的发展。从根本上说，作者肯定的是：积极、主动的精神生命乃存在的本质和根源。作者所发挥的生命本体论、健动人生论、道德价值论和辩证方法论都有积极意义，但不可免地带有"泛心论"的色彩。

1958年10月13日，熊十力在记事簿中写道："本月北大名义解除，由京政协会照顾生活，暂时照北大原薪三百四十五元。"此后，他不再是北大教授，而彻底退休。工资由全国政协发给。这使熊十力心理上更加感到失落而孤寂。这一年，熊十力主要精力放在《明心篇》的写作上。1958年是大跃进的年代，农民出身的熊十力对于大放"卫星"、"吃饭不要钱"和浪费粮食的现象十分不满，曾致函家乡人民，让他们勿糟蹋粮食，把糙米和米糠留下来备荒。

1959年4月，熊以三届全国政协委员身份去京出席三届政协一次会议。在科学出版社出版之《中国哲学史论文初集》上发表《唐世佛学旧派反对玄奘之暗潮》一文。《明心篇》一书由龙门书局排印二百部问世。按熊十力本意，此书像《体用论》那样按封用拙君所抄稿用好

---

① 熊十力：《体用论》，上海龙门联合书局1958年版，赘语第1页，正文第168页。又见《熊十力全集》，第七卷，第5、143页。

纸影印，但因当年纸张紧张，只能用新闻纸以小铅字排印。援前例，稿子先寄北京，审后再由出版社寄给上海办事处印制。

《明心篇》原拟作"通义"、"要略"两部分，后一部分有目无文。作者原作《体用论》时，曾以"明心"为末章，因心脏病加剧而停笔。因此此书以"篇"行世，亦可视作《体用论》末章。从篇幅上看，本书十一万字，已超过《体用论》二万多字。我个人认为，《明心篇》比《体用论》更能代表熊十力的哲学真意，是熊十力晚年最重要的一部著作。

本书主要讨论心性论与认识论问题，发挥生命体验的形上睿智，对本心与习心、科学与哲学、科学的心理学与哲学的心理学、精神与物质、知识与道德、价值理性与工具理性之关系都有深入的探讨。书末附录书札六通及《体用论佛法上下两章补记》一文，均系《体用论》出版之后的答疑之作。

熊十力在《明心篇》中指出："科学的心理学，其方法注意实测，其解释心理现象以神经系统为基础。……哲学的心理学，其进修以默识法为主，亦辅之以思维术。默识法者，反求吾内部生活中，而体认夫炯然恒有主在，恻然时有感来，有感而无所系，有主而不可违。此非吾所固有之仁心欤？"[①] 也就是说，人类的高级心灵——仁心，不是科学的心理学研究的对象，而是哲学的心理学研究的对象。熊十力主张，人生之本性，即是乾元实体，具有炤明、纯粹的德性。因此，人能自识其生命，能爱护与尊重生命，不忍自甘暴弃而精进向上，终能体认吾人与天地万物本来一体。

按熊十力的看法，科学与知识理性应当辅助而且受制于道德价值理性。他根本上主张以仁心良知作主宰，良知之发用即转化成知识和科学技术。他认为，知识不等于智慧（生命的智慧）。"孔子之学以知识与智合一为常道。其要在保任良知作得主，知识自不离于智耳。良知能作主以运用知识，私欲不得干犯，则内部生活自是一诚充沛，明净无垢。

[①] 熊十力：《明心篇》，台湾学生书局1976年影印本，第91—93页。又见《熊十力全集》，第七卷，第220—221页。

鸢飞鱼跃之几,由中达外,德之盛也。"① 因此,人必须护持、弘大本心,克服习心,也就是克服随形躯而来的物欲追求、利益争斗。人禀受天赋生生之德,是为人人皆有的本心。宇宙生命创造精神即生生之德,是一切德的源泉。求仁得仁,自成其能,即能弘大天道。人生不可丧失灵性。而涵养灵性之道,唯在立志。"吾儒体用不二、天人合一,此为探究宇宙人生诸大问题者不可违背之最高原理也。"②

定居沪上以后,熊十力先后与周予同、陈子展、袁道冲、王揆生、周谷城、李平心、任鸿隽、刘静窗、刘佛年、王元化等有过交往。弟子田慕周(镐)、刘公纯、潘雨廷等时常走动。与科学派的任鸿隽先生相互交往、彼此沟通,则是非常有意义的事。据潘雨廷说,熊十力晚年很喜欢听人家讲相对论、量子力学,而任鸿隽先生晚年已不再坚持唯科学主义,倾心中国人文价值。

1960年2月,熊十力曾煤气中毒,闷绝而不省人事,经抢救方脱险。以后神经衰弱更加严重,但他仍然著书不辍,以七十六高龄衰病之身,开始著《乾坤衍》。这一年国民经济极度困难,老人提出减薪,未获准。

1961年立春前写完二十万言之《乾坤衍》,由封先生誊正。仍援旧例寄郭沫若,谋印行一点,以便赠给朋友或各大图书馆、高等学校保存。1953年以后各书均援此例。但这一次因纸张困难,著作寄去数月仍未能印,熊十力不免着急,且对郭沫若甚有责怪之意,甚至一度想抽回书稿。

1961年6月21日郭沫若复函熊十力③:

十老道鉴:

奉来书,敬悉种切。目前纸张的确有些紧张,我自己在科学出

---

① 熊十力:《明心篇》,台湾学生书局1976年影印本,第139页。又见《熊十力全集》,第七卷,第256页。
② 熊十力:《明心篇》,第196页。又见《熊十力全集》,第七卷,第299页。
③ 郭沫若:《复熊十力》,见《熊十力全集》,第八卷,第808—809页。

版社印行的书也久未印出。我已把尊稿送社，请他们抓紧些，将大著早日出版。乞释廑念，珍重不宣。

敬礼！
郭沫若
1961. 6. 11.

《乾坤衍》终于于这年秋天由中国科学院印刷厂按封用拙抄稿影印一百余部。这部著作未能像此前几种书，署龙门联合书局的名义，只是从版芯中缝中才看到中国科学院印刷厂数字。这部著作系熊先生自费影印。（先前几种著作，除《原儒》加印五千套公开出售外，其余的可能亦是熊先生自费印的。）1961 年熊致上海图书馆葛正慧函："附赠《乾坤衍》，实不得已而自费影印。老而不死，力成此书，决不自覆其说。"还引用了陈白沙的"君子恒处睽"。① 陈白沙《读易偶成》有："南乎不可北，东乎不可西。自从孔孟来，君子恒处睽。"睽卦离上兑下，火欲上，泽欲下，违隔乖离之义。睽卦九四、上九爻都有"睽孤"之说。君子之人生旅途，如何不是天涯孤旅！熊先生之孤苦之心，可见一斑。

《乾坤衍》共分两部分："辨伪"和"广义"。书前"自序"，解释书名义蕴，认为"《易经》全部实以乾坤为其蕴"，"学《易》而识乾坤，用功在于衍也，故以名吾书"。第一分"辨伪"借考订儒学源流，发挥作者的政治理想，批判秦汉以降的文化专制主义。第二分"广义"，着力发挥作者的易学观，特别是"乾元性海"、"乾元统天"之说，阐发生生不已、健进不息的宇宙论和人生论，具有生活和生命辩证法的思想特征。其基本精神与《新唯识论》、《读经示要》、《原儒》大体一致。

"乾"为生命、心灵，具有刚健、生生、升进、焰明的特性，能够了别物、改造物、主导物而不受物之蔽。"坤"为物质、能力，具有柔顺、迷暗的特性，顺承生命精神之主导。"乾"即"辟"即"心"，即"生命"与"心灵"等；"坤"即"翕"即"物"，即"质"与"能"

---

① 熊十力：《致葛正慧》，见《熊十力全集》，第八卷，第 811—812 页。

等。"生命心灵之力，一方能裁成天地，变化万物，一方能裁成自己，变化自己。如自植物至高等动物，上极乎人类，生命心灵常以自力裁成自己，常以自力变化自己。""人之生也，禀乾（生命心灵）以成其性，禀坤（质与能）以成其形。阴阳性异而乾坤非两物。性异者，以其本是一元实体内部含载之复杂性故；非两物者，乾坤之实体是一故。"①

熊十力认为，宇宙万有是发展不已的全体，从物质层发展到机体层，从植物机体到低等动物机体到高等动物机体到人类机体层，宇宙演化的动因乃在于实体（或本心、本体）的内在根源，内部蕴含着乾坤（或辟翕）的矛盾。熊先生认为从宇宙肇始，即有生命心灵默运其间，由潜而现，由隐之显，至健无息，不断冲破物质层的锢闭，才有了自然和人类的发生和发展。精神生命与物质生命相辅相成、相互矛盾，但精神生命是天地和人类自身的主导和主宰。本书虽然批评了"摄用归体"，强调"摄体归用"，但仍是作者"体用不二"思想之衍变，并未放弃理想唯心主义的立场。

熊十力多次对人说，有了《乾坤衍》，《新唯识论》可废，但实际上仍不能替代。本书基本精神仍属《新唯识论》，是以《新唯识论》释《易》的著作。他在书中说："余患神经衰弱，盖历五十余年。平生常在疾苦中，而未尝一日废学停思。余之思想，变迁颇繁，惟于儒佛二家学术，各详其体系，用力尤深。本书写于危病之中，而心地坦然，神思弗乱。此为余之衰年定论。"②

1961年夏天，梁漱溟在海拉尔避暑，编成《熊著选粹》一册，又于11月写成三万余言的《读熊著各书书后》一文。梁先生指出，熊"先生之学固自有其真价值不容抹杀"，特选录一些有价值的段落（引自《读经示要》、《十力语要》两种书中，因当时避暑只带有这两种书），"冀有助于后之治东方学术者之研究"。

---

① 熊十力：《乾坤衍》，台湾学生书局1983年影印四版，第241—242页。又见《熊十力全集》，第七卷，第504页。
② 熊十力：《乾坤衍》，1961年印本，第二分，第131页。又见《熊十力全集》，第七卷，第677页。

梁漱溟《读熊著各书书后》一文，主要是批评熊十力的。梁认为熊先生短于自然和社会科学知识，却不求甚解，逞臆妄谈，其治学作风和思想路数存在着很大问题；认为熊先生翻来覆去只看到人们主观的作用，只看到社会上层建筑之相互影响，正是今天所谓主观唯心主义；认为熊十力的失败在于癖好哲学这一把戏，即意在吸收西方哲学，自逞其才，以建立其本体论、宇宙论等等理论体系，背离了中国文化之反躬向内、践形尽性的根本；认为熊先生于佛学既不曾入亦不曾出，以致在一个最根本的问题上，即"我执"的问题上疏了神；承认熊先生在发掘孔子的"革命"、"民主"、"社会主义"的思想上，颇有以自成其说；主张从世界各地不同文化和学术的比较上，而不是仅仅从儒家的立场上来把握儒家的特征和价值。① 梁先生的某些看法，得到马一浮先生的首肯。

1960年林宰平先生去世、1961年王孟荪先生去世、1962年刘静窗先生去世，都使熊十力非常伤心。刘病故后，熊十力亲往吊唁，并慰问家属。国民经济困难时期，唐君毅夫妇常常由香港给熊先生寄来营养品及药品。君毅胞妹致中亦常由苏州寄物品给老人。1962年10月，熊十力赴京出席全国政协会议，董必武到他下榻之民族饭店探望，叙谈甚洽。熊十力长女幼光向董老求字。不久，董老书赠条幅："宁拙毋巧，宁丑毋媚，宁支离毋轻滑，宁粗率毋安排，此傅青主论书法也。十力我兄正字。弟董必武1962年10月。"董必武以傅山的书法美学警语比喻熊先生的人格，倒是恰如其分。

1963年，熊十力79岁，元旦开始动笔起草《存斋随笔》，原拟写成语录体，不期而成专书，解释佛教的十二缘生。春节作自序一篇。是夏，上海奇热，熊十力所居楼房似火宅。先生老矣，精力亏竭，加上气候反常，春夏间或半月不可写出百余字。先生又于书中写道："秋尽冬来，余不堪提笔。近五年中（公元1959年至1963年），常为险病所厄，

---

① 梁漱溟：《熊著选粹》和《读熊著各书书后》，俱见《勉仁斋读书录》，人民日报出版社1988年版。

精气亏竭，解悟视从前不必弱，而记忆力大减，写文辞极窘。"①《存斋随笔》完稿后，熊十力于是年 12 月为自序作一补记。书稿由封用拙誊正后，仍寄北京郭沫若院长。1964 年 12 月，熊十力赴京出席四届政协一次会议并列席人大三届一次会议。其间，陈毅曾来看他，并对在场的熊先生后人说，你爸爸是书呆子，让他写，把他的学术思想都写出来。郭沫若也来看望熊先生，谈到《存斋随笔》印行的种种困难。郭沫若也有苦衷，不便直说。熊十力知此书印行已无望，说如果印若干本留存也不行，请退稿。1965 年初，熊十力收到退稿后，请封用拙再抄一份留存；不久，四清运动开始。初夏，松江县命封用拙回县参加四清，不能留住上海。几经周旋，总算允许封用拙往返暂住。第二份抄稿是封用拙在上海与松江两地抄成的。封用拙自 1956 至 1966 年 11 年间为熊先生当秘书，二人感情很深。

这部遗稿为什么取名《存斋随笔》呢？熊先生在自序中解释说，他平生以诸葛亮的"使庶几之志，揭然有所存，恻然有所感"自勉，取斋名为存斋。平时观物返己，偶有兴怀，则信手写出，初无预立之题目。开初随机所写的这部稿子，慢慢也有了系统。本稿对佛教十二缘生说条分缕析，同时又批评了佛家的性相、体用割裂之说。稿末又论列佛家戒定慧三学，发挥己意。

熊十力 1964 年春夏间大病住华东医院。12 月赴京出席政协四届一次会议时，未赴会场听周恩来的《政府工作报告》，在宾馆研读报告，对其中"从必然王国到自由王国"一段较感兴趣，曾写下心得请董必武阅，并请转毛泽东、周恩来、陈毅、郭沫若一阅。

1965 年元月初返沪与董必武通函。董必武复信说："兄治哲学之背境（郭按，原件为'境'字，现通用'景'），不仅弟理解，吾党之士亦多能理解也。"②董建议熊先生读毛泽东《实践论》、《矛盾论》和恩格斯的《费尔巴哈论》，慢慢读，不要过急。由于坊间均小字本，不适于老人阅读，周恩来自己掏了九十元请人四处觅购线装大字本《毛选》

---

① 熊十力：《存斋随笔》，《熊十力全集》，第七卷，第 891—892 页。
② 董必武：《致熊十力》，见《熊十力全集》，第八卷，第 858 页。

一套、毛泽东四篇哲学著作一册和恩格斯《费尔巴哈论》一册（当时一度大字本颇不易觅得）。以上书籍由董必武秘书沈德纯邮寄到上海，并嘱世菩夫妇，不要告诉老人，书是周恩来私人买送的。

1965年8月，熊十力作《先世述要》，未能作完。

熊十力自1954年定居沪上以来，埋头著述，从《原儒》下卷到《存斋随笔》，有五部之多。他是晚年成果出得最多的哲学家之一。这些著作，虽在结构上、语言上各各不一，但主旨并没有多大改变，仍以发挥他的道德理想主义的形而上学思想为中心。

这十多年来，尽管熊先生也出席一点热闹场面，但总的说来，他的内心深处是孤独的、寂寞的、苦闷的。在1958年出版的《体用论》中，熊先生有诗云：

> 万物皆舍故，吾生何久住。
> 志业半不就，天地留亏虚。
> 亏虚复何为，岂不待后人？
> 后顾亦茫茫，嗟尔独自伤。
> 待之以无待，悠悠任天常。
> 噫予犹御风，伊芒我亦芒。①

这是一种无奈的感喟，道废学绝的悲情。熊十力在1963年写作的《存斋随笔》中慨叹：

> 余年七十，始来海上，孑然一老，小楼面壁，忽逾十祀，绝无问字之青年，亦鲜有客至。衰年之苦，莫大于孤。五年以前，余犹积义以自富，积健以自强，不必有孤感也。大病以来，年日衰，病日杂，余兴趣悉尽矣。②

---

① 熊十力：《体用论》，《熊十力全集》，第七卷，第9页。
② 熊十力：《存斋随笔》，《熊十力全集》，第七卷，第892页。

熊十力1962年5月29日致唐致中并请他转唐君毅、牟宗三的一封信中说："平生少从游之士，老而又孤。海隅嚣市，暮境冲寞。长年面壁，无与言者。海上九年中，独有一刘生（按指刘静窗）时来问佛法，其年才五十，今春忽死去。吾乃真苦矣。当从赤松子游耳。"① 王元化1962年秋持熊先生老友韦卓民介绍信拜访熊先生前，韦卓民告诉王，说上次韦到沪上看熊时，一见面熊就号啕大哭，使韦深觉不安。韦卓民又嘱王说："近年来，十力先生谢客来访。他脾气古怪，不知见不见你。"王元化当时是被整肃、批斗的对象。王回忆说："当时我几乎与人断绝往来，我的处境使我变得孤独。我觉得他具有理解别人的力量，他的眼光似乎默默地含有对被侮辱被损害者的同情，这使我一见到他就从自己内心深处产生了一种亲和力。这种感觉似乎来得突兀，但我相信它。在我们往来的近三年内，我从未讲过自己的遭遇，他也从未询问过。直到他去世十多年后，我才从他的哲嗣世菩夫妇那里得悉，十力先生对我的坎坷经历和当时的处境十分清楚，并且曾为之唏嘘。……他在人心目中成为一个放达不拘的古怪人物。但他也有亲切柔和、平易近人的一面。"②

60年代初谢石麟先生曾让儿子剑云带着福建土特产去看望过熊先生。1965年暑假，弟子习传裕先生专程由武汉去上海看望过熊先生。他们后来向我描述过熊先生的状态：熊先生身穿褪色的灰布长衫，扣子全无，用一根麻绳权当腰带，有如贫僧一般。除了目光仍是那么炯炯有神外，谈吐已不像以前那么潇洒自如了，情绪也没有那么热烈激昂了。他们都提到，王元化的文章也提到，他的起居室内，有三幅大字书写的君师帖。一居中，从墙头直贴到天花板上，上书孔子之位。一在右，从墙头往下贴，上书阳明先生。一在左，也从墙头往下贴，上书船山先生。这就是他供的牌位。他最终归宗孔子，而以阳明、船山二王之学为羽翼，融会贯通之，推进发展之。熊先生的"内圣外王"之道，理想

---

① 熊十力：《致唐致中》，《熊十力全集》，第八卷，第827页。
② 王元化：《记十力先生二三事》，香港，《二十一世纪》1991年12月，第八期。又见《熊十力全集》，附卷（下），第1478页。

人格情操，乃至他整个的身心，已经与这三位历史人物浑融无别了。熊十力当时曾作一联："衰年心事如雪窖，姜斋千载是同参。"姜斋就是"六经责我开生面，七尺从天乞活埋"的王夫之船山先生。熊先生实践了船山的孤往精神。

三 悲剧与哀荣

1966年，"文化大革命"爆发。熊先生看了《人民日报》6月1日的社论《横扫一切牛鬼蛇神》，伤感至极。他已经痛切地预感到他的学术生命连同他所承续的国学将遭到灭顶之灾。熊十力，这位旷代奇哲，和千千万万的文化人一样，消逝在一个残酷地践踏人类文明和民族精神的"文化大革命"的浊流之中了。

1966年"文化大革命"开始不久，熊十力被视为"反动学术权威"。淮海中路2068号小楼被复旦小学、建新中学的红卫兵轮番抄查，熊十力被日夜批斗，勒令交代历史问题，并与邻居京剧名旦童某并排在街头示众受辱。大字报贴到门口，家中书籍手稿被撕毁、拿走或查封；又被勒令搬出淮寓，房屋被长宁区房管所造反队头头没收霸占，不允许熊家人进入此屋。熊十力回到青云路家中，青寓亦被抄家，父子两代均受批斗。北京一零一中学红卫兵追寻到青云路，审问熊十力，问他知不知道刘少奇当年在庐山白鹿书院时有什么反动活动等等。熊十力一律回答"不知"二字，因被视为态度顽固又受批斗。在那个疯狂的年代里，熊十力身心俱受摧残，心境悲凉，但求速去。

"文化大革命"刚开始不久，熊十力被这突如其来的运动弄得莫名其妙，还不断给董必武、陈毅等写信（但多数被家人扣下未发出去），对"文化大革命"提出异议，提出批评。以后他知道写信已无用了，董、陈等人尚无法自保，又不断地在纸条上，甚至在裤子上、袜子上写着对"文化大革命"的批判。1967年以后，批斗基本结束，熊十力常常一个人独自到街上或公园去，跌跌撞撞地走着，双泪长流，口中念念有词："中国文化亡了"、"中国文化亡了"！直到实在走不动了，才坐到地上休息。这时，悄悄尾随于后的小女婿（熊再光的丈夫彭亮生）才敢露面（熊十力不让家人跟着他出来），搀扶着他，慢慢地走回家去。

1968年，熊十力在家曾拒绝饮食，后改为减食，以求速死。但仍不停地写书，写了又毁，毁了又写。春夏之交，熊先生又患肺炎，病后不肯服药，送医院前已发高烧。在虹口医院治疗后基本好转，但他习惯于一清早开窗，又患感冒。熊先生病体衰弱，大便用力过猛，心力衰竭，抢救不及，于5月23日上午9时与世长辞，终年84岁。

1967年《美国哲学百科全书》和1968年《大英百科全书》为熊十力先生立有专条。1968年7月14日，香港东方人文学会及哲学会假香港中文大学新亚书院礼堂为熊十力先生召开了隆重的追悼大会，吴俊升、唐君毅主持会议并致悼词。

1971年5月，熊先生夫人韩既光逝世。9月，先生和夫人的骨灰被送回黄冈故里安葬。

1979年4月14日上海各界在龙华革命公墓隆重举行追悼大会，周谷城先生致悼词，全国政协、中共中央统战部、北京大学、湖北省政协、上海市政协及梁漱溟、周予同、贺麟、任继愈、刘佛年、魏文伯等先生送了花圈。这次追悼会含有在政治上为熊先生平反昭雪之意，因为熊先生不仅在逝世前受尽摧残折磨，而且逝世以后也遭到诬蔑。如"四人帮"的梁效班子于1974年由人民出版社出版《五四以来反动派、地主资产阶级学者尊孔复古言论辑录》小册子，批判熊十力先生1949年在新中国成立前夕"竭力鼓吹'去兵去食'，'以诚信立国'，是妄图以孔子之道阻挡伟大的人民解放战争的历史车轮"。其实这种政治帽子在此前此后都有人给熊先生戴上。如1962年由人民出版社出版的《杜国庠文集》中，王匡写的《写在〈杜国庠文集〉后面》一文，将抗战时期出现的冯友兰《新理学》和熊十力《新唯识论》，看做是与"反动派残害人民和投降主义逆流"相呼应的"反动复古主义思想学说"。

熊十力思想的真义，到80年代才逐渐有学者作真正的研究。熊十力先生论著的搜集整理也才真正提到议事日程上来。乙丑年冬月（1985年12月），在熊先生故乡黄冈召开了"纪念熊十力先生诞生100周年学术讨论会"。这次会议的主办单位是北京大学、武汉大学、湖北省政协学委会、黄冈地区行署和黄冈县政府。出席这一学术盛会的，有来自全国各地及海外的学者，共130人。这次会议对熊先生哲学思想展开了深入的讨论，取得了相当丰硕的成果。这次会议才算是为熊先生在学术上平反昭雪。梁漱溟、冯友兰、张岱年、周辅成、任继愈、石峻、冯契、谢石麟、朱宝昌、唐致中、杨玉清、陶阳、贾亦斌、田慕周、李景贤、吴林伯、潘雨廷、习传裕、萧萐父、汤一介、楼宇烈、唐明邦、唐文权、袁伟时、［加］冉云华、［美］杜维明、［美］成中英、［澳］姜允明、［苏］布罗夫、［日］坂元弘子、高振农、舒默、吕希晨、陈来、郭齐勇、景海峰、郑家栋、高瑞泉、李维武等都发表了论文，著名学者张申府、贺麟、侯外庐、［美］陈荣捷、虞愚，周辅成、王元化、［日］高田淳、刘述先及熊先生一些老弟子王星贤、王森、韩镜清、王葆元、曹慕樊、吕烈卿、黎涤玄、李渊庭、朱惠清、谢石麟、张遵骝、谢随知、唐致中、徐令宣等，都给大会发来了贺电贺函。会后，著名学者、在美国的陈荣捷先生和日本京都大学岛田虔次教授得到了这次会议的资料，非常高兴，对这次会议予以高度评价。后来，岛田先生在他的著作《熊十力与新儒家哲学》中充分地运用了这些资料。

  与会学者充分肯定了熊十力先生的一生，特别是他的哲学思想。大家还乘车前往黄冈县上巴河镇拜谒、祭扫了熊十力先生陵墓。在这次会议之前，黄冈县人民政府将熊先生及夫人的灵灰移葬于巴河畔白羊山巅，正式修筑了熊先生墓园。矗立墓前的大理石碑，正面镌刻有笔者请梁漱溟先生题的字："熊十力先生 韩既光夫人之墓"，背面镌刻有由笔者所撰并请学者、书法家虞愚先生书写的碑文。

  黄冈熊十力先生是具有原创性的世界级的哲学家。由萧萐父先生主编的熊先生的全集十巨册于2001年8月由湖北教育出版社出版。趁全集出版的机缘，武汉大学中国传统文化研究中心、武汉大学哲学系与湖北教育出版社三家联合发起并主办了"熊十力与中国传统文化学术研讨会"。这一会议于辛巳年七月二十至二十二日，即公元2001年9月7日至9日在具有深厚的人文传统、底蕴与氛围，且依山傍水、风景秀丽的武汉大学召开。开幕时即举行了隆重的《熊十力全集》的首发式。前辈知名学者、老专家任继愈、汤一介、萧萐父、方克立、涂又光、李德永、唐明邦、钟兴锦、冯天瑜先生等，中青年学者陈来、胡军、胡伟希、高瑞泉、许苏民、萧汉明、蒋国保、李维武、麻天祥、景海峰、王中江、李明华、田文军、徐水生、李翔海、郑晓江、柴文华、吴根友、丁为祥、龚建平先生等，来自德国的 K.‐H. Pohl（卜松山），美国的李绍崑，日本的吾妻重二、樋口胜先生等，来自台湾、香港、澳门地区的专家林安梧、欧崇敬、赖贤宗、黄敏浩先生等及外国留学生、访问学者等共80余人欣然与会，济济一堂，共襄盛举。因事不能到会的专家学者杜维明、成中英、刘述先、Gabriele Goldtuss、施忠连教授等亦提交了论文，王元化、蔡仁厚、姜允明、江灿腾、吴汝钧先生等寄来了贺电、贺函、诗歌、题辞。

　　这次会议开得非常成功。会议不仅深入讨论了熊十力哲学的本体论、宇宙论、心性论及其与西学、佛学、理学的关系，熊十力与20世纪中国哲学之发展，不仅涉及熊先生哲学思想结构、理论渊源、致思取向、价值意识的见弊得失及当代新儒学的问题，而且开拓了新的论域，涉及经济全球化与文化多元化背景下的文明对话、全球伦理、知识与价值、新轴心时代的人类文明趋势等等。与会专家深刻发掘了熊十力文本，努力诠释其当代意义，从不同视角作出了创造性诠释，把熊十力研究的水平提升到一个新的高度。这是在中国内地举行的第二次大型的熊十力思想学术研讨会。

四　真性情的人

　　回顾熊先生的一生，早年投笔从戎，参加反清革命，继之由辛亥革命的失败，痛切地认识到，没有民族文化精神的陶养和道德理想的追求，放任于本根良知的泊没和功名利禄的追逐，只可能出现"革命成功，走狗当道"的结局。军阀混战，百事日非，曾经参加过革命的人，蝇营狗苟于利益之中，使他愤然退出政界，专攻学术，走上学界。他对那种崇洋媚外的殖民地心态和奴才性格深恶痛绝。那些浮浅贫乏的所谓"学人"，看来不过是"海上逐臭之夫"，抛却自我，失所依归。这就激起他以强烈的民族自尊意识，自主自立的信念，拯救民族自信心的衰亡，首先要救活这浮浅芜杂、随波逐流、菲薄固有、追袭外人肤表的所谓"思想界"。

从对老百姓"民生之艰"的忧患，上升到对"民族文化兴衰"的忧患，熊先生挺立了、接续了民族文化的生命。日寇侵华的大变局，更加强化了熊先生的忧患意识。锻造我们民族的哲学系统，是他的生命关怀中之最大的关怀。他一生孤冷穷困，生活拮据，而能几十年如一日，甘于枯淡，独立著述。平日他清晨四点左右即起床读书，中午亦只闭目坐上片刻，把全部心血、精力集中于苦学精思之中。无论孤羁于穷乡僻壤，还是生活在现代大都会，他都不为外在环境所困扰或引诱，孜孜矻矻于学术研究之中。没有孤冷到极度的精神毅力，是断断做不到的！

他一生鞭笞奴隶性格，主张不集一途，不尚众宠，空诸依傍，独立不苟。他曾说：

> 清季迄今，学人尽弃固有宝藏，不屑探究，而于西学亦不穷其根柢，徒以涉猎所得若干肤泛知解，妄自矜炫，凭其浅衷而逞臆想，何关理道；集其浮词而名著作，有甚意义？以此率天下而同为无本之学，思想失自主，精神失独立，生心害政，而欲国之不依于人，种之不奴于人，奚可得哉？天积众刚以自强，世界积无量强有力分子以成至治。有依人者，始有宰制此依者，有奴于人者，始有鞭笞此奴者，至治恶可得乎？吾国人今日所急需要者：思想独立、学术独立、精神独立，一切依自不依他，高视阔步而游乎广天博地之间，空诸依傍，自诚自明。以此自树，将为世界文化开发新生命，岂惟自救而已哉？①

这是熊十力精神的写照，是他的遗言中之最重要的教诲。这对于民族文化的挺立、学术的独立、个体人格和文格的彰显，都有重要的启迪。

在学问上，熊十力学无常师，堂庑甚广，但对古今中外的权威大

---

① 熊十力：《十力语要初续》，第16页。又见《熊十力全集》，第五卷，第25页。

家,都不盲目迷信、崇拜。他常说:"吾平生著述与笔札之属,字字从胸中流出,稍有识者,当能知之。吾所为文字,向不肯引古书。有时对流俗须征引旧文,但此等处亦不多。……陆象山云:六经皆我注脚,未可如言取义。(如言,即执著言说之谓。)"① 他作为玄学家,这是他创发新论的一个独有的性格。

1949年以后,他申言自己一辈子学的是唯心论,无法改变自己的哲学主张。他绝没有"尽弃其所学",相反,常常言人之所畏言。他与马一浮、梁漱溟一样,"确乎其不可拔",终其身坚守自己的哲学信念和哲学体系,没有作过检讨,也没有作过迎合风会的修订。从外缘来说,人们也许会说,他因得到友人董必武等的保护,没有受到思想改造、大批判的压力。但他并没有生活在世外桃源,他直接地感受到氛围的压抑和孤寂的痛苦,他从没有违心地放弃他的道德理想唯心主义,反而一次次作出辩护。而当此之时,该有多少人主动逢迎、主动检讨呢!这只有我们真切体验过1949—1978年大陆思想界氛围的人,才能感受到熊先生坚守己见、护持己性的不易。他没有跟风赶浪,反而一以贯之地维护传统文化的精髓,发掘孔子之道。在1949年之后的中国内地,有几人能够做到这一点?一个人人格的可贵,就在于他能大节不亏,一以贯之,持守节操。

著名哲学家金岳霖曾经对张岱年说过:"熊先生的哲学中有人!"金岳霖说这句话时,是非常谦虚地以自己作为反衬的。金先生说他自己的哲学中没有人。而所谓"哲学中有人"是什么意思呢?就是说他的立言与立德是一致的,学术与生命是一致的。金先生用英文向外国朋友介绍中国哲学时曾经指出:中国哲学家与他的哲学是一致的,哲学家的生活就是在实践他自己的哲学,甚至可以说,哲学家本人就是实行他的哲学的工具。与西方哲学家之讲堂里讲的、书本上写的是一套,而自己做的是另一套完全不同。② 如果把自己的人生和自己所讲的哲学割裂开

---

① 熊十力:《新唯识论》,语体本,卷下之二,第69页。又见《熊十力全集》,第三卷,第538—539页。

② 金岳霖:《中国哲学》,钱耕森等译,《哲学研究》1985年第9期。

来，讲的是一套，行的是另一套，硬把人生哲学（做人的道理）给取消了，或者对人是一套，对己又是一套，此时是一套，彼时又是一套，或者貌似大忠（大诚），实为大奸（大伪），甚至以伪为真，生活在自欺欺人之中，保留庸俗不堪的市侩哲学，不敢亮出来给人看，这样的人是不够资格当中国哲学家的。如果不讲正气，不讲道义，没有人格操守，哲学研究的目的只是为了发表著作，争强好胜，搞文字游戏，攫取利禄浮名，这样的人也是不够资格研究中国哲学的。

据柏拉图记载，苏格拉底赞美伊索克拉底时曾说过，"此人中有哲学"。我国著名哲学家方东美说，中国哲学家却要把这句话反过来说："中国哲学中有人"。"中国四大思想传统：儒家、道家、佛学、新儒家（按指宋明儒学），都有一个共同的预设，就是哲学的智慧是从伟大精神人格中流露出来的。"① 民族的生命精神透过一定哲学家、思想家的性情品格表达出来。真正的哲学家的哲学，思想家的思想，其背后总有一个活生生的人格在那里呼之欲出！任何的自我标榜，任何的矫揉造作，任何的反复无常，任何的不守节操，都与中国的哲学思想家不类。熊先生的哲学中有人，熊先生其人中有哲学。天下庶民的忧患，民族文化的危机，坎坷生活的体验，特立独行的品格，全部溶化在熊先生哲学和熊先生生活之中。

熊先生这个人的性格特征，可以用三句话来概括：禅的机趣、道的自然与儒的真性。

据任继愈先生说，熊先生讲课时，或者平日与友人门生论学时，讲到重要的地方，往往意气风发，情不自禁，随手在听讲者的头上或肩上拍一巴掌，然后哈哈大笑，声振堂宇。有一次他与张东荪论学，谈得兴起，一巴掌拍在张的肩上，张逡巡后退。郑昕先生说，他在天津南开学校求学时，听熊先生讲课，同学们怕熊先生"棒喝"，每一次早一点到场，找一个离老师远一点的位子坐下，但熊先生就从教室后排拍起。熊先生教弟子，不只"棒喝"，更多"机锋"。熊先生著作中最喜引用禅

---

① 方东美：《原始儒家道家哲学》，台湾黎明文化事业公司 1987 年三版，第 39 页。

宗公案，他说他平生最服膺马祖掐百丈鼻孔的公案和马祖启发慧海自识本心的公案。他的著作自署"黄冈熊十力造"，这实际上是以菩萨自诩。据说他也曾开玩笑地自称"熊十力菩萨"。他生活中的禅的机趣，令人捧腹。

熊先生更有道的飘逸。他喜与友人门生在江边或山林游走，在闲暇时与自然山水融成一体。他天庭饱满，目光炯炯，银色的胡子在胸前飘动，身着一袭旧布长衫，足登两只布鞋，二三门人跟随，山麓湖畔行吟，活脱脱一仙风道骨！熊先生不喜雕饰，通脱旷达。一次王元化来拜访，他正在沐浴，让王进去，他赤身坐在澡盆里与王谈话，颇有点魏晋人的风度。前面说过，他与废名争论起来，一会儿扭打一团，一会又谈笑风生，心如赤子，一任感情自然流露。熊先生喜简脱。他的信札、著作，不拘纸张，常常写在已用纸的背面。例如 1964 年 4 月 10 日给唐致中的信，就写在上海市政协发给他出席三届一次会议的通知背后。他的信，常常信笔写成，潦草不堪。确如王元化所说，他没有古代儒者程伊川的居恭色庄之态，也没有现代名士马一浮的典雅考究之仪。

熊十力在艰苦著述之余，虽无作诗填词之雅好，然常常吟诗诵文，优游于庄禅之际，沉醉于陶诗之境。"山气日夕佳，飞鸟相与还"，"日暮天无云，春风扇微和"，"云鹤有奇翼，八表须臾还"（陶潜）；"拔地雷声惊筝梦，弥天雨色养花神"（王船山）；"人人心中有仲尼，自将闻见苦遮迷，而今指与真头面，只是良知更莫疑"（王阳明）。这都是熊十力时常吟咏的诗句。熊先生有骈文的修养，我们读他的文章，常常惊叹文辞之美。

熊十力除有禅的机趣、道的飘逸之外，更多的是儒的真性。他待人情感真挚，很多贫寒书生求他找人介绍工作或继续求学，他都热心帮忙推荐。他著书、做事，认真不苟。他自号"子真"，号如其人，爱憎分明，胸怀洒落。他是真的知识、真的生活、真的人格相结合的典范。他毕生"与天下庶民同忧患"。抗战时期，每每想到沦陷区的亲友故旧、庶民百姓，他总是禁不住号啕大哭，有时亦破口大骂执政当局。他有悲天悯人的情怀，乐于助人，尤其是有危难的人。他的故旧说，与他相处，好像接近一盆火，灼热暖人。

熊十力一生决不媚俗，决不随人俯仰。他憎恶那种"癫狂柳絮随风舞，轻薄桃花逐水流"的小人儒和乡愿。凡是接触过他的人都知道他爱骂人，尤其爱骂达官贵人和名士。他认为中国的希望不在达官贵人和名士，而在庶民，在为民请命、舍身求法、埋头苦干、拼命硬干的普通的人。好骂朋友和学生，也是熊十力生活的一部分，这往往是因为"忧世之思深，愤世之情急。忧愤急，而亦不忍离世，故求人也殷，责人也切"①。他胸怀坦荡，具有大将风度。"他也像普通人一样，有时为了一点小事发脾气，过后，却深自谴责，好像雷阵雨过后，蓝天白云分外清新，胸中不留纤毫芥蒂，真如古人所说的，如光风霁月。他具有只有他才具有的一种人格美。"②

熊十力有才却不恃才。1949年5月7日，唐至中与其兄君毅去番禺化龙乡黄氏观海楼去看望熊先生时，熊给致中题辞："虽有慧根，弗裕之以学，其慧未能宏也。虽有特操，弗裕之以学，其操不离僻也。"我想这也是熊先生做人、治学的切身感受。他自己确实是学慧互济。他把忧患意识和乐观精神融成一体。他曾自题堂联："凝神乃可晋学，固精所以养气。"1963年冬在北京，熊十力曾以王艮的语录给熊仲光题书扇面："人心本自乐，自将私欲缚。私欲一萌时，良知还自觉。一觉便消除，人心还自乐。"熊先生沉浸在学问中，沉浸在自得其乐的至乐之境中。他对生活上的琐事都不大会办，颇有点书呆子的迂阔。熊先生大女婿徐碧宇教授曾对我说过，原来住在老汉口时，熊先生要他去发信，走水路的信要他投到江边的邮筒中去，走陆路的信则要他投到大智门火车站附近的邮筒中去，说是如此投信，信才到得快一些。真令人忍俊不禁。

总之，就熊十力整个的人格来说，的确兼备有儒的忧患和道的超脱。他的自强不息、意气风发、认真不苟、发愤忘食，他的关怀他人、系念民间疾苦、知其不可而为之，他关于道德沉沦的深沉忧患及穷居陋

---

① 熊十力：《答牟宗三》，《十力语要》卷三，第16页。又见《熊十力全集》，第四卷，第348页。

② 任继愈：《熊十力先生的为人与治学》，《玄圃论学集》，第45页。又见《熊十力全集》，附卷（下），第1463页。

巷、自得其乐、安贫乐道的"君子三乐"的情怀，都是儒者的风范。另一方面，他一任自然，遂性率真，与风情俗世、与社会热潮保持距离，独善其身，白首松云，超然物外，体悟道体，又具有道家的神韵情采。中国文士的理想人格不正是忧与乐、出世与入世、积极进取与恬淡怡乐的统一么？

五　熊、梁、马：文化共同体

熊先生辞世的头一年，1967年6月2日，马一浮先生在杭州病逝，终年85岁。马先生与熊先生、梁先生一样，未能逃过"文革"劫难。1966年，马先生的家被抄。抄家的头一天，一园林工人获悉红卫兵将去蒋庄"扫四旧"，即连夜报信，马先生内侄女汤淑方小姐与省委统战部联络，次晨将马先生转移他处。红卫兵拟火焚马家古书字画，幸浙江省立图书馆来人抢救文物。马先生从此未回蒋庄。梁先生在北京亦遭红卫兵抄家、焚书画、扫地出门之灾。北京一二三中学的红卫兵还勒令梁老夫人跪在地上吃生丝瓜。梁先生为夫人说话，红卫兵喝令梁也跪下。马先生避居安吉路一处陋屋时，尚在关心友生，当听说李叔同弟子潘天寿教授在美术学院遭非人待遇时，马先生连声叹道："斯文扫地，斯文扫地！"从此不再开口，一病不起。马先生自知不能再起，写下了绝笔诗《拟告别亲友》。这首绝笔诗，是亲友在安吉路陋室整理遗物时在书桌上发现的。

> 乘化吾安适，虚空任所之。
> 形神随聚散，视听总希夷。
>
> 沤灭全归海，花开正满枝。
> 临崖挥手罢，落日下崦嵫。

沤海之喻，熊先生用于哲学论著，马先生用于哲理诗。佛教的沤海之喻的文化意蕴久远深长。其实一人一物，不过只是一个小小的水泡，

"浮沤"。沤生沤灭,生死变幻,终极地要归于宇宙无尽的大海之中,有限的人生与无限的宇宙生命不就是沤与海的关系吗?生与死,只是平常事而已。按庄子的说法,真人能破死生之惑,不执著生,不厌恶死,一切听其自然,视生与死为一来一往,来时不欣喜,去时不抗拒。马先生以楚辞形式所写的《自题碑文》更表现了他们这一代文化人的心境:

> 孰宴息兮此山陬,
> 古之逸民兮今莫与俦。
> 驱日月兮行九幽,
> 安茕独兮背人流;
> 枯槁不舍兮陋穷不忧,
> 虽日寡闻兮庶殁齿而无怨尤;
> 道不可为苟悦兮生不可以幸求,
> 世各从其所好兮吾独违乎迷之邮;
> 志不可得终遂兮自今其归休。
> 委形而去兮乘化而游,
> 蝉蜕于兹壤兮依先人之故丘,
> 莫余知其何憾兮任千载之悠悠!

　　熊马梁诸先生的确是独行孤往、敢背人流的文化巨人,虽穷陋一生,从不苟且。尽管复兴中国文化的志向因时势所限不可终遂,但他们尽了自己的责任,也就可以乘化而去,回归自然,而没有什么遗憾了!在"文化大革命"的狂风暴雨中,梁先生仍能静下心来写《儒佛异同论》。在批林批孔的淫威下,梁先生竟然写《今天我们应当如何评价孔子》,并在全国政协学习会上辩论。这是何等地令人钦佩!

　　全面地体悟熊十力先生的学术和人格,我认为不能离开熊十力所处的文化氛围及文化共同体,尤其是熊先生与马一浮先生、梁漱溟先生的关系。

　　熊、马、梁三先生被弟子们称为"三圣"。弟子们自称"圣人之徒"。20 世纪 20 至 30 年代,很长一段时间,熊先生在北方,或住梁宅——北平缨子胡同16号，或在万寿山大有庄、山东邹平等地与梁先生师弟合住，共同修养心性，砥砺品行，相互批评帮助，把学问与修养结合起来。1930年，熊先生始与马先生交游，而后一直保持着密切的联系。抗战到后方，熊先后到马、梁所办书院生活。1949年以后，三先生相互关心，密切联络，心心相印，息息相关。他们的朋友、学生，往往是共同的，相互流动的。如伍庸伯、张俶知等，原是梁先生朋友，贺昌群、钟泰（钟山）等原是马先生朋友，后来都成了熊先生朋友。张立民（家鼎）原是熊先生弟子，在危难时受到熊先生保护，曾随侍熊先生，帮助整理文稿，但后来成为马一浮先生的得力助手，随侍马先生数十年。黄艮庸、王平叔、陈亚三、李渊庭等原是梁先生弟子，后也成了熊先生弟子。云颂天、刘锡嘏（公纯）、李笑春等原是熊先生弟子，后也成了梁、马的弟子。王培德（星贤）、袁心粲、王伯尹、张德钧等，大约是先从马先生，后又与熊先生友善，以师事之。此外，高赞非、谢石麟、周通旦等等，无不并尊三先生为师。

以后，熊、马、梁身边的弟子们，相互流动，或以他们办的民间书院（如后来梁先生的勉仁书院、马先生的复性书院）为依托，或谨以信义相维系。三圣及其弟子，构成了某种"文化共同体"，在20世纪20至40年代，以弘扬中国文化为职志。这确实很有一点宋明儒的味道了。道义在师生的激励、践履中，在艰危境地的相互扶掖中，深深扎下根来。在这种团体（哪怕是松散的）中，在师友关系中，人们所获得的，不仅是知识、学问，更多的是智慧、德行、友情。他们是保留我国传统人文教育特征的文化殿军。此后，在洋化的现代教育中，很少能找到这种师生关系了，很少有把学问与德行，做人与为文密切联系起来的文化共同体了！

作为现代大儒，熊、马、梁三先生代表了中国文化的活的精神。同时，他们又各有个性特征。诚如徐复观所说，"熊先生规模宏大，马先生义理精纯，梁先生践履笃实"。在学问路径上，梁、熊、马都比较认同陆王心学，且都浸润于佛典；但马先生对程朱理学亦有深切理解、吸收、融会，马与熊对庄子、陶渊明的飘逸有更多共鸣。在对政治的态度上，三先生早年都参加过反清革命，后来都不同程度地脱离政治；但梁先生始终没有摆脱与政治的纠葛，积极入世，干预时政；熊与马，特别是马则看得很透，完全是一隐逸之士。梁的时代之悲情悲愿最强烈，不倦地奔走，知其不可而为之；熊由关心事功转向学术后，竭力与政治保持距离；马最平淡、宁静，远离尘世喧嚣。在知识结构上，他们都力图融会西方、印度和中国文化。但经、史、子、集的底子，马先生打得最好，旧学修养最高，诗词书法，无不精到。梁先生懂英文，马先生曾游学数国，通好几种文字。熊先生虽不通西文，然据谢石麟说，汤锡予先生曾说过，熊先生通过对翻译本子的研讨，比一般留学生更理解西方哲学。这是因为，熊先生有极高的哲学智慧和体悟能力。在哲学创造上，熊先生胆子最大，敢于创造体系；梁先生不主张按西方本体论、宇宙论、知识论的路数重建儒学，而仍走生命哲学、实行哲学的道路，他的生活即是他的哲学；马先生更为超越，他是当代诗哲，他的哲学思想寓于诗中。

在性格上，马先生含蓄温存，宅心固厚；熊先生抉发痛快，动辄骂人；梁先生既是骆驼又是狮子，平时诚恕，关键时能作狮子之吼。在言词上，马先生言辞简短，意在言外，梁先生洗练、准确，他们多谈事实而少有褒贬；熊先生则滔滔不绝，无所不言，情感外露。对比三先生的墨宝：马先生不愧书法大家，曾遍临魏晋六朝诸碑，以欧字立基，而以王字《圣教》蒙其外，寓沉雄于静穆之中；梁先生虽不善书法，但笔力遒劲，书面整洁，一笔不苟；唯有熊先生，他的书信文稿常常写在顺手拈来的破纸烂笺背面，挤得满满的，有时既无天头地脚，又无左右间隔，写完之后复用朱墨两色毛笔圈圈点点，不时加上"吃紧"、"此处吃紧"的警语，往往弄得一塌糊涂，难于辨认。

人们笑曰："马一浮"和"熊十力"正好是一副对联。尝在杭州"楼外楼"吃饭，马先生食不厌精，熊先生食不择味。指导学生读书，马先生主张遴选精华、循序渐进，熊先生则主张开放式读书，泛观博览。熊先生说马先生取人太严，而他主张取人应宽。他说，王阳明取人太严，所以王阳明以后没有第二个王阳明。曾国藩取人较宽，所以曾国藩以后不但有第二个曾国藩，还有第三个曾国藩。有人作对联曰："七贤笑傲熊十力，四皓微仪马一浮"。20世纪30年代熊先生在北平沙滩银闸胡同居住时，书斋里挂着马先生以"蠲叟"题署的对联："毗耶座客难酬对，函谷逢人强著书"。马先生以维摩诘和老子之典譬喻熊先生的博大气象。而据胡世华先生回忆，熊先生30年代在北平活用孔子之言，自题堂联："道之将废矣，文不在兹乎"。这是何等的自信自觉！马先生1944年曾集杜诗自题堂联，以表情怀："侧身天地更怀古，独立苍茫自咏诗"！这又是另一种境界，庄禅的境界！熊先生也有庄禅之境，他的另一自题堂联是："固穷遗俗虑，宴坐多奇怀"。马先生曾为朱某作屏条："至静在平气，至神唯顺心。道非贵与贱，达者古犹今。功名在廊庙，闲暇在山林。"真是妙不可言！儒释道三教的意境、情怀，于三先生身上得到有力的体现。

梁、马、熊三先生也有矛盾与分歧，如在复性书院办学方针与用人的问题上，马熊有过隔阂；在治学风格上，梁对熊多所批评；在梁奔走社会政治问题方面，熊马表现得冷漠。但他们之间的友谊却超过了一般的朋友。关于他们之间的交往过程，本书前数章已按历史顺序作了详细说明，包括马先生的《新唯识论序》和梁先生的《读熊著各书书后》等文字的评价。对三先生的学术思想作比较研究，不是本书的内容，我在这里只是想提示，在20世纪，三先生及其文化共同体为捍卫传统文化作出了积极的贡献。

> 硕果从缘有，因华绕坐生。
> 芙蓉初日丽，松柏四时贞。
> 绰约颜如醉，芳菲袖已盈。
> 不忧霜雪盛，长得意分明。
> ——红梅馆为熊十力题

> 孤山萧寺忆谈玄，云卧林栖各暮年。
> 悬解终期千岁后，生朝长占一春先。
> 天机自发高文在，权教还依世谛传。
> 刹海花光应似旧，可能重泛圣湖船！
> ——1953年贺熊先生寿

> 人老真同日已西，雪消还见水平堤。

>　　只今蓬蘲逃虚久，未有梧桐与凤栖。
>　　晚守穷湖甘戡柿，早闻开经渐成蹊。
>　　扶衰起敝他年事，欲上丹霄莫藉梯。

我们从以上所录马先生赠熊先生的几首诗中，可以看出他们的友谊和价值取向的一致，尤其是他们都具有儒的真性、道的孤寂和禅的超脱。他们做人与为学的独立不苟，永远值得人们学习。从中我们也可体验到他们的心境，时局造成的无奈与遗憾。

熊先生的哲学及其在20世纪中国哲学中的地位，我想借用几位著名学者的话来表达。著名哲学家、北京大学张岱年教授指出，熊先生"著作丰富，内容宏博渊奥，确有甚深意蕴。以他的哲学著作和现代西方一些著名哲学家的著作相比，实无逊色"[①]。著名哲学史家、美籍华裔学者陈荣捷教授1952年在哥伦比亚大学出版的《现代中国之宗教趋势》中，特别是1963年在普林斯顿大学出版的《中国哲学资料书》中，较详细介绍20世纪中国哲学家时，重点介绍了冯友兰和熊十力。后者第四十三章为《当代唯心论新儒学：熊十力》，从《新唯识论》和《原儒》中摘引了熊先生关于"翕与辟"、"理与气"、"心与仁"、"体与用"的大量论述。在以上两书中，陈荣捷比较了在当代重建传统哲学的冯友兰、熊十力二先生，认为"熊冯二氏，而以熊先生为先，盖以其哲学皆从中国哲学内部开展，非将西方思想与经学苟合也"，冯先生则"太过西化"。他认为，熊十力"给予唯心主义新儒学以一种更稳固的形而上学基础和更能动的特性"。陈荣捷先生在给我们寄来的祝贺"纪念熊十力先生诞辰一百周年学术讨论会"的贺函中又指出，熊十力的思路"以易经为基，阐发内圣外王之道，实为我国哲学主流，不为佛染，不被西风，非旧囊新酒之可比"。"其影响之于中外，未可限量也。"

无疑，熊十力是世界级的哲学家，他的人文睿智不让同时代的东西

[①] 张岱年：《忆熊子真先生》，《玄圃论学集》。又见《熊十力全集》，附卷（下），第1449页。

方哲人。

　　熊先生的人格感召力和学术影响力之大,也是同时代的许多学人无法比拟的。20世纪后半期活跃在港台学界的著名的传统主义者唐君毅、牟宗三、徐复观、胡秋原等都是他的学生,不同程度地受到他的熏陶,并从主导思想上接续、光大,推进、发展了他的事业。熊、梁、马之文化共同体,熊十力师弟,坚持同样的精神方向,在20世纪中国思想史上是一段有趣的佳话和颇有深意的文化现象。我这里不是从门户上来说的。熊先生本人极其反对拘执门户和家派。

　　关于熊十力哲学思想,我将在下一章作专门的述介。

第 五 章

熊十力哲学述评

在整个现代新儒学思潮中,熊十力是最具有原创性、最具有影响力的哲学家。他对于现代新儒学的最大贡献,乃在于奠定了这一思潮的哲学形上学之基础。他的全部工作,简要地说,就是面对西学的冲击,在儒学价值系统崩坏的时代,重建儒学的本体论,重建人的道德自我,重建中国文化的主体性。熊十力一生重复得最多的话是:"吾学贵在见体。"什么是"体"?如何去"见"?或者说,什么是人的生命存在的本体,宇宙万物之本根及其生生不息的源头活水?如何以自己的真实的生命去透悟、契接和回应它?这便是儒家哲学的本体学和方法学的问题。熊十力正是从这两方面去建构他的哲学体系的。

一 重立大本·重开大用

熊十力的终极关怀,即在于为人类寻找回失落了的自我。科技理性的膨胀,人文价值的丧失,道德意识的危机,生命本性的困惑,促使熊十力以探寻宇宙人生的大本大源为己任。西方的实证主义,印度的唯识法相之学和中国的汉学考据,在熊十力看来,其根本缺点在于它们关注的不过是饾饤枝节,从而掩蔽了对于"宇宙之基源"、"人生之根蒂"的考察和体悟。因此,重新思考人的类存在的危机和人的类本质的发展,重新反省生命的意义和人生的价值,重新寻找"人生本质"和"宇宙本体",并明了二者的关系,就成为哲学家的首要任务。

熊十力从儒家哲学的思想资源里发掘并重建了"大本大源"。他认为，哲学的根本任务即是"明示本体"，哲学"以本体论为其领域"。他所说的"本体"是什么呢？"仁者本心也，即吾人与天地万物所同具之本体也。""盖自孔孟以迄宋明诸师，无不直指本心之仁，以为万化之源、万有之基。即此仁体，无可以知解向外求索也。"①"本心即万化实体，而随义差别，则有多名：以其无声无臭，冲寂之至，则名为天；以其流行不息，则名为命；以其为万物所由之而成，则名为道；以其为吾人所以生之理，则名为性；以其主乎吾身，则谓之心；以其秩然备诸众理，则名为理；以其生生不容已，则名为仁；以其照体独立，则名为知；以其涵备万德，故名明德。""阳明之良知即本心，亦即明德。"②可见熊先生之"本体"，不是"自然本体"，而是生生不已的、刚健运动的"生命本体"，同时又是内在的"道德自我"即"道德主体"。也就是说，人的生命创造活动、道德自我完善的活动，即是"本体"及其实践，即是人的最高本质，它涵盖了天地万物，主导着自然宇宙。

按照儒家的看法，人的存在必须以在世界上实现最高的善（至善）为必然目的。熊十力在这里强调的儒学之"本体"，尤其是心学之"本体"，不是超绝的本体，而是合天地万物于一体，将宇宙人生打成一片之整体。这样的"一体之仁"，可以推广到鸟兽、草木、瓦石。也就是说，通过内在于人的"仁心"或"明德"之体，即人的精神生命与道德意识的运动或感通，人的生命与宇宙大生命能够回复成一体。但是，人之生命与宇宙大生命回复成一体的中间环节是"用"，也即是工夫，即是道德实践或社会实践。熊先生强调的就是道德（或社会）践履与良知、仁心的一致，工夫与本体的一致，外王与内圣的一致。

本体论，又称存有论或形上学，是关于最高存在问题的探讨，亦即是关于人与世界之关系的探讨。这种探讨，在不同的时代和不同的民

---

① 熊十力：《新唯识论》，1947年湖北十力丛书印本，卷下之一，第79—80页。又见《熊十力全集》，第三卷，第397—398页。
② 熊十力：《读经示要》，卷一，第37、35页。又见《熊十力全集》，第三卷，第636、630页。

族，或同一民族的不同学派，有不同的侧重面，代表了不同的文化精神和价值取向。从原始儒学到宋明儒学，其实是有其本体论的，不过前人没有用这个名称，没有刻意从这个角度去阐发它。

熊十力大谈本体论问题，尤其是把儒家哲学的内核——内圣之学中所探讨的心性关系问题、道德哲学的问题、人的安身立命的基础和终极寄托的问题（用现在的话来说，是关于人的存在的问题），把从孔孟到程朱陆王关于这些问题的回答，加以系统化、体系化，同时又投注了自己的生活体验，投注了自己的感情和全部生命，从而在中国儒学史上第一次公开地以"本体论"的名目标志他的儒家哲学体系。

创制了严整细密的哲学体系，又使用了本体论的名称，这就是"新儒家"之所以"新"、"现代儒学"之所以"现代"之处（这当然是外在的、表层的）。仅仅是这一点，熊十力就遭到了许多批评。吕澂说："玄哲学、本体论、宇宙论等云云，不过西欧学人据其所有者分判，逾此范围，宁即无学可以自存，而必推孔、佛之言入其陷阱，此发轫即错也。"[①] 梁漱溟则认为，熊先生的失败在于癖好哲学这一把戏，即意在吸收西方哲学之长，自逞其才，以建立其本体论、宇宙论等等理论体系，背离了中国文化之反躬向内、践形尽性的根本。[②] 因为反躬向内、践形尽性这些儒学的根本，是要靠体验和实践的，是不需要理论体系的。熊十力则不以为然，他正是要把这一套理论体系化，而且正是要对不可言说之体悟、践履的内圣修己之学加以言说。他甚至把儒家本体理论之建构与民族尊严、与中国哲学的现代化和世界化联系了起来。"此土著述，向无系统……而浅见者流，不承认此土之哲学或形而上学得成为一种学"，菲薄固有，一意袭外人肤表，因此亟须建立继承"东方哲学的骨髓与形貌"，吸纳西方知识论和科学思想，"对于宇宙人生

---

① 吕澂：《辨佛学根本问题》，《中国哲学》第11辑，人民出版社1984年版。又见《熊十力全集》，第八卷，第427页。

② 梁漱溟：《读熊著各书书后》，《勉仁斋读书录》，人民日报出版社1988年版。参见《熊十力全集》，附卷上，第742—743页。

诸大问题无不网罗融合"的"系统严谨之体制"。①

熊十力认为，哲学就是本体论。他所穷究的"玄学的本体论"或"玄学的真理"，与"科学的真理"是根本不同的。"盖哲学之究极诣，在识一本。而此一本，不是在万殊方面，用支离破碎工夫，可以会通一本也。科学成功，却是要致力于支离破碎。……所以于科学外，必有建本立极之形而上学，才是哲学之极诣。哲学若不足语于建本立极，纵能依据一种或几种科学知识出发，以组成一套理论，一个系统，要其所为，等于科学之附庸，不足当哲学也。"② 在熊先生看来，不懂得人的生命本体和道德主体，仅仅依一种科学，如物理学或生物学中的一种学说去解释宇宙万化之源或生命之源，则未免以管窥天。熊先生《新唯识论》是从建本立极处来谈本体的。就这一角度而言，梁先生的批评是不适当的，因为熊先生不仅没有背离反而发展了儒家内圣之学的根本。

因此，熊十力强调"一本"，强调"见体"、"究体"，他认为，非如此，宇宙论只能认识现象，不识万化之源、万物之本；人生论无有归宿，不能参究生命本性，从有限的生活内容体悟无限；道德无内在根源，只能成为一种外在的法规；知识论没有源泉，治化论也没有基础。熊十力以他的本体论统摄了宇宙论、人生论、知识论、治化论等等。他自诩其《新论》将此融成一片，抓住了穷究宇宙实体的一本性这个核心，从而继承了中国哲学的传统。这一传统，张东荪解释为："其道德观念即其宇宙见解，其宇宙见解即其本体主张，三者实为一事，不分先后。"③ 尽己性以尽物性，宇宙从属人生，从深解人生真相透悟大自然的真情，在人生日用间提撕人，令人身体力行，以至于知性知天，这便是所谓"圣学血脉"。熊先生所说的"一本"和"见体"（即彻

---

① 熊十力：《答君毅》，《十力语要》，卷二，第6—8页。又见《熊十力全集》，第四卷，第178页。

② 《印行十力丛书记》，第2页，见1947年湖北"十力丛书"本《新唯识论》卷上。又见《熊十力全集》，第四卷，第5页。

③ 张东荪文见《十力语要》卷二，第6页。又见《熊十力全集》，第四卷，第174页。

见真实的存在），所本所见的，既是生生不息、翕辟开阖的宇宙本体，又是人之所以为人的真宰。因此，宇宙本体不是超越于人类而独在的，吾人之真性遍为天地万物本体，天地万物之本体即是吾人真性。价值之源就在吾人心中。由此观之，儒学本体论不仅讨论宇宙生化的过程和根源，尤其关怀人性及其全面发展的问题，人存在的意义、价值和功能的问题。

儒学本体论或熊先生重建的儒学本体论有如下两个特点：

第一，以西学作为参照，包括亚里士多德和斯宾诺莎的实体学说，乃至黑格尔的"绝对精神"，都有作为外缘的、离开主体客观独存的实体，或超越于主体和客体的"第一因"、"主宰者"，君临万物之上的造物主、神天、上帝。儒学本体论则相反，即反对"把本体当做是离我的心而外在的物事"，反对"凭理智作用"，向外界去寻求或建立本体。这就是万物本原与吾人真性的"不二"说。"孔子曰：'人能弘道，非道弘人。'（言人能弘大其道，道不能弘大吾人。道者，即本体或真性之称。真性虽是吾人所固有，而吾人恒迷执小己以障蔽之，则真性虽自存，却不能使吾人弘大。必吾人内省，而自识本来面目，存养而扩充之，则日用云为之际，皆是真性炽然流行，是则人能弘大其道。）斯义广大渊微至极，其否认有超越吾人与天地万物而独尊之神道，使神道不复能统治吾人。哲学精神至此完全脱去宗教尽净，遂令人道天道融合为一，不可于人之外觅天也。"①循着思孟和陆王心学的"尽心则知性、知天"的路线，熊先生将宇宙本体（或实体）内化为心性本体，并对"天人合一"、"孔颜乐处"、"浑然与天地万物同体"的人生境界作了本体论（即道德形上学）的论证。

第二，以佛学作参照，熊先生高扬了《周易》形上学的生生不息、尊生健动的学说。他说："佛氏谈本体，只是空寂，不涉生化；只是无为，不许说无为而无不为；只是不生灭，不许言生。……详核佛氏根本

---

① 熊十力：《原儒》，上卷，第3页。又见《熊十力全集》，第六卷，第320—321页。

大义，却是体用条然各别……此盖出世法之根本错误。"① 熊先生之本体学说，不仅重立心性之本体，尤其重开本心之大用。根据他的"体用不二"、"即体即用"的学说，由即流行即主宰的本体开出了"翕辟成变"的宇宙论，积极入世、自强不息的人生论。生命本体或心性本体是活泼泼的有内在动力的本体，其变动不居、流行不息的特征和能动的、改造自然和社会的功能，决非静止的、"耽空滞寂"的自然本体或绝对精神所可比拟，同时又不是柏格森之生命冲动所能取代的，因为柏氏之冲动只是本能、习气，是盲目的，它不是生命的本质、自觉的本心和道德的力量。熊先生之本体流行、即体即用的思想，我们在下一节还要详说。要之，熊十力关于世界意义和人类存在意义的终极思考，奠定了现代新儒学之道德形上学（或道德的理想主义）的基础；其重立大本、重开大用的"体用不二"的架构，成为第二代现代新儒家"保内圣、开新外王"的滥觞。

二 深于知化·长于语变

熊十力形上学之主要思想渊源是《易经》和《易传》之能动变化、生生不息的学说。他同时也继承了先秦道家、魏晋玄学、宋明理学之大化流行、即体即用、天人合一的思想，并且以佛学之境界论、自我意识和刹那生灭、瞬息变化的观念强化了《周易》哲学的动态性和能动性。他所亲身经历的清末民主主义革命，使他切身体验到革故鼎新和变化日新的氛围。他服膺王船山哲学，将其概括为"尊生以箴寂灭，明有以反空无，主动以起颓废，率性以一情欲"；又以类似的语言概括自己的哲学："吾平生之学，穷探大乘，而通之于《易》。尊生而不可溺寂，彰有而不可耽空，健动而不可颓废，率性而无事绝欲。此《新唯识论》所以有作，而实根柢《大易》以出也。（上来所述，尊生、彰有、健动、率性，此四义者，于中西哲学思想，无不包通，非独矫佛氏之偏失而已。王船山《易外传》颇得此旨，然其言散见，学者或不知综其纲

---

① 《印行十力丛书记》，第4页。又见《熊十力全集》，第四卷，第8—9页。

要。）魏晋人祖尚虚无，承柱下之流风，变而益厉，遂以导入佛法。宋儒受佛氏禅宗影响，守静之意深，而健动之力，似疏于培养；寡欲之功密，而致用之道，终有所未宏。"①

熊十力哲学本体论与宋明理学（包括理学和心学）的最大区别，就在于它强调了"健动之力"和"致用之道"，坚持"由用知体"，"即用显体"，以欲明性，以有反无，由此彰显本体（本心、仁体）是实实在在存在着的，是人类文化与宇宙之生生不息的终极根源。

熊十力哲学内蕴的勃勃生机确非他的前辈、同道和门生所能企及。他的"体用不二"论、"翕辟成变"论之"深于知化"和"长于语变"，为世所公认。

所谓"体用不二"论，简单地说，首先是肯定本体的唯一性，其次是肯定本体的能动性和变易性，再次是肯定本体与功能的一致性。熊先生借助于佛教的缘起论，认为所有的物理现象、心理现象，都是没有自性、没有实体的，人们不过是将这些假象执著为真实存在。熊先生进一步指出，真实存在的只有一个本体，它既是宇宙的心，又是一一物各具的心；既是宇宙万象的本原，又是人们反求自识的绝对真理。与佛教不同，熊先生又认为，本体与现象不是隔碍的，本体显现为大用，本体不在现象之外或现象之上，就在生生化化的物事之中。本体最重要的特性是"无不为"、"变易"、"生灭"。"本体"范畴同时就是"功能"范畴，不能在功能之外另求本体。体用之间、理气之间，没有谁先谁后的问题（无论是逻辑上的还是时间上的）。《新唯识论》不否认物理世界、现象界、经验界或所谓日常生活之宇宙，但所有这些，都是本体大化流行的显现。没有物理、现象世界，亦无从彰显本体。

熊先生说"体用不二"之论是"自家体认出来的"，并自谓这一理论克服了西洋、印度哲学视本体超脱于现象界之上或隐于现象界之背后的迷谬，救正了多重本体或体用割裂的毛病。他自谓："潜思十余年，而后悟即体即用，即流行即主宰，即现象即真实，即变即不变，即动即

---

① 熊十力：《读经示要》，卷三，第25页。又见《熊十力全集》，第三卷，第916页。郭按：王船山（夫之）的《易外传》即《周易外传》。

不动,即生灭即不生灭,是故即体而言用在体,即用而言体在用。"①"夫体之为名,待用而彰,无用即体不立,无体即用不成。体者,一真绝待之称;用者,万变无穷之目。"② 这就是说,良知是吾人与天地万物所同具的本体,天地万物是良知的发用流行。抹杀了天地万物,也就是抹杀了能够显现出天地万物之"本心"的功能,那么,这唯一的本体也就只能束之高阁,形同死物。

熊先生对于"实体"范畴作了如下规定:本体应是绝对的、全的、圆满无缺、无始无终、超越时空的,是万理之原、万德之端、万化之始;其显现为无穷无尽之大用,应说是变易的,然大用流行,毕竟不改易其本体固有的生生、健动种种德性,应说是不变易的,如此等等。总之,熊十力借鉴天台宗"圆融三谛"和华严宗"一即一切、一切即一"的思辨模式,甚至袭用其"水波"之喻,说明本体不是宇宙万有的总计、总和或总相,而是宇宙万有的法性,每一物(现象)都以一元(本体)之全体为其所自有,而不仅仅占有全体之一分,犹如每一个水波都是整个大海的显现。本体是结构与功能的统一,无待与有待的统一,不易与变易的统一,主体与客体的统一,主宰与流行的统一,本质与现象的统一,整体与过程的统一,绝对与相对的统一。熊十力哲学本体论的最高范畴充满着人性,具有人格特征,是理论理性、实践理性和情感的统一。这个绝对本体充满着活力,具有最大的功能。由此观之,价值真正之终极根源只在每个人的本心。只要除去私欲、小我的束缚或掩蔽,圆满自足的生命本性或宇宙的心(亦是一一物各具的心,亦是个体的心或个体的理性)就具有极大的创造性,足以创造世界和改变世界。

所谓"翕辟成变"论,乃是其"体用不二"论的逻辑发展。熊先生之"本体"或"实体"内部隐含着矛盾与张力(如心与物,生命、

---

① 熊十力:《讲词》,《十力语要》,卷一,第29页。又见《熊十力全集》,第四卷,第79—80页。
② 熊十力:《论体相一答梅居士书》,载《思想与时代》,1942年第十二期。又见《熊十力全集》,第八卷,第151页。

精神与物质、能力），两极对待，蕴伏运动之机，反而相成，才有了宇宙的发展变化。"翕"与"辟"都是实体的功能，"翕"是摄聚成物的能力，由于它的积极收凝而建立物质世界，"辟"是与"翕"同时而起的另一种势用，刚健自胜，不肯物化，却能运用并主宰"翕"。实体正是依赖着一翕一辟的相反相成而流行不息的。翕势凝敛而成物，因此翕即是物；辟势恒开发而不失其本体之健，因此辟即是心。翕（物）、辟（心）是同一功能的两个方面，浑一而不可分割。这两种势能、两种活力相互作用，流行不已。但这两方面不是平列的，辟包涵着翕，翕从属于辟，辟势遍涵一切物而无所不包，遍在一切物而无所不入。"翕和辟本非异体，只是势用之有分殊而已。辟必待翕而后得所运用，翕必待辟而后见为流行、识有主宰。"①

熊先生认为，吾与宇宙同一大生命，自家生命即是宇宙本体。因此，所谓"辟"即是生命，即是心灵，即是宇宙精神，生化不息，能量无限，恒创恒新，自本自根。"翕辟成变"论反对在变动的宇宙万象之外去寻求"能变者"，反对离开人去寻求天的变化，始则以精神性的生命本体作为万化之源，万有之基，继则指出这一绝对待的精神本体就是"心力"，就是人的能动性和创造力。"翕辟成变"论所强调的"变"，是改造物质世界和改造社会。他认为，具有创造世界功能的，不是什么不死的灵魂或超然的上帝，而是活泼泼的主观精神。吾人一切以自力创造，有能力，有权威，是自己和世界的主人。因此，熊先生认为，维护"人道之尊"，必须破除出世、破除造物主、破除委心任运思想，自强不息，积极入世。"天行健，明宇宙大生命常创进而无穷也，新新而不竭也。君子以自强不息，明天德在人，而人以自力显发之，以成人之能也。"否则，"人将耽虚溺寂，以为享受自足，而忽视现实生活，不能强劲智力以裁成天地，辅相万物，备物致用，以与民群共趋于

---

① 熊十力：《新唯识论》，卷上，第60页。又见《熊十力全集》，第三卷，第102页。

富有日新之盛德大业"。①"识得孔氏意识，便悟得人生有无上的崇高的价值，无限的丰富意义，尤其是对于世界，不会有空幻的感想而自有改造的勇气。"② 熊十力以这种自觉的人本精神，强调以"人道"统摄"天道"，珍视人的价值，高扬活生生的生命力量，提倡刚健进取的人生态度。

熊十力之"体用不二"、"翕辟成变"论，在一定意义上是一种实践本体论，是本体与实践的辩证统一论。陆王心学的心本论是一种道德扩充论，其"本心"、"良知"是一切道德行为的根据，而人与天地万物浑然之一体，是其延长或扩充的起点与终点。熊十力的心本论，则在一定程度上具有社会实践的意义，其本体是自然合目的性的"至善"，本体是依靠其实践来实现的。由于近代思想的影响和他本人的民主革命的实践，他没有把实践仅仅局限在修身养性的范围之内。在一定的意义上，本体的功用主要表现为文化创造活动。有本体即有文化创造，无文化创造亦无本体。

熊十力晚年对于辩证法更加契心。但他提倡的不是唯物论的辩证法，而是中国传统的生命辩证法。在《原儒》中，他说："然则变化之道，非通辩证法，固不可得而明矣。大地上凡有高深文化之国，其发明辩证法最早者，莫有如中国。"他阐发了宇宙论中的无对与有对、无限与有限、心与物、能与质，以及人生论中的人道与天道、性善与性恶之间的矛盾、对立和动态统一的关系，指出"辩证法是无往而不在，学者随处体察可也"。"学者必通辩证法，而后可与穷神"。③ 他的哲学著作，通篇强调新故推移，"常创新而不守其故"，肯定本体之流行的至健无息、新新而起。从思想范式上来说，熊十力发展了《大乘起信论》的"一心开二门"的架构和《周易》、《老子》的"一体两面"的辩证

---

① 熊十力：《读经示要》，卷三，第43页。又见《熊十力全集》，第三卷，第955页。

② 熊十力：《新唯识论》，卷上，第82页。又见《熊十力全集》，第三卷，第135页。

③ 熊十力：《原儒》，上卷，第2—4页。又见《熊十力全集》，第六卷，第318、323—324页。

思维模式,以动态整合的"不二"形式,建构了他的哲学本体论,论证了"天人"、"体用"、"翕辟"、"心物"、"道器"、"理欲"、"动静"、"知行"、"德慧与知识"、"成己与成物"、"格物与致知"的辩证统一关系。熊先生之辩证法思想在现代新儒家中是最突出的,熊先生之辩证思维模式对于第二代现代新儒家亦有极大的影响。

三 体证本体·性修不二

熊十力本体论中的另一个十分重要的问题是如何透识本体的问题,这也是熊十力哲学的方法学问题。如何去"见""本心仁体"呢?靠逻辑方法、思辨方法能不能"见体"呢?

关于对"本心仁体"的透识的问题,其实不仅仅是一个认识论的问题。为此,熊十力区分了所谓"科学的真理"与"玄学的真理"、"科学的心理学"与"玄学的心理学"、"量智"与"性智"、"思辨"与"体认"。

熊先生认为,就真理本身言,无所谓科学与玄学之分,但就学者的研究对象而言,似乎应当作出区别。"科学尚析观(析观亦云解析),得宇宙之分殊,而一切如量,即名其所得为科学之真理。玄学尚证会,得宇宙之浑全,而一切如理,即名其所得为玄学之真理。""吾确信玄学上之真理,决不是知识的,即不是凭理智可以相应的。然虽如此,玄学决不可反对理智,而必由理智的走到超理智的境地。"[①] 熊十力认为,科学有科学的领域,但科学不能解决宇宙人生的根本问题。人类如果只要科学,而不要"反己之学",将会带来许多弊病。那就是放弃了万物发展到最高级的人类的内部生活,抛却了自家本有的主体性和道德人格。如果没有玄学真理,科学真理也失去了基础和依归。

熊十力认为,科学的心理学,注重实测,以神经系统为基础解释心理现象,但科学的心理学的实验却不能解释人类的高级心灵——仁心。

---

① 熊十力:《答唐君毅》,《十力语要》,卷二,第12、14页。又见《熊十力全集》,第四卷,第184、187页。

"若夫高级心灵，如所谓仁心，则惟有反己体认而自知之耳，诚非实测术所可及也。""哲学的心理学，其进修，以默识法为主，亦辅之以思维术。默识法，反求吾内部生活中而体认夫炯然恒有主在，恻然时有感来，有感而无所系，有主而不可违，此非吾所固有之仁心欤？"① 这就是说，科学手段和方法，包括心理学的理论和实验，并不是万能的，其适用的范围是有限的。人们的道德意识，人们对于完满人格的追求，人类的主体性、创造性，人之所以为人的道理，人的安身立命的根据，所有这些，不可能用层层剥蕉的分析方法、思维术或实验手段来解决，只能用高一层次的玄学本体论及其"默识"、"反求自识"、"反己体认"、"思修交尽"、"性修不二"的方法来解决。

哲学之知和科学之知分属不同的层次。在自然科学领域里，需要向外探索，以理性思维为主要方法；在玄学范围内，需要的是反省自求，起主要作用的是一种超乎理性思维的"觉"和"悟"。前者是"为学日益"的"量智"，后者是"为道日损"的"性智"。"性智者，即是真的自己的觉悟。此中真的自己一词，即谓本体。在宇宙论中，赅万有而言其本原，则云本体。即此本体，以其为吾人所以生之理而言，则亦名真的自己。……量智是思量和推度，或明辨事物的理则，及于所行所历，简择得失等等的作用故，故说名量智，亦名理智。此智元是性智的发用，而卒别於性智者，因为性智作用，依官能而发现，即官能得假之以自用。"② "性智"是不待外求的"具足圆满的明净的觉悟"，而作为"思量和推度"的"量智"，不过是"性智的发用"而已。性智是本心之异名，亦即是本体之异名；因此所谓"见体云者，非别以一心来见此本心，乃即本心之自觉自证"。③

熊先生认为，"量智"只是一种向外求理之工具。这个工具用在日

---

① 熊十力：《明心篇》，上海龙门书局1959年版，第96页。又见《熊十力全集》，第七卷，第220—221页。
② 能十力：《新唯识论》，卷上，第2—3页。又见《熊十力全集》，第三卷，第15—16页。
③ 熊十力：《新唯识论》，卷下之二，第62页。又见《熊十力全集》，第三卷，第528页。

常生活的宇宙即物理的世界之内，是有效的，但若不慎用之，而欲解决形而上的问题时，也用它作根据，把仁心本体当做外在的事物来推求，那就大错而特错了。玄学及其方法则不停留在这一步，它需要从性智上做涵养工夫。"因为我人的生命与宇宙的大生命原来不二，所以，我们凭着性智的自明自识才能实证本体，才自信真理不待外求，才自觉生活有无穷无尽的宝藏。若是不求诸自家本有的自明自识的性智，而只任量智把本体当作外在的物事去猜度，或则凭臆想建立某种本体，或则任妄见否认了本体，这都是自绝于真理的。""量智只能行於物质的宇宙，而不可以实证本体。本体是要反求自得的。本体就是吾人固有的性智。吾人必须内部生活净化和发展时，这个智才显发的。到了性智显发的时候，自然内外浑融（即是无所谓内我和外物的分界），冥冥自证，无对待相（此智的自识，是能所不分的，所以是绝对的）。"①

这就是说，关于本心仁体的认识，其实是一种自我认识，是一种自明自了。熊十力说："今云证会者，谓本体之自明自了是也。""夫证会者，一切放下，不杂记忆，不起分别；此时无能所、无内外，唯是真体现前，默然自喻。"②"恃思辨者，以逻辑谨严胜，而不知穷理入深处，须休止思辨，而默然体认，直至心与理为一，则非逻辑所施也。恃思辨者，总构或许多概念，而体认之极诣，则所思与能思俱泯，炯然大明，荡然无相，则概念涤除已尽也。（概念即有相。）余之学，以思辨始，以体认终。学不极于体认，毕竟与真理隔绝。"③ 按照熊先生的说法，证会或体认，是一种顿超直悟，当下亲体承当，即在一定的阶段，不需要经过感觉、概念、判断、推理，顿然消除了主客、能所、内外、物我的界限。熊先生强调，玄学不废理性思辨，玄学不排斥量智，但必须超越思辨或量智，达到天人合一的性智、证会或体认的境界。玄学境界，

---

① 熊十力：《新唯识论》，卷上，第7页。又见《熊十力全集》，第三卷，第22—23页。

② 熊十力：《王淮记语》，《十力语要》，卷三，第71页。又见《熊十力全集》，第四卷，第436—437页。

③ 熊十力：《答徐复观》，《十力语要初续》，台北乐天出版社1971年版，第38页。又见《熊十力全集》，第五卷，第58页。

也即是玄学方法。这是超越逻辑、祛除言诠、止息思维、扫除概念，排斥记忆、想象、分析、推理诸理性思维活动，精神内敛、默然返照，浑然与天道合一的一种大彻大悟。

这是一种思维状态，即"众里寻他千百度，蓦然回首，那人却在灯火阑珊处"、"恰恰无心用，恰恰用心时"的状态，当下得到了对于生活和生命，对于自然世界和精神世界之最深邃的本质的一种整体的、综合的洞悉。这其实是在多次反复的理性思维基础上产生的。

这是一种思维方法，即不是站在生活之外作理智分析，而是投身于日常生活之中的感性体验，以动态的直接的透视，体察生动活泼的人的生命。只有切实的经验，与自家的身心融成一体的经验，设身处地，体物入微，才能直接达到和把握真善美的统一，顿悟本心仁体。这种体验或证会，破除了对于任何语言、思辨、概念和推理的执著。这种思维方式的特点是主体直接渗入客体，与客体合一。主体对于最高本体的把握即采用这种体悟或证会的方式。

这是一种道德境界。"从来儒者所谓与天合德的境界，就是证会的境界。吾人达到与天合一，则造化无穷的蕴奥，皆可反躬自喻于寂寞无形、炯然独明之地，而非以己测彼，妄臆其然也。"[①] 破对待、一物我，"民胞吾与"、"天人合一"，熊十力追求的是仁者不忧的"孔颜乐处"，是一种绝对快乐的崇高精神境界。从形式上看，它是超苦乐，超善恶的顿悟；从实质上看，这种道德直觉功夫是由长期涵养性智累积而成的最敏感的价值判断，顷刻之际，是非善恶壁垒分明。中国哲人历来主张对于道德行为和精神生活，对于真善美的价值，靠体验来加以把握。这就是所谓的"证量境界"。为了达到这一境界，熊先生在《原儒》中提出了"思修交尽"的方法，即思维与修养交致其力。他认为，思而无修，只是虚见；修而无思，终无真解。

关于"见体"与修养的关系，熊十力继承佛教、理学，重申、发展了"性修不二"说："天人合德，性修不二故，学之所以成也。《易》

---

① 熊十力：《新唯识论》，卷上，第89页。又见《熊十力全集》，第三卷，第146页。

曰：'继之者善，成之者性'。全性起修名继，（性是全体流行不息的，是万善俱足的。故依之起修，而万善无不成办。是谓全性起修，即继义。）全修在性名成。（修之全功，依性而起，只以扩充其性故，非是增益本性所无。故云全修在性，即成义。）本来性净为天，后起净习为人。故曰：人不天不因，（性者，天也。人若不有其天然具足之性，则将何所因而为善乎？）天不人不成。（后起净习，则人力也。虽有天性，而不尽人力，则天性不得显发，而何以成其为天耶？以上二语，本扬子云《法言》。）故吾人必以精进力，创起净习，以随顺乎固有之性，而引令显发。"①

这就是说，本体（性）与工夫（修）是统一的，天道与人道是统一的。人们内在的、与生俱来、圆满自足的道德本性是为善的根据；但如果我们不尽人力，不从事学习、修养，则天性也不能充分显发。所谓"继善成性"，即是通过修养工夫，使固有的德性充分扩展开来。熊先生发挥了王船山的"性日生日成"的思想，认为德性即道德生命是一个不断创新的过程，是创起净习、克服染习的过程。他说："先儒多半过恃天性，所以他的方法只是减……他们以为只把后天的染污减尽，天性自然显现，这天性不是由人创出来。若如我说，成能才是成性，这成的意义就是创。而所谓天性者，恰是人创出来。"② 也就是说，熊先生主张积极地保养内在"良知"、"良能"去努力创造，而不是以"良知"、"良能"为固有具足，消极保守，被动地防止现实生活负面的影响。因此，有一度熊先生甚至主张用"明智"这个词取代"良知"。他说："良知一词似偏重天事，明智则特显人能。""吾言明智与阳明良知说有不同者，彼以良知为固有具足，纯依天事立言，而明智则亦赖人之自创，特就人能言也。"③ 他的意思是，"明智"是赖人自创的，而所

---

① 熊十力：《新唯识论》，卷下之二，第20—21页。又见《熊十力全集》第三卷，第464—465页。
② 熊十力：《高赞非记语》，《十力语要》，卷四，第27页。又见《熊十力全集》，第四卷，第492页。
③ 熊十力：《高赞非记语》，《十力语要》，卷四，第27—28页。又见《熊十力全集》，第四卷，第491、494页。

谓人的"天性"亦无不是人创的。这是极有见地的思想！这在修养论上扬弃了先儒的"复性"说，也推进了王阳明的"即工夫即本体"的思想，而直接继承王夫之（船山）的人性论，创造性地转化了儒家修养论。

要之，如何"见体"的问题，即"智的直觉"的问题，不仅仅是一个认识论和方法论问题，而且是一个人生论和人性论的问题，是一个道德人格修养的问题。从熊先生之本体论出发，其宇宙论、人生论、人性论、认识论都凸显了能动、创新、变易的精神，这是熊先生哲学的特点。

四 道德理想主义的形上学

以上我们从三方面探讨了熊十力为现代新儒学奠定的哲学本体论及其核心道德形上学的主要内容。如何评价这一学说呢？

如前所述，熊十力本体论上的睿见，有助于彰显人类终极存在的意义世界，重建人的道德自我，重建人的自尊，肯定人的价值和理想人格。这对于"现代性"之负面，即工具理性过度膨胀、科学技术日益发展所衍生的副作用，例如功利主义、金钱拜物教、权力拜物教的批评，对于人文价值和道德伦理之沦丧的警醒，无疑具有莫大的意义。没有精神主体、道德人格，人只能沦于"无家可归"的境地。的确，现代化不仅仅包括工业化、都市化、科学化，还应当包括人的全面发展，人性的完善，人与自然、人与人、人与内在自我关系的和谐，人有崇高的境界、精神的依归和寄托。因此，作为现代新儒学思想中枢的道德理想主义在现代化建设过程中是有积极意义的。

对于我们这个民族来说，十分重要的问题是，20世纪在欧风美雨的冲刷之下，我们的民族精神、历史意识、文化情结、价值系统、终极关怀、形上睿智面临着深刻的危机。20世纪是中国传统的文化资源在中国本土上遭到普遍的毁辱和抛弃的时期。只有像熊十力先生这样少数的文化精英，才作为中流砥柱，拯救中国文化的危机，抗拒着现代化的负面造成的人类文化或世界文化的腐化。他希冀为中国寻找回失落了的民族精神，为人类寻找回失落了的类的本性和个体的真我。面对着人类的、族类的、个体的存在危机，熊十力先生在他的生活中，以他自己的生命体验与直感，重新反省了生命的意义和人生的价值，重新探索、反思宇宙人生的大本大源，一扫饾饤枝节的遮蔽，回到了数千年人类哲学史所考察的最最根本的问题上来。

在价值迷失的年代，在走向现代化的进程中，熊十力先生并不是食古不化的缙绅先生，他终身致力于活化民族精神。因此，他的哲学是一种体用哲学（或立体开用、明体达用、即体即用、体用不二的哲学）。一方面，他主张"尊生"、"明有"、"主动"、"率性"，强调"用""物""有""坤"的层面，呼唤科学、民主、自由、人权、知识理性，在一定意义上承认力、势、智、利、情、欲的合理性，批判陈腐的、令人窒息的传统社会文化中负面教条的桎梏；另一方面，他重新抉发儒、释、道的人生智慧，启发人们自识"真的自己"，珍视升进向上，清净纯洁、创化不息、开辟无穷的精神生命的"大宝藏"，去执息妄，化解无明，使人的精神得以安顿，人生的追求得以拨正，因此更强调"体"、"心"、"无"、"乾"的层面，重建人性的美善、人道的庄严、人格的独立、人际的和谐、人权的尊重。在民族文化大厦由于内在与外在种种原因崩坏离析之际，再创明天，使之重新挺立于世界民族之林。

熊十力先生来自民间，来自穷乡僻壤和社会的最下层，亲身体验了20世纪中国人民所遭逢的种种灾难，无穷无尽的动荡和痛苦，从列强的肢解、军阀的混战、日寇的蹂躏、内战的厮杀，直到惨死于"无产阶级文化大革命"。民间疾苦，笔底波澜。他的人生，他的哲学，他所呼唤并实践的安身立命之道，正是对黑暗卑琐的现实的抗议和对人类理想境界的追求。

熊十力哲学亦有自身的内在矛盾和局限性。例如熊先生抽象地发展了人类活动的能动性，鉴于辛亥革命的失败，错误地总结经验，把自强不息、积极入世的人生哲学推到极端，视个人意志、"自我意识"为改造社会的根本动力，为"改造物质、制御物质、利用物质"的主宰者和宇宙生化不已的"内在根源"。这就夸大了"人"与"心"的作用，使之成为宇宙的中心。

作为曾经参加过民主主义革命的斗士,熊十力创制哲学的基点——资产阶级革命力量的不足使他错误地认为,辛亥革命失败正由于缺乏自信力和主观能动性发挥得不够;作为"后五四时期"的哲学思想家,熊十力创制哲学的另一基点——军阀混战,道德沦丧,革命者亦不在身心上用工夫,再加上西化思潮,菲薄固有,中国文化价值失落,这一切又使他感到要挽救文化危机、道德危机,必须提倡"人道之尊",必须肯定和阐扬中国文化的价值和中国知识分子的自尊。知人论世,熊十力本体论——道德形上学的背景即在如上两个方面。

以道德理性来整饬人心,以民族尊严来激励种性,发起信心,这不仅是宋明理学家,而且也是清末思想家章太炎、谭嗣同们的思维模式。历史证明,道德理想主义的张扬,往往与现实社会大大脱节,并不能有效地促进中国的现代化。道德是历史范畴,道德的变化,归根结底依赖于社会物质生活条件的变化。道德可以提示人,使人警醒,使人不懈地追求理想人格,但道德原则并不是永恒的、绝对的,对社会生活所起的作用和影响也不是万能的。民族性是非常重要的,但民族性与世界化必须统一起来,才不至于自外于世界文明的发展大道。

熊十力和现代新儒家的内圣学体系是有意义、有价值、有贡献的。但他们的内圣与外王有很大的矛盾。实际上,这是两种价值系统的矛盾。当然,我们不能苛求一切哲学思想体系都具有现实性,都能为广大群众所接受。哲学的功能并不完全是这样的。历史上的许多哲学思想体系作为人类智慧的结晶,作为人的生命体验的产物,却具有永恒的价值。熊先生哲学也是这样,因为它毕竟在现时代又一次触及人类的终极关怀,阐发了人之所以为人这一古老而常新的课题。

从另一方面来说,熊先生认定人的存在与民族的历史文化不能分开,这是正确的。在世界不同系统的文化日益涵化、整合成为现代文化的今天,尽管文化的民族性是泯灭不了的,但人类文化和人类价值意识的共性必然增加。在这种条件下,随着现代工商业和信息时代而产生的文化价值,诸如平等、自由、权利、公理、正义、进取、竞争、科学、理性、民主、个性、真理等等,作为现时代的历史范畴,毕竟不可能全部在儒学思想资料中古已有之、圆满具足。当然,对这些价值也要分析，不能孤立地、片面地发展。尽管科学技术的日益膨胀造成了人性的异化和人文危机，但这些弊病只能在经济、技术、自然科学的不断发展中加以调治，例如把儒学中的某种有益成分借鉴、继承、光大，以与现代文化调适。

熊十力并不是守旧者，他对儒学有批评、有改造、有发挥、有创新。他的思想启发我们，对自己民族的思想资源发掘越深，自身的价值越丰富、厚实，我们吸纳西方的、外来文化的、或普世价值的能力就越强。任何现代化都是自己文化的现代化。西方价值有很多单面、平面的弊病。我们需要提高对自己民族文化的理解能力。作为地方话语的中国文化、儒家文化具有的普世价值，仍需我们剥离出来，护持、培育、光大、弘扬。

第 六 章

熊十力的中国文化观

熊十力生当中西文化相互碰撞和交融的时代，对传统文化作出了既不同于"西化派"，又不同于"国粹派"的解释。他改铸孔子六经，以民主社会主义和道德人本主义作为中国文化之精髓；他继承明季大哲，以反专制、倡实学作为文化革新之起点；他融贯中西印学术思想，以民族文化精华作为消化吸收外来文化之根基。他在一系列著作中，特别是在巨著《读经示要》（1945年）和《原儒》（1956年）中，阐述了他的中西文化观，探讨了传统与近代的结合点，发掘了中国文化的特殊价值。

一 中西文化的冲突与融合

熊十力是以什么样的心态面对中西文化之争的呢？时下海内外有不少论者，把他看做是旧文化的维护者。有的人因此而颂扬他，有的人因此而贬抑他。笔者认为，这不是误解，便是歪曲。

鸦片战争以来，中国文化和中国哲学处于新旧嬗替之际。古今、中西、新旧文化的冲突，准确地说，传统与现代的冲突，迄今一百七十余年来，一直没有平息过。近代以来，关于文化问题的讨论总是与中国社会如何走向世界密切相连。魏源的"师夷制夷"、早期改良派的"中本西末"、张之洞的"中体西用"、胡适的"全盘西化"、陶希圣的"本位文化"等，可以说是不同历史时期的中国人对于西方文化的撞击作出的不同的、然而又是正常的反应和选择。

从19世纪40年代到20世纪40年代，中西文化的碰撞和交融，大体上经历了一个正—反—合的否定之否定的过程。从林则徐的时代到清末洋务运动、维新变法运动，直至维新派与洋务派关于"中体西用"问题的论战，是为第一阶段。这个时期的人们，包括论战双方，其实都是按照旧文化来理解和评价新文化，尽管在容纳西学的层次和程度上存在一些差别。说顽固派和洋务派按旧文化来理解和评价新文化，大概不会有人反对，说维新派亦是如此，有什么根据呢？根据在于，康梁一辈人对于西学的价值，仅仅在符合旧学范围之内予以积极评价，连最激进的谭嗣同也不易摆脱传统文化的某些深层的影响。

"五四"前后的新文化运动，处在第二阶段，即"反"的阶段。这一时期发生了文化思想史上颇为壮观的三次大论战，即李大钊、陈独秀、胡适等与杜亚泉、梁漱溟、梁启超等关于东西文化问题的论战；丁文江、胡适、王星拱、吴稚晖等与张君劢、梁启超等关于科学与人生观的论战（亦称科玄论战）；陈序经、胡适等与陶希圣等关于中国文化问题的论战。新文化运动的领袖们用新学（西学）批判、扫荡旧学（中学），开创了中国新文化的道路，功不可没。但是，他们强烈的反传统的心态和片面的"全盘西化"主张，在一定程度上带来了传统文化的断裂。他们的对立面——被称为保守主义的东方文化派，如梁漱溟、梁启超、张君劢等，批评了西方文化的弊端，刻意阐扬民族文化的一些精华。针锋相对的双方关注的重心其实都是中西文化的差异，主要是西方近代文化与中国古代文化的差异。双方通过不同侧面的反省，表达了民族文化的自觉——寻找中国文化的近代化道路。这样的双重反省，企求心物两面的改造，早就在孙中山和章太炎那里开始了。一方面要学习西方的物质文化、制度文化和观念文化，以改造传统；另一方面又要正视西方近代文化的毛病，弘扬传统文化中的有价值的层面。以上"西化派"和"国粹派"，可以说是从孙中山、章太炎出发，各执一端，各走一路。

到了20世纪30—40年代，具体地说在抗战期间，文化论争处于第三阶段"合"的阶段。在贞下起元、民族复兴的时代潮流中，中国知识分子在更高的层次上扬弃了"西化论"和"国粹论"，以对中西文化的深切理解为基础，察异观同，综合熔铸，重新估价传统，试图创造出中西结合的新的文化系统。熊十力、冯友兰、金岳霖、贺麟哲学，即是在这种文化背景下诞生的。也就是说，与前两阶段不同，这一时期的知识分子，能够以比较健全的心态认识和理解东西文化及其哲学，既不满足于转手贩卖，又不沉溺于盲目陶醉；对于传统文化的认同，有了比较清醒的理性依据，对于近代世界必然之势的认同，则增加了情感的强度；在对中西印哲学之精髓有了深切了解的基础上，进行新的综合。他们是在这样的认识水平上探讨传统与近代（现代）的关系，创制自己的哲学体系的。他们力图在内容和形式上吸取而不是拒斥外来文化，承继而不是斩断传统哲学。他们反对"科技万能论"，讲求完善道德人格，实现人的价值，他们以主体与客体、殊相与共相、认识与实践关系的研讨，从理论层面上说明了中国走向近代化的道路——既不脱离人类文明发展大道，又不脱离我国的文化传统。这可以说是对东方文化派和全盘西化派的双重发展，标志着民族文化的新觉醒。

下面我们就来具体看一看熊十力的中西文化观。

熊先生反思了19世纪末以来直至20世纪40年代的文化论争，对于"中体西用"论、"全盘西化"论和"本位文化"论作出了相当清醒的判断。

熊先生认为，清末顽固派自恃数千年文化之高，以华夏自居，夜郎自大，故步自封，这当然不足取。然而洋务派将中西文化判为一体一用，即只要物质文化排斥制度文化和观念文化，同样也是荒谬的。他说，张之洞以"中学有体而无用，将何以解于中学亦自有经济、考据、诸子耶？西学为有用而无体，将何以解于西人本其科学、哲学、文艺、宗教之见地与信念，亦自有其人生观、宇宙观……自有其所追求与向往之深远理境，非止限于实用之知识技能耶？且无用之体与无体之用，两相搭合，又如何可能耶"；"以中西学判为一体一用，未免语病耳。中学既具其体，即有其用，而用有所未尽者，则取诸人以自广可也。若中学果为有体无用之学，则尚安用此死体为哉。"[①] 这就是说，西学有西

---

① 熊十力：《读经示要》，上海正中书局1949年印本，卷一，第3—4页。又见《熊十力全集》，第三卷，第562—564页。

学之体用，中学有中学之体用。学习西方，不能说只学其用，排斥其体；继承传统，不能说只继其体，杜绝其用；中西结合，不能说以无用之体与无体之用两相搭合。熊先生接着说，张之洞此语也还是有其深意的，不察其深意，尔后我国人趋入"完全毁弃自己之路"。

中西文化的融合，是中学之体用与西学之体用的相互渗透，其间不可避免地有碰撞、拒斥、冲击、回应、交叉、衔接、结合和转化。问题的复杂性就在这里！直到今天，还有不少青年在大陆重新开放之后，十分简单急躁地企图抛弃传统，重新鼓吹"全盘西化"。更有学者举起"西体中用"的旗帜，好像传统只能作为形式外壳加以保留。其实，这都是不正确的。1840年以来的中西文化交流史昭示我们，西学的引进不可能是"全盘"的，必然与传统发生矛盾纠葛，而且只有与本土文化融合才能生根；传统的堕力相当顽强地阻碍现代化进程，但传统绝不是铁板一块。因此，必须对传统进行分析，去芜存真；即便是传统文化中的腐朽的东西，也不是想抛弃就能抛弃的。

熊十力先生不仅有很强的历史感和文化意识，尤其有着哲学家的理论修养。他以其深邃的"体用不二"论，批评了割裂体用的"中体西用"论，肯定了学习并融摄"西体"，以西方的世界观、方法论和制度文明来改造"中体"的必要性与可行性。他说，从历史上看，中学的"义理之科"自两宋以来，已吸收消化了印度佛学，在今天，自当参究西洋哲学。"西洋政治思想、社会科学，皆非与吾人脑袋扞格不相入者，当采西人之长，以收明辨笃行之效。"[①] 熊先生认为，当时的维新派并没有认识到这一点。在他看来，维新派对于中西学术之根本，并没有深刻理会，却有着一种"震慑西洋之威势，而想慕其学术，欲与之亦步亦趋"的不健康心态。

对于"五四"前后的东西文化论战，熊十力也有独到的见解。一方面，他认为"清末以来，国人一意自卑而自毁其固有"，在这种情况之下，破坏民族的自信心非常容易，而重建民族的自信心却难上加难。

---

① 熊十力：《读经示要》，卷一，第3—4页。又见《熊十力全集》，第三卷，第563页。

"胡适之等提倡科学方法，亦不无功。"然其"打倒孔家店"的号召，使国人视传统文化为粪土。这就导致了不良的后果："西方之真无从移植得来，固有之长早已舍弃无余。人皆以其浮浅杂乱之知识高自矜炫，莫肯反省为切己之学，何以维系身心，何以充实生活？"① 这是对于西化派的批评。要害在于，西化派并没有移来"西方之真"，却舍弃了"固有之长"。

另一方面，他又批评了东方文化派。他指出："民国初年，国人论东西文化者，有精神文明与物质文明之区分。其于国学，荒迷至此，何论西学？"② 在他看来，无论是东方文化还是西方文化，都有精神文明与物质文明，"满足人生物质需要，正所谓发扬灵性生活"，因此，说东方为精神文明，西方为物质文明，这样划分是颇为不通的。梁漱溟在《东西文化及其哲学》里，认为中西学术与文化为根本不同路向，似有否定两者融通之大势。熊先生批评他"将中西学术思想，根本划若鸿沟"。熊先生指出，"中西人因环境各有不同，性情各有独至，其学术思想之发展，必不能完全一致。此有孤往，彼或忽视；彼所擅精，此实未逮，畸重畸轻，寸长尺短，此为事势之所必不能免者……吾只可许中西不能完全一致，而决不能许中西人元始开端，便各走一条路，根本无接近处。"③ 看来他对梁漱溟的毛病抓得较准。说中西文化根本路径不同，完全没有沟通、融合的可能，是大可商榷的。实际上，中西印文化都有可通约性。

熊十力认为，"全盘西化"论者和"本位文化"论者，都没有真正懂得西方或中国文化的根本精神。他批评那些"盛唱全盘西化与全盘外化"的人，"凡主张西化或外化诸论文，大抵皆零碎之谈"，他们舍本逐末，对于"西洋人所以成功现代文化者，其根本精神为何，今后

---

① 熊十力：《读经示要》，卷一，第6页，卷二，第21页。又见《熊十力全集》，第三卷，第568—569页，第738页。
② 熊十力：《原儒》，上海龙门联合书局1956年版，下卷，第36页。又见《熊十力全集》，第六卷，第648页。
③ 熊十力：《读经示要》，卷二，第26页。又见《熊十力全集》，第三卷，第750页。

之动向又将如何"这样一些人们关心的问题,毫不注意。而国粹论者"情钟国粹,未知何者为粹"①。"近时唱本位文化者,又于中外都无所知,而虚悙无以自树。余愿国人认识固有根基甚美,不宜妄自菲薄。而二千年来,由停滞以近于衰退,亦未可自讳其短。夫自卑固不足与有为,而讳短尤为不起之症。朽腐尊国粹(原注:保存国粹一词,五四运动前后极流行,然何者为国之粹,则莫肯是究),辄空言儒学,而实不知儒学为何学。"②

很清楚,熊先生认为,无论是对于西学还是中学,都要有分析态度,认清其本末、短长、优劣、利弊。一方面深切了解西洋人所以成功现代文化之根本精神及其发展方向;另一方面又要深切了解中国传统文化何者为精粹,何者为糟粕,去掉盲目性,增加自觉性。

在熊先生看来,面对西方文化的挑战,应当重新审视中国文化的短长,既不自讳其短,又不妄自菲薄。在《读经示要》和《原儒》中,乃至在他的全部著作中,试图揭示中国文化的精华和糟粕,肯定中国文化特别是儒家经典中那些与西方、印度不同的特殊价值,廓清中国文化消化吸收外来文化的基地,寻找中西印文化的结合点。这就比"五四"前后论战双方争论中西文化孰优孰劣时所持的机械思维方式,显然是高出一筹。

熊先生指出,"中西之学,当互济而不可偏废"③。熊先生肯定了西方科学对于人类的伟大贡献,不仅在于使人类增强了征服、控制自然的能力,同时也增加了改造社会的能力,对于治人者、治于人者及贫富与男女等问题,"渐有以除其偏敝而纳之均平"。熊先生尤其重视西方科学提高了人的价值,因为它冲破了宗教迷信,使"人生得解脱神权之束缚",使人类对于生命之价值,赋予了新的意义。熊先生认为,建立

---

① 熊十力:《读经示要》,卷一,第33页。又见《熊十力全集》,第三卷,第627页。

② 熊十力:《读经示要》,卷二,第29页。又见《熊十力全集》,第三卷,第756页。

③ 熊十力:《读经示要》,卷一,第34页。又见《熊十力全集》,第三卷,第629页。

第六章 熊十力的中国文化观 / 155

在科学基础之上的西方哲学的求实精神和分析方法,特别值得吸取。"西洋哲学,其发源即富于科学精神,故能基实测以游玄,庶无空幻之患;由解析而会通,方免粗疏之失。西学之长不可掩。吾人尽量吸收,犹恐不及,孰谓可一切拒之以自安固陋哉?"① 因此,"中西文化,宜互相融和,以反己之学立本,则努力求知乃依自性而起大用,无逐末之患也";"中西学术,合之两美,离则两伤"②。

熊先生认为,融合外来文化,必须以本土文化为基础。"哲学有国民性。治哲学者,自当以本国思想为根底,以外国思想为资助,吸收外人之长,以去吾固有之短;亦当考察外人之短,而发挥吾固有之长,供其借鉴。……将来世界大同,犹赖各种文化系统,各自发挥其长处,以便互相比较,互相观摩,互相取舍,互相融和……否则,人类精神界,将有颓废之忧……真正哲学家当有空诸倚傍、危岩独立精神,始得有远识明见,堪为暗室孤灯。"③ 越是民族性强的文化,越具有世界价值。在欧风极盛之时,熊先生反对简单抛弃传统文化,刻意发掘"固有优质之待发扬者",以为吸收外来文化之基础。可见熊先生所主张的,是民族主体性的中西体用互渗论。

20世纪80年代,在中国大陆重新回到世界大家庭的时候,又出现了文化讨论的热潮。循着熊先生的思路,而又加以修正,我以为,探讨现代与传统之关系和中国现代化的道路,必须跳出中西两极对立和体用割裂的思想方式。中国文化的前景,既不是传统的连根拔除、全盘推翻,也不是传统的自我复归、卷土重来,而是中西文化从全方位的角度,多层面地、更加广泛和深入地相互渗透、补充和综合。这是17世纪以来,特别是19世纪中叶以来的中国文化西方化和西方文化中国化的进一步发展。我以为,在经过十年浩劫之后的大陆社会,提倡以中国

---

① 熊十力:《读经示要》,卷二,第15页。又见《熊十力全集》,第三卷,第725页。
② 熊十力:《十力要语初续》,台北乐天出版社1971年版,第42页。又见《熊十力全集》,第五卷,第63页。
③ 熊十力:《论六经》,1951年自印本,第113页。又见《熊十力全集》,第五卷,第764页。

传统文化为主体吃掉（消化）西方文化，或者以西方文化为体为质，而以中国文化为用为形，都是不合时宜的。传统是与时俱进的，现时的中国文化已经是一种中西初步融合的形态。而从历史上看，无论是华夏文化、汉文化与域内或周边各民族文化的融合，抑或是本土文化与异质的阿拉伯伊斯兰文化、印度佛教文化的融合，从来都是渗透力很强的多向交流运动，没有体用之分。佛教的思辨哲理、雕塑、绘画、建筑艺术、通俗文学，乃至音韵、医学、瑜伽等，并没有吃掉中国文化，也没有被吃，而是与固有文化融合一体，难于分辨了。中印文化的融合经历了一千多年，中西文化的融合尚只有三百年。可以预计，中西文化之融合也将是充满着矛盾纠葛、历时颇为久远，不断重新理解和发现对方的新的价值，并最终浑融无别的。这可以说是我对熊先生之中西文化观的继承、修正和发挥。

二 传统与现代的对立与调适

"西化派"在理智上献身于外来的价值，"国粹派"在情感上执著于自家的历史。事实上，近代知识分子，包括西化派与国粹派，无不处于情感与理智的矛盾之中。诚如赖文森（Joseph R. Levenson）在《儒家中国及其现代命运》中指出的，他们在情感上认同儒家的人文主义，是对过去一种徒劳的乡愁的祈向而已；他们在理智上认同西方的科学价值，只是了解到其为当今的必然之势。他们对于过去的认同，缺乏知性的理据，而他们对于当今的认同，则缺乏情感的强度。熊十力也毫不例外地曾经处于这种矛盾之中。青年时代，他也曾"忿詈孔子"，视六经语孟如粪土，置线装书于茅厕。中年以后，冷静思索，逐步摆脱了"百事不如人"的民族虚无主义和"凡事古已有之"的狭隘的"爱国的自大"，刻意寻求古代中国文化与近代西方文化可以沟通的成分，寻找新文化的生长点和旧文化的革新处。退伏幽栖，冥思苦索，也许不合时宜，更不可能带来多大的社会影响，但他却孜孜以求，献身于此。在中国文化中发掘科学和民主的传统，他的眼光落到我国文化史上辉煌的时代——晚周诸子时代和明清交替之际。

第六章 熊十力的中国文化观 / 157

"五四"以降，人们往往把中国文化和封建主义，儒家传统和封建意识看成是一而二、二而一的事情。熊十力却主张把这二者剥离开来。他认为，恰恰是两千年的专制主义，窒息了中国文化特别是儒学传统中的活的精神。"二千余年学术，名为宗孔，而实沿秦汉术数之陋，中帝者专制之毒。"① "二千余年来，帝者以其私意笼制天下士大夫，使其思想无或逾越于君上之意向。因郡县之世，民智蔽塞，而帝者益乘之以易售其奸。故自汉代迄于清世，天下学术，号为一出于儒，而实则上下相习，皆以尊孔之名而行诬孔之实。"② 在他看来，诸子学衰绝于秦皇焚坑之后，汉武定孔子为一尊，实则其所尊者并不是真孔子。他提出了真假孔子和真假儒学的问题。其实，在我国历史上，儒家和孔子的面貌不知道改换过多少遍了。远的不说，近代康有为为了变法的需要，曾把孔子改铸成穿了长袍马褂的资产阶级改良派的形象，而熊十力自己对于孔子的改铸则更为大胆，索性给孔子穿上中山装，俨然一位资产阶级革命家了！因此，他口口声声所说的真孔子或儒学的真精神，与其理解成晚周的孔子儒家的标准像，毋宁理解成熊翁十力给孔子儒家改铸的彩塑像。

不过熊十力的改铸前提，是要摧毁汉初群儒树立的偶像。这是一件很有意义的工作。这实际上是康有为工作的继续，尽管熊先生否认这一点，并且不断攻击康有为、章太炎中了小康学之毒。熊先生说："及至汉初，群儒拥护帝制，自不得不窜乱孔子六经，以为忠君思想树立强大根据……汉人拥护帝制之教义，约分三论：一曰三纲五常论，二曰天人感应论，三曰阴阳五行论。"③ 熊先生认为，汉宋诸儒共同信守的上述三论，背离了孔子六经之道。那么，什么是熊先生所谓的晚周儒学的"活的精神"呢？什么是熊先生所谓的孔子六经的"本来面目"呢？什

---

① 熊十力：《读经示要》，卷三，第63页。又见《熊十力全集》，第三卷，第996页。

② 熊十力：《读经示要》，卷二，第32页。又见《熊十力全集》，第三卷，第761页。

③ 熊十力：《原儒》，上卷，第29页。又见《熊十力全集》，第六卷，第389页。

么是熊先生找到的中西文化的结合点呢？

躬逢辛亥革命，使他痛切地感到革命党人素质的低下和仅仅靠从外方输入的民主思想多么不易生根。他要寻找本土文化的民主思想根芽，正是基于这一教训。"孔子确有民主思想，却被汉宋群儒埋没太久。清季革命思潮，从外方输入，自己没有根芽。当时革命党人，其潜意识还是从君主制度下所养成之一套思想，与其外面所吸收之新理论犹不相应。不独太炎如此，诸名流皆然。"① 因此，他觉得自己有责任把被汉宋群儒埋没已久的古典文化中的民主思想的因素清理出来，作为移植西方价值的文化土壤。

他对于孔子学术思想流变和六经真伪的考证，大都没有科学依据，全凭臆断。他的长处并不在此，而且讨厌繁琐考据。既然他以"六经注我"，发挥微言大义为特长，我们姑且循着他的思路，考察他的意图。他认为，孔子早年被束缚于尧舜禹汤文武之小康礼教中，尚无革命与民主思想，五十学《易》之后，孔子在内圣学（哲学本体论、宇宙论、心性修养论）和外王学（社会政治和科学思想）方面，发生了质的飞跃。就外王学而论，根本改变了从前欲依靠统治阶层以求行道的想法。孔子五十学《易》以后，始作六经，创立大道学派。孔子"天下为公"的理想和制度，主要体现在其所著《大易》、《春秋》、《礼运》、《周官》四经中。《大易》"一曰倡导格物学（原注：古代格物学，犹今云科学），二曰明社会发展，以需养为主，资具为先（原注：资具，犹云生产工具）。"② "不明孔子注重格物之精神，即无从研究其外王学。"③ 这即是说，他认为中国科学精神实见于《大易》、孔学。他又说，《春秋》"贬天子，退诸侯，讨大夫"，旨在废除统治阶级与私有制，而实行天下为公之大道。《礼运》之大同说，犹是升平世图治之规

---

① 熊十力：《原儒》，上卷，第49页。又见《熊十力全集》，第六卷，第443—444页。

② 熊十力：《原儒》，上卷，第54页。又见《熊十力全集》，第六卷，第458页。

③ 熊十力：《原儒》，上卷，第88页。又见《熊十力全集》，第六卷，第547页。

模，为趋于太平之准备。而《周官》之根本旨趣，是"均"与"联"。他说，所谓"均"，即均贫富、智愚、强弱。所谓"联"，即以均平之原理，从解决经济问题入手，联合各国人民。熊先生认为，孔子外王学的真相是"同情天下劳苦小民，独持天下为公之大道，荡平阶级，实行民主，以臻天下一家、中国一人之盛"，"即是不容许统治阶级与私有制存在"①。熊先生说，孔子原说为"无君之论"，"孟荀虽并言革命，而只谓暴君可革，却不言君主制度可废，非真革命论也。惟《礼运》言'天下为公，选贤与能'，而深嫉夫当时之大人世及以为礼，此乃革命真义"②。请看熊先生之孔子脸谱，废除君主制度，荡平阶级，实行民主，不容许统治阶层与私有制存在等，活脱脱一个资产阶级民主派的思想领袖！

熊先生认为，孟子、荀卿已经从孔子倒退了一步，由废除君主制度退至只反暴君贪吏，及至汉代经师，则更把孔子思想歪曲得面目全非了。按照熊先生的说法，《大易》"群龙无首"的政治层面的含义是人各自尊、人各自主、人各独立、人皆平等，鼎革二卦和《春秋》三世说相互发明，主张去故取新、革故鼎新。孔子的这样一些"天下为公"、"破除私有"的革命民主思想，被汉儒篡改为"天尊地卑，乾坤定矣"的不变论和定位说，董仲舒们以忠君思想维护帝制，以"天不变，道亦不变"等"种种顽陋不堪之论迎合皇帝，明明背叛《大易》、《春秋》"③。熊先生批评曾子、孟子的"孝治论""移孝作忠"的影响，汉代"使文化归本忠孝，不尚学术"；"使生产专归农业，排斥工商。其愚民政策，曲顺人情。二千余年帝者行之无改，虽收统治之效，而中国自是无进步"④。这是熊先生所认为的秦汉以降中国社会进步缓慢的

---

① 熊十力：《原儒》，上卷，第51页。又见《熊十力全集》，第六卷，第450—451页。

② 同上书，第449页。

③ 熊十力：《原儒》，上卷，第53页。又见《熊十力全集》，第六卷，第455页。

④ 熊十力：《原儒》，上卷，第29页。又见《熊十力全集》，第六卷，第389—390页。

经济、政治和文化的原因。现在看来，熊先生的这些批判，问题多多。

仿效西方的资产阶级启蒙派的先驱曾经发动的思想启蒙运动，熊先生提出了复兴晚周文化的主张。熊先生认为，"六经为中国文化与学术思想之根源，晚周诸子百家皆出于是，中国人做人与立国之特殊精神实在六经。"① 他说，中国学术思想，当上追晚周。在诸子百家中，儒家为正统派，孔子是儒家大祖。其余诸家都是儒家的羽翼。如墨翟、惠施、农家，"或为科学之先导，或为社会主义之开山"，不可不延续其精神。法家、道家有极深远处，也有极不好处，取长舍短，不容绝也。熊先生向往着复兴晚周文化的活力。

梁启超在《清代学术概论》中以清儒考据之学的兴盛喻为"文艺复兴"，熊先生则以为大谬不然。他说："欧人文艺复兴时代，自有一段真精神。申言之，即其接受前哲思想，确能以之激发其内在之生活力，而有沛然不可御，与欣欣向荣之机。"② 熊先生指出，汉学家绝没有这一真精神，其注疏、考据，多芜陋不堪。宋学家虽有见地，却不免狭窄、偏枯。宋学家独宗孟子，连荀子也当作异端排斥，更不用说墨子诸家了。他们没有对晚周诸子百家学术思想之全体作一复兴运动。

熊先生提出并解答了这样一个问题：晚周文化与希腊文化的路向并没有什么隔截处，但晚周文化为什么不能像希腊文化那样直启现代文明呢？他认为主要原因是秦汉以后的极权之政，大毁文化，破坏争鸣，禁锢了学术思想的自由发展。他甚至认为诸侯异政、邦国并立较之郡县之世、一统天下更有利于文化的发展。他赞赏历史上曾经出现过的多元文化并立的繁荣局面，如燕齐、邹鲁、三晋、荆楚文化的兴盛："齐鲁比邻而文化已不同，齐鲁与三晋又不同，楚之文化又特异北方诸国……自余小国，亦必各有异彩。"③ 熊先生对于秦汉文化的贬低，自有偏颇之处，因为较之晚周，秦汉文化取得了伟大的历史的进步。不过，熊先生

---

① 熊十力：《论六经》，第105页。又见《熊十力全集》，第五卷，第757页。
② 熊十力：《读经示要》，卷二，第57页。又见《熊十力全集》，第三卷，第816页。
③ 熊十力：《读经示要》，卷二，第24页。又见《熊十力全集》，第三卷，第744页。

所强调的是需要创导"学术界自由研究，独立创造之风气，否则，学术思想锢蔽，而政治社会制度，何由发展日新？"①

关于晚周以后的中国文化史，熊先生认为"汉魏及李唐两次大变端，亟须注意。汉魏之际，是中国文化浸衰而将变的时机；李唐之世，是印度佛化统一中国成功的时期"②。他认为魏晋文化的转型，是对汉文化的一大反动。"中国文化，在汉世顿呈凝滞不进之状，思想界已僵固而无活气，空以名教宠章牢笼天下，其积弊之深，必将发泄于后，固事理所必至者。"③ 魏晋思想界的"奇伟之观"，是玄学的兴起，标志着思想解放。他说，玄学家"辨物理，达神旨"，复兴了易儒老庄的哲理，"至其社会政治思想，则盛倡自由。鲍生（按：指鲍敬言）之论，则为无政府主义者导先路"④，然五胡乱华，使得复兴晚周的转变之几衰息。

熊先生指出，隋唐时期是佛教大一统的时期，中国文化几乎中断，几被倾覆。直到两宋时代，大儒辈出，才作中国文化复兴运动，消化了佛学。这些看法，都大可商榷。我们看到，熊先生对于宋儒并不满意。他说，宋儒有两大缺点，一是"绝欲"，二是"主静"。前者"弄得人生无活气"，"其流弊必至萎靡不振"；后者脱离实际，减却了日常接触事物的活动力。"这两个主张殊未能挽救典午以来积衰的社会"。⑤ 熊先生又说，宋儒在心性论上颇有发明，在文化上保固华夏文化有功，其短处是忠君思想。又说："宋儒之最可责者有二：一无民族思想，二无民治思想。"⑥ 熊先生对于宋儒的这四点批评，确实切中要害。当然，熊先生对于宋儒之身心性命之学，多有继承发挥。他认为"宋儒倡鞭辟

---

① 熊十力：《与友人论张江陵》，《熊十力全集》，第五卷，第553—554页。
② 熊十力：《十力语要》，1947年湖北"十力丛书"印本，卷四，第35页。又见《熊十力全集》，第四卷，第504页。
③ 熊十力：《十力语要》，卷四，第36页。又见《熊十力全集》，第四卷，第506页。
④ 同上书，第505页。
⑤ 熊十力：《十力语要》，卷四，第40—41页。又见《熊十力全集》，第四卷，第512—513页。
⑥ 熊十力：《读经示要》，卷二，第61页。又见《熊十力全集》，第三卷，第824页。

近里切己之学,可谓知本,惜其短于致用。"① 他主张综合朱王,认为致知之说,阳明无可易,格物之义,宜酌采朱子。他在《读经示要》里关于宋学,特别是朱王之学的长篇评论,可谓深中肯綮。我们知道,熊先生哲学的主要思想渊源除《周易》辩证法和佛家唯识学的"心的分析"外,其"心本论"、"体用不二"论、"心物不二"论,主要来源于宋明道学,特别是阳明心学。但他深知宋学之弊、阳明学之弊。

熊先生认为,中国文化史上继晚周以后的辉煌年代是明清之际。王船山、顾亭林、黄梨洲、颜习斋、李二曲、方密之、傅青主、唐铸万、吕晚村等,足以与先秦诸子比肩。熊先生强调说,这一代思想巨匠对传统文化的改造,使得古典中国文化可以与近代西方文化衔接起来了。他们实际上开了吸收西学的先河,成为文化革新的新起点。熊先生称赞他们:"持论益恢宏,足以上追孔孟,而下与西洋相接纳矣"②;"民主思想,民族思想,格物或实用之学,皆萌生于明季。清人虽斩其绪,而近世吸收外化,明儒实导先路,不可忽也"③;"宋学经一再变,始有上复晚周之机。由今而论,中西文化融通,亦于晚明之新宋学可见其端。余每以晚明为汉以后学术史上最光辉时代"④。

与程朱陆王相比较,熊十力肯定了明清之际学者的五大优点:第一,尚经验,反空疏,注重实用与实测,道器兼综,体用赅备,实事求是;第二,发扬了民族主义精神;第三,在社会政治思想方面,发汉唐以来诸儒所未发,具有进化史观和民主主义思想,提出了"工商皆本"的主张;第四,依据《大易》重建中国人的宇宙观和人生观;第五,

---

① 熊十力:《原儒》,下卷,第75页。又见《熊十力全集》,第六卷,第748页。

② 熊十力:《读经示要》,卷一,第3—4页。又见《熊十力全集》,第三卷,第563页。

③ 熊十力:《原儒》,下卷,第75页。又见《熊十力全集》,第六卷,第749页。

④ 熊十力:《读经示要》,卷二,第70页。又见《熊十力全集》,第三卷,第845页。熊先生把宋学划分为五个阶段,即肇创时期(北宋五子)、完成时期(朱、陆)、初变时期(阳明及后学)、再变时期(明清之际诸大儒)、衰落时期(清儒阎、胡、李等)。

为学务博通,切实用,启朴学端绪。他们的代表者王船山的思想,则具有"尊生以箴寂灭,明有以反空无,主动以起颓废,率性以一情欲"的特征,"足为近代思想开一路向"。尤其值得注意的是,熊先生特别推崇的是明清之际思想家的政治哲学和科学思想,也即是反对专制主义的民主主义和"格物穷理"、"经世致用"的科学传统。这两大传统在清末起了极大的社会作用。一方面,谭嗣同、梁启超、章太炎以及熊十力一辈的辛亥志士,几乎没有不受到王、顾、黄之民族民主思想之熏陶的;另一方面,明清之际的实学,亦于清末始渐发露,而西洋科学方法输入,赖此为之援手。①

总之,他认为,明末清初思想家复兴了儒学典籍和晚周诸子的活的精神,以民主和科学思想,开启了晚清中国社会走向世界的先河。

熊先生以过去的传统史家不曾有过的眼光,审视了中国文化史,有目的地着力发掘了晚周和晚明学术思想中的民主和科学的萌芽,改铸了孔子儒家的形象,寄托了自己的情志。不能认为熊先生关于中国思想史的评议全都十分准确,尤其是在西方近代民主和科学精神的撞击下,如何探寻传统与近代的结合点,从而使西方民主和科学精神真正在国民意识中扎下根来,诸如此类的问题都不可能在熊著中找到满意的答案。需不需要寻找中国传统文化中可以移植现代文明的土壤或生长点,它与引进西学、创建中国新文化系统有着什么关系,无论是梁启超、章太炎、孙中山,抑或是陈独秀、胡适之、熊十力,都没有解决好。这是不能苛求他们的!

三 中国文化的价值与意义

赖文森在《儒家中国及其现代命运》中还说过,中国近现代的一些知识分子,显然接受了一项观念:真正具有哲学意义的原创性的睿

---

① 熊先生关于明清之际思潮的评论极多。他是船山学的真正传人。他对这一时期的其他思想家也研究得颇细,如认为黄梨洲的《原君》受到陆子静兄弟和邓牧的影响等。详见熊十力《读经示要》,卷二、卷三。

见，不可能在他们自身上产生，而必须导源于外来的刺激。这段话对于"后五四时代"才成为职业哲学家的熊十力并不完全适用。他相信外来文化的刺激力，但这种刺激的结果是光大本土文化，产生自己的哲学。他曾经说过："两汉之世，学术思想日就凝滞。其时假若有与晚世西洋文化相类之思想输入，以刺激之，则晚周儒学及诸子百家之坠绪，必因外化之助，而发扬光大无疑也。"① 熊先生坚信，真正具有哲学意义的原创性的睿见，定能在中国文化自身中产生。当然，如前所说，他并不拒斥西学对中学的改造。他说："吾确信中国文化不可亡。但吾国人努力于文化之发扬，亦必吸收西洋现代文化，以增加新的元素，而有所改造，不可令成一种惰性，是则余之所望也。"② 这种心态，既不同于陈独秀、胡适之，又不同于梁漱溟、张君劢，而颇似以西方近代意识重新审视中国传统文化（包括儒家文化），欲建立民族主体性的、吸收西学的新文化系统的王国维、陈寅恪和早中期郭沫若。陈寅恪曾经说："中国自今日以后，即使能忠实输入北美或东欧之思想，其结局当亦等于玄奘唯识之学，在吾国思想史上既不能居最高之地位，且亦终归于竭绝者。其真能于思想上自成系统，有所创获者，必须一方面吸收输入外来之学说，一方面不忘本来民族之地位。"这是"两千年吾民族与他民族思想接触史所诏示者也。"③ 基于这样一些认识，熊先生试图揭示出中国文化、中国哲学之不同于西方和印度的特殊价值，以之作为吸收西学、创造新文化系统的前提。

发掘中国文化、中国哲学中真正具有世界意义的东西，绝不是一件容易的事，除了学识，还需要有厚实的生活基础、深切的感受体验和特有的体悟能力，否则不可能真正理解自家的宝藏。以胡适之与熊十力相比较，差别就在于此。胡著《中国哲学史大纲（上卷）》，以实验主义的方法重新研究国学，自有其历史地位，蔡元培序作了充分肯定。但该

---

① 熊十力：《读经示要》，卷二，第 43 页。又见《熊十力全集》，第三卷，第 786 页。

② 熊十力：《中国历史讲话》，1938 年重庆石印本，第 72 页。又见《熊十力全集》，第二卷，第 728 页。

③ 陈寅恪：《冯友兰〈中国哲学史〉审查报告》，载冯著《中国哲学史》。

书未能深切揭示中国哲学的真谛，用尖刻的话来说，那是一部美国商人写的中国哲学史（金岳霖语），是一部以西方哲学批判中国哲学的书（冯友兰语）。梁启超的评价较为公允，他说，是书"讲墨子、荀子最好，讲孔子、庄子最不好。总说一句，凡关于知识论方面，到处发现石破天惊的伟论，凡关于宇宙观、人生观方面，十有九很浅薄或谬误。"① 而在熊先生看来，恰恰是孔子、孟子、老子、庄子，恰恰是宇宙观、社会观和人生观，才是中国哲学和中国文化的价值之所在，即便是知识论，中国传统哲学中也自有其优越于西学的特殊之处。

熊十力以他特有的下层生活的体验和文化直感，从儒学典籍中，从三玄（易、老、庄）二王（阳明、船山）那里体悟、开掘、提炼中国文化的精髓。同时，随时进行比较研究（内比较儒、释、道，外比较中、西、印文化之异同），从比较中考察中国文化的根本精神。

关于儒道异同。熊先生所谓儒即《易》，他认为《易》为群经之首，五经之源；道家是《易》家之别派，儒学之旁支。熊先生指出，"儒道二家，虽学术不同，而以认识心体为第一着。"② 此外，还有禅学也是如此，直指心源。儒道两家都讲主观精神、意识和意志的作用，都讲身心修养，都能深观群变，都有相反相成的发展观。庄子的"天地与我并生，而万物与我为一"，体会到宇宙大生命与个人生命不二，为儒学所吸取。儒道二家的区别在于："儒家主张成能，尽人之能，以实现其所固有之天真。欲皆理而人即天也，此老氏所不喻也。老氏谈体，遗却人能而言，故庄周言用，亦只形容个虚莽旷荡，全没有理会得天行健的意义"；"儒家体乾而贵刚健，故说行健不息；老氏法坤而守虚静，故曰绵绵若存。此儒道两家所为异也。"③ 也就是说，儒家是一种积极入世的哲学，充分重视人对于外界的改造。这种哲学主张创生不息，于虚静而见刚健之德。与儒家自强不息的健动哲学相补充，老庄的人生态

---

① 梁启超：《饮冰室合集·文集》三十八，第 60 页。
② 熊十力：《原儒》，下卷，第 61 页。又见《熊十力全集》，第六卷，第 713 页。
③ 熊十力：《十力语要》，卷一，第 45、69 页。又见《熊十力全集》，第四卷，第 101、139 页。

度则超越于现实。熊先生说，庄子的"独与天地精神相往来"和孟子的"上下与天地同流"，有一些差异。庄子对于天地精神，起超越感，而皈依之；孟子有经世之志，不忍脱离现实，不别求绝对精神。至于儒道两家的知识论，道家绝圣弃智，儒家却不反知识，但在主张"默识"、"顿超直悟"方面，二者又有一致的地方。

关于儒佛异同。熊先生认为，"儒佛二家之学，推其根极，要归于见性而已。诚能见自本性，则日用间恒有主宰，不随境转。此则儒佛所大同而不能或异者也。"① 这就是说，儒佛之根本一致处在于"明心见性"，即肯定并高扬精神与意志的主宰力。在本体论方面，以"心"为"体"，精神至上；在知识论方面，不反理智而能超越理智，归本证量。这都是共同点。区别在宇宙论和人生论上。熊先生认为，儒学是哲学，佛学是宗教；前者尽生之理，后者逆生之流；前者于空寂而识生化之源，后者讲空寂而不讲生化创造。看起来两家都讲万物刹那生灭，然佛家侧重"灭"之方面，儒家侧重"生"之方面。所谓刹那生灭，按《周易》的哲理，那就是灭灭不住，生生不已，故故不留，新新而起，即"生生之谓易"。有趣的是，熊先生把佛学的瞬息变化的观点，拿过来强化了《周易》的生生不息学说。比较儒佛之见蔽，熊先生认为佛教在性体寂静方面领会较深，但未免滞寂溺静，把生生不息变化不竭之机遏绝无余。所以，熊先生认为佛家的根本迷谬是"非人生"。儒家由宇宙之生生不已、舍故生新，推之人生和社会的自强不息、精进不止。总起来比较儒、释、道三家，熊先生认为，道家返于虚无，佛教趣于寂灭，其为道虽不同，都游心于现实世界以外，是二氏共同的病症。"老氏以返无为归根，佛氏以趣寂证无生。无生是遏逆生命之流，非贞常之道也。返无即是人生蕲向于虚无，而废弃自己本有的生命力……吾儒之内部生活，唯恒时保任良知作主，绝不摒斥知识。良知至虚而含万有，至静而宰万动。知识至实，具有权力，待他而显。良知以虚运实，实不碍虚。知识以实从虚，虚亦含实。诚如是，则其内部生活大生、广生、

---

① 熊十力：《十力语要》，卷二，第79页。又见《熊十力全集》，第四卷，第287页。

大明、大有，毕竟廓然无系。"① 唯有儒学，以良知与知识相统一，积极奋进，立足现实，改革社会，锲而不舍。

关于中西异同。熊先生指出，"中国哲学，于实践中体现真理，故不尚思辨。西洋哲学，唯任运理智思维，而能本之征验，避免空幻。但其探求本体，则亦以向外找东西的态度去穷索，乃自远于真理而终不悟也。"② 他肯定西方的逻辑思维训练和实证科学方法杜绝了蹈虚空谈的弊端，但认为仅仅如此则不易体验人心的主导地位。他说，西洋学术思想有两个源头，一为希伯来宗教思想，一为希腊思想。以思维术层层推究"唯一的实在"或"第一因"或"绝对精神"，是受希伯来宗教的影响；以物质宇宙为唯一研究对象，不问本体，把哲学混同于科学，是受希腊思想的影响。不论是唯物论、唯心论，还是不可知论，都是"天人互不相涉"。熊先生指出，西方哲学向外求体，因而偏任理智与思辨，它给予人们的仅仅是逻辑的方法和思辨的知识；中国哲学在反己中求得实体，故有特殊修养工夫，能够超越理智，能够教人们从躬行履践中获得安身立命的精神受用，而这却是西方哲学无法企及的。

如果套用《荀子·解蔽篇》的话归纳熊先生上述意思，即可以说道家是"蔽于天而不知人"，佛家是"蔽于灭而不知生"，西学则是"蔽于用而不知体"。"体"是什么呢？"体"就是"仁"，也即是"人"，也即是生命，也即是主体道德人格。

通过上述比较，中国哲学的特点和儒家文化的价值就十分清楚了。

中国哲学的特点是本体论、宇宙论、人生论、道德论、知识论的合一，是天人不二、心物不二、体用不二、动静不二、理欲不二和德理双持。它既不同于宗教，又不同于科学。它主张不脱离现实世界、不在现象之外求得本体，"改造现实世界，即是实现本体，现实世界发展不已，即是本体发展无竭"③。这就是在改造世界中现实自我，实现主体

---

① 熊十力：《明心篇》，《熊十力全集》，第七卷，第257—258页。
② 熊十力：《读经示要》，卷二，第49页。又见《熊十力全集》，第三卷，第798页。
③ 熊十力：《原儒》，下卷，第35页。又见《熊十力全集》，第六卷，第643页。

与客体的统一。中国哲人有一种强烈的理想追求,有一种使命感和责任心。这种主体意识把个人小宇宙与天地万物大宇宙联系起来。中国哲学重视的是人,认为"人不可恃天,而天实恃人以有成。人生担荷天待人成之伟大使命,其可自小、自馁、自懈、自弃而忘任重道远之永图乎?宗教家信有全知全能之上帝创造世界以及吾人。孔子之道,适与彼反,全知全能,惟人类其勉而进趋。"① 这段话集中表明了中国哲学根本反对上帝创世说,反对宿命论,歌颂人的价值,坚持了"人能弘道,非道弘人"的思想。

熊先生认为,儒家文化有着重人、大心、尊生、主动、尚德的传统,揭示"人生之尊严而不可亵侮也,人生之真实而不为幻化也,人生之至善而不为秽浊也,人生之富有而无所亏欠也。故鬼神既远,人性获伸,这是诸儒莫大的功劳。"② 中国文化反对用抽象的方法破坏人存有的原本状态,抹杀人所固有的生命力,限制人的主观能动性的发挥。它破除了不死的灵魂、上帝、鬼神对人性的束缚,教人重视人生,重视现实。熊先生指出,《易》的哲学是生命的哲学,是健动的哲学,但它与柏格森、杜里舒不同。柏格森之生命的盲目冲动是习而非性,没有能超出形与习,以窥见生命之本然。肯定人的价值,追求人生境界和重视主体人格修养都是一回事。与科学万能论不一样,熊先生一生都强调道德修养和人格理想。所有这些以及他所提出的"儒家的人本主义"概念,确有见于儒家文化的合理层面、积极贡献和特殊价值。

在"打倒孔家店"以后,熊先生关于中国文化特殊价值的揭橥,亦是民族文化自觉的表现。没有对于传统文化的深刻了解,谈什么创造新的中国文化的系统,当然是无稽之谈。在建设现代化的当今,重新反思"古今中西之争",咀嚼前辈熊十力的文化观,不是没有益处的。

---

① 熊十力:《原儒》,下卷,第11页。又见《熊十力全集》,第六卷,第581页。

② 熊十力:《十力语要》,卷四,第40页。又见《熊十力全集》,第四卷,第511页。

第七章

风风雨雨熊十力

自1918年由蔡元培先生作序的熊先生处女作《熊子真心书》诞生以来，特别是1932年标志熊先生哲学体系正式形成的《新唯识论》（文言本）问世之后，学术界对于熊先生思想的评价，可以说是毁誉参半。即便是与熊先生过从甚密、交谊甚厚的朋友，如林志钧、张申府、梁漱溟、马一浮、吕澂、汤用彤、张东荪、蒙文通、钱穆、贺麟、朱光潜、谢幼伟、张岱年等，对熊先生哲学的看法，也是见仁见智、莫衷一是，亦有的人前期赞扬，后期持批评态度（如马一浮）。

遗憾的是，迄今没有人做这样一项工作，即是把伴随着熊先生哲学的形成和传播而产生的论辩、评判搜罗整理出来。笔者尽其可能，遍访诸老，不惮烦劳，广为搜求，今整理于兹，以为关心者和研究者提供一些第一手的资料和必要的线索。

一 哲学界的评论

我这里主要评述20世纪30至40年代哲学界对熊十力哲学的评论。熊先生自1922年起在北京大学讲授唯识学，继之讲授《新唯识论》。20世纪30至40年代是熊十力在中国思想界最活跃的时期。其间，他的多数专著印行问世，还在十几家报刊上发表过近百篇论文和书札；除了在北大，还在武汉大学、中山大学、浙江大学以及复性书院、勉仁书院等处讲授过《新唯识论》和《读经示要》；断断续续地有数十名弟子从游，间或有意、德、俄、美诸国学者探访。抗战以前就有报刊介绍过熊先生哲学，例如牟离中（宗三）于1936年7月在《北平晨报》"思辨"专栏发表《近年来之中国哲学界》，主要介绍熊十力、张东荪、金岳霖的哲学思想。然熊先生哲学逐渐为国内学人所认识尚在抗战期间。抗战末期，以冯友兰、贺麟、金岳霖为常务理事的中国哲学会，将《新唯识论》（语体文本）和《读经示要》列为中国哲学丛书甲集之一和之三出版（当时把哲学创作属于甲集，哲学史研究列为乙集）。这件事本身就说明了熊先生学术地位的上升。在胜利以后的当代哲学史论著中，熊十力占有非常显赫的一席。此外，韩镜清曾在私立中国大学给学生讲授过《新唯识论》语体本；王葆元著《新化育论》发挥熊先生"翕辟成变"、"体用不二"之说。熊先生在学术界的一定范围内成了一个偶像。现将20世纪30至40年代哲学界的评论简述如下：

（一）关于熊先生哲学的派属与地位

孙道昇认为，熊十力与前期梁漱溟等属"新法相宗"。其不同于旧法相宗者，在于它是中西思想的混合，而不是中印思想的混合。"这派哲学，在现代中国哲学的势力最小、地位最低，而知道它的人亦最少……熊先生《新唯识论》，张东荪曾许为中国哲学界近年来一部奇书，著者个人则感觉到他的立说颇似柏格森。"① 子韬则认为，熊十力属于"新儒学派"。熊与当时其他教授相比，尽管形式、方法不同，然在内容上、骨子里却亦是用佛理附会、充实或改造儒家哲学，"以期因此而重建新的道统"，但这不过只是宋明理学的再建而已。"他们不但要以佛释儒，而且还要以佛附儒。这样，不但不能显出佛教的至理，而且同时也失去了儒教的真面目。"②

贺麟认为，熊十力是陆王心学的集大成者，其哲学乃"绝对的唯心论"，熊先生"对陆王本心之学，发挥为绝对本体，且本翕辟之说，

---

① 孙道昇：《现代中国哲学界之解剖》，原载1935年10月7日《北平晨报》，后作为附录收入郭湛波《近五十年中国思想史》。

② 子韬：《读〈读智论钞〉》，《世间解》1947年第4期，以下所引子韬文均此。

而发展设施为宇宙论。用性智实证以发挥陆之反省本心,王之致良知";认为其学是"陆王心学之精微化系统化最独创之集大成者",熊先生"以本心为绝对待,遍为万物实体,不仅主乎吾身,而且遍为万物之主,是已超出主观的道德的唯心论,而为绝对的唯心论";认为其"翕辟成变"说与斯宾诺莎的"万物有灵论"相契合,"他要贯彻心物合一之思想,不能不走入泛心论",但又不执著于此,而以"体用不二"论"归于绝对先天的本心"。贺麟指出,欲了解包括熊十力哲学在内的中国20世纪三四十年代的哲学,"必须特别注意:(一)推翻传统权威和重新解释哲学思想之处;(二)接受并融会西洋哲学思想之处;(三)应用哲学思想以改革社会政治之处。""大体上讲,中国哲学在近五十年来是有了进步。这进步的来源,可以说是由于西学的刺激,清末革新运动的勃兴,和从佛学的新研究里得到方法的训练,和思想识度的提高与加深。""这进步表现在(一)在这几十年中陆王之学得到了盛大的发扬;(二)儒、佛的对立得到了新的调解;(三)理学中程朱、陆王两派的对立也得到了新的调解;(四)对于中国哲学更有了新的整理。"贺麟正是从中国哲学的调整与发扬的总趋势出发,来评价熊先生哲学的。[①]

谢幼伟指出,有创获的、有永久价值的哲学著作,首推熊十力《新唯识论》,此外是贺麟《近代唯心论简释》、章士钊《逻辑指要》、冯友兰《新理学》、金岳霖《论道》和沈有鼎关于意指分析的文章等。他认为熊著的价值,"不仅中国哲学上尚是少见,即置诸西洋哲学名著中,亦当占一地位";熊先生"不惟保存了中国哲学的优点,而且改正了中国哲学的缺点",足以代表现代中国哲学的如下特征:"其主张为唯心的,其精神则理论与实践并重,其方法则直觉与理智相辅,而其态度只为哲学的(非宗教的)。"[②]

---

① 参见贺麟著《陆王之学的新发展》,载1945年《建国导报》,第Ⅰ卷17期;《当代中国哲学》,胜利出版公司1947年版,台北曾翻印。

② 谢幼伟:《现代哲学名著述评》,正中书局1947年版;《抗战七年来之哲学》,乃贺麟《当代中国哲学》之附录。

（二）对熊先生扬榷百家的褒贬

蔡元培从熊先生不成系统的短札中发现了闪光的思想，肯定了会通的方法，并指出当时的熊尚是尊崇道家的："今观熊子之学，贯通百家，融会儒佛，其究也，乃欲以老氏清静寡欲之旨，养其至大至刚之气。"① 丁去病则从熊先生议论时政之作中，识其"立言有宗，过《潜夫论》"②。

1932年，《新论》文言本出版前，蔡元培先生曾作序言，指陈近代佛学之趋势，谓钢和泰、陈寅恪为考据派，欧阳竟无之内学院为经院派。考据派没有发挥微言大义，经院派未敢参加批评意见。"当此之时，完全脱离宗教家窠臼，而以哲学家之立场提出新见解者，实为熊十力先生之《新唯识论》。"蔡元培指出，佛典中有高深的哲理，"惜二千年来，为教界所限，未有以哲学家方法，分析推求，直言其所疑，而诚为补正者。有之，则自熊十力先生之《新唯识论》始"③。

马一浮赞扬熊先生"囊括古今，平章华梵"，"深于知化，长于语变"；其著"尽廓枝辞，独标悬解，破集聚名心之说，立翕辟成变之义，足使生、肇敛手而咨嗟，奘、基挢舌而不下，拟诸往哲，其犹辅嗣之幽赞易道，龙树之弘阐中观"④。可谓推崇至极！周通旦认为，熊著"融通儒佛、出入先秦诸子，旁及宋明诸师，所谓会六艺之要归，通三玄之最旨，约四子之精微，极空有之了义者也"。由于善于观其会通，冶于一炉，"解决了历来哲学上对于心物问题的大纠纷"，即从本体论上说心物都不实在，然从大用流行上，从宇宙论和人生论的角度，假立

---

① 蔡元培：《熊子真心书》序，该书1918年自印。见《熊十力全集》，第一卷，第3页。
② 丁去病：《熊子真心书》跋，该书1918年自印。见《熊十力全集》，第一卷，第42页。
③ 蔡元培：《蔡元培哲学论著》，河北人民出版社1985年版，第414—415页。
④ 马一浮：《〈新唯识论〉文言本》序，是书1932年10月由浙江省立图书馆出版。

翕辟。①

谢幼伟表彰熊先生融贯中西、锐意创新,不守旧自足,不为他人语言文字所束缚的治学态度。"虽言佛,而于佛家唯识之说,有所修正;虽言儒,其所言亦非儒家之说所能尽……较诸持门户之见,在古人或西人之说下兜圈子者,不可同日而语。"认为《新唯识论》对西洋哲学有借鉴、亦有暗合,其主张一元反对多元与英哲柏烈德莱(F. H. Bradley,现译布拉德雷)相通,其对本体之认识恃性智不恃量智与柏格森直觉说相似。认为《读经示要》虽责备汉学,却不否定其考据之功;虽赞美宋学,又对理学流弊剖之最深;识西洋印度之学各有长短,不能执一以自封。② 张东荪、牟宗三则认为熊先生哲学多与怀海德的"过程哲学"不谋而合(见《十力语要》)。

汤用彤请熊十力为鸠摩罗什赠慧远偈作诠释,并将此段文字纳入《汉魏两晋南北朝佛教史》(这一学术巨著最初于1938年由商务出版),足见汤公对熊公佛学造诣的器重。郭湛波、蔡尚思肯定了熊先生对因明学的研究,认为熊先生《因明大疏删注》与许地山、吕澂的有关著作对印度逻辑方法的介绍起了作用。③ 朱宝昌虽不贬低熊著价值,然对于熊先生否定唯识学的思想方法持有异议。他认为:"熊先生反对古唯识学却不仅在反对他们理论上难通的部分,乃是根本不喜欢他们所操的方法。""熊先生的精神似乎着重在一本,而古唯识家的学说则着重在万殊。这是他和古唯识学不契的根本原因。"好比西人柏烈德莱、柏格森偏重一本,而怀海德偏重万殊一样。朱宝昌认为对于这两种理论和方法,应持两可之说,不计优劣之分。④ 废名(冯文炳)亦对于熊先生谓

---

① 周通旦:《读〈新唯识论〉》,《哲学评论》1945年12月第9卷第4期。
② 谢幼伟:《熊著〈新唯识论〉》,《思想与时代》1942年8月第13期;《熊著〈读经示要〉》,《浙江学报》1947年12月第1卷第2期。
③ 郭湛波:《近五十年中国思想史》,1936年8月北平人文书店版;蔡尚思:《三十年来中国思想界》,上海沪江大学1936年11月印。
④ 朱宝昌:《唯识新解》,《燕京学报》1938年第23期,朱宝昌作此文会通怀海德与唯识学,颇受熊十力启发。

"佛氏是一个大诡辩家"颇有微词。①

(三) 对熊先生唯心主义的批评

20世纪40年代明确地站在唯物主义立场批评熊先生唯心主义的，当推杜守素（国庠）、周谷城。杜守素说："熊先生跟佛家一样，否认物质宇宙的存在，认为宇宙间的一切物事都是'空无'，都是'乍现'，都是人们的'妄执'。进一步连我们认识事物的意识也作为'妄执的心'，说为空无的而加以斥破，因而否定了'知识'的价值。"认为熊先生对于所谓本体的证法，"显然是从概念出发的演绎法，与中世纪经院哲学家安瑟伦证明神存在的本体论的证法一样。其所谓本体，除了一点神秘的意思外，也只是即于千差万别的、用的相上而独存的空洞的东西——概念。所谓反求实证是熊先生玄学中最紧要的方式，是其哲学最后的基石，正像颜习斋所批评的一样，越谈越惑，越妙越妄。"②周谷城说："我们所谓本体是综摄万有而构成的；如云反本，则必利用科学，使我们的行为与万有间的必然关系相符合。熊先生所谓本体，是遮拨万有而觅取的；如要反本，则必遮拨科学，使我们的行为赶快退到纯一寂净的空无。"又说："宇宙万有，或外在世界，在玄学上不得不予以遮拨云云，使我们不敢苟同的；我以为科学世界实在不必予以遮拨；如要遮拨科学或科学的安足处，则熊先生的整个体系，都要重新加以考虑。"③针对此文，熊先生弟子周通旦撰《熊先生哲学释疑》进行了反批评，认为说《新论》反科学，恰恰是没有弄懂熊十力哲学的要旨。熊先生哲学正是反对不给科学以一定地位的。④

---

① 冯文炳：《体与用》，《世间解》1947年第6期。

② 杜守素：《略论〈新唯识论〉的本体论》，《中国建设》1947年11月第5卷第2期。

③ 周谷城：《评熊十力氏之〈新唯识论〉》，原载《中国史学之进化》，生活书店1947年版，现收入《周谷城史学论文选集》，人民出版社1983年版。

④ 周通旦：《熊先生哲学释疑》，此文作为附录收入1947年湖北版《十力语要》，卷二。

二 佛教界的批评

1932年,《新唯识论》文言本刚刚出版,欧阳竟无大师即刻组织刘定权(衡如)撰《破新唯识论》,并亲为之序。次年初,太虚大师在《海潮音》发表《略评新唯识论》;熊先生发表《破〈破新唯识论〉》反击刘文。同年,周叔迦发表《新唯识三论判》,进一步批评熊先生,也批评刘定权。在这场论战之后的半个世纪里,佛学界人士对于熊的责难、批判一直没有停止过,而且往往是一、二流的著名人物亲自出马。内院欧阳门下吕澂、王恩洋、陈真如等均撰文批评他们的同窗熊十力。20世纪40年代末,印顺法师发表《评熊十力的新唯识论》,熊先生假黄艮庸名义作《摧惑显宗记》,双方又展开一场激烈的论战。60年代在台湾,印顺文被重新发表,道安、朱世龙等在松山寺附设佛学研究会专门召开了以《评熊十力哲学》为主题的会议。80年代在大陆,中国佛教协会前任副会长巨赞法师将30年代发表的《评熊十力所著书》续完并刊发。

下面,我们将看到,由于派别不同,这些批评者并不是在所有问题上都完全一致。所谓派别不同,如欧阳渐和释太虚虽同出于杨文会门下,但欧阳主唯识,太虚却主张各宗融通;即使是专攻唯识的,内院师弟被称为"南欧"派,北京"三时学会"的韩清净与其弟子周叔迦等被称为"北韩"派,其说各异。兹将笔者所见到的佛学界批评熊先生的有关论著综述如下:

(一) 斥熊先生对佛学理论的误解和歪曲

吕澂1943年在给熊先生的信中指出:"尊论谈空说有,亦甚纵横自在矣。然浮光掠影,全按不得实在。佛宗大小之派分离合,一系于一切说与分别说,岂徒谓空有哉?(有部之宗在一切说,大众亦有分别说者矣。《瑜伽》解空,在分别说,则不得泛目为有宗矣。若是等处,岂容含混?)而尊论颇惑之","乃从清辨立说(章疏家所据在此），强分空有。"① 有的学者尚承认空有之分，只是认为熊先生之"平章空有"是毫无根据的。王恩洋认为，"熊先生不但于唯识胜义谬解百出，其于般若尤是门外汉"②。刘衡如更讥"熊君于唯识学几于全无所晓"③。印顺指出，《新唯识论》"赞成空宗遮诠的方式"，一再称道其"破相显性"，然而，遮拨现象恰恰不是空宗的面目，其精义明明是"不坏假名——不破现象——而谈实相"；相反，"破相显性"是空宗的敌者——有宗的理论，如唯识学主张空去遍计所执而显真实性，即圆成实性。"④

印顺认为，熊先生对于有宗确有认识，其评难不乏可取之处，但从根本体系上说，其批评并不正确。如熊先生认为唯识家的种子与现行犯了"两重世界"的过失，种子与真如犯了"两重本体"的过失，则完全是凭着自己玄学家的路数，妄加指责。其实，唯识家不承认种子与现行为隔别对立的，而以"潜能"去理解种子，种现互为因果。巨赞亦认为，"熊十力对于唯识家种子现行说的诘难之故，则由于他不知道种生现界的道理……唯识家并未离诸行而别立实种，只依诸行的能生势用，说为种子。"⑤

刘衡如说，熊先生没有弄懂缘起性空之理。"不明立种深意，于是缘起义遂昧；缘起之理不彰，于是外道之说斯起，一误现界以种子为体，二误现界以真如为体，三误两体对待有若何关系。"王恩洋也认为，"熊先生乃废缘生而谈显现，废因缘而立本体，斥因果而谈体用，建立一定性真常独立之本体，以为生化万象之机。"周叔迦指出，"外

---

① 吕澂：《辨佛学根本问题》，《中国哲学》第十一辑，人民出版社1984年版，下引吕文均此。

② 王恩洋：《评新唯识论者的思想》，《文教丛刊》1945年第1期，下引王文均此。

③ 刘衡如：《破新唯识论》，1932年《内学》第六辑，下引刘文均此。

④ 印顺：《评熊十力的新唯识论》，收入台湾牧童出版社1978年出版的《中国哲学思想论集》总第八册，下引印顺文均此。

⑤ 巨赞：《评熊十力所著书》，原以万均为笔名发表在1937年《论学》杂志上，后经作者续完并译成白话，陆续发表在1981第1、2、4期和1982年第2期《法音》杂志上，下引巨赞文均此。

道体用之说固定，佛教则不固定。何以故？彻深微故，依他起故，不变随缘故。……今熊君既执体固定，纵使全同佛教，亦是附内外道，但与佛教不符合耶。亦彼不知体用相待之义，所以曰护法唯未见体，故其持论迷谬……以执体定，自谓见体，谤彼护法。"①巨赞亦认为，熊先生认有宗"三性"之说将体用析成两片，纯属误解。吕澂指出，《新论》"批评无著三性说，引据《大般若经》，以为三性始于空宗，无著更张愿意云云。此解无稽，真出意外。"印顺认为，"《新论》的根本谬误——以佛法的泯相证性为离用言体。"子韬则进一步说，不是别人，正是主张"色即空，空即色"的佛教，才把本体与现象统一起来了。

对于熊先生不满于佛家的出世人生观，印顺辩解说，出世并非"根本差谬"，"如不能出世，哪里会发明非一般玄学所及的空虚！"佛家的人生观自有他彻天彻地的辉光。子韬认为，佛教的人生态度是"要由消极到积极，由悲观到乐观。"

吕澂进一步认为，佛学与《新论》的区别，在于前者从性寂立说，后者从性觉立说，这是对于心性本净一语的两种解释，一真一伪。"一在根据自性涅槃（即性寂），一在根据自性菩提（即性觉）。由前立论，乃重视所缘境界依；由后立论，乃重视因缘种子依。能所异位，功行全殊。一则革新，一则返本，故谓之相反也。""唯其革新，故鹄悬法界，穷际追求。而一转捩间，无往生涯，无穷开展。……唯其返本，故才起具足于己之心，便已毕生委身情性，纵有安排，无非节文损益而已。等而下之，至于禅悦飘零，暗滋鄙吝，则其道亦既穷矣。"

巨赞指出，熊先生"在谈到空与有的关系时，仍旧拘泥于玄奘门下的门户之见，没有能够援据护法的《广百论释论》和清辨的《般若灯论》等书，更为大公之说。这是熊十力在研究佛教经典方面的一大疏忽。"此外，这类文章多从具体细节上揭露熊先生之短，与我们上节所介绍的哲学界往往从总体创获上表彰熊先生之长，恰成鲜明对照。当然，佛学界对于熊先生佛学研究成果并非完全否定，如1925年内院年

---

① 周叔迦：《新唯识三论判》，直隶书局1933年版，下引周文均此。

刊第二辑就载有熊的《境相章》，1947年释续可编辑的《世间解》就以首次刊发熊著《读智论钞》为荣，并称熊著《佛家名相通释》是学习佛法的基本指导书籍。

（二）批熊先生"翕辟成变"、"体用不二"之说的谬误

王恩洋站在唯心主义多元论的立场上，批评熊的"翕辟成变"的自动内动说仍然无法解释"本体既是一矣，何以会有此纷然万象心物对立之世界"的问题。王说熊先生哲学体系的矛盾在于：既肯定翕辟两种势用，承认现象界心物之确为二事；又要说翕辟为一整体，坚持本体一元唯心。在王恩洋看来，既要坚持唯心论，就不应该承认有什么本体，这是防止走向唯物论的最好方法。王指责熊先生主张神经系统、大脑、身体器官等才性决定善恶，"与唯物论者之心理学，真是无二无别。如此犹得名为唯识论、唯心论耶？如此犹得反对唯物论耶？"

周叔迦则认为，一元、多元，不过为立说方便，均无不可。"熊君所计功能，乃有翕辟，其过非在一元，只是混真俗为一谈，昧事理之群相，不应正理，斯成戏论耳。破者（按指刘定权）执彼多元，攻彼一计，宁非自陷淤泥而欲援人。至谓三藏十二部经中，固未尝有以众生为同源、宇宙为一体之说，诬彼佛教，假人口实，况复圆成实性，即是真如，假说唯一；依他起性，众缘生故，假说为多。""故熊君计彼众生同源，并非是过，只是在真如门中，说彼生灭情事，殊不知真俗二谛，不容相乱。于俗谛中，妄立真相，故其功能，名有而实无。""翕辟之说，为熊君立说肝髓，亦即其说不能立足之处，以稍习佛教者，皆知翕辟不应正理，同子虚故。"

朱世龙认为，"新唯识论的哲学主脑，在于体用不二。惟熊先生以主宰言体……谓如来藏、真如、圆成实性、菩提、涅槃皆是实体之异名"；但是，"佛家对于本体，无论横说竖说，决没有以主宰说本体者。……是故主宰即是生灭烦恼法，乃众生第七识的我执"；"又主宰实体着实，必不能显空慧而现空用，空用既不为其所现，自不能即流行之空用而见为主宰之实体……是故熊先生即体显用、即用显体、体用不二之说，究其本源理论与

底子精神,乃体用破裂,而非体用不二。"①

子韬批评熊先生所谓佛教只见宇宙本体"偏于滞寂",不悟其"动用"的论断。印顺指出,佛法的中心论题不是本体论,而是因果相关的缘起说。佛法说涅槃,说空寂,不是以此为宇宙本体,以满足玄学者的求知欲,而是深入缘起本性而自证的。佛门的体证空寂恰好不是玄学式的,而熊先生离开因果缘起的相依相反去说本体、说势用、说转变、说生灭,正是佛门所反对的。吕澂认为,所谓"玄哲学、本体论、宇宙论等云云,不过西欧学人据其所有者分判,逾此范围,宁即无学可以自存,而必推孔、佛之言入其陷阱?此发轫即错者也。"

欧阳竟无认为,熊十力的根本错误在于并不懂得佛法的宗趣——"无余涅槃"。他说:"十力徒知佛门无住涅槃之数量,又错读孔书,遂乃附会支离窃取杂糅孔佛之似而僻执其一途。既恐怖无余涅槃而大本大源于以断绝,无根之木如何生,无源之水如何长也?常乐我净仍不离无余涅槃,盖不生不灭是常,大静寂离闹是乐,大牟尼名法是我,解脱是净。十力乃云止是自己份上事,究是属自己份上何等事耶?明德是无声无臭,中是喜怒哀乐之未发,诚是体物之鬼神,《易》是无思无为寂然不动,此与无余涅槃皆有关系。《毛传》解天命即天道,得经文天之所以为天,包并天文体用全义,宋儒乃有流行命令偏解,而十力泥之,又拘解《系辞》'生生之谓易'之义而不尽其妙,遂乃不知孔学根本于寂灭寂静也,是则错也。真如驳十力而不能道出种种,故曰十力、真如皆不知佛门宗趣唯一是无余涅槃者,此也。"又说:"熟读《中庸》,乃知孔佛一致,一致于无余涅槃三智三渐次而已。自孟子外,宋明儒者谁足知孔。……敬告十力,万万不可举宋明儒者以设教也。"②

欧阳渐先生1939年12月在《与熊子真书》中说:"鸡鸣风雨,乱世思君子之志。生天生地,吾党大事。漱溟近日所学,觉其颇得儒

---

① 朱世龙:《评熊十力哲学》和《松山寺佛学研究会1968年第八次月会记录》,俱见台北出版之《佛教哲理与中西文化》,下引朱文均此。

② 欧阳竟无:《答陈真如论学书》,载《内院杂刊》1937年7月。又见《熊十力全集》,附卷(上),第140—141、144—145页。

者一段精神，实斯世不可少之人。但儒者一段支配，为要尤大，希即努力，请以斯旨达诸漱溟。质直素朴，以之端本有余，以之摄众不足，以之明体有功，以之致用多过，幸察之哉。佛之悲智，实是相因而生，而其方法在多闻圣言，念念思惟，体之于己悲自生矣，智自生矣。此间亦有国文一课，因及孔言。孔自能以三乘妙理出之人道中，后儒每不能知言外意，则所谓善信不出有漏范围，而孔则毙矣。仁礼相倚，皆本于固有之良。然不精礼，不足见圣量之大，美富之说其在斯乎。然非能龙树、无著学又乌足知之。"①

（三）揭熊先生思想来源的芜杂

熊先生自谓《新唯识论》实从佛学演变出来，惹得佛学界人士纷纷揭其学问根底。吕澂指出，《新论》"与中土一切伪经、伪论同一鼻孔出气，安得据以衡量佛法？"吕先生认为，"中土伪书由《起信》而《占察》，而《金刚三昧》，而《圆觉》，而《楞严》，一脉相承，无不从此讹传而出。流毒所至，混同能所，致趋净而无门，不辨转依，道终安于堕落。"

太虚则认为，熊先生掊击唯识正是对内院鄙弃《起信》的惩罚。他说："畴昔支院师资，据唯识掊击《起信》，几将宗《起信》立说之贤首学之类，一蹴而踏之；余尝作《佛法总抉择谈》及《起信论唯识释》以明其并是各存而通摄焉。答王君恩洋质疑之后，其议因息。顷熊君之论出，本禅宗而尚宋明儒学，斟酌性、台、贤、密、孔、孟、老、庄，而隐摭及数论、进化论、创化论之义，殆成一新贤首学；对于护法、窥基之唯识学亦有一蹴而踏之概。"太虚指出："大乘佛学分唯识、性空、真心三宗。中国之禅、贤、台属真心宗，熊论近之，于佛学系统应名真心论，不应题唯识论。至其杂糅易、老、陆、王暨印度数论、欧西天演论等思想，在说明世间因缘生法未逮唯识，而发挥体用亦不如华严十玄，故其妄破唯识论处，百无一当。"太虚认为熊先生虽不

---

① 欧阳竟无：《竟无内外学·孔学杂著·论学著》。又见《熊十力全集》，附卷（上），第156页。

妨自成一派，但不过是"顺世外道"，因其"宗在反究心体，故为唯心的顺世外道也。"①

朱世龙指出，"熊先生袭取佛家的智慧，采用佛典中某些说法及某些专门名词，而改变其原义，并参用印度外道的智慧，来破坏佛法原理。他又藉着般若来批判唯识，藉着华严涅槃来批判般若，混乱佛法义理的层境，妄构其哲学的体系"；"熊氏讲学，正值五四以后新文化运动时期，东西方文化正掀起冲激的浪潮。熊先生致力于沟通儒佛及西方科学，均未能如理安立。"但又说："他除读东方文化册籍外，又览西方哲学译著，能以了解性智与理智，冥悟证会思辨推理等层境，故他的理论，颇具深度。"

刘衡如认为，"熊先生杂取中土儒道两家之义，又旁采印度外道之说"，而于唯识师义"顺者取之，违者弃之，匪唯弃之，又复诋之，遂使无著、世亲、护法于千载之后，遭意外之谤，不亦过乎！"印顺认为，熊不过"掠取佛教皮毛，作为自家的创见，附会到儒家的古典里。"但又说："我们读《新论》，觉得他于般若及唯识，有所取，有所破，在修持上，还相对地同情禅宗，而即体即用以及种种原理，是他自悟而取正于大易的独到处——从自己的心中流露出来。"

巨赞认为，熊十力论佛，大都是依傍章太炎的学说，深受章太炎影响。巨赞特别指出，熊先生常说："船山王子，盖先我发"，"昔儒唯王船山先生及见之"；因此，"熊十力的思想与王船山的《周易内传》、《周易外传》、《思问录》、《读四书大全说》等书，不能说没有密切的关系。"关于熊先生翕色辟心、翕辟成变说，刘衡如指出，"详其由来，与太极图说相似"，"不外袭横渠《正蒙》之余唾"；王恩洋指出，这里"杂合老子一生二、二生三、三生万物，与黑格尔正反合辩证法而成，亦可有周濂溪的太极图说的成分在内。"

佛学界人士对于熊先生思想、学风的总体评价，可以内院师友如下

---

① 太虚法师1933年《略评新唯识论》和1942年《新唯识论语体本再略评》，俱见《太虚大师全书》第十六编第五十册，香港，1956年版。又见《熊十力全集》，附卷（上），第32、157—158页。

几段为代表。其师欧阳竟无说:"六十年来阅人多矣,愈聪明者愈逞才智,愈弃道远。过犹不及,贤者昧之。而过之至于灭弃圣言量者,惟子真为尤。"① 王恩洋说:"根本唯识,即破坏唯识;密朋大易,又违大易;欲自成体系,又其体系不够成立。其行文遣辞,更复抨击先圣,矜夸骄慢,绝无虚心请益之情,以儒佛之道律之固极不合理,即以西洋学者治学之态度格之,亦非正道。"吕澂亦说:"道一而已,而尊论动辄离异。谈师则与师异,说佛则与佛异,涉及龙树、无著,又与龙树、无著异";"认真讲学,只有是非,不慊于师说、圣说、佛说,一概非之可也。不敢非而又欲异,是诚何心哉?"

(四) 熊先生的反批评

对于佛教界的责难,熊十力的反批评集中表现在熊著《破〈破新唯识论〉》(1933年北京大学出版部出版)和以黄庆(艮庸)名义发表的八万言《摧惑显宗记》中(收入《十力语要初续》,并出过单行本)。熊先生坚持《新论》"体用不二"、"翕辟成变"等基本观点,坚持《新论》对于大乘佛学空有二宗的总体评价。他认为,空宗"直下破相,所以显性",其短处则"以不生不灭言体,以空寂言体,故不于体上说流行,即不能依真体之显现而施设宇宙……《新论》救此失,故明由体成用,而用上即可施设宇宙,复以由体成用义故,便可于用识体,即一一物,皆有全真。""有宗之兴,正为空宗破相(即破缘起)而矫其失,故盛演三性义,而成立依他(即缘起之别名)。"然而"有宗之学,其短处只在种现说"。有宗已立种子,以种子为现界之因,而又依佛教教义说真如无为,是识之自性,不懂得即流行即主宰之义,确有"二重本体"之过。因此,《新论》不能不重点弹正无著、世亲以来的种子说。有宗仍承空宗之旧,将相性机械地割裂为有为、无为,生灭、不生灭。就方法论上说,佛教(特别是唯识学)相当繁琐,无非是使用一种破碎术,将心物现象一一剖割,复又妄加拼合。要之,佛教的根本精神,即以出世和寂灭为归趣。

---

① 欧阳竟无:《破新唯识论》序,见《熊十力全集》,附卷(上),第3页。

熊先生在给吕澂的信件中，认为"伪经如《楞严》、《圆觉》等等，是否中土所伪，犹难遽断。伪论如《起信》，其中义理，是否无本于梵方大乘，尤复难言。"关于空有之分，熊谓"唐人相传，以龙树、无著分空有。我终以为成案不可翻。"并且仍坚持中西会通，讲宇宙论、本体论、认识论等。对于吕澂所谓"性觉"与"性寂"之分，"返本"与"革新"之别，熊不同意，然采取顾左右而言他的方法。总之，熊先生认为佛家之学，毛病甚多，似不必为其回护。

三　海外学者的研究

这里主要评介20世纪50至80年代台、港及海外学者的研究。从1960年到1986年，十力先生的近20种著作，包括1950年以后大陆出版的诸种，陆续为台湾的一些出版社重排或影印发售，有的印行之后又复再版。20世纪60至70年代，特别是1968年熊先生去世后，港台学者对于熊先生生平、著作与思想的研究兴趣大增。熊先生著作的流布和研究热潮兴起的原因，一是熊先生哲学本身的固有价值，二是怀故土、念故人的"寻根意识"，三是有中华文化复兴运动，四是由于钱穆、谢幼伟、唐君毅、牟宗三、徐复观、胡秋原等这样一些颇负盛名的熊先生友人和学生的宣传。

仅笔者所知，约有十几家报刊先后发表了介绍熊先生生平轶闻、回忆自己或家人与熊先生交往经历、探讨熊先生思想主旨及其学术贡献的文章，计有30余篇。此外还重新发表或首次披露熊与故交之往来信札若干。台北出版的《民国人物小传》、《环华百科全书》和胡秋原著的《一百三十年来中国思想史纲》均有熊先生传论。龙泉出版社还出版了徐复观、牟宗三等著的《熊十力先生纪念文集》和李霜青著的《一代大哲熊十力传》。20世纪70年代末，台湾出了两套大型的中国哲学丛书：一为项维新、刘福增主编、牧童出版社出版的八大册《中国哲学思想论集》；一为中华文化复兴委员会主编、王寿南为总编辑、商务出版的十大册《中国历代思想家》。二者均有熊十力专章。前者载印顺法师文，后者载李霜青文。印顺文我们在上节已介绍过。李霜青文传的部分错讹颇多，一些基本史实如《心书》、《破论》的出版时间及《破论》的作者等全部弄错，而语录编纂部分于熊先生哲学精华则过于简略。兹将我们所知道的台港学者的基本观点简介如下：

（一）认为熊先生是将民族生命与文化生命相结合的典范

牟宗三从"熊师的那原始生命之光辉与风姿，家国天下族类之感之强烈"中，"体会了慧命之相续"，认为"当今之世，唯彼一人能直通黄帝尧舜以来之大生命而不隔。此大生命是民族生命与文化生命之合一。他是直顶着华族文化生命观念方向所开辟的人生宇宙之本源而抒发其义理与情感。他的学问直下是人生的，同时也是宇宙的。"牟宗三又说，《新唯识论》"融摄孟子、陆王与《易经》而为一，以《易经》阴扩孟子，复以孟子陆王之心学收摄《易经》，直探造化之本，露无我无人之法体。"[①]

余子（朱惠清）认为，熊先生"极赞美两汉郡国举贤良或茂才之制，而同情宋代学人之笃实履践，但又反对理学之浮空狭隘。他最佩服顾亭林、王船山、颜习斋、傅青主及吕晚村诸位明哲之竭力攻击帝制，倡导民族精神。"[②]

1985年12月，台湾"国立师范大学"和《鹅湖》月刊社联合举办了"熊十力先生百年诞辰纪念会"，牟宗三作了题为《生命的智慧与方向——从熊十力先生谈起》的专题演讲。牟宗三认为，熊先生有"生命的光彩"，"他的智慧、才气是从原始气、野人气直接发出来的，不是文明人、文化人或一般学者、教授沾沾自喜、卖弄浮夸者所能想望、所能了解的。"认为熊先生"这一套思想所代表的智慧是完全和他生命的格范相应合的"；"他的历史文化意识之强，无人能比"；"熊先生从他的原始气、野人气的旷达生命直接契入于夏商周所传下来的文化大流"。以历史文化的大生命为背景，熊"直透人生宇宙的根源，直接从本体如如地展现为一系统"，这系统就是体用论。熊"不去做一些客

[①] 牟宗三：《我与熊十力先生》，《中国学人》第1期。
[②] 余子：《哲者熊十力先生》，香港《中报月刊》1980年第1期。

观、细节的研究，但他心中根据他原始的生命，有一个很深、很远、很高明的洞悟，一下子突出去把握到那最高的一点。"

（二）认为熊先生的哲学思想、政治思想与历史观三者有密切联系

徐复观说："他的哲学思想，实归结于政治思想之上，此乃中国文化传统及所处时代使然。……他的政治思想，又镶入于历史之中，在历史中求根据，并以此转而批评历史，形成他独特的'史观'。"在徐复观看来，熊先生特别彰显庶民在穷苦中的志气与品德，并以所谓"庶民史观"赋予历史以新的解释。"他的政治思想，是民主政治与社会主义的结合。若仅以思想的形式表达出来，我感到是极为完善的。问题是他老人家一定要镶在历史中去讲，便不能不引出若干纠葛。凡是讲形而上学的人，皆不适于讲历史，此不仅熊师为然。"①

胡秋原指出："在哲学上主张恢复孔子精神，戛戛独造者，有毕生孤寒为学之熊十力先生……先生之学，盖以《易经》为'内圣'之学（哲学），《春秋》《周礼》为外王之学（政治）。他以'穷理尽性以至于命'为《易经》之总纲。本体即理，理者，一本而万殊。一本为万化之根源，万殊指万物及其法则。理在人者为性，理流行不息，为吾人与万物共有之本体，故当发自性固有之德用，使万物各畅其性，共进太平"；"又以《易经》有科学，《春秋》有民主，《周礼》有社会主义。又以两汉以来中国历史为夷狄盗贼更迭为帝之局，孔子之大道未明。故欲以儒家思想为主，参以诸子，西洋思想亦当和会，以为人类将来之需。"② 胡秋原与熊十力有师生之义，他肯定熊先生大力精思，欲国人自知其性，共宏爱其族类之心，但视熊先生为传统的折衷论者，不同意《原儒》的一些说法，认为传统都是发展的，非不变的。

---

① 徐复观：《熊十力大师未完成的最后著作——〈先世述要〉》，香港《明报月刊》1980年8月号。
② 胡秋原：《一百三十年来中国思想史纲》，台北学术出版社1983年第5版，第69页。

（三）认为熊之新儒学超过了先儒和同时代者

陶希圣说："宋明时代的理学，是中国思想又一次发皇。宋代理学家中，言及气象宏大、义理精纯，当推张载。明代则以王夫之独能远绍张载。王夫之以下，惟熊十力能继承这一学脉。"① 徐复观认为，熊先生之学"规模阔大，气象深宏，而系统之严整，辨析之精密，殆非先儒及并时治哲学者所能企及。"② "先生治学，思辨精微，证会玄远，《新唯识论》斧藻群言，囊括百氏，自成一严密而宏伟的哲学钜构。"③ 杜维明认为，"熊十力先生是中国当代'规模广阔，神解卓解'的哲学家"；"《新唯识论》是当代中国哲学界以纵横旁通、辨析入微的系统结构来阐明扩充体验身心之学的奇书。"④ 杜维明指出："熊十力的体用论把体用关系此喻为大海和众沤的动态和整合关系，是中国传统哲学'体用'范畴的现代诠释，很有启发新思想的作用。"⑤ 李霜青认为，"《新唯识论》识本体，于空寂中识得生化之神，于虚静中而见出刚健之德，融释、道二家于《易经》思想而抉造化的蕴藏，立人生的极则"，这就补救了宋明学者被释道二家所误的缺失⑥。

居浩然说："熊先生的理论体系，博大精深。有佛学名言辨析的谨严，而不耽空溺寂；有易传老庄的空灵，而反归于夫子的醇厚"；"熊先生的过人之处本在破不在立，其思维力有如一把利刃，对结构复杂而又庞大无边的佛家理论体系能像快刀斩乱麻似的一破到底，但在自己立论时利刃就用非所长了。"⑦ 王化棠和周开庆则认为，熊十力的著述关

---

① 转引自李霜青《熊十力》，《中国历代思想家》第十册，台湾商务1977年版。
② 见重印《佛家名相通释》序，台北广文书局1961年版。
③ 徐复观：《远莫熊师十力》，《徐复观杂文——忆往事》，台北时报，1980年再版。
④ 杜维明：《孤往探寻宇宙的真实——重印〈尊闻录〉序》。
⑤ 杜维明：《体用论的动态体系及心学非主观主义》，载《求索》杂志1984年第2期。
⑥ 参见李霜青：《熊十力》，《中国历代思想家》第十册。
⑦ 台北《传记文学》3卷1期和15卷2期。

系到中国儒学的续绝存亡。① 谢幼伟指出,熊先生乃"千百年来我国学术界中罕见之一位学人,虽程朱陆王,未必能与之相比。其学虽以继承我国传统思想自任,然实有超乎我国传统思想之上者。"②

(四) 熊十力哲学的世界影响

首先把熊十力思想介绍给西方的是陈荣捷先生。1952 年,陈著《现代中国宗教之趋势》和以后编著的《中国哲学资料书》,不仅介绍了熊先生,而且比较了在当代重建传统哲学的冯友兰、熊十力二先生,认为"熊冯二氏,而以熊先生为先,盖以其哲学皆从中国哲学内部开展,非将西方思想与经学苟合也";冯氏则"太过西化"。陈荣捷认为,熊先生之思路,是我国传统之主流。唐君毅先生 1976 年指出:"熊先生已成为世界哲学界公认的哲人,其历史地位已经确定。"③

陈荣捷指出:"熊十力哲学的特征,是把仁作为本性,把天人合一作为目的。""熊十力从佛学中所获益的与其说是唯心主义,不如说是瞬息变化的概念。他把这运用于《周易》的生生不息的学说,并予以强化。这个能动的变化的观念,在新儒学,特别是在王阳明那里,已经是显著的。但是,熊十力为之提供了一个形而上学的基础。在这点上,他部分地受到西方哲学,尤其是柏格森哲学的影响。但是,他对西方哲学批判胜过赞赏。他不懂西方语言,因而错误地断言,西方哲学对于通过个人经验体认真理这一点强调不够,过多地追究外部事物,不懂得体用一源。"

陈荣捷认为:"尽管存在这些缺点。熊十力在新儒学方面无疑是发展了一步,特别是在确认理气同一方向。反对朱熹理气二元论和王阳明主张物质力量仅是心的某种表现的观点,这一工作现在已经完成了。诚然,熊十力并没有阐明心和理的关系,但他却给予唯心主义新

---

① 《畅流》32 卷 11 期和《中国一周》第 599 期。

② 谢幼伟:《重刊十力语要初续序》。

③ 参见唐至中《杂忆子真老伯》,未刊稿;刘述先:《熊十力与刘静窗论学书简》,台北时报出版公司 1983 年版。

儒学以一种更稳固的形而上学基础和更能动的特性"；"除冯友兰和熊十力以外，在20世纪还有其他人，特别是欧阳竟无、太虚和尚和梁漱溟也企图重建传统哲学。欧阳竟无和太虚两人只是复兴唯识论哲学，而没有增添任何新东西。梁漱溟给孔夫子的仁的概念以能动的直觉的新解，对19世纪20年代的新文化运动产生了极大的影响，但是他并没有形成自己的哲学体系。熊十力则建立起自己的哲学体系。除此而外，他比起同时代的任何一个哲学家影响了更多的中国年轻的哲学家。"①

据悉，1956年《原儒》出版后，我国分送印度、日本、苏联和东欧诸国，日本学术界举办过"熊十力学术研究座谈会"。20世纪70至80年代，由于港台学者的影响，西方学者对于熊先生的研究亦有勃兴之势。1967年版《美国哲学百科全书》把冯友兰、熊十力、张东荪列在复古主义的长条之内；1968年版《大英百科全书》"熊十力"条的撰写者哈米顿（CH. Hamilton）博士认为其哲学"基本性质即心、意志和意识的性质"。他说，熊十力是中国观念论的哲学家，其《新唯识论》表示佛家、儒家与西方三方面要义之独创性的综合。此外，《简明不列颠百科全书》、《英国百科全书》、《美国百科全书》、法兰西大学编《哲学百科全书》均有熊之专条。其中，法兰西大学的《哲学百科全书》之"熊十力"条的撰写者是高宣扬教授。国外亦有不少人以熊先生为博士论文课题。

1985年12月7日，新加坡东亚哲学研究所在国立新加坡大学组织了一次座谈会，讨论熊十力的生平、著作和哲学。新加坡大学苏新鋈、台湾东海大学蔡仁厚和北京大学王守常分别就"熊十力哲学"、"熊十力的作风与特点"和"熊十力著作年表"作了发言。同时，东亚哲学研究所图书馆举办了"熊十力生平和著作展览"。

---

① ［美］陈荣捷：《中国哲学资料书》，第43章，普林斯顿大学出版社1973年第4版。

四　熊学的兴起

　　1949年以后直到"文化大革命"以前，由于党和政府的关怀，特别是在毛泽东、周恩来、董必武、林伯渠、徐特立、陈毅、郭沫若等同志的亲自过问下，熊先生的著述活动和著作的出版得到了较好的保证。从1950到1961年，他的著作在大陆印行了7种，约90万字。这些著作大都是政府资助印刷出版的。董必武曾在致熊十力的一封信里说："兄治哲学之背景，不仅弟理解，吾党之士亦多能理解也。"[1] 这就表明了党和政府对于坚持民主主义革命立场，从哲学世界观的高度为辛亥革命进行理论补课的熊先生哲学的基本态度。

　　1949年以后，大陆哲学界对于熊十力的思想和著作基本上保持缄默，既没有像对待胡适、梁漱溟、冯友兰那样展开大规模的批判，也没人去研究讨论。杜国庠于50年代写过一则札记，批评熊先生"六经注我"的主观主义态度，持论平缓。唯王匡的《写在〈杜国庠文集〉后面》一文，将抗战时期出现的冯友兰《新理学》和熊十力《新唯识论》，看做是与"反动派残害人民和投降主义逆流"相呼应的反动复古主义思想学说，失之偏颇而又很有代表性。[2]

　　1961年，熊先生老友梁漱溟先生作三万余言之《读熊著各书书后》，全面批评熊先生思想。此著曾得到马一浮先生首肯。承梁先生示教，笔者有幸窥得这一未刊手稿。其要点如下：认为熊先生短于自然和社会科学知识，却不求甚解，逞臆妄谈，其治学作风和思想路数存在着很大问题；认为熊先生翻来覆去只看到人们主观的作用，只看到社会上层建筑之相互影响，正是今天所谓主观唯心主义；认为熊先生的失败在于癖好哲学这一把戏，即意在吸收西方哲学，自逞其才，以建立其本体论、宇宙论等理论体系，背离了中国文化之反躬向内、践形尽性的根本；认为熊先生于佛学既不曾入亦不曾出，以致在一个最根本的问题

---

[1]　董必武：《致熊十力》，见《熊十力全集》，第八卷，第858页。
[2]　参见《杜国庠文集》，人民出版社1962年版。

上,即"我执"的问题上疏了神;承认熊先生在发掘孔子的"革命"、"民主"、"社会主义"的思想上,颇有以自成其说;主张从世界各地不同文化和学术的比较上,而不是仅仅从儒家的立场上来把握儒家的特征和价值。

"文化大革命"期间,熊先生身心备受摧残。去世之后,"四人帮"诬蔑他在新中国成立前夕"竭力鼓吹'去兵去食','以诚信立国',妄图以孔子之道阻挡伟大的人民解放战争的历史车轮"[①]。1979年4月,中共上海市委统战部和上海市政协举行隆重的"熊十力先生追悼大会",推倒了诸如此类的诬陷不实之词。

此后,学术界对于熊先生生平与思想的研究,出现了从未有过的势头。贺觉非在《辛亥武昌首义人物传》(中华书局1982年版)中为熊列有小传;《中国哲学》第五辑和第十一辑先后发表了熊与蒙文通、吕澂的通信;侯外庐在《船山学案》(岳麓书社1982年版)新版序中,回顾了他与熊之间关于船山哲学的讨论;任继愈在《中国佛教史》第一卷(中国社会科学出版社1981年版)序言中,肯定了熊为"五四"以来老一代佛学专家中屈指可数的几位著名代表之一;王元化在《文学沉思录》(上海文艺出版社1983年版)中,进一步认为熊先生的学术成就以佛学为胜。

1983年,大陆哲学史界出现了四篇专门探讨熊十力哲学的论文:高振农的《熊十力的哲学思想简介》(上海《社会科学》第1期)、吕希晨的《评熊十力的〈新唯识论〉》(《世界宗教研究》第3期)、郭齐勇与李明华合作的《试论熊十力哲学的性质》(湖北《江汉论坛》第12期)和魏达志的《熊十力〈新唯识论〉评述》(同前)。这些文章讨论了熊十力哲学的性质、历史作用、历史地位,以及熊先生哲学中的辩证法因素。在关于熊十力及其哲学的评价上出现了两种截然相反的意见,一种以吕文为代表,仍旧没有摆脱"左"的模式,继续给熊先生哲学扣上几顶帽子;另一种则以郭、李文为代表,主张充分肯定熊先生

---

① 参见《五四以来反动派、地主资产阶级学者尊孔复古言论辑录》,人民出版社1974年版。

哲学的价值，力图实事求是地、有分析地评价熊先生哲学的见蔽。

自 1983 至 1985 年，武汉大学哲学系萧萐父教授和北京大学哲学系汤一介教授组织两校的中国哲学史教研室做了两件极有意义的事情：第一，搜集、整理、出版《熊十力论著集》；第二，筹备召开大型的熊十力哲学研讨会。

在广泛搜求、征集熊先生已刊和未刊遗著、遗稿、信札的基础上，第一套具有全集性质的、经过重新校点的、三卷本的《熊十力论著集》，陆续由（北京）中华书局推出。1985 年 12 月，该集的第一本已经出版。其中包括《心书》、《新唯识论》文言本和语体本、《破〈破新唯识论〉》，并附有《破新唯识论》。参加编辑、整理该书的，除萧、汤二教授外，还有郭齐勇、景海峰、李明华、王守常。

1985 年 12 月 26 日至 29 日，在熊先生故乡湖北黄州召开了国际性的"纪念熊十力先生诞生一百周年学术讨论会"。出席这一学术盛会的，有来自全国各地以及美国、加拿大、苏联、日本的专家学者、熊先生生前好友、学生及亲属，共 130 多人。这次盛会的发起单位是：北京大学、武汉大学、湖北省政协、黄冈地区行署和黄冈县政府。会议收到梁漱溟、冯友兰、张岱年、任继愈、石峻、冯契、萧萐父、汤一介、[美] 成中英、[美] 杜维明、[加] 冉云华、[澳] 姜允明、[日] 坂元弘子和一大批青年学者撰写的论著、论文和回忆诗文共 70 余种。著名学者张申府、贺麟、侯外庐、陈荣捷、虞愚、周辅成、王元化、杨玉清、[日] 高田淳、刘述先及熊先生的一批老弟子给大会发来贺电、贺函。黄冈县政府重新修建了熊先生和夫人的合葬墓墓园，树立了镌刻有梁漱溟先生题词的大理石墓碑。黄冈县博物馆举办了内容丰富、生动的"熊十力先生生平事迹展览"。

与会学者怀着深深的敬意追溯了熊先生一生走过的坎坷奇特的道路，高度评价了熊先生热爱祖国和人民，勇于追求真理，自强不息，与时俱进的精神。与会学者从各个方面，广泛深入地探讨了熊十力学术思想的价值及其对于近现代中国乃至世界哲学思想史和文化史的贡献。会议着重讨论的问题有：熊十力学术思想产生的文化背景及其与中国传统文化的关系；熊十力哲学的性质、重心、特点、思想渊源、时代意义；

熊十力"体用不二"的辩证法的内涵及其价值，如此等等。

熊十力是"新儒家"吗？

成中英指出，熊先生为现代中国哲学提供了一个深厚有力的本体论和方法论模型，对后来倡导儒家哲学的学者有明显的影响。成中英提出了界定新儒家哲学的六个条件：第一，能够掌握儒家哲学体系及源流，决不闭关自守，反能推陈出新；第二，能够体认儒家哲学的智慧与精神，并能力行实践；第三，能够发挥知解与分析的理性，在逻辑论证上思辨无碍，在观念建构上清晰明白；第四，能够面对现代人的知识、意识与行为等问题提出解释与解决之道；第五，能够把儒家哲学与其他中、印、西哲学体系深入比较，加以借鉴；第六，能够融合诸家之说，为儒家哲学开辟新天地。成中英说，综观五四以来哲学发展，唯有熊先生最为符合以上条件。[①]

杜维明指出，作为文化保守主义者，熊先生特别强调保存或发扬对中国过去之精神上的认同感，并在获得共同目标的途径上，亦即在激起人们民族主义情感的途径上，特别强调民族文化的自尊。儒家传统真正影响熊先生的并非其历史主义、整体主义、唯社会论或唯文化论，而是其形上观及其哲学人类学。他的文化保守主义包含了伦理宗教的层面，既超越了狭义的民族主义，同时也表达了他对民族的关切。借着对哲学基础的考察，他打开了一道探寻价值的新路线，于此，现代的世界与中国的未来都必须接受新人文主义的审判。他的睿见深植于中国传统里，并且独特地关涉许多现代世界的重要论题，例如：如何在当代中国日益物化的压力中，真实地做个顶天立地的儒学思想家。他致力于将儒家的理论予以创造性的发扬。他从哲学上来探究中国传统的本体论的基础，并对当代的价值系统作全盘的重新考察。[②]

萧萐父则不同意把熊十力简单地归结为"现代新儒家"。他认为熊

[①] 参见成中英《综论现代中国新儒家的界定与评价问题》，见《玄圃论学集——熊十力生平与学术》，生活·读书·新知三联书店1990年版，第172—190页。

[②] 杜维明：《探究真实的存在——略论熊十力》，《近代中国思想人物论——保守主义》，台北时报出版公司1980年版。

先生与崇洋论者和国粹论者都不相同，对于晚清以来的中西新旧、体用本末的论争作了一个阶段性的小结。熊先生对于民主革命的理论补课，作出了有益的探究。因此，对熊先生哲学难于用某种固有的学派范型去加以评定，如诃斥其乖违佛理，或赞美其不坠儒宗，似皆言之有理而与熊先生思想全貌实不相应。①

熊十力哲学是"心学唯心主义"还是"理学唯心主义"？是唯识还是华严？抑或动摇于二者之间？

冯友兰认为，熊先生的《新唯识论》直接向《成唯识论》提出批评，这同法藏退出玄奘的班子有同样的意义。熊先生认为"取境之识，亦是妄心"。就是说，所谓识是个体的心，对于宇宙的心来说，这个识也是妄心，只有宇宙的心才是真心。这就是《新唯识论》之所以为新的地方。冯先生认为，熊先生由唯识走向华严，由主观唯心主义走向客观唯心主义。②

石峻认为，熊先生有泛唯识思想，倾向于华严一派。华严与唯识的分歧，来自窥基与圆测的分歧。历史上很可能是中国人创作的《圆觉经》、《大乘起信论》都是反唯识的。熊先生把禅宗的"见性"，华严的"明心"在心性问题上相互配合，相互发明，从而对道德修养境界作了本体论的证明。③

张岱年认为，熊先生对于机械唯物论多所诘难，亦不赞同一般的唯心论。他早年具有唯心论倾向，但越到晚年越肯定万物真实，这就接近了唯物论。他所谓实体，包含心物两个方面的属性，但仍强调心灵的主动作用，现代西方许多哲学家力图摆脱传统唯心论与传统唯物论的偏蔽，实际上不免动摇于唯心论与唯物论之间，熊先生哲学亦是如此。④

---

① 萧萐父：《纪念熊十力先生诞生一百周年学术讨论会开幕词》，《玄圃论学集——熊十力生平与学术》，第104—111页。

② 冯友兰：《怀念熊十力先生》，《光明日报》1986年1月6日。

③ 石峻：《熊十力先生的学术道路》，《玄圃论学集——熊十力生平与学术》，第50—57页。

④ 张岱年：《忆熊子真先生》，《玄圃论学集——熊十力生平与学术》，第33—36页。

郭齐勇则认为，熊先生哲学由于特殊的文化背景和历史根据，以高扬主体的能动功能为主要课题。尽管具有一定的泛心论的色彩，但从全局来看，其"宇宙的心"或"宇宙大生命"，不是黑格尔的"绝对精神"，而类似于亦有别于费希特的"自我意识"。其主变的宇宙论、重人的人天观、尊生的人生论、建构客体的认识论、自主创造的历史观，根源于涵盖面很广的大心的本体论。其最唯心的"实体"观中，包容了纯粹唯物主义的内容。与传统中国哲学一样，熊先生哲学似不宜拿西方哲学之"唯心主义"、"唯物主义"，或"主观唯心论"、"客观唯心论"等模式去硬套。[①]

这次学术讨论会收到的论文中，从总体上讨论熊先生哲学的还有：习传裕的《熊十力哲学论纲》，潘雨廷的《论熊十力师的思想结构》。研究熊先生体用论的有：景海峰的《试论熊十力的体用观》（《深圳大学学报》1985年3期），郑家栋的《评熊十力的体用观》（《吉林大学学报》1985年6期），陈来的《熊十力哲学的体用论》（《哲学研究》1986年1期），舒默的《论熊十力"体用不二"的唯心主义哲学》。研究熊十力哲学的其他命题和范畴的有：冯契的《〈新唯识论〉的"翕辟成变"与"性修不二"说》，姜允明的《熊十力哲学思想中的"本心"概念及其恒转功能》。从比较哲学的角度研讨熊先生哲学的有：冉云华的《熊十力与商羯罗的比较研究》，高瑞泉的《熊十力与柏格森》，坂元弘子的《比较熊十力与章太炎的哲学思想》。研究熊十力认识论的有郭齐勇的《熊十力的认识辩证法初探》（《中国社会科学》1985年第6期），楼宇烈的《熊十力"量论"三题》。研究熊十力辩证法的有：袁伟时的《"翕辟"浅谈》，吕希晨和郑家栋合作的《熊十力哲学的辩证法思想浅析》。研究熊十力思想渊源的有：唐明邦的《熊十力先生易学思想管窥》（《武汉大学学报》1986年1期），高振农的《试论熊十力对佛学唯识思想的批判与改造》。研究熊十力学术流变的有：宋志明的《试论〈新唯识论〉思想的形式》，景海峰的《略论熊十力哲学思想的演变》。研究熊十力单部著作的有：唐文权的《熊十力〈乾坤衍〉探

[①] 郭齐勇：《熊十力及其哲学》，中国展望出版社1985年版。

微》(《江汉论坛》1985年11期),李维武和何萍合作的《熊十力〈明心篇〉述评》。①

　　这次大会,是迄今为止第一次国际性的熊十力学术思想专题讨论会。成果之丰硕,为世人所瞩目。这次讨论会对于进一步深入地、系统地研究熊先生生平和思想,对于开拓"后五四时期"中国的哲学史、思想史、文化史研究领域,具有重大的促进作用。会议成果已汇编成《玄圃论学集——熊十力生平与学术》,1990年由生活·读书·新知三联书店出版。这次大会以后,中国内地对熊十力及其哲学思想与著作的整理与研究工作,有了更大的发展。

---

① 以上论文都收入会议论文集《玄圃论学集——熊十力生平与学术》。

第 八 章

为熊十力先生辩诬

——评翟志成君《长悬天壤论孤心》

台湾《当代》杂志1992年8至10月第七十六至七十八期连载了翟志成君的长文《长悬天壤论孤心——熊十力在广州（1948—1950）》。①

翟君的文章，以1949年是否去台作为政治取向的标尺，以政治评价代替道德评价和学术评价；又捕捉、连缀、渲染生活小节，将熊先生描写成为一个毫无人格、寡廉鲜耻、卑不足道、委琐不堪的小人。该文字里行间充满着一种十分浅薄而又十分有破坏性的"傲慢"。

从方法学上来说，对于一位历史人物的评价，需要我们从他所处的时代氛围、具体环境出发，具体地、历史地加以考察，透视其多面性，揭示出主流，分析他的贡献与局限，全面地评价他的功过、是非及其在思想史上的地位。片面地、只执一端、以偏概全，或者抽象地以一种模式苛求前人，忽视具体人物在具体环境中的处境，都是反历史主义的。翟文处处标榜自己做的是史学的研究（史学的进路或史学的立场），然

---

① 翟志成：《长悬天壤论孤心——熊十力在广州（1948—1950）》（以下简称《长悬》），台北《当代》杂志第七十六至七十八期，1992年8月至10月。此文及作者的《论熊十力思想在一九四九年后的转变》、《熊十力佚书九十六封》等又收入翟志成著《当代新儒学史论》，台北允晨文化公司出版，1993年5月。郭齐勇辩诬文见台北《鹅湖》月刊1994年2月第2期，总第224期。

而在我看来，他恰恰从根本上违背了正直的史学家的传统精神。把英雄的缺点堆积起来，或把屠夫的伪善张扬起来，决不是太史公以降中国史家的方法。翟君批评别人的"盲点"。实际上，研究中出现某种"盲点"并不可怕，可怕的是一叶障目，变成"盲人"，骑着瞎马，面临深池而无自省。那才真是所谓"一着棋差，全盘皆错"！

翟志成君对熊十力、梁漱溟先生的理解是平面化的。他根本上不能全面理解熊、梁这类人物，不能理解熊、梁生活的厚度、他们自我反省或相互批评的深刻内蕴，他们性格的特异，他们所处文化群落、师友弟子关系的非同一般的状况，他们对于大事（例如是否接受政界人物馈赠）处理的分寸感，他们对于历史和现实所担当的责任及所受到的客观面诸条件的制约。复杂的多层面的丰富的人生被单面化了，而且被引导到一个十分狭小的胡同。这种理解是不相应的。单面知性的"考辨"，无论如何是无法会悟像熊先生这样厚博的、具有生命实感的思想家的。熊先生为人处世的真实面、崇高面，他的人格的力量，决不会因翟君的"去圣化"心态下的"考辨"所磨灭或抹杀或减损。谁都知道，品评一位先贤的人格，是要有人格的人，至少是不以鄙陋之心关照他人的人才能做到的。自己的价值标准、修养境界提高了，才能透悟别人的，乃至人类的真正价值。人物品鉴绝非易事。

至若翟君所谓缜密精湛的历史考据功夫，只要看一看他所"审订"的《熊十力佚书九十六封》中的常识性错误便见分晓。关于佚书，我另有《翟志成审订之〈熊十力佚书九十六封〉纠谬》的文章正误。① 我初步校订其中25通，便发现翟君将致书对象姓名弄错7人次，有8通信札的年代日期误断，而文字标点之衍、夺、误，甚至整句的漏脱，达二百余处。很多错误实在荒唐，乃是由于"审订者"对熊先生著作及其文化共同体之交游情况不甚了了，又对熊先生特殊用语所知甚少，却又不查原文、盲目武断所造成的。这里且不去说了。翟君对这一时期（1948至1950年）熊十力的另几通信札毫无所知，也是错下判断的又一原因。

本章针对翟志成君对熊十力先生人格的毁谤，据实作出回应。全章

---

① 郭齐勇纠谬文见台北《鹅湖》月刊1994年3月第3期，总第225期。

分四个部分：（一）熊十力20世纪40年代末在广州的生活与思想；（二）熊十力1949年前后的思想联系与变化；（三）驳所谓熊十力"既贪且吝"；（四）余论。

一　熊十力四十年代末在广州的生活和思想

翟志成君不惮其烦地反复渲染，说熊十力这个人贪生怕死，一贯对自己的生命极端珍惜，对危险高度警觉。在淮海战役国民党军队节节败退并失掉徐州，陈布雷自杀后灵车过杭的惊恐之中，熊十力仓皇逃离杭州。又说，"熊十力对危险的高度警觉性，无疑是缘于他对自己生命的极端珍惜；而他对自己生命的极端珍惜，又缘于他以斯文尽在我的自信和自任。"[①] 这种评价在逻辑上和事实上都是说不通的。

从逻辑上说，"斯文尽在我的自信和自任"，推不出"珍惜生命"和"惧怕危险"。正常的推法却是相反——"天不丧斯文"。孔子说："文王既没，文不在兹乎？天之将丧斯文也，后死者不得与于斯文也；天之未丧斯文也，匡人其如予何！"（《论语·子罕》）此即基于上天不会丧掉斯文的信念，自觉担负斯文的传承。这是"天命在我"的承担。

从事实上来说，熊先生离杭去穗，是老早就决定了的。在1948年初应浙大之聘以前，甚至在1946年，就有依弟子黄艮庸终老南海之约。《十力语要初续》中有若干材料可以证明熊先生1948年去广州，与淮海战役攻下徐州根本就没有什么必然联系。

熊十力1949年6月写的《陈白沙先生纪念》中说："力于三十五年，即有依艮庸终老南海之约。因年力已衰，又素患神经衰弱，冬不可衣裘与向火，故有来此作终焉之计。"[②]

1948年在杭《与朱生》："亭林居陕，船山守瑶洞，先贤遗范，犹可

[①]　翟志成：《长悬》，《当代》第七十六期，第70页。
[②]　《十力语要初续》，1949年12月由香港东升印务局印行。这里所引为台北乐天出版社1971年版，第202页。又见《熊十力全集》，第五卷，湖北教育出版社2001年版，第278—279页。

师法。吾昔居杭，虽觉气候不佳，而因年力犹盛，未知所苦。今兹重游，颇不耐热闷与卑湿，极感疲困，不可支。南海之游当期秋后。今之世局，离各大学无可栖，而任何大学，都无可与语。此苦事也。"① 这里表明，去广州是归隐，而不是逃命。现代体制的大学已没有与熊先生沟通的人。

1948年在杭《答徐见心》："世乱，而年力日衰，惮耗心力，颇思依黄艮庸，度残年于南海。理乱不关，修短随化，以海上风光，消人天隐憾。昨答朱君笺云：'园吏消遥，庶几肆志；宣圣坦荡，乐以忘忧。'微斯人，无以发予之狂言。"② 此文以《论事物之理与天理——答徐佛观》为题，发表于1948年4月出版之《学原》第一卷第十二期。足见此文乃1948年4月之前所写。

熊先生去广州的动机，是避寒隐居，专事学术，修养心性，安度晚年，而且是早就决定了的。黄艮庸多次写信接熊先生到他家中居住，说他家在广州乡间，有观海楼一座，房屋宽阔，居处幽静，适于著述，亦可颐养晚年。黄艮庸是熊先生多年的学生，抗战时在四川朝夕相处。熊先生因厌倦城市，喜居乡间，遂同意去广州依黄生终老，并非为谋去处，亦非避战火惧死。

翟君把熊先生的行止，一律按政局之变动时间表加以安排。翟君说熊先生1947年9月，鉴于辽沈战役"国府在东北的统治一度出现危机，熊氏眼观东北，心忧北平，念及自己既一身系天下之兴亡，又岂可处此'危邦'也！于是急忙和正在广州中山大学任教的老学生黄艮庸联络，重提在去年曾订下的'南来终老'之约。"③ 这纯属无稽之谈，毫无根据地乱发挥、瞎联系，硬性地与当时的时事挂钩。

熊先生是一个学问中人，不是按政治变动行事之人。即使因政局很

---

① 《十力语要初续》，第34页。又见《熊十力全集》，第五卷，第52页。
② 《十力语要初续》，第21页。又见《熊十力全集》，第五卷，第32页。
③ 翟志成：《长悬》，《当代》第七十六期，第72页。翟志成此说毫无根据，他为此作的注说，据No.59信件。在熊致徐复观此函中，根本找不到什么熊（迫于东北局势）急忙与黄艮庸写信联络，逼黄践约之意。整个事情是黄主动邀请，黄邀在先。翟文接着说"黄当然回信表示欢迎"，似黄为被动。翟君仅凭熊早在1946年便与艮庸约好"南来终老之事"就发挥了这一大段。

乱，影响他的行止，亦不是出于什么政治目的。翟君把熊先生南行的动机与所谓徐蚌会战紧密地勾连起来，隐然地以南下广州作为1949年离开大陆的前奏，而熊先生终未离开大陆，则是熊的人格、气节发生了问题。如此推理，甚不合熊的思想和经历。

关于熊先生离杭赴穗的时间，资料表明是1948年秋天。

熊先生嗣女仲光随父南行。她在当时所写、并收入熊先生1949年出版之《十力语要初续》的《困学记·主宰义》一文中说："戊子秋末，随父南游，居番禺郊外黄艮庸家。耒阳李笑春来省，问及主宰义……"① 又，熊仲光回忆说，"我与先嗣父离杭赴广州是1948年秋天。记得我们穿的是单衣，天气不冷。"②

1950年印行的《摧惑显宗记》，开首即说："戊子秋，邓子琴教授由南京抄寄僧人（郭按：指印顺法师）评黄冈熊先生《新唯识论》一文。庆披阅讫，不觉太息。是时，先生旅居寒舍。"③ 此文中"庆"指黄庆，即黄艮庸。《摧惑显宗记》是以黄艮庸名义发表的。这也表明熊于1948年秋即已在粤。

其实，熊先生究竟是1948年秋还是冬（即是在淮海战役尚未展开之前，还是在其后）离杭，并不是一个什么了不起的大问题，因为他不是一位政治性人物。即使如翟君所言，"熊十力的南来，最主要是为了逃避战祸以使自己免受池鱼之灾"，亦无可厚非，不值得大惊小怪。一位年迈体弱的老人，就是躲避战火又有什么值得大做文章呢？翟文动辄就是"国府"、"国军"、"总裁"、"最高当局"，毕恭毕敬；而当时的熊先生一辈的知识分子并没有那么强烈的政治立场和对当局的认同感，至少保持一定距离，并常常持公开批评的态度。因此，如果以对某政治实体的忠诚与否为尺度来评价熊先生的道德人格、气节操守，那确实是找错了参考系。熊先生一生对民族文化的关怀超越了对政治的关

---

① 《十力语要初续》，第164页。又见《熊十力全集》，第五卷，第227页。
② 1984年春我与李明华兄曾拜访过熊仲光女士，仲光回忆时说过这一段话。1993年我与仲光通函，她的回忆仍是如此。
③ 《摧惑显宗记》，1950年大众书店印本，第1页。又见《熊十力全集》，第五卷，第396页。

怀,这是熊十力之为熊十力的一个基本面貌。翟文的评价失当,即在于没有把民族文化与政治分开,而是搅成一锅粥。

熊先生在广州的生活,前期基本上是幽静的。黄艮庸每星期天由中山大学回乡,陪同老师到田间散步。熊先生有男工陈金海做饭,照料起居。老人每天写作。仲光则抄写文稿,读读佛典。再光放假时住此。后期心境受时局波动,亦属正常。关于是否到香港、台湾去,或到印度去,他的基本倾向是不愿流亡海外。一方面因年高多病,需要有人照料饮食起居,并考虑在身边的仲光、再光两位女儿和不在身边的夫人、子女;另一方面,也以身边有女儿、工友,四人不能离散为由,推辞海外所请,自言我是中国人,我讲中国学问,有何不可,我到哪里(或不到哪里),都是弘扬固有文化,决不变节。

翟文描述熊先生在广州的生活并加以诋毁,大体上是围绕当时熊先生与他的弟子徐复观的一些矛盾而衍成的。以徐复观在军政界的特殊经历,致使他处在巨变之中,政治立场特别鲜明,情绪特别激烈,因此不免与熊先生发生一些牴牾。

翟文说:"对当时许多决定到台湾的人来说,他们的抉择,体现了一种有进无退的决心,甚至是临危蹈海的气概。不用说,这种决心和气概,熊十力是没有的。他不但自己不肯赴台,在(1949年)4月10日还写过一封十分恳切的信给徐复观,力劝徐不要携眷赴台!友人陶子钦出于对熊氏的一片关爱,请熊氏致函陶希圣,'对赴台经济事,言之巨公'。熊十力不但'毫不起念',还在(1949年)6月16日的回信中板起面孔,唱了一番高调。"① 翟君完全不理解熊十力、马一浮、梁漱溟、陈寅恪、张颐、宗白华、朱光潜、竺可桢、汤用彤、贺麟、冯友兰、蒙文通等大多数高级知识分子在当时何以虽对中共心存疑虑,仍抉择留在大陆。翟君只是以狭隘的政治观点作出"师心自用"的判断。当时,熊先生等对国民党腐败当局已失去信心,并从浓烈的爱国主义出发,将民族自强、祖国繁荣的希望立足于在大陆内实现。所以熊先生当年对赴台事一直不积极。1949年8月听谣言说湖北解放后万人投江等,才稍

---

① 翟志成:《长悬》,《当代》1992年10月第七十八期,第124页。

有动摇,但几天之内即已决罢台行。虽有波动,但总的趋向是不愿意离开大陆。当时的徐复观和现在的翟志成对熊的这种态度十分恼火。①

熊十力与徐复观在1949年下半年的分歧,主要是政治取向上的分歧。其中最典型的有两件事,一是熊想到解放了的中央大学(即南京大学)去,二是关于《韩非子评论》的修订。徐对这两件事持强烈的批评态度,简直把熊先生当做"汉奸"论处,致使师生交恶。

因唐君毅曾经在中央大学哲学系求学又任教,熊先生1949年9月10日致函张丕介、徐复观,征询"宁之中大哲系可去教书否?问君毅"②。同年9月18日熊收到徐之回信。徐对熊先生冷嘲热讽,叫熊"直接去问毛泽东先生中大可去否"。这种咄咄逼人的态度,已使熊先生极为不快,于9月19日曾有长函致唐君毅、钱穆、徐复观、胡秋原、牟宗三、张丕介,解释和予以反驳。③ 9月30日,熊先生又致函唐君毅,对徐之嘲讽再作反批评,并再次重申退还徐复观《学原》杂志的十两黄金,指出:"今日对中大之问,直以汉奸心理相度,此等人,万不可受其馈也。"④ 对于这样一件事,翟文的评价,较之当年的徐先生,则更加偏执:"南京的中央大学早在4月24日便已落在中共手中,这时熊氏满脑子想的不再是原则和道统,而是如何苟活。这不是临难苟免又是什么?"⑤ 问题就在这里,熊先生并不认为跟着国民党赴台就是坚持了原则和道统,而翟志成却把这一政治取向强加给熊,然后再骂他"苟活"。其实熊先生早就发现了道统、学统、政统、治统的分裂。

同年9月,徐对熊再次发难,指责熊之《韩非子评论》的修订是

---

① 徐复观晚年逐渐超越了狭隘的党派性,对熊的评价也渐趋公正。这从他晚年所写的好几篇纪念熊先生的文章中不难窥见。但翟文的立场,仍是徐氏1949年的立场,评价比当年的徐更加偏激。

② 熊十力:《与张丕介、徐复观》,《熊十力全集》,第八卷,第592页。

③ 见翟君"审订"之《熊十力佚书九十六封》之NO.60,《当代》第七十九期,第79—83页。又见《熊十力全集》,第八卷,第603—612页。

④ 熊十力:《致唐君毅》,约1949年9月30日,笔者所见为影印件。见《熊十力全集》,第八卷,第619页。

⑤ 翟志成:《长悬》,《当代》第七十八期,第126—127页。

向中共"求饶"。熊十力于9月24日再致函张丕介、胡秋原、唐君毅、钱穆,予以解释与反驳。熊将徐指责的原件剪下粘贴于信头。徐先生以共产党为法家,熊先生客观评论法家的话,被徐认为是熊取悦于共产党。徐之原话为:"而又想向共党求饶之情,不能不使文章受影响。""称道韩非用术一段,至欲为其执鞭。"熊先生说:"右为徐长者复观先生见教不才之信,略摘粘于前。"熊信说明了《韩非子评论》的成书经过和要旨,指出其中的学理意义,反驳了徐之指责,同时再次指出因为环境、气候的原因,不想继续住在广州黄家,"如今年不解放,长在此,也不可久"[1]。

熊先生不愿离开大陆,略有举棋不定,对徐等立即赴台的建议软拖硬磨。徐当时甚为不满,希望他像钱宾四、唐君毅那样,迅速去港台。徐当时误以为熊只为自己的生活打算,其实不是。熊深心以为,正是为中国文化的存亡继绝着想,应留在大陆工作。而且,熊十力对国民党当局并不信任,有一定的距离感,这一点又与当时的徐等不同。当徐复观晚年与国民党当局的距离感增大之后,看问题不再带有那么强烈的政治色彩,超越化解了党派之争,从中国文化精神的弘扬出发,对熊先生的理解就更加相应了,评价也更加公允了。这些,从徐先生晚年的《悼念熊十力先生》、《有关熊十力先生片鳞只爪》等四五篇文章中都可以看出来。徐先生肯定"熊先生则是牺牲个人现实上的一切,以阐发中国文化的光辉,担当中国文化所应当尽的责任。他每一起心动念,都是为了中国文化。生命与中国文化,在他是凝为一体,在无数惊涛骇浪中,屹立不动。所以,熊先生的生命,即是中国文化活生生地长成。""熊先生对人的态度,不仅他自己无一毫人情世故,并且以他自己人格的全力量,直接薄迫于对方,使对方的人情世故,亦皆被剥落得干干净净,不能不以自己的人格与熊先生的人格,直接照面,因而得到激昂感奋,开启出生命的新机。"徐先生特别指出熊先生"又是最不能被一般人所能了解的人",特别发挥孔子"群而不党"、"周而不比"、"无适

---

[1] 熊十力:《致张丕介、胡秋原、唐君毅、钱穆》,1949年9月24日,笔者所见为影印件。见《熊十力全集》,第八卷,第613—616页。

无莫"之论，强调只有超越党派性，才能理解熊先生。① 这无异于徐对自己中年气盛之时对熊的苛求的检讨。翟却是接着当年徐对熊的不理解，继续偏执之，扩大之，而置徐先生的晚年定论于不顾。

关于中共向困顿中的熊先生伸出援助之手，诚邀熊先生北上事，翟君大为攻击。熊是9月决定不去台，11月接到董、郭电报的。熊先生于1949年11月18日致函亲家万幼璞先生并请万转唐君毅曰："郭沫若、董必武两先生，于此间解放之十天左右，来电邀北上，并云已请叶主席资送。电寄中大。中大人多移开，故吾得之迟。吾顷函复，如不以官府名义相加，而听吾回北大，课本、钟点、及不上堂、冷天南行、暖时北还，一切照旧例，吾决北上，否则不欲北行。……今日接刘公纯自北京来信云，钱学熙说，北大悉郭、董等意，也准备让吾回校。吾如北返，总在先回鄂休养，春方北上。"② 此前，任继愈亦致函熊先生，介绍北大、清华解放后的情况，劝熊先生北上。

翟文痛骂熊十力的北归，说："熊十力在苟活方面，是早有准备的……他到广州之后，忍受了种种苦楚以及移居的诱惑，坚持不离开黄艮庸的家——那个他视为囚笼的地方——就是为了要在战乱中躲进一个买了双重保险的堡垒。""熊十力得到了董、郭的电报，马上又神气起来了。他立刻修函董、郭，和对方讲待遇、谈条件，好像时光又倒流回'解放'前……其实他的条件，还包括了教授的最高薪级……经过一番讨价还价"，才任教于北京大学哲学系。③ 翟文说熊得到董、郭的电报，"马上又神气起来"，完全没有根据。又说熊与董、郭讨价还价、谈条件，如果不谈条件，不更是"苟活"吗？那你翟志成不又可以骂熊连"不当官"等的条件都不讲，"卖身投靠"了吗？而所谓条件中包括"教授的最高薪级"，请问翟志成，你这是根据哪一条材料？翟文常常夹带一些他自己的私货，如在"不当官、坐北向南的房子、路上要人

---

① 见萧欣义编《徐复观文录选粹》，台湾学生书局1980年版，第339—351页。

② 熊十力：《致唐君毅（万幼璞转）》，1949年11月18日，笔者所见为影印件。见《熊十力全集》，第八卷，第633—634页。

③ 翟志成：《长悬》，《当代》第七十八期，第128—130页。

招呼"等熊向董提出的具体要求外,顺带着提"要最高薪级的教授"一句,这也是言之无据的。可见翟君并不是忠实于历史或严谨地对待资料的。

熊十力1949年11月29日致唐君毅函表明了心迹。因为此函未曾公开发表,特据影印件整理如下[①]:

> 君毅(丕介先生、秋原同看):
>
> 顷接十一月廿一、廿二两信,似多过虑。吾年已高,何至以风烛余光为衣食二字而尽丧平生之所守?吾中国人也。中共既已统一中国,如不容吾侪教书,只可作夷、齐。如尚容吾侪教书,则吾侪无有"自经沟壑"而不去教书之理。船山在当日可入瑶洞修学,若在今日亦只有寄于庠序耳。
>
> 吾只有"不变吾之所学而为教"一个誓言。年近古稀,岂能变面孔冒充时髦。吾子何至不了老翁如是耶?世事吾决不谈,艮与宗临亦赞同此意。
>
> 自五四运动迄今三十多年,凡好言本位文化者,每假之以为宣传工具,名为护持民族精神,实乃毁尽无余。此不可不察也。其次,不必有党政作用,而实不知中国学术思想为何物。向来刊物文字,不肤词乱调者几何耶?
>
> 余志在发挥孔子六经之精蕴以贻后之人。至于汉宋群儒,以及诸子与佛氏,其长宜抉择,其短宜辨明。《示要》一书已具大体,更当详细耳。中国历史毁弃民族民主等思想(《语续》曾言之),尤为可痛。今人以读史为广见闻与弄笔舌之事,故不觉其害。真有良心者,当与吾同感也。魏晋以来,诗文集之养成名士劣根性,其害与史同。
>
> 余愿整理固有学术与文化得失,以俟后贤。船山在当年亦是此意。实际问题,非余所能过问。不问方好守学术本位,谢绝不相干之事。

---

① 此函见《熊十力全集》,第八卷,第636—638页。

若云以交游之谊对世道献些忠言，则须澄心静气，因机纳善，未可草率也。董与吾本少时革命之交。民六、七年时，吾早已脱国民党关系，矢志学术一途。彼于是时亦舍国民党而另定革命方针（即加入共党）。彼此行径不同、不相通信者，三十余年矣。郭先生则国难在川时，晤余二次。余之心事，彼当深知。余之行事，亦彼所深虑。余之故人几尽在民盟，余始终未预其间。天下无不知余素未参加党政者，何至有所迫害于衰年之书生。所虑签名等语，望放心。

此间十月十四日日夕时，乡人回，解放军犹未入城。而昨接许思园来信，则是十月十六日所写，云已知广州日内解放。郭、董二公甚欲吾入京，全无坏意。继愈来一简单信，亦云此间（指北大）俱盼师北上。

余认为，吾人对中共只当站在自己正当立场上自尽己责。如吾一向为学即尽吾教学之责，以坦然至诚之态度，立乎庠序，不必预先猜疑共党不相容。若彼果不相容，吾再洁身而退，饿死亦不足惜。

吾决待路通先回鄂，开春定北上，与郭、董一晤。且冀深悉北大情形，可如吾素志而教书，即安心教学；倘有未便处，吾夏秋间便可还归故里。叶石荪仍欲余入川，倘其间可作终老计，不妨入川也。如其意不诚，又少切实办法，吾即饿死故乡无所惜。

吾意钱先生及宗三与吾子均宜回国，一心教学。闻郿、王二君虽解聘于浙大，而之江大学仍请其任教，并无干涉，不似外间所传之甚。此浙大杨生最近来信也。此信如可寄宗三等，即烦妥寄去，明吾意。

十一月廿九

他在1949年的选择是复杂的。他本想对两大政治集团都保持中立，潜心做学问。他当时对共产党心存疑虑，对国民党更是不敢信任，在多种因素权衡比较之下，最后决定留在大陆。这一封信大体上表明了熊先生的政治态度和学术立场。他在1949年之前和之后，基本上都持守了这一立场。翟志成关于熊先生1948—1950年在广州的生活和思想的评价，根本上没有把握住他与政治的距离感，在评价尺度上发生了偏差。翟志成把民族文化、道德人格与国民党当时的政治统治打上等号，这种一元论式与当时多数知识分子的实际心态很不相符。

二 熊十力1949年前后的思想联系与变化

翟志成认为熊十力留在大陆上的抉择"错误"，导致他"虽生犹死"。"在去与留之间，最后选择了留下来接受中共统治。所谓一着棋差，满盘皆错。熊十力在中共统治下一共活了十八年，著书凡九种，每一本新书都可以说是一种负积累。因为，每一本新书都标志着他学术水平的倒退。并且，用梁漱溟的话，标志着他精神生命的'堕落'。""综观熊十力在'解放'后的十八年间，中共虽不容熊十力'说所欲说之话'，但也不曾强逼他说'不可说之话'，而仅以熊氏'说其勉强可说之话'为满足。这是中共对熊氏的格外宽容。也是熊氏自身的造化。但熊氏下半生衣食皆仰给于中共。所谓'居移气'，他的'勉强可说之话'未免说得多了一些。"①

我们先说一个小问题，再全面评论这两段话。他这里借重梁漱溟的话来作为论据，完全是歪曲。梁先生是熊先生的老友，相互间又是诤友、畏友。他们之间（还有马先生等）互相说的话，旁人如加引用，则需理解其交往的深度背景，不可作浮面的肢解。梁先生《读熊著各书后》对熊著的评价自有特色，"或致其诚服崇敬，又或指摘之，而慨叹其荒唐，要皆忠于学术也"。但关于说熊"堕落"，是认为熊先生建构哲学思想理论体系，则离开了反己体认工夫，而且从未说过1949年后他的学术水平的倒退和精神生活的堕落。按梁先生思路，"堕落"即在于建构本体论、宇宙论体系。梁先生对熊先生的批评，并没有以"解放"前后划界，而翟君如此一引证，未查梁书者又要上当。梁先生1961年写的这篇文章明明这样说："然而他却任从情趣去搞他的哲学理

---

① 翟志成：《长悬》，《当代》第七十六期，第64页；第七十八期，第131页。

论,而怠于反己之实功。这便开始堕落。距今三十年四十年前,其迹不显;近二三十年来渐渐显著。"梁先生《忆熊十力先生》一文也只是说熊之暮年著作行文拖拉冗复。① 所以,梁先生的话无法为翟志成提供炮弹。只是翟君这种引证方式,实在是不道德的。

　　关于熊先生1949年前后的著作,如果我们平心静气地比较,例如拿《新唯识论》文言本、语体本与新中国成立后的删节本及《体用论》、《明心篇》相比较,拿《读经示要》与新中国成立后的《论六经》、《原儒》、《乾坤衍》相比较,基本理论是一致的,有一些思想更有发展,当然也有一些冗复拖沓之处,但绝对不是什么"负积累"或"标志着他学术水平的倒退"。比方说,关于熊先生的"生生乾元性海"的形上学思想,虽然在1949年以前的著作中已经有了,但作为一个命题集中阐发,却是1949年以后的《原儒》和《乾坤衍》。② 又,也不能说熊先生晚年著作都是冗复拖沓的,如《新唯识论》删节本和《体用论》,就大体上简练地概括了他的"体用不二"的基本思想,读者读起来比较方便。至若熊先生的唯心主义和理想主义的道德形上学体系,1949年以后,绝对没有变。正如他自己所说,"确乎其不可拔"。③ 这一点从《明心篇》中可以看得很清楚。《明心篇》对哲学的心理学与科学的心理学的分疏,对心性学的新开展,既吸收了科学知识论的成分,又更为加强了良知心性本体及其体用不二思想,对熊十力1949年以前的学说,包括《新论》之明心章,都在原来理路的基础上推进了一大步。熊先生终身坚守自己的哲学信念和哲学思想体系,这就不单单是

---

　　① 梁漱溟:《勉仁斋读书录》,北京,人民日报出版社,1988年6月,第86、153页。

　　② 详见郭齐勇《熊十力思想研究》第六章,即关于熊先生易学思想的一章,天津人民出版社1993年版。

　　③ 杨玉清《关于熊十力》中说,1949年以后,有一次熊对杨说:"中国哲学会要我作委员,我和他们说:'我是不能去开会的,我是不能改造的,改造了就不是我了!'其固执到了何等程度!他还和我说:'马一浮写信给我,说他自己是确乎其不可拔'!我回信说,我也是'确乎其不可拔'!他以为我到北京,就'尽弃其所学'了!"见《玄圃论学集》,生活·读书·新知三联书店1990年版,第66页。

"立言"的问题,同时也是"立德"的过程。只要不是恶意挑剔,谁都不能否定这一点,特别是在体察了熊先生所处的文化环境之后。抽象地、隔岸观火似地,既不体认文化环境,又不具体比较熊先生1949年前后著作中的具体提法,妄加评说熊先生1949年以后的著作为"负积累"和"学术思想的退步",甚至咒骂熊先生为了"苟活",不是"以身殉道"而是"以道殉身",那就不仅是浮游无根之谈,而且是别有用心了!

1949年以后,熊十力的哲学思想是有了一些变化,在"重用"、"明有"、肯定"现象真实"、"万物真实"方面以及"摄体归用"的提法上,吸纳了科学知识、唯物主义的一些内容,但总体上并没有脱离其以心性本体为核心的"体用不二"的框架。实际上在这一框架之内,肯定"本心真实"与肯定"现象真实"不二、"摄体归用"与"摄用归体"不二。

在1961年完稿并印出的《乾坤衍》书末,熊先生反驳有人把"唯心主义污名,胡乱加于老夫",因此说此书发明《大易》体用不二之义,"本以现象为主","收摄实体,以归藏于现象,说为现象之内在根源"。这并不能说明他离开了唯心主义,转向了唯物主义。因为在《乾坤衍》中,他仍旧把"实体"规定为人的主体,人的精神生命和道德理性。他批评了"唯物一元之论"及"物质是第一性,精神是第二性"的主张。他说"实体"有复杂性,既有精神生命、心灵的一面,又有物质、能力的一面,相互作用,衍化为宇宙自然、社会文化,但他强调的侧重面却仍旧是心灵、精神,及其从潜在到现实的发展。他说:"哲学上唯心一元之论,固决不可持,唯物一元之论,又如何说得通乎?夫斡运乎物质,了别乎物质,分析物质,改造物质,裁成物质,主导物质,要皆倚仗于生命力之充实不可以已,与心灵作用之自由创造无竭。今乃偏其反而,立物质为一元,以主导物质之生命、心灵降为物质之副产物,而无视于其主导物质之种种事实,岂非大怪事哉?"[①]

---

① 《乾坤衍》,台北学生书局1983年影印四版,第265—266页。又见《熊十力全集》,第七卷,第520—521页。

台湾、香港和海外有些人，包括熊十力的弟子，对熊先生《原儒》颇有微词或诘难，竭力贬低其价值。似乎熊先生融会《大易》、《春秋》、《礼运》、《周官》四经，阐发"革命、民主、社会主义"的原则，是曲意为1949年后共产党政权作论证。这是对熊先生的莫大歪曲。这是不懂《原儒》与《读经示要》的联系，不懂得当时很多学者，例如蒙文通先生等都是这种看法。真正了解熊先生其人其书的人，都不难发现，熊先生的政治理想和实践，始终是与人民、与历史进步的趋势相一致的。

《读经示要》在研究先秦、汉宋和明清学术思想史方面颇有见地。是书推《周官》、《礼运》、《周易》和《春秋》为我国自由、民主和社会主义的经典。连徐复观都承认，在当年政府讳言民主的高压之下，熊先生倡言民主政治是挽救危亡、振兴科学和实现社会主义的前提，反对专制主义，反对对人民思想与言论自由的禁锢，殊属难能可贵。熊先生1956年出版的《原儒》实是《读经示要》的必然发展。正如徐复观所说，熊先生的政治哲学镶入历史之中，在历史中求根据，并以此转而批评历史，形成了他独特的"史观"。熊先生特别彰显庶民在穷苦中的志气与品德，并以这种"庶民史观"赋予历史以新的解释。他的政治思想是民主政治与社会主义的结合。他向往一种革命、民主、公平的社会主义。由于他的政治哲学、历史哲学不是以纯思想的形式表达出来的，而是一定要镶在历史中去讲，镶在思想史上去讲，便不能不引出若干纠葛。① 在这一方面，他不是一位严谨的史学家，而是以微言大义阐明自己的政治理想和庶民史观的思想家。

从他早期著作《熊子真心书》，到抗战时的著作《中国历史讲话》、《读经示要》，到1949年后的著作《论六经》与《原儒》，他的"革命、民主"的政治思想是一以贯之的。至于"社会主义"的提法，《读经示要》中就有了。《原儒》的很多思想，在很大程度上是《读经示要》的推进。他的政治哲学、历史哲学观念使他对人民的政权与对达

---

① 参见徐复观《熊十力大师未完成的最后著作〈先世述要〉》，香港《明报月刊》1980年8月号。

官贵人的政权的态度确有区别。

　　熊十力晚年对中共政权能否保持它的为人民服务的宗旨，颇有提醒和批评，从中尤可窥测他的苦心。在《论六经》前，熊先生于1950年著《与友人论张江陵》，批评江陵禁讲学、毁书院，特别指出"学术思想，政府可以提倡一种主流，而不可阻遏学术界自由研究、独立创造之风气。否则，学术思想锢蔽，而政治社会制度何由发展日新？江陵身没法毁，可见改政而不兴学校之教，新政终无基也。"① 又批评蒙昧主义，指斥"汉以来二三千年来，皇帝以孝治天下，鼓励人民移孝作忠……此为奴化人民之善策。吾在清季，犹见此习。吾国帝制久，奴性深，不可不知。"② 如此等等，包括1951年《论六经》主张民间自由讲学，恢复梁漱溟、马一浮、吕秋逸的民间书院，包括1956年《谈百家争鸣》一文，都可以表明他的心迹。他通过各种方式，对中共多所批评。他为梁先生说话，为被打成右派的学生、友人说话，对历次政治运动中挨整的人（例如王元化先生等）给予精神上或经济上的帮助，也是明证。不仅为被批判者讲话，他还通过不同方式申诉己见，反对批判旧学，批评炮击金门（认为不利于海峡两岸同胞的团结），批评大跃进，最后反对"文化大革命"。这些，我在《熊十力与中国传统文化》一书中都有详述。

　　刘述先先生在反驳翟志成说熊先生留在大陆"虽生犹死"论时指出，假使熊先生去了台湾，一样会写出《原儒》那样的书，发挥诸如批评孟子孝治、弘扬《周官》那样的论点。刘先生对熊十力其人其书是有深刻了解的。③

　　熊十力1949年以后得到新政府的礼遇，特别是周恩来、董必武、

---

①《与友人论张江陵》，1950年自印本，卷头增语，第3—4页。又见《熊十力全集》，第五卷，第553—554页。

② 刘述先编《熊十力与刘静窗论学书简》，第80页，此函为1951年12月2日所写。又见《熊十力全集》，第八卷，第672页。

③ 刘述先：《如何正确理解熊十力——读〈长悬天壤论孤心〉有感》，1992年12月，提交台湾第二届国际新儒学会议论文，第13页。又见刘述先《当代中国哲学论：人物篇》，美国八方文化企业公司，1996年12月，第171页。

陈毅等人的关怀。他的生活是安定的，著述条件得到了保证。从这一角度上讲，熊十力1949年以前那种颠沛流离、居无定所的状态，得到彻底改变。这一点，对于他来说，在1949年以前的国民党时代是想象不到的。他坚持自己理想唯心主义的著作，在印行方面，得到政府和各方面的资助（有一些是自费）。在"文化大革命"以前他是国内少数几个没有受到批判、没有写过检讨的文人之一。这都是事实。当然，他的内心是孤寂的，并没有什么人再理会他所说的内圣学，这使他内心感到痛苦。他是一个甘于枯淡，决不媚俗的人，独行孤往，无所依傍。生活条件等外在的东西，他虽然也向朋友叫一叫，但实在说来，他的生活是十分清苦的，他的生命主要寄托在他的哲学上。表面应酬的东西，即使有，也不多，更不是内心追求之所在。他持守了自己的一贯之道，即证明他绝没有"为了苟活"，而"以道殉身"。熊十力仍然是熊十力。他是有主见、不苟且之人。他的立德与立言是一致的。

三 驳所谓熊十力"既贪且吝"

翟志成对于熊先生的"人伦日用"、"庸言庸行"完全缺乏全面了解，而只有单面的、浮面的了解，刻意揭露、撕开所谓熊先生"言不顾行、行不顾言"的"阴私"，而在这种"揭露"之中就加进了他自己发挥的任意性。我在本节中要指出的是，翟志成对熊十力的道德审判是平面化的、抽象的、缺乏生活的真实的。

翟志成说："熊氏在'立德'方面殊不足观。他为人既骄且吝，好名好胜而又目空四海，时时贪、痴、嗔三毒习气横发而又不知自检。间中虽亦偶会天机诱发而无限惭惶，但最终却仅止于'智及之而仁不能守之'之域。"又说他"处处表现出自矜、自伐、自私、自利、反复无常以及以怨报德，却又与他要弘扬的道统完全相反。构成熊十力思想与行为之间存在如许巨大的断裂和如许深刻的矛盾的基本原因，在于他以圣贤自居、以道统的化身自命、进而视自己的自然生命（身体）与道统合二而一，又完全抛弃了修身"；"熊氏一切稀奇古怪、不近人情的举止言行以及他精神上的种种狂妄偏执的病累，都是直接由此引起的";"这对毕生自以为是致力于弘道救世的熊十力而言,不仅是一最大的悲剧,而且还是一最大的反讽。"①

首先,我要回应的是"智及之而仁不能守之"这句话。《论语》中的这句话,熊十力常用来自省,而且最早是在民国初年面对辛亥革命时的挚友何自新烈士的亡灵,后来面对他的一些老弟子,他如是自责。他有时也面对林宰平、梁漱溟等诤友、畏友或其他老弟子,检讨自己"三毒与生俱来"、"好名好胜"、"习气横发而不自检"。熊先生说自己"不自检"的话,恰恰是在"自检"。这本身就反映了他修身的自觉性。但把他面对内在自我、面对老友相知所说的自责的话加以引申夸张,用来形成一种似乎是对他铁定不移的价值判断,则大成问题了!老黑格尔说过,一位饱经风霜的老人与一位毫无生活经验的青年说出的同一句话,可能有着完全不同的意蕴。同样,率真的老人熊十力的自我批评的话,翟志成这位以道德法庭审判长自居的中年人其实是理解不了的,但他经过有色眼镜过滤,反用来作为置熊先生于死地的材料。这不禁又使我想起20世纪从50年代初的思想改造运动到60年代"文化大革命"中运用人家的自我批评、检讨、他与他的朋友们的信函、日记来整人的情景。我又想,那些审判别人道德的人,对自己敢于说出"智及之而仁不能守之"、"三毒与生俱来"、"好名好胜"、"习气横发而不自检"的话来么?!他有这种道德勇气么?!他在批评别人的"我执""我慢"时,是否省察到自家的"我执""我慢"?!

我要就熊先生对金钱的态度作出说明,以驳斥翟文渲染得够多的所谓熊先生"贪"、"吝"、"自私自利"的谎言。这里要说明的是"十两黄金案"、"兼薪案"、"资助案"、"生息案"、"吃鸡案"等。虽然我从不愿意说这些琐碎之事,但这次非说不可,乃翟先生逼上梁山也。

徐复观先生曾从《学原》生息用的基金中抽出十两黄金给熊先生用来生息,补贴生活。以熊徐师弟之交,这本来不算什么大事。即使1949年9月熊徐一度交恶,徐也绝不会计较。对此事,翟却不放过,

---

① 翟志成:《长悬》,《当代》第七十六期,第61页;第七十八期,第132—133页。

抓来大加发挥。首先他对熊先生1949年9月19日致唐、钱、徐、胡、牟、张函，请胡秋原将他寄给徐复观《学原》的《十力语要初续》和《韩非子评论》稿子寄还给他，并要徐复观取回《学原》的十两金子事发挥道，"书不要出了，金子也要退回了，这似乎表示熊先生有意要和他在香港的那群反共的友好门人一刀两断，划清界限了"①。这又是瞎发挥。通读此函，只是对徐的批评的辩护，赌气索稿还金，根本就没有一刀两断的意思，这从日后几十通书信中也可以看出。翟先生又说："这黄金本是他赖以活命的资生的老本，发脾气时说要还，但那只是一种姿态，好在徐复观也没有真的要他还。故熊氏又把责任推给了老实人黄艮庸，他在11月18日给唐君毅和胡秋原的信中说'艮庸处小款，早令交还，他总踌躇，吾亦无法自辩'。一句'无法自辩'，即表明十两金子不还了。"② 这就造成了熊先生有意赖账的印象。

事实上，我至少看到过十几通书信中，熊先生要还徐复观十两黄金，而且决非只是一种姿态。熊先生1949年9月30日致函唐君毅说："复观上年付艮庸代收之十两金，吾实未用。此金决意还他，总望你托人或亲自有事来广州便取去。始吾以彼为乡里后进（里居实不远），在川时相过，故不能疏外之"；"然在我乃良心上之事。良心揆之于义，无可受也。亭林行己有耻之训，吾不可不守。此意屡与艮庸言之，恐他不肯代付，而吾又无法自付。吾子当为老夫了此事。"③ 同日，熊又有致胡秋原一函，前有"丕介先生可一看此信，烦交秋原"。曰："《语要》恳与君毅耐烦详校并加速，想不过十三万多字，望为老人早了此事。印价及徐先生所送之十两金均存艮庸手，望你与君毅及丕介先生能有便取去。此为人格问题。吾四人吃苦度日决无饿死之虞。君子之爱人也以德，细人之爱人也以财。吾平生本不苟取予，以徐先生为乡里后进，川中以来颇相亲厚，故忘形而不相外也……余自信不至无良心、无

---

① 翟志成：《长悬》，《当代》第七十八期，第128页。
② 翟志成：《长悬》，《当代》第七十八期，第129—130页。
③ 熊十力：《致唐君毅》，约1949年9月30日，笔者所见为影印件。见《熊十力全集》，第八卷，第619—620页。

廉耻，甘为狗马不若者。"① 我手头还有此时期熊先生的另一信函的影印件，未具日期，亦是致张丕介、唐君毅、胡秋原的，其中说："十两金，复观原本说交艮庸代生一点月息。本言明还复观交《学原》。后复观云不还，遂未还。今决还。此非还不可也，不容苟且。"②

同年 12 月 16 日，熊十力再致函唐、张、胡，请他们把已印好的《十力语要初续》送给黄艮庸所托的在九龙开一小酒家的黄君，让他把书带到广州。此信又提到黄金事，用隐语说："上年艮庸处所存复君书十部，吾不需，久嘱艮还复，艮顷决还之于君毅，代收转，望照办。"又用朱笔加上"盼复"二字。这一封信显然也是经黄艮庸由广州寄发给张丕介的，寄发时黄已收到对方托人带到广州的十本书，故黄在信上批有："张先生：书十部已收到。另廿部及稿本未到。此信照发。艮庸。"③ 这里所说的"书十部"是实指《初续》十册，而上面熊说的"书十部"指"金十两"。黄艮庸显然已与徐、唐等达成默契，不管熊老如何叫还，这十两金不必还了，留给老人养老用、出书用。

同日又请唐君毅转徐复观一函，两信想是装在一个信封中的。"君毅转复君：别来常在念中。吾候路通即回鄂。树平之家如何，晤时致念。上年存艮庸处之书十部，吾现不必要，已嘱艮庸想法寄君毅代收转。此间秩序甚好，人心安定。宗、乔均好为念。曾烦宗代达拳拳。漆园老人　十二月十六日"④ 此外，熊还在此期间致函万幼璞、柯树平，请他们来广州或托可靠人来广州，将十两金带交徐复观。可见熊对此事是认真的。所以，翟志成说熊想赖账，摆摆姿态而已，又说熊把不还金

---

① 熊十力：《致胡秋原（张丕介转）》，1949 年 9 月 30 日，笔者所见为影印件。见《熊十力全集》，第八卷，第 618 页。

② 熊十力：《致张丕介、唐君毅、胡秋原》，未具日期，但提及《十力语要初续》的代售问题，估计在 1949 年 10 月上旬。笔者所见为影印件。见《熊十力全集》，第八卷，第 630 页。

③ 熊十力：《致唐君毅、张丕介、胡秋原》，1949 年 12 月 16 日，笔者所见为影印件。见《熊十力全集》，第八卷，第 640 页。

④ 熊十力：《致徐复观（唐君毅转）》，1949 年 12 月 16 日，笔者所见为影印件。见《熊十力全集》，第八卷，第 641 页。

的责任推给黄艮庸，如此等等，都不是事实。此事确因徐、黄等考虑老人晚年生活，不让还的，又由于后来穗港阻隔，还金事未能实现。只要不是别有用心，不会就此事大做文章。把熊氏描写成为一个嗜金钱如命的悭吝小丑，葛朗台式的人物，实在是不确当的。

"兼薪事"亦是翟氏审查的又一"要案"。翟志成对此事奚落再三。其实在那个时代，在高等学校、书局、报馆、图书馆等处挂一个名义，照领薪水，可去干也可不去干活，亦可在他处再支薪干事，都不是什么大惊小怪的事。这就叫"养士"。1949年以前在大陆，很多知识分子及其家人都是靠这种方式养起来的。1949年以后，养士的一部分职能由各级参政室、政协兼起来了，安置一些人，挂上一个名义，按月领薪。

熊先生对兼职兼薪事也是严肃的。例如，1943年9月，他曾致函教育部柯树平、吴俊升（士选），指出"联大米代金，一切均领"，因此，武汉大学名册中，"吾之名字注销"。对柯树平强调再三："前嘱将武大册中吾之名字注销，已照办否？实无法赴武大也"；"因穷老无法赴嘉，不能应聘，亦决不受其薪津。"① 他领了联大的米代金，就不拿武大的薪金（武汉大学当时在嘉州即乐山）。

1946年10月31日，熊十力致丁实存、卢南乔函指出："吾此间薪不多。（吾不欲多受，他们均不多也。）北大云照联大例，仍送吾薪月四十万元。吾受否未定。如此间明年迁平，吾即受北大薪，而不受此间薪，以便多招一二学人。"② 此时熊先生在五通桥黄海化学工业社附属哲学研究部。他非常体谅别人，不愿多受薪，避免拿双薪。当时黄海社也很困难。

熊先生不单在兼职问题上，即使对其他报酬也很审慎。1943年10月，教育部请熊先生审查余某著《唯识哲学之研究》一部书稿，熊先生提出了很多批评意见，但因李证刚先生极力推尊其稿，熊无法签评，

---

① 熊十力：《致柯树平》，1943年9月10日，1943年9月19日，笔者所见为影印件。见《熊十力全集》，第八卷，第469—471页。
② 熊十力：《致丁实存、卢南乔》，1946年10月31日，笔者所见为影印件。见《熊十力全集》，第八卷，第487页。

只用信表达了意见。事后教育部寄来酬金二百元。熊当即写信柯树平，询问收下妥否。①

关于翟文所说1949年柯树平、吴俊升为熊先生谋教育部特约编纂名义事。1949年9月12日熊先生已致函柯树平，知会他："吾在此尚可吃苦度日，编纂名义之薪，细思之，以不领为是。"②

翟志成指责北平"和平解放"之后，北大由任继愈先生把薪金寄给熊先生是所谓"为了统战"。"这次中共的款项是用北京大学的名义送来的，熊十力也就受之无愧了。但问题的要害在于，仅变换了一个名义，难道就会引起任何实质上的改变吗？北大送来的钱，难道就不姓'共'？"③ 这都是十分无聊的话。北京大学给熊先生支薪并由他的学生任继愈领寄，又不是自1949年才开始的。（当然，这绝不是说自20年代至50年代，熊先生人不在北京大学时，每月都能拿薪。）至若颇为翟君诟病的，1949年1至3月熊先生在广州领了教育部流亡教授的工资，北大又寄来了薪水，两边相重了几个月之事，这都是当时政局造成的。熊先生住在乡下，他怎么可能事先知道会收到两边的薪津呢？翟文顺带一句："熊十力本人受了国民政府直接和间接的那么多额外援助。"④ 这又是无稽之谈！

1946年6月，熊十力退回蒋中正资助他办学的法币二百万元。此事是徐复观向蒋赠送《读经示要》一部，请蒋馈赠的。熊痛责徐之鲁莽，不愿为政治势力所利用，后将钱转赠内学院。其实，同年还有一次退蒋馈赠事。1946年春，熊在武汉时，蒋曾让陶希圣打电话给湖北省主席万耀煌，要万亲送一百万元给熊办哲学研究所。这一件事是陶促成的。熊以"对抗战无功，愧不敢当"为由婉谢。如此巨款不为所动，充分显示了熊的风骨。可是，翟志成完全理解不了这一点，却说："熊

---

① 熊十力：《致柯树平》，1943年10月23日，另有一函不全，与此函相关。笔者所见为影印件。见《熊十力全集》，第八卷，第476页。
② 熊十力：《致柯树平》，1949年9月12日，笔者所见为影印件。见《熊十力全集》，第八卷，第594页。
③ 翟志成：《长悬》，《当代》第七十七期，第69—70页。
④ 同上。

氏并不是不要当局的'财力扶持'。他所争的不是实质问题，而只是名义问题……。如果蒋中正的钱是用教育部或国立大学或中研院的名义送出，熊氏则是乐于接受的。"① 读者诸公可以复按熊先生 1946 年 6 月 7 日致徐复观函。退蒋、何款事，见本书第三章第三节。实际上，这笔钱即使以其他名义，熊也不会收。

刘述先教授驳斥翟君的这一点十分精彩："翟君以讽刺的口吻说，熊先生不肯拿老蒋的钱破坏自己的名声，却愿意通过教育部的名义拿国民党的钱，十分加以鄙薄。殊不知在这里还可以看到熊先生的分寸。老一辈的人拿部里的钱，教课并没有一定的负荷，特别是逃难的时候照样支薪，甚至拿另外的津贴，这在他们看是当然的，决不发生任何道德或良心的问题。但要接受老蒋个人的馈赠，那就是另一回事了。熊先生既那么穷，决不是不需要这笔钱，但他坚决拒受，这就表示，他的行为虽然主观率性，还是有一定的分寸。"②

刘先生对熊先生不苟取予、大节不亏的认识是确当的。同时，我们还可以进一步看到，熊对国民党当局和蒋介石素无好感，心存警惕，也是拒蒋馈赠，甚至不欲赴台的内在因素。20 世纪 30 至 40 年代熊先生曾多次公开骂蒋。40 年代末在广州，熊先生曾有一函说："［吴］士选处无须写信。他对吾总算有好意，但吾亦不愿与官方生关系。且某主者非斯文中人，到亡时还是官派。吾既不与人函札周旋，士选又如何说话，勿把难题与他作。"③ 这就表明，熊先生待人处事在根本上是立得住的，他再穷再苦，也绝不肯与官方周旋，与某些人同流合污。这正是他独立不苟、大节不亏之处。作为一位正直的知识分子，他的良知使他自觉地、不假思索地拒绝了蒋的馈赠，无论从哪种尺度作道德评判或历史评判，这个行为都应该打 100 分，而唯有翟先生给他打 0 分，反加冷

---

① 翟志成：《长悬》，《当代》第七十七期，第 69—70 页。

② 刘述先：《如何正确理解熊十力》，第 11 页。又见刘述先《当代中国哲学论：人物篇》，第 168 页。

③ 熊十力佚书，未具日期，但前半文字述所居处热闷状，即是黄艮庸家无疑。此函大约是 1949 年上半年写给柯树平的。吴士选即吴俊升，时任教育部司长。佚书见《熊十力全集》，第八卷，第 559 页。

嘲热讽。由此可知,这位"审判长"不是在审判他的道德,而是在审判他的政治。如果熊先生当年拿老蒋的钱,到台湾去,瞿君的翻案文章就不会做了。用这种简单的国共二元对立的标尺,怎么可以去衡量熊、梁、马、冯、贺先生等这样复杂、深刻的人?

"生息"的事情也是瞿君大为诟病的。正像刘述先先生所说,瞿君清算熊先生想(仅仅是想)拿点钱生点息(以补贴家用),简直像当年大陆斗地主老财一样。其实熊先生一老夫子,哪里是什么"放高利贷"、"炒卖炒买金银外币取利"的老手?瞿君越说越离谱了。瞿志成说熊抗战八年在四川"便已经营放款取息",又是浮游无根之谈。熊先生哪里有这种经营头脑和经营能力?他平素连数钞票数铜板都十分笨拙。

1943年在四川,《新唯识论》语体本由中国哲学会纳入丛书出版,学会给了熊先生二万元酬金。也是黄艮庸提议,将钱放在鲜英(特生)先生家生点息。(鲜先生是大户,或有钱庄之类)如是而已。"哲学会要《新论》加入丛书,已照办。会中已致送二万元。艮庸代托鲜特生(川人,吾前冬印书住其家)生息,谓无论如何莫用此款,以作老境之需。不知做得到否?"[①] 因为熊先生手很松,一点钱都给了亲朋中的困难者,故黄艮庸在抗战时就提醒他,让他存点钱养老。熊先生之"生息"之谈,与我们现在储蓄存银行是一回事,犯不着像瞿文那样"上纲上线",当做地主老财加以声讨。

最后,瞿君连熊先生爱吃鸡也不放过。瞿君不谙1949年以前社会上、知识界的约定俗成,对熊先生在北大拿薪未赴联大上课事(他一生勤奋著述,从未休息过)、偶尔兼职、拿点补助,有点钱存起来生息之事,均大做文章,扣上"自私自利"、"斤斤计较"、"讨价还价"、"既贪且吝"等帽子。后又连他爱吃鸡之事也大做文章,一引申为"好吃"、"独吃",二引申为"人欲夹杂",三引申为以道统自命,惜身存道云云。瞿还耸人听闻地说:"他事事锱铢必较,甚至小气得连寄二份

[①] 熊十力:《致柯树平》,1943年9月19日。见《熊十力全集》,第八卷,第471页。

稿到香港给张丕介和徐复观，也要对方把'寄此二稿之邮票，望看封面贴多少，照还来。'"① 其实一查熊十力原信才知道，因为这一大包稿子作信件寄，是托人带到广州市内去寄的，不知邮资当时那样可怕。同信中还体谅《学原》社与徐复观的困难，嘱不必给《韩非子评论》的稿费。难道熊先生就是那样不近人情吗？

翟君捕风捉影大谈熊先生如何敛财，如何悭吝，他知不知道熊先生如何散财，如何大方呢？熊先生的几个小钱，除自己和家人日常生活，其余都给了他家乡的兄弟子侄或朋友之辈。每逢发薪，熊先生总要一包一包分好，分赠乡下亲友（包括乡下远房亲戚）、交厄运的好友、弟子，甚至弟子们的子女。抗战胜利后，学者邓高镜先生生活困难，熊先生主动约请林宰平、汤用彤先生按月给邓寄钱。他们三人的这种资助直到邓先生去世。我曾亲眼看到过熊先生的日用账簿，可怜几个钱月月都花在朋友身上。例如1958年8月23日所记："付家中生活费六十元（按，因夫人在儿子家住，他自己单独住在淮海中路寓所，专事写作），阿平二十元（按，阿平即席廷铭，其父席朝杰为梁先生、熊先生的学生，1952年初因受辱自杀，其子无钱念书，熊先生曾两次寄钱接济），钟山二十元（按，钟山先生，即钟泰，著名思想史家，晚年生活困难，熊先生曾予资助），预付一亭（按，程一亭，家乡人，为帮工，当时为熊先生做饭，照料起居）、阳生（按，韩庠生，老学生，在家乡邵阳被打成地主，无业，后到熊先生处帮忙抄抄稿，其实是养他一阵子）九月份各三十元，共六十元。又即日寄周朋初（按，熊先生老弟子，在四川）三十元。"熊先生的用度，还有一些就是印书赠书等。熊先生的一些著作，如《乾坤衍》等，均是自费印行的。又如1958年5月4日记："《体用论》邮费二十八元六角六分，自购十部十五元（每本一元五角整），共四十三元六角六分，明天交出版社，不入日用。"以后韩庠生走了，封用拙来熊寓誊抄文稿，每月付40元。总之，关于熊先生的生活，他对金钱的态度，决不如翟文所描写的那样不堪。他生活中的光明圣洁面大大超过了琐碎阴暗面。他不是十全十美的完人，但也绝对

---

① 翟志成：《长悬》，《当代》第七十七期，第72页。

不是像翟君所咒骂的那样肮脏苟且、卑鄙无耻的小人。我与景海峰兄曾于1984年4月到上海与熊先生哲嗣世菩夫妇及孙女一道,去长宁区新华房管所清理了熊先生生前在淮寓的遗物,除一个用了几十年的破柳藤箱、一个老式书桌和一些书籍、手稿外,可以说是一贫如洗,看了叫人不禁潸然泪下。对于像熊先生这样的一生清贫的人,还要来清他的经济账,还要扣上这样那样的帽子,吾不知翟君是何心肠之人也?![1] 关于熊先生为人处世的光明、亲切面,关于他"人伦日用""庸言庸行"上的平凡而崇高之处,我这里只能略为一提,当有专文再谈。

四 历史人物评价的心态与方法

对于熊十力先生的评价,主要应围绕他的哲学思想作内在的理解与批导。翟志成君志在揭丑,因而绕在外围,横杀几枪。

翟君的思想偏执,充分显示了好就是绝对的好,坏就是绝对的坏的二元对立的价值观。他以某一种政治取向、政治权威取代一切,从政治上、经济上、道德作风上把对象斗倒斗臭,不遗余力。他的思维逻辑其实是非常简单的,他根本就不去体察不同时空条件下论主的生存处境和应对方式的多面性,不由分说地定性定罪。因此,所论非常武断、主观。尽管他打上了"考据"的旗号,其实他的考据是大成问题的。再加上他生搬硬套西方自由主义、个人主义、自我中心的一套,论人论事,相当平面化,多作肢解。他完全缺乏一种博大宽容的心境去体察我们多灾多难的上一辈老知识分子的艰辛、复杂和坎坷,因此充满着一种简单幼稚病。

例如,翟君批评熊先生青年时代参加辛亥革命,"由左倾盲动一变为右倾保守"。这种语言,我们似曾相识。当然,他在证明这一武断结

---

[1] 我这里对熊先生生活的真实面貌,包括他的为人处世、人格风范和个性特征,所述万不及一,请另见拙著《熊十力及其哲学》(中国展望出版社1985年版)、《熊十力与中国文化传统》(香港天地出版公司1988年版,台湾远流出版公司1990年版);又请见《回忆熊十力》,湖北人民出版社1989年版;《玄圃论学集——熊十力生平与学术》,生活·读书·新知三联书店1990年版。

论时,也在史料上做了手脚。譬如,史实上先有熊先生在湖北新军特别小学堂揭示处张贴揭露第八镇统制张彪的小文章,后才有日知会和熊十力主持的黄冈军学界讲习社的成立,再才有熊先生主动联络各地会党秘密举事而被发现、遭通缉。翟志成为了骂青年熊十力"心粗气浮"和所谓"左倾",就把历史作了颠倒。似乎是熊在揭示处贴的文章"毫无必要地使自己的组织过早暴露,该组织在1906年6月即被清廷封闭"[①]。其实翟志成心里明明知道这一革命组织在后,熊先生骂张彪事在先,但他偏要反过来用他的逻辑加以颠倒。这哪里是什么严谨的史学?如果真的通晓武昌起义史,就不会给先贤扣什么"左倾"、"右倾"的帽子。我们知道,黄冈军学界讲习社被封不久,日知会刘静庵等继续按类似熊十力的想法举事,结果九位著名领导人被捕,日知会被查封。这也叫"左倾"吗?日知会被查封前,武昌革命活动都比较公开。其后,军中同盟会才比较隐蔽。这是革命经验问题。至若何自新、熊十力等后来潜隐读书,不再参加革命,原因都很复杂,不能以"右倾"二字扣下了事。因为日知会被查封后,武昌革命处于低潮,熊等被通缉,目标大,不可能再来武昌活动。我们现在横说竖说,任意批评,当然不费吹灰之力,但熊先生他们当年年轻参加革命,却不是一件容易的事。翟君对历史人物的语言太过于刻薄了,这样对待先贤,是不妥的。

翟君这篇奇文的注五,先断章取义地引了任继愈先生一段话:"三十年代,我在北大哲学系当学生,后来又在北大教书,熊先生这三十年间,可说基本上没有离开过北大哲学系。"任先生这个说法并没有错,何况任先生《熊十力先生的为人与治学》这篇文章详细讲了七七事变后熊先生如何离开北平,如何入川及在川之活动等,但熊先生仍是北大教授,这个名义在,胜利后又回到北大,因此可以说基本上没有离开过北大。可是,翟志成怎么奚落任先生呢?他接着说:"事实上,熊氏自七七事变后,于1937年8月逃离北平后,并没有赴西南联大任教,而是一直留在四川"云云,然后说了一段任先生文章中其实都说过的、大家都知道的熊十力经历,然后笔锋一转:"换句话说,由三十年代到

[①] 翟志成:《长悬》,《当代》第七十六期,第62页。

五十年代这三十年间,熊氏至少有十八年不在北大",具体的证据,请读者看他老兄的英文博士论文,似乎只有他的这一论文才解决熊十力经历的问题。下面马上先扬后抑,道出他的要害:"任继愈是目前中国最好的中国哲学和佛学史家之一,其人心思细密,条理分明,又是熊氏最亲密的弟子之一,但他在记述熊氏生平竟会出现如许大的误差,尝一脔肉而知一鼎之味,任尚如此,其余可知。"①

任先生的文章详述了熊先生经历和品格、为人与为学之道。翟抓住其中一句话,然后把任先生关于熊先生经历的话,压缩成自己的话,再反诬任先生似乎连熊先生抗战时、抗战后离开过北大的事都不知道。实在是做得太过分了!任先生夫妇到璧山看望过熊先生,他会不知道熊抗战时没有到西南联大吗?任先生与熊先生常年通信,并承担领寄薪津的义务,他会不知道熊先生什么时候在还是不在北大吗?但是,如果人们没有读任先生全文,只读了翟这篇文章,一定会认为任先生太浅薄了。至于其他的熊先生研究者,就更不在话下了,只有翟著才是最权威的。我们做人与为文,能够如此吗?

翟文中还有许多不合式的地方。他故意在行文中让读者品味熊这个人如何不地道。例如他说,熊1949年11月得到董必武、郭沫若电报后,"经过一番讨价还价"才于1950年1月底离开广州。给人产生的错觉是熊待价而沽,其实是粤汉铁路在修,车路不通。另外还有一些无材料证明的不相干的话,如说竺可桢的怨言很可能传至熊的耳中,什么文学院为熊盖的斗而大的小屋,"对熊氏当是一难堪的打击",又说"学生们对熊十力的侮慢轻蔑,更甚于他们的政敌",因为熊十力的哲学与时代精神不相干,简直没有对付的必要云云。② 这些都发挥过头了,完全没有史料根据。我们有一分史料才能说一分话,说过了,似乎造成一种印象,但终究站不住脚。刻意要去贬损一个人,罗织罪名,又把情绪情感流于笔端,当然不可能坚持公正平实的历史主义原则。这样

---

① 翟志成:《长悬》,《当代》第七十六期,第75页。
② 翟志成:《长悬》,《当代》第七十八期,第130页;第七十六期,第73页。

根本无法体认复杂厚博、立体多面的熊十力哲学与人生，特别是他的主流和主要贡献，以及他的生活习性、个性特征、人格风范等。

总之，熊十力在中国现代哲学思想史上是一位值得充分肯定的人物，一位具有原创性的哲学家。他的哲学，继承、弘扬、推进了祖国传统文化精神。他所提供的根源意识和人文睿智，对于天、地、人、物、我日益疏离的现代社会，对于当代人"无家可归"的病痛，即精神的惶惑、人文的沉沦，有着治疗学的意义，对于现代人生的安立，具有极高的价值。

熊十力的人生是一个复杂、困顿的人生。他的哲学理论与他的道德情操，立德与立言，学术与人格，基本上是一致的。杜维明先生称美熊先生发现真我之盛德，是非常有见地的。① 由于特殊的历史背景，使得熊先生这一辈人常常被卷进一些漩涡，但总的来看，熊先生一生持守了传统哲学精神和为人为学之道，具有极大的人格感召力。只要我们真正站在祖国文化的立场上，我们就一定能看到他的圣洁光明面，他的伟大和不朽。当然，他也是一个普通的人，他有他的许多毛病和缺弱。但是，不管我们如何张扬这些缺弱，仍然掩盖不了他这个人为人为学的崇高面。全面地体认这样的人物，一定要有一个健康的心态和健康的人格。自己的人格境界提高了，品鉴人物的心态才能平正，也才能坚持历史主义的客观性原则。

五　翟志成"审订"之《熊十力佚书九十六封》纠谬

翟志成君以王守常兄、景海峰兄和他本人"点校、审订、整理"的名义公布的《熊十力佚书九十六封》（台湾《当代》杂志1992年8月至1993年1月第七十六至八十一期连载，又见翟志成著《当代新儒学史论》，台北允晨文化公司，1993年版。），并未完全征得王、景二兄

---

① 参见杜维明《探究真实的存在——略论熊十力》，《近代中国思想人物论——保守主义》，台北时报公司1985年版。

的同意，且其中之大部分书札未能核查原件，未请王、景将原所整理的部分作出校记，致使人名、时间、文字、标点错落百出。为免以讹传讹，特正误如兹。鉴于有的原件尚不在手边，此次先订正25通。

（一）关于致黄焯书札

熊十力致黄焯凡五函一片，由我搜集。黄焯，字耀先，湖北蕲春人，武汉大学中文系教授，文字学家。耀先先生是黄侃（季刚）先生的侄儿。黄焯先生生前曾详细对我讲述了他与熊十力先生的交游，并将他保留的熊先生书札交我整理、拍照。此次订正时，特又从黄先生弟子王庆元教授处将黄先生1982年4月（81岁时）装订的《故交手札》借回对勘。

NO.11（翟君编号，下同），七十六期，87—88页（《当代》期号、页码，下同）。

"答黄灼"，应为"答黄焯"，以下五信均应订正，不应当将致函对象的名字弄错。此函用勉仁书院筹备处用笺（北碚金刚碑金刚草堂）竖条红格八行宣纸二张写成。尾署"熊十力启"，具"四月廿八日"，不知因何翟君误为"四月三十一日"。"一九四二年"系我考订。因该年黄耀先先生为该县宋贞女（日寇入侵时死节）向名人征题诗文，马一浮先生所题三字经诗题壬午孟春。在黄先生《故交手札》中，马诗贴在熊笺之前。

翟之"审订"的此函，不忍卒读，错20余处。"于人道泯绝之时"，"时"应为"日"。"天理不尽泯也"，应为"天理果不尽泯也"。"大文，原来经义"，应为"大文原本经义"。"以正此行之失，可谓有功此道之文"，应为"以正世儒之失，可谓有功世道之文"。"尤窃慰"之后一句号，无下文，错。此处脱一整句，应另提一行补上："令先德虽下世，而吾子足以世其学也。"足见熊十力对老友季刚先生的尊重和对耀先先生的寄望。"女子既家，以正许人"，完全不通，不知如何"审订"？！此应为"女子既字，以心许人"。"贞女之行见于斯，此真所谓为天地立心者也"，应为"贞女之行，见于斯世，真所谓为天地立心者也"。"况欲变革社会、建国家，其小事耶"，应为"况复欲凝社会、建国家，其可得耶"。"表彰贞节，此心此理，亦真心之不绝于天良者也"，应为"吾子表彰贞节，此心何心，固亦真心之不绝于天壤者也"。又，"贤者"、"吾子"前，或"吾子"之"子"前，空一格，以示尊重。凡此不再另注。

  NO.20，七十六期，94 页。

  此信"答黄灼"，应为"答黄焯"。此信年代判定有误，"1946年"，应为"1947年"。此函与下一函都涉及为朱尊民写墓志铭事。此事发生在1947年。熊文《朱尊民先生事略》亦发表于1947年7月1日出版之《三民主义半月刊》第十卷第八期。此函写在一张宣纸上，末署为"力启"，具"五月一日"。

  首段末"度有疑难，可通"，应为"度有疑难，可通函"。

  二段："辞之不获"后，逗号应为句号。"精神亏之时"，应为"精神亏乏时"。"吾只见昔所寄为某孝女所作者"，后一"所"字衍。"而体度变小"，应为"而体度便小"。

  NO.21，七十六期，94—95 页。

  "答黄灼"，应为"答黄焯"。"1946 年"，应为"1947 年"，理由同上。

  首段："廿一日收到"，"收"字衍。"吾延至迄今"，应为"吾延之迄今"。"似是五月十日谱已寄去"，应为"似是五月十日之谱寄去"。什么什么之谱，是口语，表估计。"遂往予之"，应为"遂径予之"。"吾子之文犹与阴柔之美为进"，"进"，应为"近"。

  二段："惜乎不得而论"，"而"系"面"之误。"难辩朱王短长"，"辩"应为"辨"。"又吾据哲学之大问题"，应为"又吾据哲学之诸大问题"。"细研"后一逗号，应为句号。"第二讲辩彰数千年学术源流"，"辩彰"，应为"辨章"。"又讲《大学》时于'致知'处详引阳明"，"处"应为"必"。

  三段："而外间多莫知之"，应为"而外间多莫之知"。

  四段：第一个逗号应为句号。

  此信写在一大张细草纸上，密密麻麻，未落名，只具"五月廿二日写"几字。又在首行右侧朱笔批有："学报自可办，但吾恐少精力作文字也。"系圈点之后所加，大约是对黄焯请他为学报撰稿的回答。

NO. 65，八十期，115 页。

"答黄灼"，应为"答黄焯"。"来人又时时有之"，应为"来人亦时有之"。此信写在别人给王孟荪先生一信的背面。未具名，但具"庚寅一月卅日"几字。

NO. 67，八十期，115—116 页。

"答黄灼"，应为"答黄焯"。此信年代判断又有误，实为 1958 年，而非 1950 年也。此不难判定，因此信第一句自注收对方信为"老五月廿六，阳七月十二"。查阴阳合历即知为 1958 年。又信中问停课事，即指 1958 年停课土法炼钢、下农村劳动等。

首段，"可谓快矣，你的病看来不轻"，应为"可谓快矣。你的病，免车水，想病不轻。"

二段："我虽忽忽看过"，应为"我虽匆匆看过"。"忽忽"，甚不通。"将来如有作考据工夫者"，"据"为"核"。"停课，工资减否？生活不至影响否"，后一逗号应为问号。"令郎有儿，均长大否？"不通。应是"令郎有几，均长大否？""此明人道之贞常"，"明"系"乃"之误。"时有归欤之感"，"感"系"志"之误。"勉强完成一二十小稿"，"十"字衍。

此信写在作者 1947 年版《新唯识论》勘误表之背面，落款并具日期为："漆园 七月十二日午后。"

NO. 90，八十一期，107—108 页。

"答黄灼"，应为"答黄焯"。翟君审订稿未注月日，实应为"1965 年 6 月 21 日"。此用明信片。

"后由淮寓转来"，"后"应为"系"。"移来已过了两个多月"之后的逗号应为句号。"博平先生勿太劳神苦作"，"苦作"应为"著作"。"老而衰，太苦"，应为"老而衰，大苦"。"楚衍老弟去世"，"楚衍"应为"楚珩"，即温楚珩，熊先生朋友，黄季刚先生的妹夫，亦即信中所提联璧、联芳的父亲。联璧为长女，原中央大学哲学系毕业，适王维诚先生，1957 年被划为"右派"。熊先生很关心故交的后人。"月前"，应为"目前"。"有三次特别凶"，"别"字衍。"联芳三月中旬到淮寓二次"，"句"字衍。"还信地址"，应为"通信地址"。"联璧侄以此片地址告芳"之后的顿号，应为句号。"子宁先生"后还有一段文字，翻过来写在明信片的正面，为："身体犹健，甚慰！与他别久矣。来世有无不可知，今生殆难晤也。博平先生均此。"郭按：子宁即刘子宁，黄冈故人。博平，即刘博平，文字学家，武汉大学一级教授，广济人，已故。又按，NO.21 函"三辅先生"指汪奠基，逻辑史家，鄂城人，曾执教武汉大学，后任北京大学教授，已故。

此片寄"武昌武汉大学 二区四十七号 黄耀先先生收"，由"上海青云路一六七弄九十一号熊寄"，"六月廿一日 夏至节"。寄达地址前又加一句："您的夫人健否？智老致念。"上海邮戳为1965.6.21.20。

翟君审订的熊十力致黄焯六信，不仅致信对象名字弄错，且年代误断有其三，月日期错一、漏一，文字衍、夺、错误和标点错误凡60余处，漏整句、段或附言4处。我在这里均一一订正、补充，又补告各信或片的落款及信纸，以及信或片中所涉及人物之身份。

（二）关于致王星贤书札

王星贤先生，名培德，字星贤，山东威海人，1925年北京大学外文系毕业，尊熊十力、马一浮、梁漱溟先生为师。1930年在杭州任教时，与张立民等师事马先生。抗战军兴，随侍马先生辗转流离于赣桂蜀之间，协助马先生在嘉州办复性书院。抗战胜利后北上，后定居北平（京）。《熊十力佚书九十六封》中《答王星贤》11 通、《答刘公纯》1 通，均系我与景海峰兄从王先生处搜集。我与李明华兄曾于1984年春去京拜访王星贤先生，时王先生已届八十四高龄，患帕金森病，手颤抖，视力减退。后王先生函告我，已检出我们所需之熊先生书札，让我去取。我即请景海峰兄就近借出影印。1985年，王先生又令他的弟子陈维博与我联络，寄来原件影印件。以下就影印件订正：

NO.4，七十六期，85 页。

"答王星贤"，用明信片，寄达地址、姓名："浙江建德城内省立严州初级中学 王培德校长"。无寄自地址、姓名。片末署"力 十月廿四日"。笔迹不是熊先生的，似是熊先生口授由一学生所写。邮戳依稀可辨"廿三年"。

"吾秋来亦不佳"后，逗号应为句号。"蔡子民先生在青岛养疴"之后，应加一逗号。

NO.5，七十六期，85—86页。

"答王星贤"，用明信片，寄达地址、姓名为："杭州 竹斋街 杭州中学 张立民先生转王培德先生收"。寄自地址、姓名为："北平、后门、二道桥二号、熊宅"。信末具"三月十七日"。两邮戳都看不清。

此片年代判断有误。不会是1935年，极可能是1937年。因为从收信人地址、姓名看，与NO.9，1937年4月16日明信片相同。此片是寄到杭州的，而NO.6（1935年4月23日寄王星贤片）则寄往建德。可见王1935年上半年仍在建德当校长，熊不会将信寄往杭州。从内容上看，作者提到自己的"《新论》、《破破》、《语要》及今年新印之书"。正式使用《语要》名称印行的《十力论学语辑略》（内有马浮先生题签"十力语要"），是在1935年的10月，那么3月17日的这一明信片不能让人家读自己未印行之书。又，"今年新印之书"，似指1937年2月出版的《佛家名相通释》。

此信两"思辩"，均应为"思辨"。"晋魏王弼、郭象"，原件明明是"魏晋王弼、郭象"。"吾所可信者只此"后的逗号应为句号。

此信不是熊先生笔迹，亦与前片不同。似是口授一学生所写，写后经熊先生改过，其中"吾书意思与古圣贤意思及汝自家意思"，三"思"字原为"识"，熊先生涂改为"思"。"何畏之有"，"畏之"二字亦经熊先生涂改而成。

NO.6，七十六期，86页。

"答王星贤"，用明信片，寄达："浙江、建德县城内、三元坊、省立初级中学、王培德校长。"寄自："北平、后门、二道桥二号、熊宅寄。四月廿三"。邮戳不清，判为1935年，是。

"其上下又如何，吾不能忆。""又"系"文"之误。"如令尹子文旧政必失新□，纯以国政为念"，应为"如令尹子文，旧政必告新尹，纯以国政为念"。"求尽心于公"，"于"为"於"。"无私者，只有意作好，犹未是仁。无己私与己私无意甚深，勿粗心理会。"这一段话，实在不知所云。其实是："只有意做好，犹未是仁。无私者，无己私。无己私之意义甚深，勿粗心理会。"

NO.7，七十六期，86—87页。

"答王星贤"，用明信片，寄达："浙江、建德城内、三元坊、初级中学、王校长培德"。

此片邮戳不清，但判为1935年则绝对错误。第一，从内容看，此片询及建德，说自己曾欲游而未果，又谈办学之艰及树立一好学风之重要。显然是王星贤初到建德任中学校长时，熊先生回的第一片。第二，此片正中上方熊先生加框写有"九月十一日、八月初三"。一查阴阳合历，即知为1934年。

这一批明信片中，寄往建德的有三片。此片NO.7应排第一；NO.4，1934年10月24日，应排第二；NO.6，1935年4月23日，应排第三。这一段时间，王在建德任校长。NO.5、NO.8、NO.9三片均寄到杭州，说明1937年王已在杭。故NO.4至NO.9的排列顺序错了，应按NO.7、NO.4、NO.6、NO.5、NO.9、NO.8的次序，重新编排。（关于NO.9与NO.8的次序调换，理由见下）

此片的翟先生审订稿除年代断错外，还有文字标点错误，"时处年荒"，"处"应为"难"。"尤在教员互相鼓舞一种好的学风"，实为"尤在教员互相鼓舞一种好学的风气"。其后的逗号应改为句号。末尾"钧亮入清波，心灿等可托，笑春亦近。"应为"钧亮入清波，心粲等可托，笑春亦近。"这里涉及马一浮、熊十力的几位弟子：袁心粲、李笑春等。钧亮，指王星贤长子钧亮，后改名王如一。清波，指杭州私立清波中学。心灿，应为心粲，当时袁心粲、蔡禹泽、张立民等曾在此讲授《四书》。

袁心粲，浙江嵊县人，年龄与马、熊相若，一生尽力教育，以行履笃实见称。李笑春，湖南耒阳人，1924至1925年即从游熊先生，1930年在杭州始从游于马先生。1930年中秋前数日，在西湖广化寺，熊十力先生曾与邱希明、李笑春、周少猷、张立民、黄艮庸、涂家英、易希文、张谆言等合影。李笑春晚年在贵州工作。

NO.8，七十六期，87页。

"答王星贤"，用明信片，寄达："杭州西大街 女子中学 教员 王培德先生"。寄自："北平、后门、二道桥二号、熊寄"。熟悉《十力语要》者便知此片涉及熊十力为意大利米兰大学教授罗雪亚诺·马格里尼论中国哲学并释《老子》事（此事在1936年冬至1937年春），此片末具"四月六日午后"几字，因此可判定为1937年。查看寄收双方邮戳，年代不可辨，但寄戳"五月六日"、收戳"五月"字样均很清楚。又根据内容，参NO.9，1937年4月16日片，可断定此片作者笔误为4月6日，实际是5月6日，此片应在NO.9之后。又，NO.5、NO.9均寄到杭州中学张立民转王星贤，时间一是3月17日，一是4月16日。我疑王星贤此前还未在杭找到工作，而此片则寄杭州西大街女子中学王培德教员收，可知此时王已在该校谋到教席。故此片应判为5月6日，NO.5、NO.9、NO.8三片应调整排列序号。

翟志成审订稿文字错误：第一字"解老稿"之"解"系整理者所加，应加方括弧。原片为"老稿及来函均收"。"《新论》欲留心写"，"写"字系"焉"之误。"张悖言"，"悖"系"誖"之误。"吾看毕严疏抄"，又不通，"毕"系"华"之误。翟君怎么连《华严疏抄》都不知道呢？

NO.9，七十六期，87页。

"答王星贤"，用明信片，寄达："杭州竹斋街 杭州中学 张立民先生 王培德先生"。未写寄自何处，何人所寄。

翟志成审订稿文字错误："又'微'字，彼译倾向，并亦加注，意欲与目的等义。"这里，"微"系"徼"之误。此处讨论《老子》首章的注释问题，释"玄"，继释"故常无，欲以观其妙；常有，欲以观其徼。"景海峰兄打印整理稿用"徼"是对的，翟君反又"审订"错了。熟悉《老子》首章及《十力语要》卷二《答马格里尼》者，不会囫囵将"徼"误改为"微"。以下，"已发一人，另送三四人已即此送出。"应为："已发意人，另送三四人，已即此送出。"意人，显然指意大利人马格里尼。"另送三四人"后，宜加一逗号。

又，第二段开首"四月十六"应删掉。因写不下，这几句话翻过来写在明信片正面，但"四月十六日"另加有框，故应将它理解为片末所具日期，不应成为后几句话的开首。且寄戳4月16日、收戳4月18日都可辨识。放在段首则易误会王星贤此前所寄书是4月16日寄的。又，此片两处"马先生"均有意提行顶格写，足见熊对马之尊重。

NO.10，七十六期，87页。

"答王星贤"，用明信片，寄达："桂林、两江、桂林师范 王培德先生"。此片熊先生在璧山寄发，末尾具"十一月卅"字样。时王星贤在桂林。七七事变后，王星贤随马一浮先生携万卷书避寇南迁，由桐庐而开化而泰和而宜山。1938年2月马先生应浙大竺可桢校长邀，在泰和以大师名义为师生讲授国学。是夏，赣北战事日紧。8月30日起，浙大师生分批乘卡车西行，经衡阳迁往广西宜山。马先生一行则南行，过大庾岭，入广东，走水路到柳江。马一浮先生又应老友马君武邀，乘车北上，到桂林。10月25日，马先生离开桂林到宜山。11月1日浙大开学，马先生继续担任国学特约讲座。（请参见马镜泉《马一浮传略》，《中国当代理学大师马一浮》，上海人民出版社1992年版）王星贤1938年9月到桂林，1939年元月至宜山，在浙江大学教一年级英语。王星贤未与马先生一道入川，直到1940年八九月始辞浙大讲席入川至复性书院。而熊十力先生于1938年入川，先住重庆，后依钟芳铭于璧山，与邓子琴、刘公纯、钱学熙、陈亚三、刘冰若等八九弟子讲民族精神、种原及通史。是夏整理成《中国历史讲话》，由中央陆军军校石印。此片说"《史话》篇，立民校好一本，邮马先生"，即指此书。翟君整理稿"一本"后缺一逗号。

翟君审订稿文字错误："恐其再逃长沙而遇火灾"，"火"字衍。"地址见告"后之逗号应为句号。"彭先生泛查之，亦不好查处。相知推测，江西战事"云云，"处"字衍，"相知"前夺一"据"字。又，"此片可转马先生"，"马先生"转行抬头。又，此片提及彭凌霄先生，即彭程万，江西辛亥革命人物，熊先生好友，以后结成儿女亲家。

NO.19，七十六期，94页。

"答王星贤"，用信件，信封未见。

翟先生审订稿文字及标点错误："吾今已六十晋（生期正初，故是六十晋)，"当为："吾今已六十晋一（生于正初，故是六十晋一）。"
"六十晋"，无论如何是不通的。有晋，一定有晋几。熊先生这里显然用虚岁，这当然不是稀奇事。《读经示要》1944年正月起草，他在该书自序中说："肇始于六十揽揆之辰。"此信1945年正月写，故有上说。又："余好嬉戏，曾呼彼似孙悟空。""似"系"以"之误。"夫科学在证实"，"证"乃"征"之误。"吾子试以此信请。"第一段戛然而止，不知所云。下段"孙先生若民八未曾教于南开，则必又一孙先生也，而亦何伤。"其实这里应当是："吾子试以此信转 孙先生，若民八未曾教于南开，则必又一孙先生也，而亦何伤。"又，"其将俯而慨然，叹民九南开数月之间果有熊某其人者"，应为"其将俯而思，喟然叹，民九南开数月之间，果有熊某其人者"。此信落款并具日期为："十力 二月廿五"。

NO.68，八十期，116页。

"答王星贤"，用明信片。寄达："本京、朝内、芳嘉园1号、黄海化学社 王星贤先生"。未落款，未具日期。邮戳可辨：1951年1月8日（系收戳，寄戳不可辨）。翟先生审订稿错误："自秋涉冬"，"涉"应为"徂"；两处"颖丰、雨兄"，应为"颖、丰两兄"。

NO.84，八十一期，105页。

"答王星贤"，用明信片。寄达："北京芳嘉园12号 王星贤先生"。信尾具"三月一日"。上海寄戳1961.3.1.16；北京收戳1961.3.3。整理毛病："背""脊"之间不要顿号。"又中煤气"，"气"字为整理者所加，应加方括弧。"寿命之源"的"源"字，原件为"原"。

NO.85，八十一期，105页。

"答王星贤"，用明信片。寄达："北京芳嘉园12号 王培德先生收"。寄自："沪淮海中路2068号熊寄"。信片尾具7月15日。上海寄戳1962.7.15.20；北京收戳1962.7.17.18。整理毛病："但历史上只有零碎的记载"，"上"字衍。如加上"上"字，需用方括弧。

NO.27，七十七期，89页。

"答刘公纯等"。其实这不是一封独立的信件，而是一封七百多字的论阳明收敛工夫的信件的附言。王星贤先生保留了这一学术信件

（系熊先生弟子所抄，写于四月廿三日）及亲笔附言。翟君发表的这一附言，年代尚待考订。文字错误有："只好窃听天"，应为"只好一切听天"。两"苟话"应为"苟活"。"颖丰、雨兄"应为"颖、丰两兄"。"郢轩先生"应为"养轩先生"。

以上致王星贤等12通书札，除NO.27存疑外，我在这里纠正了翟君审订的年代误断2通，月期误断1通，将他编排的第4至9号六信的序列重新调整，又订正文字、标点之衍、夺、误凡70余处，并补告各信函信片之寄自寄达时间、地点、人物及落款、邮戳等，还相应介绍了若干背景资料。否则，此12通书札不能读也。

（三）关于其他书札

NO.83，八十一期，104—105页。

"答许令宜"。致书对象的姓弄错了，是徐令宜。其实，只要熟悉《十力语要初续》，就已见过这一名字（该书第24页载有《答徐令宣》的另一函），不应弄错。这是一明信片，由我搜集，原件现存我处。徐令宣先生是武昌水果湖中学语文教师，学问很好，已退休。他曾在黄冈师范执教，曾拜访过熊先生，有书信往还，可惜"文化大革命"浩劫后仅找到这一信片。此片寄："武昌、西卷棚10号后进、徐令宣先生"。片头最右端写"十一月廿七日晨"。上海寄戳11月27日10时，武昌收戳11月29日，尚能辨清。

纠谬补正，"由吾家转到"，"家"后脱一"中"字。"吾独处一处，以便写作"，"独处"应为"独住"。"然今冬亦得回家"，"得"系"将"之误。此句后逗号应改为句号。"吾颇急，住此之日期有限"，应是："吾颇衰，住世之日甚有限。"这一句错得太离谱。"吾子处未得就学之便"，"处"字衍。"不胜喜慰"之后的逗号应为句号。"《明心篇》"后缺"上"字。当时熊先生称《明心篇》为上部，还欲作下部。"吾刻下正忙"后缺一逗号。"请孟老放心"之后，掉了一段话："你必交还他也。此与孟老。"此片背面到此打住，后并未落款"十力"。故"十力"二字应加方括号。又，片正面中上方加框补写一句："十年前，汝与黄君见吾于武昌。其近况何如？"郭按：此件"孟老"指王孟荪先生，熊先生连襟。

NO.86，八十一期，105—106页。

"与董必武"函。"沪统战都有高秀屏同志"，"都"系"部"之误。"会期延缓至今春三月"，应为"会期延缓，及辗至今春三月"。"余觉贱恙春天不好行动"后之逗号应为句号。"却是自利之私意"后之逗号应为句号。"他于廿七日午前来过"，"来"系"枉"之误。"至于我国对苏联"，"于"字衍，如加上则用方括号。"不是短期可以达到"后之逗号应为句号。"此不可忽"后之逗号应为句号。"我已明了中央政策"、"当谋一面"二句后之逗号均应为句号。尾具日期"三月廿九日"应补上。

NO.86，八十一期，106—107页。

"致董必武等"函。106页下，"千万代陈"，应为"请代陈"。"其疼痛甚于刀割"，"割"系"剖"之误。"倾之失去感觉"，"倾"系"咀"之误。"正失感觉时"，"正"系"至"之误。"近两三年中"，"近"系"这"之误。"建设之宝典"，"宝"原为"金"，如改则应作"金[宝]典"。107页上："即无自由存在"应为"即无自由与存在"。"顺自然物之性能"，"顺"系"俾"之误。107页下，"实则狂风暴雨不是偶然忽变"之后缺一句号。"社会上各机构"，"各"字后脱一"种"字。"方无阶级斗争"，"方"系"才"之误。

NO.93，八十一期，109页。

"董必武致熊十力"（一）。"总以为兄所提不作官"，"总"系"念"之误。此"兄"字前，及以下"愿兄留鄂"、"与兄面谈"之"兄"字前，均应空一格，以示尊重。"池生闻能深研儒佛诸学"，应为"池生小姐能深研儒佛诸学"。"意在可能条件下"，"意"前夺一小体"弟"字，董必武谦称。"北上车票事"，应为"北上乘车事"。"亦请原谅"，"原"字前空一格。信末具日期无"一九五〇年"，只有"一月廿八日"。此信是董必武亲笔信件，用政务院政治法律委员会用笺（竖条十行红框）二张。

NO.94，八十一期，110页。

"董必武致熊十力"（二）。"敬悉兄已于"，"兄"前空一格。"评价甚高","甚"为"很"。"尊函当如兄嘱",无"兄"字,空一格,"尊函当如 嘱"。信末具日期无"一九六五年",只有"一月十六日"。此信由董必武秘书沈德纯（湖北人）所写,用竖10行笺二张,落款"弟董必武"系董亲笔署。信中诸"弟"字用小字。北京寄戳1965年1月16日,上海收戳1965年1月19日。寄达上海青云路寓所。

NO.95,八十一期,110页。

"董必武致熊十力"（三）"尊函"前空一格。"恩格斯之","之"前脱一"著"字。"可供老人用"后,逗号应为句号。"也有些故事"为"也有些故实"。诸"兄"字前空一格,"弟"用小字。信末具日期"一月二十日",并无"一九六五年"。沈德纯笔迹。落款"弟董必武"系董亲笔。用竖10行笺二张。北京寄戳1965年1月21日,上海收戳1965年1月24日。寄达青云路寓所。

NO.96,八十一期,110页。

"陈毅致熊十力信"。"请谅之",应为"祈谅之"。"请与市府来人面商"后之逗号为句号。"政府均应予以照顾","以"字衍。"如是制定",应为"如是订定"。"此事先生不必顾虑","先生"前空一格。"对尊著,毅除佩赞外","尊"前空一格,"毅"用小字。信笺用中华人民共和国国务院总理办公室用笺（竖条八行套红加框）四张。包括信封均陈毅亲笔。此信邮戳"56"字样清晰可辨。1956年3月19日收到。信寄达青云路寓所。

以上七信,我纠正错讹近60处,补句子2处。

《当代》八十一期111页所载马一浮贺熊十力寿诗第四句"生轻长占一春先","轻"应为"朝"。同页梁漱溟《纪念熊十力先生》,"我任北京大学讲习时","习"应为"席"。此字不对原文亦可校正。梁全文如何刊登不得而知,因朋友寄来影印件到此为止,下页无有。想不能无错,但订正只好期诸来日。

总之,本文以考据方法,集中校订书札25通,纠正其致书对象姓名错误7人次,考证其中8通信札之年代日期之误断,补正原漏脱之整句、整段及附言近10处,校正其文字衍、夺、误及标点错误达二百余处,又详细介绍了信笺、信封（或片）、邮戳、寄自寄达时间、地点、人物、落款、具时等，还相应介绍了若干背景资料和信中所涉及主要人物的状况，从而使这 25 通信札具有可读性。看来，有的错误实在荒唐，稍有常识，应当不会发生；有的错误则由于"审订者"对熊十力著作及其与友人弟子交游情况所知甚少，又对熊先生特殊用语不懂不熟而造成的。有这么多错误还自我吹嘘如何之精密审慎，以所谓严谨的历史考据矜夸唬人，真是令人瞠目结舌！

《熊十力佚书九十六封》主体为熊十力致梁漱溟、徐复观信，这两部分原文尚未见，俟后再纠谬。粗略一翻，已发现不少错误，如胡秋原的"秋原"错为"狄原"，王孟荪的"孟荪"错为"益荪"，"罗素、怀特海"误排为"罗素怀、海特海"，"柏格森"误为"柏格"，"黎邵西"误为"黎即西"等。名人的人名尚如此，他可知矣。又，四川"五通桥"误为"可通桥"，杭州马先生之"智林图书馆"误审为"儒林图书馆"，都属研究熊先生之硬伤也。

又，标题不应为《熊十力佚书九十六封》，因为，（1）董必武、陈毅致熊十力函编入其中，即有了董、陈佚书，因此应将这一部分作为附录，否则不能叫熊十力佚书；（2）"封"字亦不妥，因收入的许多是明信片，并无"封"，亦不用"启"，因此最好用"通"。又"答王星贤"、"答黄焯"等，全用"答"并不妥，因有问才有答，而许多信明显看出熊是主动方，不当用"答"，可用"致"、"与"等，区别对待也。

第九章

熊十力主要著作与年表

一 熊十力代表作评介

(一)《新唯识论》

《新唯识论》是熊十力先生最主要的代表作,也是他的哲学体系。作者精思十年,于1932年将《新唯识论》文言文本在杭州自印行世。这标志其哲学体系正式形成。全书除绪言外,主要有明宗、唯识、转变、功能、成色上下、明心上下等共八章。现收入《熊十力全集》第二卷。

抗日战争期间,自1938年至1943年,熊先生改写、扩充《新唯识论》为语体文本,其上卷于1940年印行,上中卷于1942年印行,上中下卷全本由以冯友兰、贺麟、金岳霖为常务理事的中国哲学会(当时只此一家全国性的哲学社团)将它纳入中国哲学丛书甲集(甲集为哲学创作)之第一部著作,于1944年由商务印书馆出版。这标志其哲学体系最终成熟。《新唯识论》语体文本单行之最佳版本为1947年湖北"十力丛书"三卷四册线装印本。全书除序言等外,共有三卷九章与附录。卷上有明宗、唯识上下、转变等四章。卷中有功能上下两章并后记。卷下之一有成物、明心上章。卷下之二有明心下章并附录。现收入《熊十力全集》第三卷。

1952年(壬辰),作者删削《新唯识论》语体文本,次年印出《新唯识论》(壬辰删定本)。全书除赘语、删定记等外,全书架构、卷章标题及次序,同于语体文本。现收入《熊十力全集》第六卷。

以上三种《新唯识论》，尽管在内容上有简繁之不同，也有部分观点的改变与修正，但总体上仍有其一以贯之的思想，这就是以"仁心"、"本心"为本体的"体用不二"论。熊先生哲学形上学的路数，大体上是孟子—陆王的路数，同时综合了佛学的变化观、《周易》哲学的生生不已之论和王船山的体用思想。《新唯识论》是先秦儒学、宋明儒学的本体论与宇宙论之新的建构，融会儒释道，发明"本心"。

《新唯识论》严辨哲学与科学之区别、性智与量智的区别，认为科学（量智）只是穷探分门别类的知识，而哲学（性智）却是体悟整全浑一的本体。本体论是阐明万化根源的，是一切智慧之智慧。本体论在这里亦是绝对的本心论。在作者看来，"本心"为绝对待，不仅是自身的主宰，而且遍为万物之主，遍为万物实体。本心即心体即性体，是宇宙人生创化不已、生生不息之内在动力。本心不仅仅是理智之心（"识"），不仅仅是道德之心（"意"），而且是一绝对的本体（"心"），是宇宙大生命，是万化之原、万有之基，同时又内在于万物与吾人心中。这里表达了关于人与世界的真实性及潜在的完满性的信仰，确立了一切存在的根据、宇宙生化的根据和人们道德实践的根据。作者界定了"本体"，认为宇宙万有的本体是无形相的、无质碍的、绝对的、永恒的、全的、圆满的、清净的、刚健的。作者区分了"本心"与"习心"，认为绝对永恒之本体（本心、本性）与习心不可同日而语。"本心"是永恒绝对之本体；"习心"与物为对，是心理学研究的对象，是思虑营为、情感意欲等。

《新唯识论》的"体用不二"之论肯定本心仁体的绝对性、唯一性、能动性和变易性。此体又是流衍变化、化生万物的过程。所谓心物万象、文化建制，都是仁心本体的展示、显现、流行、过程。本心创生、创发为大化流行之用，显现为宇宙万物和人文世界。本心不在万象之外，而在生生化化的事物之中。

作者自诩这一理论克服了西洋哲学、印度佛教哲学视本体超脱于现象界之上或隐于现象界之背后的迷谬，纠正了多重本体或体用割裂的毛病。这种即体即用、即流行即主宰、即现象即真实、即变易即不易的本体论和宇宙论，既突出了吾人与天地万物所同具的本体——良知、本心作为一元实体的包容性与真实性，因此愈加肯定它的生灭变化的创造性功能。作者指出，本体或实体是万理之原、万德之端、万化之始，其显现为无穷无尽之大用，应说是变易的，然大用流行，毕竟不改易其本体固有的生生、健动等种种德性，应说是不变易的。刚健的本体（本心）之显现，有其摄聚而成形相的动势，名曰翕；有其刚健而不物化的势用，名曰辟。所谓心物即是辟翕的两种势用或过程，而翕辟相反相成，并非两个不同的历程。因此心物亦非二物，而是一个整体的相反相成的两个方面或辩证过程。

此书表明，熊先生之终极关怀，即在为人类寻找回失落了的道德自我或生命理性。科技理性的膨胀，人文价值的丧失，道德意识的危机，生命本性的困惑，促使他以探寻宇宙人生的大本大源为己任。他的《新唯识论》凸显了现实、能动、刚健、充满活力的人类生命本体。它即是本体，即是主体，即是现象，即是功能。"仁心本体""体用不二"模型将宇宙人生打成一片，合天地万物于一体，强调了人之生命与宇宙大生命的有机、动态的整合，进而认定生生不息、翕辟开阖的宇宙本原，即是吾人之真性，是人之所以为人之真宰。

熊十力发挥王阳明、王船山的体用观，反复论述"无体即无用，离用原无体"，认为"离用言体"，即于"性体无生而生之真机不曾领会"。工夫要在即用显体，从用中悟出本体。宇宙一切原是大用流行，大用流行即是体之显现。我们既不能执著此流行者为真实，谓其别无有体，亦不能离弃这流行者，而外流行以求体。他借鉴天台宗"圆融三谛"和华严宗"一即一切、一切即一"的思辨模式，甚至袭用其"水波"之喻，说明本体不是宇宙万有的总计、总和或总相，而是宇宙万有的法性，每一物（现象或众沤）都以一元（本体或大海）之全体为其所自有，而不仅仅占有本体之一分。所有这些，都是他对积极能动的人生论、治化论和道德论所作的本体论的论证。他以"体用不二"、"心物不二"、"能质不二"、"吾人生命与宇宙大生命本来不二"、"翕辟成变"、"反求自识"、"性修不二"、"思修交尽"、"性智统摄量智"、"生生乾元性海"、"良知呈现"诸论诸说，高扬了生意盎然、生机洋溢、刚健进取的生命本体；肯定吾人一切以自力创造，自强不息，新新不竭；强调人生有无上的崇高的价值和无限的丰富的意义。熊先生通过"举体成用"、"称体起用"、"立体开用"、"由用显体"的论证，突出了生命本体的实有性、能动性、创造性、流衍性，使之成为一切文化活动、一切文化成果、一切文化价值的真实的根源。

熊十力在本书中凸显天地万物一体之仁，以生意盎然、生机洋溢、生命充实言本体，赋予此本体以生命创造的特质。由此看来，仁心本体亦是一切文化现象和道德行为的根源和根据，是开发创新、社会进步、人格完美的原动力。此体就在我们心中，我们每人都自足圆满地拥有这一个大宝藏。熊十力以这一理路建构了道德理想主义的形而上体系，为现代新儒学奠定了基础。

（二）《十力语要》

《十力语要》是熊十力语录、书札、讲词、短文的汇编。所收诸论，随机创发，生动活泼，透显了这位哲人的智慧，其价值不亚于作者成体系的哲学著作《新唯识论》。《十力语要》最佳版本为1947年湖北"十力丛书"四卷四册线装本，现收入《熊十力全集》第四卷。

《十力语要》的形成过程及内容：《语要》卷一的主体即原《十力论学语辑略》一书。《十力论学语辑略》于1935年10月由北京出版社出版，系云颂天、谢石麟整理熊先生1932年至1935年间的书信文稿的汇编。1946年王星贤协助熊先生编《十力语要》，其卷一即在《十力论学语辑略》的基础上略作改动，又增入40年代所作1篇序文、9通信札，并附历年所写王汉等小传6篇、墓志1篇而成。总计有印行记与60篇书札、讲词、序文，以及7篇传、志。

《语要》卷二曾于1941年自印成书，汇编熊先生1936年至1940年笔札。1946年编《十力语要》时，略有增删。1947年湖北"十力丛书"印行前又补入周通旦撰《熊先生哲学释疑》，系反驳周谷城文。总计有29篇书札、讲词、短文及一附录。

《语要》卷三，1946年编，主要汇编熊先生1942年至1946年间书札、短论。1947年湖北"十力丛书"印行前又补入王淮记语、与友人等。总计有59篇书札与曹慕樊记语、黎涤玄记语、王淮记语。

《语要》卷四的主体即原《尊闻录》一书。《尊闻录》系高赞非编，1930年自印出版，内容主要是熊十力1924年至1928年的书信与论学语录的汇编。编成《语要》卷四时，删张立民序，末尾补附录周通旦记，系周氏1947年记熊先生语录。总计有高赞非记语、31篇书札与周通旦记。

四卷《十力语要》的学术内容大体上包括：熊十力对中国文化、中国哲学的基本看法及其与西方文化和哲学之比较；他对儒释道墨诸家经典的发挥和疏释；他自己的《新唯识论》酝酿成熟的过程及其要旨的提揭；他对当时若干学术争论的看法与意见；他自己的人生体悟和治学之道；他对门生、亲属的教诲与思想交流、沟通等。所有这些，大多数是通过学术通信的方式与人讨论、应答而成的。其中有一些短文曾发表在当时的报刊上。

《十力语要》中有许多精辟之论。例如他与张东荪关于宋明理学性质和中国哲学特征的讨论；他在《答友人》中关于朱王异同与"良知呈现"说的申论；他在好几篇短札、序文中关于《易》学精义的阐发；他在《为哲学年会进一言》一文中对1935年全国哲学年会张申府的论文，特别是当时的本位文化建设讨论的不同意见；他致唐君毅几封信札中关于科学真理与玄学真理的阐述；他与钟伯良谈自己对中国文化史的总体看法和编写意见；他答意大利学者马格里尼教授关于中国哲学特别是道家老子哲学的长篇解说；他在《复性书院开讲示诸生》中对治学态度与方法的经验之谈，以及对书院教育与西洋教育之比较等。此外，他与梁启超、居正、李四光、梁漱溟、张申府、张君劢、林宰平、郭沫若、汤用彤、陈真如、蒙文通、张东荪、贺麟（自昭）、林同济、邓念观、谢幼伟、沈有鼎、张季同（岱年）、任继愈、王维诚、贺昌群、牟宗三、唐君毅、邓子琴、韩裕文、张立民、张德钧、高赞非、谢石麟（子厚）、胡世华、陈亚三、周通旦及德国学者李华德、意大利学者马格里尼等人的通信（有的附有来函），对了解当时的学术思想界不无裨益。其中如《黎涤玄记语》等篇则是了解熊先生传略的重要资料。此外还附有熊十力为辛亥志士王汉、吴崑、何自新等人作的小传，其中亦反映出他早年投身辛亥革命时的影子。

总之,《十力语要》内容十分丰富,常常给人以做人、为学、玄思等多方面的启迪。从形式上来说,也是先秦、宋明语录体的继承。结合熊著《新唯识论》、《读经示要》等,本书所辑各短札,可以作为重要的补充资料来读,从中可以对作者其人其学和他所处的思想界以立体的、多侧面的理解。

(三)《读经示要》

这是熊十力的又一部巨著,1944 年写于重庆北碚。本书是《新唯识论》的姊妹篇,是以《新唯识论》的哲学思想疏解经学和中国思想史的专著,亦展示了作者的政治哲学和历史哲学思想。鉴于此书极有价值,当时的中国哲学会将它纳入"中国哲学丛书"甲集,为该丛书之三,1945 年由重庆南方印书馆出版,用土纸印。该书单行本最佳版本为 1949 年上海正中书局三卷三册线装本。现收入《熊十力全集》第三卷。

从结构上来说,本书共分三讲,亦为三卷:(一)经为常道不可不读;(二)读经应取之态度;(三)略说六经大义。

从内容上来说,第一卷首先表明了他的中西文化观与经学观。就文化观而言,作者批评了中体西用、西体中用、古已有之、一味崇洋诸论,主张超越"国粹论"和"西化论",肯定中西学术互济互补。就经学观而言,作者批评了今古文之争,汉宋之争,连带着也批评了朱陆之争。从总体上来看,作者认为六经决不是死物,仍有其顽强的生命力,但六经亦有可变易之处,需要重新诠释。作者肯定六经的根本精神是中国文化的常道,其中确有恒常不可改变的、作为民族精神支撑的东西在那里起着作用。作者以《论语》、《易经》、《易传》、《大戴礼记》、《中庸》为据,以"道"为中心,疏解了天、道、性、命、理与人的终极关怀、人的安身立命的关系。作者把"道"解释为生生变易之道:"夫道,生生也。(《易经》曰'生生之谓易。'此云易者,变易义。而变易之实体即道。故曰道生生也。)生天生地生人只是此道。孟子曰'夫道,一而已矣'。一者,绝对也,无所待而然,故老氏谓之自然。自然者,其德常恒,不可改易,故谓之常道。(恒常者,言其德也;非谓道体是兀然坚住、无有变化的东西。此宜细心体会。)尧舜以来,历圣相承，逮于孔子，皆从人生日用中敦笃践履而后旷然默喻于斯。至哉道也！生生不息，真常维极；反己自识，则万化在我，万物同体。仁覆天下，而我无功名；本性自足，而脱然离系。夫经之所明者，常道也。常道如何可废？！"足见作者重视的是生生不已、刚健自强的天之道和人之道，是大生广生之德，是统贯天人的道德理性。

作者接着阐述了群经所言之"治"。作者诠释"治"有如下诸义：一曰仁以为体；二曰格物为用；三曰诚恕均平为经；四曰随时更化为权；五曰利用厚生本之正德；六曰道政齐刑归于礼让；七曰始乎以人治人；八曰极于万物各得其所；九曰终之以群龙无首。这是以仁为中心，以人各自由、人皆平等的太平大同境界为目的的德治理想。

作者认为《大学》是六经之宗要和体系，因此在首卷以较多篇幅详释三纲八目。作者发挥阳明良知之说，以良知释本心、明德，并作为吾人与天地万物同禀之本体、本根和人生的根据、道德的根据。作者认同阳明心即理之说，以为本心即万化实体，即天、命、道、性、心、理、仁、知、德。作者融合阳明"致良知"和朱子"格物致知"之论，相对同情、肯定朱子的"格物"说，但更加赞赏阳明"致良知是学问大头脑"之论。

作者一反程伊川，认同章太炎，大讲《儒行篇》。所以如此，乃因为"今世衰俗敝，有过五季。贪污、淫靡、庸暗、污贱、浮诞、险猜，毫无人纪。吾为此惧，乃述《儒行》"；"吾国民元以来，党人如敦儒行，则不至以私欲比党而祸国"；"民国以来，党祸至烈，使儒行修明，当不至此"。作者以为《大学》、《儒行》二篇贯穿群经，而儒学即是仁学。这都表明作者讲经的目的，还是企图重建道德，整饬人心。这是他对道德价值失序的回应。

第二卷"关于读经应取之态度"，作者批评了疑古派和本位文化派，评析了中西文化之长短，评析了古今汉宋之争，评析了儒墨道释，论述了科学与经学之关系，赞颂了先秦文化多元和诸子纷争，批判了文化专制主义和《孝经》，抨击了"以孝治天下"和尊君之说。作者认为，"夫经学者，旧云圣学。其为道也，以见自性为极，以会物归己为本，以反身而诚、乐无不备为功修之实，以已立立人、已达达人、极乎裁成辅相、参赞位育为功修之盛。圣学广大悉备，未始遗知能，而实超过知能之境。此其所以别于宗教而为哲学之极诣"。

第二卷最精彩之处是对中国文化史和学术史上两个黄金时代的论述，一是晚周多元文化产生的诸子繁荣时期，二是晚明思想巨人产生的时期。作者论述后一时期，是将它放在宋学史上讲的。作者把宋学分为五期：一为肇创时期，以周邵程张五子为代表；二为完成时期，以朱陆为代表；三为初变时期，以阳明及其后学为代表；四为再变时期，以晚明诸子为代表；五为衰落时期，以清初阎、胡等人为代表。作者着力详释了第四期的辉煌，肯定了顾、黄、王、颜等明末大儒的五大长处：第一，尚经验，反空疏，注重实用与实测，道器兼综，体用赅备，实事求是；第二，发扬了民族主义精神；第三，在社会政治思想方面，发汉唐宋代以来诸儒之所未发，具有进化史观和民主主义思想，提出了"工商皆本"的主张；第四，依据《大易》重建了中国人的宇宙观和人生观；第五，为学务博通，切实用，启朴学端绪。作者特别肯定了王船山思想具有"尊生以箴寂灭，明有以反空无，主动以起颓废，率性以一情欲"的特征，"足为近代思想开一路向"；肯定了明清之际思想家"持论益恢宏，足以上追孔孟，而下与西洋相接纳矣"，"民主思想，民族思想，格物或实用之学，皆萌生于明季。清人虽斩其绪，而近世吸收外化，明儒实导先路，不可忽也。"

第三卷"略说六经大义"，主要论及《易经》、《春秋》与《尚书》。作者详论了易学史，对汉易和宋易各家各派均有论列。作者认为，《易》为五经之源，为中国哲学之根本大典，而以孔子为《易》之作者，道家为《易》之别派。作者阐述了"乾元性海"、"乾元性体"为宇宙本体和道德本性，并以人各独立、人各自主释"群龙无首"。作者指出："孔子之道，内圣外王，其说具在《易》、《春秋》二经，余经（《诗经》、《书经》、《礼经》、《乐经》即《乐记》）皆此二经之羽翼。《易经》备明内圣之道，而外王赅焉；《春秋》备明外王之道，而内圣赅焉。二经制作极特别，皆义在于言外。《易》假象以表意，惟王辅嗣能知之，而俗儒恒不悟也。《春秋》假事以明义，孔子已自言之，而汉宋二派之儒罕能得其旨。"

作者在《读经示要》中严厉抨击了传统专制主义，推重《周官》、《周易》、《春秋》为我国自由、民主和社会主义的经典。诚如徐复观所说，在当时的国民党政府讳言民主的高压之下，作者倡言民主政治是挽救危亡，实现社会主义的前提。当然，此书对先秦儒者的乌托邦理想甚为欣赏。无论就内圣而言，还是就外王而言，此书都是熊先生1949年以后的著作《与友人论张江陵》、《论六经》和《原儒》的先导。此书的内圣外王之道，对现代新儒家的第二、第三代产生了很大的影响。

（四）《原儒》

这是熊十力新儒学思想的代表作，写于1954年至1956年。1956年由上海龙门联合书局出版上下卷线装排印本，为最佳单行版本。现收入《熊十力全集》第六卷。

此书结构，上卷除作者序言和《原儒再印记》外，主要含三部分：绪言第一，原学统第二，原外王第三。下卷主要部分是：原内圣第四。此外，下卷还附录一篇长文，题为《六经是孔子晚年定论》。

此书"绪言"十分重要，作者于此介绍了自己学术思想的变迁和晚年的写作计划。作者自谓："余年三十五，始专力于国学（实为哲学思想方面）。上下数千年间，颇涉诸宗，尤于儒佛，用心深细，窃叹佛玄而诞，儒大而正，卒归本儒家《大易》，批判佛法，援入于儒，遂造《新论》。更拟撰两书，为《新论》羽翼：曰《量论》，曰《大易广传》。两书若成，儒学规模始粗备。"作者的"绪言"，实际上主要介绍了自己打算撰著的《量论》和《大易广传》之基本纲要或构设。作者虽未完成《大易广传》，但有《原儒》和《乾坤衍》可代替；而《量论》未及作，则是作者的终身憾事。作者30年代的《新唯识论》原拟有境论和量论两部分，后一部分一直没有完成。究其原因，除了作者知识结构上对于西方知识论缺乏理解因而不敢下笔外，我看最重要的是作者对中国传统的认识论别有一套看法，这些看法，其实已在《新唯识论》中充分表达了出来。《原儒》绪言最有意义的是，作者披露了《量论》提纲。按作者构想，《量论》含比量和证量篇。比量篇首论"辨物正辞"，即名学，包括感性、知性、理性认识和形式逻辑；次论"穷神知化",包括宇宙、人生辩证法和辩证逻辑,如宇宙论中无对与有对、无限与有限的关系,人生论中天与人、善与恶之关系。证量篇则论"涵养性智",即包括灵感、顿悟、内心体验、良知呈现等超越理性思维的非理性、非逻辑的直觉,主要是道德直觉。

"原学统"篇除一般地疏论内圣外王之外,又具体论述墨、道、名、农、法、儒诸家,论定儒为诸家之源。诸家或为科学之先导,或为社会主义之开山,皆儒家羽翼。道家有极深远处。作者把儒家精英思想与汉儒拥护帝制的三纲五常论、天人感应论、阴阳五行论剥离开来,甚至批评了曾子、孟子的孝道和治化论,认为他们滞于宗法社会思想。作者臆断六经皆孔子创作,《易》为孔子哲学思想,《春秋》为孔子社会政治思想。《易》备内圣外王之道,《春秋》特详外王,而根源于《易》。《周官》为《春秋》羽翼。作者以秦吕为界,肯定此前流行的六经为孔子所作,乃民主之经典,革命之经典(贬天子、退诸侯、讨大夫),为万世开太平之经典。作者阐发了儒家经典在内圣(生生乾元性海)和外王(科学与民主政治)两方面的积极意义,批评了汉宋诸儒的阉割,企图从中找到与科学、民主政治和社会主义相接植的内在根芽。作者指出:"孔子确有民主思想,却被汉宋群儒埋没太久。清季革命思潮,从外方输入,自己没有根芽。当时革命党人,其潜意识还是从君主制度下所养成之一套思想,与其外面所吸收之新理论,犹不相应。不独太炎如此,诸名流皆然。"

"原外王"篇横扫清末今古文经学两派,认为廖平、康有为和孙诒让、章太炎都不通。作者指出,孔子儒学的正宗是大道学派而不是小康学派。小康礼教毕竟不是大道之行、天下为公之礼教;小康之局未可苟安,当志乎大道,以达于天下一家、中国一人,方为太平世礼教之极则。作者认定,孔子外王学之真相,不是拥护君主统治与私有制,不是使下安其分以事上,而上亦务抑其狂逞之欲有以绥下的小康之治;而是同情天下劳苦小民,不容许统治阶级与私有制存在,独持天下为公、荡平阶级、实行民主,以臻天下一家、中国一人之盛的大道之治。在这里,作者透露出均贫富、均智愚、均强弱,强调"均"与"联"的平均主义思想和空想社会主义的主张。作者批判了秦汉以降两千多年专制主义对学术思想的锢蔽所造成的科学与民主思想的隐没。在疏论了《易》、《春秋》、《礼运》、《周官》之后，作者重申孔子外王学不是纲常名教。"欲明孔子之外王学者，须注意二端：不明孔子注重格物之精神，即无从研究其外王学。此一端也。仁义之蕴、礼乐之源，是乃万物之所以统一而复其本来无对之体。人极于以立。此又一端也。"

下卷"原内圣"篇，融合儒释道思想，进一步扩展了《新唯识论》和《读经示要》的主旨，阐明了"乾元性海"的意义。作者指出，中国哲学的特点，在本体论中是"天人不二"，在宇宙论中是"心物不二"。此所谓"天"，不是原始宗教、古阴阳家、古天文学家所说的人格神之天或自然之天，而是与物无对的本体，亦称为"道"。它既是宇宙本体，又是人生真性，是宇宙生命之全体。每一物皆以浑全、大全之道为实体，非揽取性海流出之一分，以为其本命也。所以，万物之自性即是天、即是道，天与道也不离开一一物而独在。道即一一物，一一物即道，所以人生不需遗世而别求道，而应当在现实世界中发扬此道。此即"人能弘道，非道弘人"之真谛。所以，善言天道者，必即以人道而征验之。"天人不二"的意蕴，不能靠知识理性和思维术层层推究，而需要在生活的当下体验。所谓"乾元性海"中的"乾元"，即是本体，是刚健、清净的力量，统含万德万理之端，犹如深广丰富的大海。以"乾元"之在人而言，则名之曰"性"。那么"乾元性海"所表明的是宇宙生命的刚健创化之力对于人的禀赋，使人具有内在的无穷无尽的潜力。人们固有的万理万德生生不已，可以创造出万物万事。人们必须善于体悟这一本体。"惟人也，能即物以穷理，反己以据德，而总持之（德、理双持，缺一即亏其本。）以实现天道于己身，而成人道，立人极。此其所以范围天地之化而不过，唯有理以利于行；曲成万物而不遗，惟有德以善其守。是故征验之人道，而知万德万理之端，一皆乾元性海所固有，易言之，即天道所本具。"作者指出，中国哲学的天人不二、心物不二，无宗教迷情，无形而上学家的戏论，而是近取诸身，远取诸物，体认得人与物皆固有内在之大宝藏，推出去而说为天、道，说为人与物所以生成之因。由体认之极深极广而发现吾人内在之大宝藏，即是天地万物内在的大宝藏，反之亦然。宇宙基源、人生根据，不可剖而为二。由此可见，作者天人不二论的核心，在于为人的主体性、能动性、创造性和道德性作本体论的论证。

作者发挥了《周易》和《老子》的辩证法，深刻阐述了有与无、体与用、心与物、神与质、理与欲等关系，肯定了儒、道、禅都以体认心体为第一着，发挥、发展了儒家的本体论、宇宙论、人生论、价值论。

附录《六经是孔子晚年定论》，名为考证，实则武断孔子五十岁以前崇尚小康礼教，维护统治，五十以后思想突变，始作六经，发明大道之学。孔子没后，儒学分化为大道、小康两派。六国时小康派已盛，秦汉时更加普遍，六经因此而被窜改，大道之学失传。因此，学术界必须善于清理出孔子晚年六经真本的思想，发扬光大。但作者所悬设的唯一标准是，凡六经中有拥护帝制、崇拜天子的决非孔子原文，而是后人的窜改。

（五）《体用论》

这是熊十力晚年重要的哲学著作，写于1956年秋至1957年冬。1958年由上海龙门联合书局按封用拙抄本影印出版。现收入《熊十力全集》第七卷。

作者自谓："此书之作，专以解决宇宙论中之体用问题。""本论以体用不二立宗。本原现象不许离而为二，真实变异不许离而为二，绝对相对不许离而为二，心物不许离而为二，质力不许离而为二，天人不许离而为二。种种原理，皆禀《大易》之辩证法。"

《体用论》实际上只有四章：明变、佛法上下、成物。若将《新论》语体本与《体用论》相比较，不难发现，作者删去了头三章（即"明宗"、"唯识"上下），其第一章"明变"即《新论》第四章"转变"的压缩、改写。本章直接表明作者的思想，提出并回答宇宙人生有没有（能不能）变化和变化的根源与动力的问题，在回答过程中肯定并界定了宇宙本体（或实体）。（按：在界定"实体"时，《新论》阐明了本体具有六义，本书则简略为四义。）接着指出宇宙变化（恒转）是实体自身内在矛盾的运动，遵循相反相成的辩证法则；接着发挥了翕辟和生灭的宇宙生成、发生论和发展观。其翕辟成变、主生、主动的心物合一之论，从根本上仍然是肯定体——宇宙大生命内在固有的阳明、刚健、开发无息之辟势（即乾元、乾阳）及其主宰性和能动性。世界所以能存在、能发展，正是宇宙之心、刚健之辟一步一步破物质之蔽锢的结果。体以成用，用不孤行，通过一翕一辟的运动，于是现起宇宙万象。因此，精神现象、物质现象，都是实体（本体）的功用或流行。作者的刹那生灭观不是主灭，而是主生，高度肯定了变化，而且把渐变都看成不间断不停息的顿变，看成"万流澎湃，过去已灭，现在不住，未来将新新而起，刹刹故灭新生"。

此书第二章"佛法上"，即是《新论》第五章"功能上"的压缩。本章对大乘佛学空有二宗性相之论加以评说。作者认为，空宗主旨是"破相显性"，然破到最后，"相空而性复何存"？作者自诩"体用不二"之论能纠正此失，避免性相剖分为二重世界。作者意在指出，心体和性体是真实而不空的，是能变化成宇宙万象的。作者把性体释为健、仁，释为大生广生之德，释为生生不息、变化不竭之真机，批评了佛法的性体寂静论和寂灭说。在批判了空宗的性体空寂论之后，作者又批判了有宗的"真如实相"论，认为有宗建立本有种子为万法之初因，又说真如为万法实性，颇有二重本体之过。如果说作者在第一章从正面提出了"体用不二"、"翕辟生灭"诸论的话，那么在第二、三章则是以驳论的方式，借批判空有二宗来阐释心性本体的"即体即用"论。

此书第三章"佛法下"是《新论》语体本第六章"功能下"的压缩。本章继续批判空有二宗，尤其是有宗，批判了缘起论、三性说、种子论（本有种与新薰的分化、种子与现行的对立）等。作者认为，性（体）相（用）问题是哲学上从来难获解决之根本问题。有宗的解决是支离破碎的。作者通过自己的体悟，认同、印证了《大易》之蕴，以仁心本体的"即体即用"贯通本体界与现象界，以宇宙论之"体用不二"推扩为人生论之"天人不二"和治化论之"道器不二"，由此赋予世界、人生以价值和意义。太极、天道、本体即生生不息的仁体，其生生不息真机流行即是功用。功用不离本体，本体亦不离功用独存。"假如说有体而无用，则体便空洞、无所有。若尔，体之名何从立。假如说有用而无体，则用乃无原而凭空突现，如木无根而生，如水无源而流。""心物是大用之两方面，不是两体。此两方面原是生生不已、变动无竭之大流。从其性质不单纯说为心物两方面，从其刹那刹那、舍故生新、无断绝、无停滞，说为大流。"作者以此批评了佛家毁宇宙、反人生之理路，指出宇宙万象和人生都是真实不虚、生生活跃的，并由此突显了心体、性体的绝对性、真实性、包容性、普遍性。

从整个思路来看，作者的构设是体—用（心、辟/物、翕）的模型，实际上是"一心开二门"的模型。这是整个现代新儒学思潮普遍采用的思想范式。因此，熊先生"体—用"论的一体二面、两端一致的致思趋向，对唐、牟、徐也有十分重要的影响。以刚健的尽生之道，成己成物，弘大物我同体之德性，是现代新儒学对先秦、宋明诸儒的发展。我们尤其值得注意的是，熊先生积极能动的体用论，是儒学对现代社会的一种回应方式，隐含着在突显道德理性的前提下并重道德理性与知识理性、价值理性与工具理性。牟宗三的"良知坎陷"转化为认知主体之论和两层存有论的构设，都可以在熊先生体用论中找到端倪。

此书第四章"成物"即《新论》语体本第七章"成物"的压缩。本章重申了实体流行、翕辟成变，从而有了心物万象的主旨。本章强调了实体不是造物主而是一种生命，是功用，是流行。实体不外于功用、流行。作者认为："乾阳即精神之称。精神遍在散殊的一切物质中，为其统御，犹心为吾身五官百体之统御者也。精神与物质本非两体，不可剖析。实体变成功用，即此功用之内部起分化，而为翕辟两方面。辟为精神，翕为物质。质则散殊，精乃大一。翕辟以相反而归统一，完成全体之发展。"作者阐述了由一体乾元流行为乾坤（或翕辟、心物、有无、神质）两面的宇宙生成论，甚至认为生物未出现以前就有了精神潜隐着。在这里，作者有某种泛心论的倾向。作者在阐述其宇宙发生论、发展观时批评了唯物论。

《体用论》尚缺一章"明心"，后来以篇行世的《明心篇》应当与本书结合起来看。《体用论》不能代替《新唯识论》，《新论》不可废。但若只要一般地了解熊十力哲学，则《体用论》简明易读。

此书的心性本体论思想、积极的人生哲学和主动、趋新、尊生、不守固常的辩证法，以及一体二面、一心二门架构，均有积极意义和深长久远的价值。其中的绝对的心本论和泛心论，只讲变易、顿变、运动而取消静止、稳定的辩证法思想，都有缺陷，则是无疑的。

（六）《明心篇》

这也是熊十力晚年重要的哲学著作，写于1958—1959年之间，1959年由上海龙门联合书局排印出版。现收入《熊十力全集》第七卷。本书原拟写通义、要略两部分，后一部分有目无文。书末附往来书札数通及《体用论佛法上下两章补记》。

此书承前书《体用论》首申三大义：一曰宇宙实体具有复杂性，非单纯性（指非单纯的精神性或物质性）；二曰体用不二（实体即是功用的自体，不可求实体于功用之外）；三曰心物不可分割（心物为功用的两方面，非异体故，不可分割）。

接着，此书论述了"科学的心理学"与"哲学的心理学"的区别。作者指出，哲学的心理学不是研究与解释精神、心理现象，而是返己体验内在生活，使固有良知呈现出来，剔除杂染，转化习气；科学的心理学却是以神经系统及其运作为对象。哲学的心理学，其进修以默识法为主，亦辅以思维术，而默识法是反求内在精神生活，体认主宰自己、恻然感应的仁心；科学的心理学，其方法注重实测，以实测术观察人类心理的活动。

哲学的心理学，为道日损；科学的心理学，为学日益。作者详细研究了道家、佛家的"日损之学"。作者指出，"为道日损"的"道"是宇宙之大原、人生之本性。学者志在体悟道而实现之，则修为之力，唯以损去私意私见私欲，为迫不容已之事。老子愿常使民无知无欲，务返虚无；佛氏悲愍人生缘无量数痴以有生，为诸惑所系缚，故以修行灭尽一切痴。所以，"日损之学"，要在一生之中时时、在在，于生心动念、举手下足，乃至履万变、当大艰，恒不忘反己照察，肃清内伏之一切杂染恶根，直以猛力歼灭，无俾遗种。人生爱护其本来清净的生命，必发起大雄无畏力量，以与本身隐伏之无量强敌斗争。故日损之功，发于自我改造之本愿，所以全性保真，毋失人生至高无上价值。

作者认为，为道之学，其本在心。养心、全性，莫切于损除私累。作者承认老庄去知去欲、佛氏断痴断惑等日损之学有其价值，然比较儒家孔子之道，则仍有重大过失。作者指出，涵养心性，要在日常生活中弘大充实，不当专以日损为务。"孔子为道之学，以求仁为主。明睿之智，日扩而大之，周通万有。恻隐之几，日扩而大之，不隔群伦。故学道在日新，非可以日损为事也。但孔子亦重日损之功，其严于克己，意必固我俱绝。"这就强调了日新其德，弘大天性，亦涵盖、包容了"日损""克己"之修养工夫。作者认为，孔子洞彻人生之本性，其道以敦仁为宗，走向至善发展，慎独工夫以扩充善端为主。儒家"日新"之学与佛老二氏"日损"之学有别。佛、道多从人性负面出发，从坏处看人生，或主张绝圣弃智，或专门对治贪、嗔、痴；儒家多从人性正面出发，从好处看人生，提倡扩充、日新。儒家不至走向反人生的道路。作者肯定了阳明的良知说，认为"知善知恶是良知"，直接、亲切。作者亦肯定了"仁"与"智"与"情"的统一。他主张良知做主以运用知识，仁智双彰，即以知识转成良知之发用。

此书再次重申了"本心"与"习心"的区别。本心是人生本有的仁心，常为吾人内部生活之监督者。吾人每动一念、行一事，仁心之判断，恒予小己之私欲以适当的对治。本心是天地万物与吾一体的宇宙生命，是生命本有的生生之德，是天心天性。人生而成为有形气的独立体，有实际生活，即此独立体亦自有权能。本心运行于形气个体中，以天然之明应事接物，则本心亦未变易其天然的明性；然个体人利用天明为工具，以交于事物，则有习染发生。习染并不是无有势能的东西，其潜伏吾人内部深处，便名种子。习种又得出现于意识界。也就是说，意识的活动，即是习种的活动，所以个体人习种用本心天然之明作工具以治理事物时，乃不期然而然地产生一种新的势能，这就是"习心"。"本心"才起时，即有"习心"乘机或乘权俱起。习心并非起一次而已。吾人如不能恒时保任天明做主，则一生之中，常是习心自用其权，以治理一切事物，于是遮蔽了天明，天明终不得自显。习心无量数，一切习心所留积之一切习染，潜伏为习种者，更无量数。实际上，我们每个人不论何时何处起心动念，便是过去无数的习染与五官现时当下接触新事物相结合的产物。如果离开习染，我们便不会有知识。所以，凡人不甘堕落者，能保任本心做主，则一切习染皆成善种，而习心将转化为智慧。

熊先生"本心"与"习心"之分，相当于宋儒的"德性之知"与"闻见之知"之分，亦是后来牟宗三的"智的直觉"与"执心之识"之分。牟宗三在晚期著作《智的直觉与中国哲学》、《现象与物自身》中指出，本心当其为道德实体时即开道德界，当其为形而上的实体时，即开存在界。此时都是无执的无限心。而当它自我坎陷，即转而成为有执的有限心时，因而有了现象界。无限心的知用是德性之知，有限心的知用是见闻之知（感性、知性）。同一物，对"德性之知"言，是物自身；对"见闻之知"言则是现象。牟宗三的以上想法，与熊十力的"体用一如"、"本习之辨"有密切的内在的思想联系。熊先生以一元实体"恒转""功能"开存在界；而一元实体本具翕辟、乾坤（乾为生命心灵，坤为物质能力），遂乃举其全体，变成乾坤万象，即是开现象界；而本心当其为道德实体而开道德界时，即产生本习之纠葛。熊先生自《新唯识论》文言文本即开始论述"本心"与"习心"的关系。此说虽源于佛教和宋儒刘蕺山等，但熊十力的贡献和改造即是提出了创起净习，转变染习的积极、能动的道德论和心性论。他在《明心篇》中仍坚持了这一看法。他认为，这是儒家与佛、道诸家的根本区别，亦是他不满意于宋儒"主灭"、"主静"而特别提倡"主创"、"主动"的原因。

作者在本书书末仍落脚在"天人不二"上。他指出，人之所以生、所以立者，乃得天而生，得天而立。天是心物之实体。作为仁心之仁，是天的禀赋。"夫仁心之存乎人者，刚健、炤明、生生而能爱，不为小己之私欲所缚，常流通于天地万物而无间隔。此乃根于实体之德性，而为一切德行之源泉也。人皆有是心，而不幸甚易为形气的独立体所锢蔽。独立体既成，便自有权能，故其锢蔽仁心也甚易，而仁心之发露颇难。然仁心是人所本有、反己而求之即得。求仁而得仁，不至陷于不仁。仁心以天为其根，故曰得仁即得天也。仁心即是实体之德用，故说仁心以实体为其根。"人们扩充其仁而善用之，即可通过格物转成知识，转成事功，改造自然，创制人文；亦可创净转染，在道德创造活动中成就人格，丰富人生。由此尊人道、尽人道、创人能，以完成天道、实现天道。

总之，作者重申了本体不是变动不居的现象世界之外之上的上帝或静止不动的实体，本体即是宇宙生命，生生不息。宇宙本原或天道即在宇宙万有之中，亦即在个别人中。人之性灵发露、良知显现、仁德流行，乃"与天地合其德，与日月合其明，与四时合其序，与鬼神合其吉凶"，始尽人道以成就天道。

（七）《熊十力全集》

《熊十力全集》于 2001 年由湖北教育出版社出版。主编为萧萐父先生，副主编为郭齐勇先生；编纂出版委员会主任为萧萐父先生，副主任为武修敬先生，委员有郭齐勇、景海峰、王守常、蔡兆华、娄齐贵、袁定坤、张国平、陆才坚、胡治洪等先生。本全集大体上按熊先生各书原印行或写作的年代先后次第安排。为便于读者阅读，熊著各书都经过整理者重新校点，并标明书名、人名等。为存真计，作者的修订、眉批、笺条等作为校注放入书末或篇末。在编纂整理的过程中，我们遵循萧萐父老师提出的"存真"、"求全"、"精校"的原则，力求搜集完备，点校精严，使之成为迄今为止海内外第一部完整的《熊十力全集》。其中，熊先生著述近四百万字，学界对熊先生哲学的评论集萃，约一百万字。

这是目前海内外第一个熊先生的《全集》本。《全集》共九卷十巨册，前八卷八册为熊先生著作、信札、讲义、论文等，其中有不少佚稿和书札为首次公开发表；附卷二册为学术界对熊先生其人其书其学的评论汇编。兹将总目简介如下：

第一卷：《心书》、《唯识学概论》（1923 年、1926 年、1930 年三种）、《因明大疏删注》、《尊闻录》。第二卷：《新唯识论》（文言文本）、《破〈破新唯识论〉》、《十力论学语辑略》、《佛家名相通释》、《中国历史讲话》、《中国历史纲要》。第三卷：《新唯识论》（语体文本）、《读经示要》。第四卷：《十力语要》一至四卷、《中国哲学与西洋科学》、《读智论抄》。第五卷：《十力语要初续》、《韩非子评论》、《摧惑显宗记》、《与友人论张江陵》、《论六经》。第六卷：《新唯识论》（删定本）、《原儒》。第七卷：《体用论》、《明心篇》、《乾坤衍》、《存斋随笔》。第八卷：作者生前已发表过的论文书札66篇，作者生前未发表过的书札文稿357通（篇），附他人致熊先生书札或有关信札19通，附郭齐勇编熊十力年表与熊十力论著编年目录。附卷上：第一部分，收录历年来诸位学者，例如欧阳渐、太虚、周叔迦、印顺、方东美、王恩洋等发表的与熊先生论战，关于儒佛之争或唯识华严之争的代表性论文20篇；第二部分上，收录历年来诸位学者，例如梁漱溟、冯友兰、贺麟、谢幼伟、周谷城、杜国庠、陈荣捷、杜维明等发表的评论熊先生哲学的代表性论文13篇。附卷下：第二部分下，收录历年来诸位学者，例如萧萐父、汤一介、冯契、成中英、李泽厚、岛田虔次、余英时等发表的评论熊先生哲学的代表性论文15篇；第三部分，收录历年来诸位学者，例如张岱年、任继愈、周辅成、王元化、徐复观、牟宗三、刘述先等发表的评论熊先生人格的代表性论文12篇，附录海内外关于熊十力研究的论著目录（1983—1995）。

通过《全集》本，可以解决哲学史上的一些疑问。例如，熊先生的代表著作《新唯识论》是怎么形成的呢？学界过去只知道熊先生的《新唯识论》的文言文本（1932年）与语体文本（1944年），不知道此前的数种讲义。此次出版的《全集》，把熊先生1923年、1926年、1930年在北京大学讲学的三种《唯识学概论》公布了出来，方便研究者进一步研究作者是如何由讲授佛教唯识学变成批评唯识学，又是如何借助唯识学，由佛归儒，创制《新唯识论》的。

收入第一卷的三种《唯识学概论》是作者1923—1930年间在北京大学的讲义，过去从未正式出版过，国内各大图书馆，包括北大图书馆今已无存。这次我们整理的1923年印本所依据的底本，是作者自存本。这一讲义在"文化大革命"中流出熊寓。1984年春，整理者郭齐勇、景海峰与熊先生哲嗣世菩夫妇一道觅得于沪上。《唯识学概论》的1926年和1930年两种讲义，由汤一介先生献出，系汤家所藏，是熊先生当年赠送给汤锡予先生的。这些讲义，有的已被作者涂改，难于辨认，我们花了很大工夫，尽力恢复了原貌。通过这三种讲义，我们才可以了解熊先生是如何一步一步扬弃旧论师说的，也可以使我们知道《新唯识论》是如何形成的。新论与旧论的联系与区别，熊先生与内学院师友欧阳竟无、吕秋逸等学者的分歧与论战之由来与发展，均可在其中找到根据。

作者抗战时期所写的《中国历史纲要》，1946 年所写的《中国哲学与西洋科学》的讲词，均系在编纂过程中从四川学者家中征集到的。收入第八卷中的许多书札，亦是从海峡两岸许多学者、作者友人及其后人手中搜求到的，散见在报纸杂志上的熊先生单篇论文、书札，也尽可能搜集起来。第八卷的资料十分珍贵，整理工作也特别繁重。

熊先生的未刊稿《存斋随笔》作于 1963 年，是作者生前最后一部著作。由于种种原因，本书稿未能与《论六经》、《体用论》、《明心篇》、《乾坤衍》等书那样，由董必武、郭沫若先生协助印行或自费印行。《存斋随笔》稿本亦在"文化大革命"抄家后流出熊寓，亦被我们于 1984 年觅得。

尤其值得一提的是，附卷上下两巨册收录了海内外佛学界、哲学界的知名学者自 20 世纪 30 年代至 90 年代六十多年间有关熊十力其人其学之评论的主要文献，其中尤其是将有关儒佛之争（或唯识与华严之争）、熊先生哲学思想之性质、派属、特征、地位与意义之争，熊先生人格评价等论战性的文字，海内外各种批评熊十力及其思想的文献全部刊布出来，这一部分资料亦弥足珍贵。《全集》还附有《熊十力年表》、《熊十力论著编年目录》、《有关熊十力研究的论著目录》等，为进一步研究熊先生哲学提供了十分完备的材料和线索。

全集的搜集、点校、整理、排版、校对工作，迁延了 10 多年，许多师友、同仁作出了忘我的奉献。我们衷心感谢熊先生家属与友人的支持，特别感谢湖北教育出版社的领导与编辑的努力，华中理工大学中文系陈汉清教授与计算机室诸同仁的排校。这一套内涵丰富、装帧精美的图书的出版，是我国哲学界、出版界的盛事。

二　熊十力年表

1885 年乙酉（清光绪十一年），一岁
　　正月初四出生于湖北省黄冈县上巴河以北之张家湾的一户农家。

1892 年壬辰（清光绪十八年），八岁
　　为邻家放牛。父亲授徒于乡塾，偶回家教十力识字或讲历史故事。

1894 年甲午（清光绪二十年），十岁
　　入父亲掌教之乡塾读书，学《三字经》、《四书》等。次年父亲病重，十力即告失学。

1896 年丙申（清光绪二十二年），十二岁
　　父亲病逝。十力继续为人放牛，随长兄耕读田畔。

1899 年己亥（清光绪二十五年），十五岁
　　长兄仲甫送十力至父亲友人何柽（字圣木）先生处就读。十力只读了半年，因难耐约束而出走。

1900 年庚子（清光绪二十六年），十六岁
　　少慕陈同甫，继喜陈白沙，忽起无限兴奋。又读格致启蒙书，读之狂喜，遂视六经诸子为粪土。

1901 年辛丑（清光绪二十七年），十七岁
　　继续游学乡间，读王夫之、顾炎武、黄宗羲书。结识邻县浠水何炳藜（字焜阁）先生及其弟子王汉、何自新。读新书报，日聚高谈，非尧舜，薄周孔，立志革新政治。与王汉、何自新共游江汉，准备联络有识之士，图天下事。

1903 年癸卯（清光绪二十九年），十九岁
　　为运动军队，湖北革命团体决定输送革命知识青年进入新军。十力投武昌凯字营第三十一标当兵。白天上操练武，夜间读书看报。

1904 年甲辰（清光绪三十年），二十岁
　　何自新、王汉往来各学堂与军营之间，结识宋教仁、吕大森、刘静庵、张难先、胡瑛等。刘静庵等在武昌成立科学补习所，并与湖南黄兴等建立的华兴会取得联系。十力与何自新批评武昌不易发动革命之说。

因长沙起义事泄，科学补习所被查封。

1905 年乙巳（清光绪三十一年），二十一岁

正月，挚友王汉刺杀清大臣铁良，未果，壮烈牺牲。冬，十力由行伍考入湖北新军特别小学堂，在学堂中揭露清吏，联络队伍，传播革命。参加梁耀汉组织的群学社。

1906 年丙午（清光绪三十二年），二十二岁

二月，刘静庵、何自新等在武昌成立革命团体日知会。十力加入日知会，同时又加入同盟会。二至五月，十力发起组织并主持了黄冈军学界讲习社。该社成为军界与学界的桥梁，宣传、组织革命。因力主起事，事泄遭通缉，隐匿乡间。

1907 年丁未（清光绪三十三年），二十三岁

元月，日知会领导人刘静庵等因策动在武昌响应萍浏醴起义而被捕下狱，日知会被查封。何自新出逃，与十力出没于江西德安、建昌等地。

1908 年戊申（清光绪三十四年），二十四岁

返回黄冈，改姓名为周定中，在百福寺白石书院孔庙教书。不久又到邻近之马鞍山的黄龙岩教书。是年与次年，读二程、朱熹、王船山诸书，尤其是他们的易学著作。又读《列子》，由读《列子》启发了对王阳明的理解。

1911 年辛亥（清宣统三年），二十七岁

十月十日，武昌起义爆发。十三日黄冈光复。十力参与其事，光复后出任秘书，不久即赴武昌任湖北都督府参谋。先一年，何自新病逝。

1912 年壬子（民国元年），二十八岁

与詹大悲、胡瑛等联名上书黎元洪，请以王汉、何自新从祀于武昌烈士祠。秋冬，鄂督特设武昌日知会调查记录所，编辑日知会志，十力任编辑。晤见月霞法师。

1913 年癸丑（民国二年），二十九岁

在吴贯因主办的《庸言》杂志上发表五篇笔札，涉及儒释道诸家，立志弘大旧学，以拯救世道人心。主张恢复道统，于孔子易学和宋明儒有了同情的理解。二次革命讨袁失败后，被遣散。以遣散费回德安为兄弟置田。在德安读经学、子学、佛学著作。

1914 年甲寅（民国三年），三十岁

与老秀才傅晓榛之幼女既光在黄冈结婚。次年长女幼光生。

1916 年丙辰（民国五年），三十二岁

作《船山学自记》、《某报序言》等文字，忧时之悲情，溢于言表，关怀安心立命问题。

1917 年丁巳（民国六年），三十三岁

再晤月霞法师。孙中山先生领导的护法运动兴起。秋，十力曾由江西入湖南参与民军，不久与天门白逾桓赴粤，佐孙中山幕。蔡元培掌校北京大学，改革北大，并创进德会。十力贻书赞助，极声应气求之雅，与蔡先生始结文字之交。

1918 年戊午（民国七年），三十四岁

在广州居半年之后，痛感党人绝无在身心上做工夫者，念党人竞权争利，革命终无善果，对政治、政党颇觉失望，慨然弃政向学，决心专力于学术，导人群以正见。自是年始，誓绝世缘，而求为己之学，避免随俗浮沉。6月由广州经上海、庐山回德安。在上海，与老友张纯一相过从。在匡庐题壁："数荆湖过客，濂溪而后我重来"。秋，汇集1916年以来的笔札25则，编成《熊子真心书》，自印行世。蔡元培为之序。

1919 年己未（民国八年），三十五岁

在天津南开学校教国文。暑假，与梁漱溟初会于北平广济寺。

1920 年庚申（民国九年），三十六岁

上半年继续执教于南开学校。致函蔡元培，讨论与新文化运动相关的若干问题，蔡将此函推荐刊发于《新潮》二卷4号。同期刊发有罗家伦《答熊子真书》。暑假，梁漱溟访南京金陵刻经处研究部，向欧阳竟无大师请教佛学并介绍十力求学。下半年，十力在南京欧阳门下学习佛法。次年继续在南京学佛，子世菩生。

1922 年壬戌（民国十一年），三十八岁

继续在南京学佛，起草《唯识学概论》。欧阳竟无先生的南京支那内学院与太虚法师的武昌佛学院就《大乘起信论》展开论战。是年，蔡元培始聘熊十力为北京大学特约讲师，代替梁漱溟，主讲唯识学。冬，十力到北大任教，与梁漱溟师弟住地安门吉安所。

1923年癸亥（民国十二年），三十九岁

在北京大学讲授佛教唯识学。10月，北大出版组印制先生的《唯识学概论》讲义。该讲义基本上依据于佛家本义，忠实于内院所学。印出不久，忽盛疑旧学，于所宗信，极不自安，乃毁稿，草创《新唯识论》。与林宰平（志钧）交游，与梁任公晤谈，与梁漱溟等住北京西郊永安观。

1924年甲子（民国十三年），四十岁

为自己更名为"十力"（此前叫"子真"）。夏秋，暂停北大教职，随梁漱溟师弟前往山东曹州创办曹州高中。先生任教于曹州高中。高赞非得列门墙。年底取道济南返乡。

1925年乙丑（民国十四年），四十一岁

元月在北京大学《现代评论》上发表《废督裁兵的第一步》。春，应武汉大学前身武昌大学校长石瑛邀聘，执教于武大。先生携高赞非赴任。同事有方东美等，学生有胡秋原等。秋，武大校长易人，先生仍返北大任教。秋冬，删注窥基《因明入正理论》，作为讲授因明学用。与梁先生师弟十数人共住什刹海东梅厂胡同，斋名"广大坚固瑜伽精舍"。12月南京内学院年刊《内学》第二辑发表先生的《境相章》。是年小女再光生。

1926年丙寅（民国十五年），四十二岁

先生的《因明大疏删注》先由北大印成讲义本，后由上海商务印书馆出版发行，为治因明之津梁。先生的第二种《唯识学概论》由北大印出。此书是先生由佛归儒、自创新论的一个里程碑。与梁漱溟、卫西琴等十余人住北京万寿山大有庄。

1927年丁卯（民国十六年），四十三岁

因病到南京中央大学休养，与汤用彤、李石岑及内院师友相游处。春，由张立民陪侍移杭州西湖养疴，与严立三同住法相寺。五月，与严立三、张难先、梁漱溟、陈铭枢等在南高峰聚谈，叹息人才凋零。

1928年戊辰（民国十七年），四十四岁

住西湖孤山广化寺，蔡元培来看望，与蔡先生谈养材及设立哲学研究所事。应汤用彤先生邀，去南京中央大学讲学，唐君毅得列门墙。高赞非辑录先生平日语录及笔札，整理成《尊闻录》。次年因病重由张立民陪侍回武昌，住连襟王孟荪家。推荐胡秋原留学日本。

1930年庚午（民国十九年），四十六岁

先生的《唯识论》由公孚印刷所印制。这一稿本较1922年《唯识学概论》有了根本变化，较1926年《唯识学概论》亦变化了十之三四。高赞非记录整理的熊十力1924—1928年论学语录和信札，经张立民删定并序，编为《尊闻录》，于10月自印行世，分赠友好。仍住杭州广化寺，与理学大师马一浮结交。北京大学陈大齐（百年）先生欲聘马先生为研究院导师，马先生举熊先生代，熊亦坚辞。马先生读《尊闻录》，特举"成能"、"明智"二义加以讨论。家眷住南京大石桥。

1931年辛未（民国二十年），四十七岁

张难先主政浙江。熊仍住杭州，与湖北三怪张难先（义痴）、石瑛（蘅青）、严重（立三）砥砺廉洁。

1932年壬申（民国二十一年），四十八岁

1月25日致函国民政府主席林森，指陈抗日救国大计，主张对日寇不宣而战。1月28日，日军进攻上海，十九路军将士英勇抵抗。先生专程赶往上海慰问陈铭枢和将士。10月，先生的哲学代表作《新唯识论》（文言文本）在杭州自印行世。马一浮题签作序。是书标志先生营造了十年的哲学体系正式确立起来。马序和蔡元培序予以很高评价。11月重返北大讲授唯识学。住梁漱溟先生家崇文门外缨子胡同十六号，与学生云颂天、谢石麟共住。牟宗三得列门墙。12月，南京内学院《内学》第六辑发表刘定权《破新唯识论》批评熊十力，欧阳竟无大师作序。

1933年癸酉（民国二十二年），四十九岁

2月，先生的《破〈破新唯识论〉》由北大出版部出版，对刘定权的《破论》作反批评。北大出版部又油印先生的《新唯识论参考资料》。元月至2月，《海潮音》十四卷一、二期分别发表太虚《略评新唯识论》和燃犀《书熊十力著所谓新唯识论后》。秋，北平直隶书局印行周叔迦《新唯识三论判》，批评《新论》、《破论》、《破破论》。住北平后门二道桥，与汤用彤、钱穆、蒙文通、张尔田、张东荪、张申府、冯友兰、张岱年等交游，郑奠、罗庸、郑天挺、罗常培、陈政、姚家积等执弟子礼。5月致函胡适，胡适将信加上标题《要在根本处注意》发表于《独立评论》。4月、7月、8月分别在《大公报》发表《杂感》、《略释"法"字义》、《循环与进化》等文。暑假去邹平看望梁先生。寒假回湖北避寒。

1934年甲戌（民国二十三年），五十岁

在《独立评论》、《大公报》发表短文若干。住北平沙滩银闸胡同六号。

1935年乙亥（民国二十四年），五十一岁

4月在《大公报》发表《文化与哲学——为哲学年会进一言》一文，回应关于本位文化建设的讨论。10月在北京出版《十力论学语辑略》，收录1932年冬至1935年秋近三年间的论文笔札。（尔后编为《十力语要》卷一）华北危机，敦请胡适表态。与钢和泰、李华德交往。冬天南归，与伍庸伯游黄州，访刘慧凡。

1936年丙子（民国二十五年），五十二岁

夏秋季写作《佛家名相通释》。在《文哲月刊》、《中心评论》、《北平晨报》"思辨"专栏发表多篇文章，与张东荪、唐君毅等讨论学术。仍住北平二道桥，与贺麟为邻。来访者还有刘公纯、阎悌徐、冯文炳、金岳霖、沈有鼎、王维诚、黄艮庸、牟宗三等。是冬至明春答意大利马格里尼教授，释《老子》。

1937年丁丑（民国二十六年），五十三岁

2月，北京大学出版组正式出版《佛家名相通释》，马一浮先生题签。是书经费由居正先生资助。七七事变发生，先生由刘公纯陪同，冒险逃离北平，回湖北。是冬入川，暂居重庆。

1938年戊寅（民国二十七年），五十四岁

春，移居璧山。璧山中学校长钟芳铭欢迎先生住下。与邓子琴、钱学熙、刘公纯、陈亚三、刘冰若、王绍常、任伦昉等生相依于忧患之中，为诸生讲民族精神、种原及通史。坚信日寇决不能亡我国家、民族、文化。是夏整理出《中国历史讲话》，由中央陆军军官学校石印。同时作《中国历史纲要》，未发表。指导学生钱学熙译《新论》为语体文，至转变章首段。

1939年己卯（民国二十八年），五十五岁

夏有嘉州（乐山）之行，应马一浮聘，任复性书院主讲。8月19日在乐山遇寇机轰炸，寓居全毁于火，左膝受伤。9月17日作《复性书院开讲示诸生》。在书院规制及用人等问题上，与马先生有点意见不合，约于10月中下旬离开复性书院。时武汉大学已迁至乐山，熊先生曾到武大短时讲学。返回璧山后，与梁漱溟等借住来凤驿古庙西寿寺。冬，与学生韩裕文移居来凤驿小学校长刘冰若处，指导韩译《新论》为语体文，转变章译完。欧阳竟无先生致书批评十力。

1940年庚辰（民国二十九年），五十六岁

仍住璧山来凤驿，与梁漱溟相过从。夏天，学生吕汉财资助印行《新唯识论》语体本上卷。梁漱溟创办勉仁中学与勉仁书院于北碚金刚碑。先生来北碚勉仁书院。

1941年辛巳（民国三十年），五十七岁

4月，《十力语要》卷二成书，由周封岐资助印行。是书搜罗1936至1940年的先生笔札，并印有先生于1940年6月15日写的跋语。仍住北碚勉仁书院，改写《新论》卷中为语体文，孟秋脱稿。钱穆、牟宗三分别来北碚看望先生。

1942年壬午（民国三十一年），五十八岁

正月，以勉仁书院哲学组名义出版《新论》语体本上中卷，经费由居正募资。仍住北碚，居正、陶希圣、郭沫若、贺麟、唐君毅等曾来探访。与方东美、冯文炳通函，讨论佛学。太虚著文评《新论》语体本，与蒙文通辩难《周官》。流徙贵州遵义的浙江大学张荫麟、张其昀、谢幼伟等办《思想与时代》杂志，邀先生在该刊发表短文多篇，与谢幼伟讨论玄学方法，著文悼张荫麟。

1943年癸未（民国三十二年），五十九岁

2月23日，欧阳大师逝世于江津，熊先生前往吊唁。3至7月，与吕澂先生往复通函辩论佛学根本问题。春，《新论》下卷改写成语体文。夏，北京大学昆明办事处续聘先生为北大文学院教授。先生于抗战中接受西南联大发给的薪水或代用品，未赴昆明。徐复观得列门墙。

1944 年甲申（民国三十三年），六十岁

3 月，全部《新唯识论》语体文本由中国哲学会作为中国哲学丛书甲集之第一部著作由商务印书馆在重庆出版。是书标志先生的哲学体系最终成熟。从正月至秋冬之际，起草《读经示要》。是年在《哲学评论》、《三民主义半月刊》发表论文若干。致书陶希圣、冯友兰，对冯著《新原人》甚为推许，并提出不同意见相讨论。

1945 年乙酉（民国三十四年），六十一岁

12 月，先生的又一鸿篇巨制《读经示要》由重庆南方印书馆作为中国哲学丛书甲集之三印行。是年，贺麟、谢幼伟、周通旦等发表文章推崇先生之学，王恩洋以佛学立场发表文章批评先生。

1946 年丙戌（民国三十五年），六十二岁

春，由重庆返回武汉。是春与夏初，先生两次拒绝接受蒋介石资助他办哲学研究所的经费，不愿沾染官方的秽气。夏初重入川。孙颖川在乐山附近五通桥办黄海化学工业研究社，特为先生附设一哲学研究部，聘先生主持之。8 月在五通桥作《中国哲学与西洋科学》的长篇讲词。秋冬在王星贤协助下汇编《十力语要》卷三、卷四。卷三为先生 1942 至 1946 年间论文书札，原由黄艮庸所选存；卷四以《尊闻录》为主体。

1947 年丁亥（民国三十六年），六十三岁

3 月作《增订十力语要缘起》。仲春由重庆乘船东下，然后由武汉北上，于 4 月 24 日抵北平，返回北京大学。与冯文炳（废名）同住。先后住孑民堂后院集体宿舍和沙滩松公府宿舍。与校长胡先骕先生谈学术与养才问题，建议设哲学研究所。4 月，接受美国康乃尔大学柏特教授对他的访问，并与汤用彤、胡适、林宰平、金岳霖、梅贻宝、贺麟、朱光潜等出席中国哲学会欢迎柏特的会议。在北大孑民堂上课，殷海光等曾听课。秋，著文《纪念北京大学五十年校庆，并为林宰平七十大寿祝嘏》。秋，由北平经上海返汉口。在上海住朱惠清家，与牟宗三、徐复观、张立民等合影。

3月，商务印书馆在上海重印《新论》语体本（全一册）。年底，湖北友人门生筹印"十力丛书"，湖北省及武汉市政府拨出印费，印成《新唯识论》语体本三卷四册、《十力语要》四卷四册，均线装大字本。

暑假读《大智度论》，并作《读智论抄》，在9月至次年元月出版之《世间解》连载。是年在《学原》、《哲学评论》、《东方与西方》、《龙门》杂志上发表论文十多篇。周谷城、杜守素（国庠）等著文批评先生的唯心论。

1948年戊子（民国三十七年），六十四岁

2月再度赴杭，应浙江大学文学院长张其昀、哲学系主任谢幼伟之聘到浙大讲学。张、谢与郑奠出资为先生筑屋，先生命名为"漆园"。自此，先生以"漆园"为号。是春，马一浮先生与复性书院同仁欢迎熊先生及叶左文先生，小聚并合影留念。先生收安陆池师周遗孤池际安为嗣女，改名熊池生，字仲光。6月，先生作《命仲女承二姓记》。在《学原》上发表《论事物之理与天理答徐复观》、《略谈新论旨要（答牟宗三）》等文。致函胡适，并附《读谭子化书》一文。秋末离杭赴粤，居广州郊外番禺化龙乡黄艮庸家。邓子琴由南京抄寄印顺法师《评熊十力的新唯识论》长文。先生遂以黄艮庸名义作长文《申述新论旨要平章儒佛摧惑显宗记》，反驳印顺。给仲光讲授佛学。钱穆、王季思、唐君毅与至中兄妹等曾来看望先生。

1949年己丑（民国三十八年），六十五岁

2月，《读经示要》在徐复观、吴俊升等帮助下，由上海正中书局印成三卷三册线装大字本。在广州编订《十力语要初续》，汇集1947年秋至1949年春的论文书札及熊仲光的学佛札记《困学记》。又修订胡哲敷的《非韩》长文。胡哲敷30年代曾在杭州听先生讲授《韩非子》，后撰成此文。先生再作改订，成《韩非子评论》。在徐复观等帮助下，《十力语要初续》和《韩非子评论》于是年底在香港出版。是年与在港台的徐复观、唐君毅、张丕介、钱穆、牟宗三、胡秋原、柯树平等，及在四川的叶石荪等反复通函，亦与北大汤用彤、清华冯友兰、中央大学宗白华等通函，谋安身之处。在此期间与徐复观产生矛盾、隔阂。

10月1日中华人民共和国成立，14日广州解放。10月25日郭沫若、董必武联名打电报邀请先生北上。先生11月18日才收到郭、董电报，复信提出到北京后不做官、能讲学等。

1950年庚寅，六十六岁

元月由广州回到武汉，3月到北京，住董必武代为租定的安定门内车辇店胡同51号，6月移居张云川代觅的护国寺大觉胡同12号，取斋名为"空不空"。仍援旧例，任北京大学哲学系教授，每周两钟点课，不到校上课。贺麟、任继愈曾分别带学生到先生家听先生讲《新唯识论》。老友门生曾来探望。夏、秋，著《与友人论张江陵》，自印行世。冬，请大众书店印《摧惑显宗记》，署黄庆之名，作为"十力丛书"之一。经费由赵介眉赞助。

1951年辛卯，六十七岁

5月作成《论六经》，系给徐特立的一封长信，由大众书店印存。提倡学术自由研究、独立创造的风气，主张私人民间自由讲学，建议当局恢复南京内学院、浙江智林图书馆和勉仁书院，分别由吕澂、马一浮、梁漱溟主其事，又建议设立中国哲学研究所，培养研究生研讨国学。认定中华五千年高深悠久的文明自有独到精深之处，中国人之做人与立国的特殊精神应视为立人立国之道。批评梁漱溟，并与之辩论梁著《中国文化要义》。

1952年壬辰，六十八岁

删削《新唯识论》语体本。秋，移居什刹海后海的鼓楼大金丝套十三号，一所小四合院，乃政府购置之公房。

1953年癸巳，六十九岁

《新唯识论》（壬辰删定本）于是秋由董必武、林伯渠协助印出。陈荣捷之英文著作《现代中国宗教之趋势》在美国出版，首先把先生之哲学思想介绍到西方。

1954年甲午，七十岁

自春至秋，著《原儒》上卷。10月29日，由弟子刘公纯等陪同，离京赴沪，依子世菩住青云路169弄91号。自此定居上海。刘静窗等拜谒先生。此后，刘与先生反复讨论佛学与儒学。次年，《原儒》上卷排印一百册，并起草下卷。

1956年丙申，七十二岁

2月出席全国政协知识分子会议，此后被增选为全国政协委员。在陈毅关照下，于6月14日迁居淮海中路2068号洋房的第二层，专事写作，避免了与家眷住在一起的干扰。是年，北京大学评先生为一级教授。6月，在《哲学研究》发表《谈"百家争鸣"》一文。夏初，《原儒》下卷脱稿，秋初排印，存百部。仲冬，《原儒》上下卷由上海龙门联合书局公开出版发行，加印五千套。全书含原学统、原外王、原内圣三部分。并附录《六经是孔子晚年定论》。是秋，开始起草《体用论》，导致心血管病复发。自上年始与在苏州的唐至中联系上了，以后与她通信，并通过她与唐君毅、牟宗三去函。

1958年戊戌，七十四岁

4月，《体用论》由上海龙门联合书局按先生秘书封用拙的抄本影印出版。是书浓缩并发挥了《新唯识论》的基本思想，是其晚年代表作之一。10月退休，北大教授名义解除，工资关系转到全国政协。是年写作《明心篇》。先生定居沪上后，先后与周予同、周谷城、李平心、任鸿隽、刘佛年有过交往。往来较多的有陈子展、袁道冲、王揆生、刘公纯、田镐、潘雨廷等。

1959年己亥，七十五岁

4月，《明心篇》由龙门书局排印出版。是书乃先生晚年最有代表性的著作，发挥生命体验的形上睿智，讨论心性论与认识论问题。是年开始起草《乾坤衍》。

1961年辛丑，七十七岁

立春前写完《乾坤衍》。自费影印百余部。是书仍由私人文书封用拙誊抄，通过郭沫若联系中国科学院印刷厂影印。先生说："余患神经衰弱，盖历五十余年。平生常在疾苦中，而未尝一日废学停思。余之思想，变迁颇繁，惟于儒佛二家学术，各详其体系，用力尤深。本书写于危病之中，而心地坦然，神思弗乱。此为余之衰年定论。"夏，梁漱溟在海拉尔避暑，编《熊著选粹》。梁又于11月著长文《读熊著各书书后》批评熊学。是年前后，程兆熊、唐君毅夫妇与其妹唐至中分别从香港和苏州给先生寄营养品或药品。次年春刘静窗先生去世，先生亲去吊唁。次年王元化始拜谒先生，彼此交往了二三年。

1963 年癸卯，七十九岁

元旦动笔作《存斋随笔》，释佛教十二缘生，春节作自序一篇，仲冬完稿并作补记。陈荣捷用英文编著《中国哲学资料书》在美国出版，有专章介绍先生。该书突出地把熊先生和冯先生（友兰）作为 20 世纪重建传统哲学的两大代表人物加以述介和表彰。

1964 年甲辰，八十岁

将《存斋随笔》请封用拙誊抄后寄郭沫若，以谋印出。12 月赴京列席全国人大三届一次会议、出席全国政协四届一次会议期间，郭沫若告以印存此书有种种困难。次年收到退稿后，请封先生再抄一份留存。

1966 年丙午，八十二岁

"文化大革命"爆发，天下大乱。先生身心俱受摧残。被红卫兵抄家、批斗，在街头示众受辱。淮海中路寓所被造反派强占，不得不回青云路与家人住在一起。心境悲凉，但求速去。作一联云："衰年心事如雪窖，姜斋千载是同窗。"常写字条批评"文化大革命"，口中念念有词："中国文化亡了！"

1968 年戊申，八十四岁

春夏之交，患肺炎。5 月 23 日上午九时与世长辞。先一年 6 月 2 日，马一浮先生在杭州去世。

参考文献

萧萐父主编，郭齐勇副主编，郭齐勇、景海峰、王守常、蔡兆华等整理《熊十力全集》（九卷十册），湖北教育出版社2001年版。

萧萐父、郭齐勇编：《玄圃论学集——熊十力生平与学术》，生活·读书·新知三联书店1990年版。

郭齐勇编：《存斋论学集：熊十力生平与学术》，生活·读书·新知三联书店2008年版。

郭齐勇主编：《玄圃论学续集——熊十力与中国传统文化国际学术研讨会论文集》，湖北教育出版社2003年版。

郭齐勇：《熊十力及其哲学》，中国展望出版社1985年版。

郭齐勇：《熊十力与中国传统文化》，香港天地图书公司1988年版；台湾远流出版公司1990年版。

郭齐勇：《熊十力思想研究》，天津人民出版社1993年版，1994年第二次印刷。

郭齐勇：《熊十力哲学研究》，人民出版社2011年版。（此为上书的新版本）

郭齐勇编撰：《熊十力学案》，方克立、李锦全主编《现代新儒家学案》上册，中国社会科学出版社1995年版。

郭齐勇编：《现代新儒学的根基：熊十力新儒学论著辑要》，中国广播电视出版社1996年版。

景海峰：《熊十力》，台北东大图书公司1991年版。

林安梧：《存有、意识与实践：熊十力体用哲学之诠释与重建》，台北东大图书公司1993年版；上海三联书店1995年版。

李渊庭、阎秉华编写：《梁漱溟先生年谱》，广西师范大学出版社1991年版。

毕养赛主编：《中国当代理学大师马一浮》，上海人民出版社1992年版。

余子（朱惠清）：《熊十力先生逸事遗闻》，《掌故漫谈》，香港大华出版社出版。

刘述先：《对于熊十力先生晚年思想的再反思》，台北《鹅湖月刊》1992年第3期，总第201期。

吴汝钧：《当代中国哲学》（一），台北《鹅湖月刊》1990年第1期，总第175期。

张灏：《新儒家与当代中国的思想危机》，《近代中国思想人物论——保守主义》，台北时报公司1980年版。

杜维明：《探究真实的存在：略论熊十力》，《近代中国思想人物论——保守主义》。

王守常：《二十世纪儒佛之争——熊十力与刘定权的争论》，《学人》第2辑，江苏文艺出版社1992年版。

附录一

现当代新儒家的反思
（演讲）

同学们：大家晚上好！

我今天讲两个问题：第一，现当代新儒家思潮与人物；第二，对现当代新儒学思潮之"问题意识"的反思。

一 现当代新儒家思潮与人物

从大的背景来看，"五四"与"后五四"时期，中国思想界出现了科学主义与实证主义思潮、人文主义思潮等学术性的思潮。在"五四"时代，与《新青年》分庭抗礼的，有《东方杂志》、《甲寅》周刊。1915—1927年发生了"东西文化问题"论战，1923—1924年发生了"科学与人生观"论战。文化界出现了一批所谓"文化保守主义者"。我们特别要小心用这个名词，这些学者在政治上并不保守，只是在文化上以同情理解的心态对待传统资源。他们在对待西方文化的态度上仍持开放的立场。例如，以南京为中心的《学衡》杂志及其作者群，被称为"学衡派"的一大群人文学者，就属于这个阵营。吴宓、柳诒徵、王国维、胡先骕、汤用彤、梅光迪等近百名教授学者在《学衡》杂志上发表了很多高水平的学术论文，主张中西文化精华的融会贯通。"学衡派"的主导思想是美国哈佛大学白璧德（I. Babbitt）新人文主义。《学衡》的宗旨是："论究学术，阐求真理，昌明国粹，融化新知，以中正之眼光,行批评之职事,无偏无党,不激不随。"该杂志于1922—1933年间,聚集了一批人文精英。"学衡派"与我今天要讲的现代新儒家同属于一个大的文化思潮,大的文化群落,但它们之间有不小的区别。"现代新儒家"主要研究哲学,"学衡派"的研究对象主要是文学与史学。当然,属于"学衡派"的汤用彤先生,即汤一介先生的父亲,他是研究哲学的,是著名的哲学史家,精通欧洲大陆哲学、印度与中国的佛学和魏晋玄学。汤先生与新儒家有密切关系。

我今天要讲的现代新儒学思潮,大体上有三代学人。第一代学人有梁漱溟、熊十力、马一浮、张君劢、方东美、钱穆、冯友兰、贺麟等人,第二代学人有唐君毅、牟宗三、徐复观等人,第三代学人有杜维明、刘述先、成中英、蔡仁厚等人。关于钱穆(宾四)先生是不是新儒家,学术界颇有争议,他的弟子余英时先生不同意。我们这里是从广义上讲的,余先生取狭义的界说,只把熊十力及其弟子称为新儒家。

梁漱溟先生(1893—1988)是一位性格特异、风骨嶙峋的人物。他是桂林人,但生长在北京。他并未接受过旧式教育,他的父亲很开明,让他在新式学堂里接受了小学、中学教育。1916年,梁先生在《东方杂志》上发表学习佛学的心得《究元决疑论》,很受北大蔡元培校长的赏识,蔡校长即与文科学长陈独秀商量,决定聘梁先生为印度哲学课程的特约讲师。在此前,梁先生曾经报考过北大,没有被录取。这就是人们常说的梁漱溟没有考取北大当学生,却当上了北大的讲师。他的代表作是《东西文化及其哲学》,1921年由商务印书馆正式出版。梁先生的主要看法是:西方、中国、印度是世界上三种不同类型的文化,各奉行不同的哲学。就人生的态度去看,西方文化是向前追求的文化,所面对的是人与物的关系;中国文化是调和、持中、郑重的文化,所面对的是人与人的关系;印度(佛教)文化是转身向后去的文化,所面对的是人对自己本身,即心与身的关系。他的这些概括当然是比较简单化的,但在当时,从文化比较类型学出发来考虑问题,也很了不起。他主张"世界文化三期重现说":西方文化是解决生存的前提与条件问题的,是第一期;中国孔子的文化是人心即精神生活的,是第二期;印度佛学是超越的宗教境界的,是第三期。在他看来,中西之别在一定意义上是内与外、玄学与科学、义与利、精神文明与物质文明、理性与理智的区别。他认为，促使西方人向外逐求的是意欲，是物质利益；促使中国人向内聚敛的是道德，是义。他说，未来中国文化，很可能是孔子儒家文化的复兴。这些看法当然都可以讨论。梁先生其实是非常主张科学与民主的，而且积极参与了民主建国的政治活动。

梁先生是有操守有气节的人，他的骨头很硬，我非常佩服他的人格。我曾经五次到北京看望、拜访他，深深地为他的精神所折服。他是一位真儒，决不趋炎附势。他有自信力。1941年他在香港主持民盟事务，创办《光明报》。太平洋战争爆发，香港沦陷，他坐小船回来，非常危险，但他若无其事，心地坦然。他说："我相信我的安危自有天命"；"我不能死，我若死，天地将为之变色，历史将为之改辙。"他说，孔孟之学的意蕴，中国文化在人类的地位，只有我能阐发，我还有三本书要写，我怎么能死呢？天怎么会让我死呢？梁先生就是这样自信，这样有担当意识的人。这很有一点像孔子。如孔子所说的"文王既没，文不在兹乎"那样。新中国成立前夕，他代表民主团体到昆明调查闻一多、李公朴遇害案，在群众大会上痛斥国民党特务。他说，民主知识分子是杀不绝的，你们有胆量就朝我开枪，我不怕死。

抗战时与抗战后，他曾经两度去延安，曾经与毛泽东多次交谈，乃至同榻而眠。新中国成立以后他多次成为毛泽东的座上宾，但拒绝了毛主席让他在政府中任职的建议，又多次对内政外交提出不同意见，终于酿成1953年与毛直接冲突的"廷争面折"的局面。梁公然以农民的代言人自居，要试一试毛泽东的"雅量"。1974年在全国政协学习会上，他发表《我们今天应当如何评价孔子》，反对以非历史的观点评价孔子，反对把林彪与孔子相提并论，为刘少奇、彭德怀鸣冤叫屈。当遭到政治高压时，他脱口而出的一句话是："三军可夺帅也，匹夫不可夺志也！"他真是现代的孔子。梁先生的哲学主要是文化哲学、生命哲学、人生哲学。他的哲学与他的生命融合在一起。

熊十力先生（1885—1968）与梁先生一样，也参加过辛亥革命。熊先生是一位传奇式的人物。他是湖北黄冈人，从没有受过任何旧式与新式教育，只读过半年私塾，要说文化程度，比梁先生低得多。熊十力生长在贫瘠乡间的一个贫苦农家，幼时为人牧牛。13—14岁时，他的父母相继病亡。日后他只是在父亲的朋友何柽木先生处读了半年乡塾。16—17岁时游学乡间。不久，他与同县何自新、浠水王汉共游江汉，受到维新派影响，读孟子、王船山、顾亭林书，萌发革命之志，欲物色四方豪杰，共图天下事。为"运动军队"，熊先生投武昌新军第三十一标当兵。1905年，熊十力由行伍考入湖北新军特别小学堂为学兵，宣传革命，联络同仁。次年春，熊加入日知会，并发起组织"黄冈军学界讲习社"，主持该社的革命活动。由于熊先生在军学界图谋举事，奔走甚力，遂被鄂军首领张彪所通缉，幸为友人掩护，秘密出逃。武昌起义后，熊先生曾任湖北都督府参谋。民国元年，参与编辑日知会志。二次革命失败后，他曾去江西德安耕读、教书。1917—1918年间，曾参与孙中山先生领导的护法运动。他目睹鼎革以还，世风日下，"党人竞权争利，革命终无善果"，军阀官僚贪鄙、淫侈、残忍、猜妒、诈骗、卑屈、苟且、伪善，党祸至烈，士习偷靡，民生凋敝，人道灭绝，痛惜"党人绝无在身心上做工夫者"，慨叹"由这样一群无心肝的人革命，到底革到什么地方去呢？"他深感"革政不如革心"，遂慨然弃政向学，研读儒佛，以探讨人生的本质、增进国民的道德为己任。这是熊十力一生中重要的转折。他曾自谓："决志学术一途，时年已三十五矣，此为余一生之大转变，直是再生时期。"熊十力早年就有佛学的"天上地下，唯我独尊"的意识。他是自学成才的，特别有天赋，有悟性。他曾在《庸言》杂志上发表文章。梁漱溟先生看了熊先生批评佛学的札记，不同意他的看法。梁先生当时也不知道熊某是何许人也，在《东方杂志》上发表的《究元决疑论》中批评了熊先生。这场笔墨官司导致了两人的历史性会见。1919年暑假，熊先生由他执教的南开学校，从天津到北平广济寺借居，与梁先生讨论佛学。1920年夏，梁漱溟先生来南京访问金陵刻经处，向欧阳竟无大师请教佛学并介绍熊十力先生求学。熊先生在内学院打下了坚实的唯识学和因明学的基础，接受了哲学思维的严格训练。欧阳先生是佛学大师，继承杨仁山（文会）居士的事业，刻印流失到日本、已在中国失传的佛书和其他佛学典籍，后来办支那内学院，培养了一批佛学专家。这年下半年至1922年，十力先生在南京从欧阳大师学佛。由于梁先生的介绍和蔡元培校长识才，1922年冬，熊先生开始在北大任特约讲师，讲佛教唯识学。正是在北大这种学术环境中，熊十力才得到了独立思考并与学术界精英砥砺学问的机会。

自1923年开始，熊十力一步步背弃师说，逐渐离开佛教唯识学，形成自己的一套观点。通过十年精思，熊十力建构了自己独特的哲学体系。其标志是1932年10月在杭州印行的《新唯识论》文言文本。是书出版后，得到学界蔡元培、马一浮、林志钧等人的高度赞扬，也几乎招致佛学界群起而攻之。

熊十力先生是一个怪才，他从他的老师那里走出来，批评佛教唯识学，创立了融会儒佛的"新唯识论"的哲学体系。佛学界对他有不少批评。他在北大讲课，或与友人交谈，谈到重要的地方，往往情不自禁，随手在听讲者的头上或肩上拍一巴掌，然后哈哈大笑，声振堂宇。学生们都不敢坐第一排，怕熊先生"棒喝"。有的人躲在最后一排，他就从最后一排敲起。朋友们与他谈话，也不敢靠近他。据说张东荪教授与他交谈时也被他拍过巴掌。他是一个有真性情的人。文学家、北大教授冯文炳（废名）是黄梅人，算是大同乡，是晚辈。废名与他争论佛学，争着争着，常常对骂起来，甚至扭打成一团。过两天，两人又和好如初。

1927年，熊先生应汤用彤先生的邀请到中央大学来散散心，当时熊先生身体不好。次年，熊先生由杭州来中央大学讲学。吸引住了另一位新儒家学者唐君毅先生，唐先生得列熊十力门墙。

黄冈熊子真（十力）先生是20世纪中国最具有原创性的哲学家。他是北大教授，也是我们武汉大学的前辈。1925年他曾应武昌大学石瑛（蘅青）校长的邀请执教于我校。抗战期间在后方，他也曾到乐山武大讲学。

抗战时期，熊十力入川，颠沛流离，生活拮据。他凭着对国家、民族、人民和传统文化执著的爱，自甘寂寞，乐以忘忧，勉力著述讲学。熊先生哲学体系之充实、发展、完善并在国内哲学界产生一定影响，亦是在抗战期间。抗战末期出版的《新唯识论》语体文本和《读经示要》是他的思想成熟、体系完成的标志。1949年后，熊先生仍以著述为生。

他继续被聘为北京大学教授，又为第二、三、四届全国政协委员。尽管晚年日渐孤独，无人理会，但毕竟仍能按自己的思路运思而没有受到过多的外在压力和干扰，而且《新唯识论》的删定本、《原儒》、《体用论》、《明心篇》等著作的出版、印行都得到政府的资助。1966年"文化大革命"爆发，熊十力也在劫难逃了！他终于在1968年5月23日在上海辞世，终年84岁。

熊十力思想的发展轨迹，大体上是：早年批判六经，认为六经是拥护帝制之书；中年趋向佛法一途，直从大乘有宗唯识论入手，不久舍弃有宗，深研大乘空宗，投契甚深，久之又不敢以观空之学为归宿；后仍返求诸己，通过自己的人生体验，契合于儒家《周易》。熊十力主要的哲学观点是：体用不二、心物不二、能质不二、天人不二。他所谓"体"是"心体"、"性体"，即人的生命存在的本体、宇宙万物之本根及其生生不息的源头活水，在一定意义上也是道德的本体和道德的主体。所谓"体用不二"，也就是肯定生命的意义和人生的价值，是为了在物欲横流的世界重新寻找"人生本质"和"宇宙本体"。熊先生认为，吾人与天地万物所同具的仁心本体，内蕴着极大的力量，可以创造出、生化出整个人文世界。他高扬了仁心本体刚健、创生的特质，实际上是以积极的人生态度、生命意识和人本精神去面对世界，创造世界，同时又主张不被人们创造出来的物质世界和人文建制所异化、所遮蔽，以致忘却、沦丧了人之所以为人的根蒂。

熊十力是我国现代哲学史上最具有原创力、影响力的哲学家。他奠定了现代新儒学思潮的哲学形上学之基础。他的"体用不二"之论，成为整个当代新儒学思潮"重立大本、重开大用"和"保内圣，开新外王"的滥觞，亦成为这一思潮的基本思想间架。熊十力的全部工作，简要地说，就是面对西学的冲击，在儒学价值系统崩坏的时代，重建儒学的本体论，重建人的道德自我，重建中国文化的主体性。他的学生唐君毅、牟宗三、徐复观正是在他的精神感召之下，沿着他开创的精神方向和他奠立的形上基础而加以发挥、扩展、深化、扬弃的。学界把他们师弟视为现代新儒学思潮的中坚。

孔子被拘困于匡地时，心地坦然地说："文王既没，文不在兹乎？

天之将丧斯文也，后死者不得与于斯文也；天之未丧斯文也，匡人其如予何？"（《论语·子罕》）当公伯寮向季孙进谗，毁谤子路时，夫子坦然地说："道之将行也与，命也；道之将废也与，命也。公伯寮其如命何？"（《论语·宪问》）孔子基于上天不会丧掉斯文的信念，自觉身系斯文之传的使命，一身系文化神州之安危，是文化托命之人。熊十力先生30年代在北平居住时，曾自题堂联："道之将废矣，文不在兹乎？"熊先生以"上天将斯文属余"的气魄承担着中华文化的慧命。

马一浮先生（1883—1967）是一位大名士，大隐者，大儒，理学大师，又是著名的诗人与书法家。他早年到美、德、日游学，第一部《资本论》就是他带回中国的。他是绍兴人，长年隐居杭州。以前蔡元培校长请他到北大去任教，他以"古闻来学，未闻往教"八个字回绝。抗战军兴，才出山讲学，他随浙大迁居江西泰和、广西宜山，讲学的内容后来编成《泰和会语》、《宜山会语》。1939年，马先生到四川乐山办复性书院，有《复性书院讲录》6卷。马先生认为，六经可以统摄一切学术。马先生的儒释道的学养特别深厚，佛学造诣颇深，对宋明理学也有精湛的研究。

抗战时在后方，蒋介石常常召见一些学者去谈话，冯友兰先生、贺麟先生等都分别去见过蒋。据说这都是陈布雷的安排。我曾在贺麟先生家亲耳听贺先生对我说过，蒋委员长会见他们这些哲学、人文学教授之前，还确实读过他们写的一二种书，在上面圈圈点点，见面时还针对著作问一两个问题。马先生见蒋是在抗战初，办复性书院之前。特别有意思的是，据说马向蒋讲两个字："诚""恕"。他希望蒋"恕以接人，诚以开务，以国家复兴为怀，以万民忧乐为念"，强调"诚即为内圣外王之始基"。据说蒋对这种劝诫甚为不快。事后，友人问马先生对蒋的印象，马的评价很有趣，他说蒋"英武过人而器宇褊狭，缺乏博大气象"。他说蒋"举止过庄重，杂有矫糅"。他评价蒋是"偏霸之才，偏安有余，中兴不足。比之古人，不过是刘裕、陈霸先之流人物。"这个评价是很确当的。同学们知道，刘裕是南朝宋齐梁陈的宋的建立者，即宋武帝，虽代晋称帝，但没有统一中原。陈霸先是南朝陈的建立者，即陈武帝。这两个王朝都是短命王朝，都没有完成统一大业。大概从心胸、气度和霸业上看,蒋不过是宋武帝、陈武帝之类人物,后来的历史果然验证了马先生的判断。

梁、熊、马三先生之间有密切交往,他们的弟子间也有密切交往,成为一个学术群落。他们三人为人的风格不同。马先生圆融,极有修养。熊先生孤傲,脾气急躁。梁先生不鸣则已,一鸣惊人。他们都没有逃过"文化大革命"劫难,都被红卫兵抄家、受辱。熊、马二先生均死于"文化大革命"。马先生写了一首绝笔诗:

> 乘化吾安适,虚空任所之。
> 形神随聚散,视听总希夷。
> 沤灭全归海,花开正满枝。
> 临崖挥手罢,落日下崦嵫。

前四句是道家思想,庄子的超脱。第五句用了佛教的沤海之喻,意蕴颇深。"沤"就是一个小水泡。其实一人一物,不过只是小小的浮沤水泡,但也是整个大海的显现。沤生沤灭,生死变幻,最终要归于宇宙无尽的大海之中。庄子讲生死不过是气的聚散,聚则为生,散则为死。生死也如昼夜的变化,我们不必悦生恶死,就像不必喜欢白天,厌恶夜晚一样。有限的人生与无限的宇宙不就是沤与海的关系吗?生与死,不过是平常事而已。

方东美先生(1899-1977)是安徽桐城人。同学们知道桐城派。桐城方氏也是十分显贵的家族。他是金陵大学和南京地区高等学校的学生领袖,又是少年中国学会的首批会员。你们知道,毛泽东、恽代英也是少年中国学会的会员。方东美后来到美国攻读,获哲学硕士、博士学位。方先生留学回国后,第一站就到了我们武大的前身武昌高等师范哲学教育系当副教授,继任东南大学、中央政校、中央大学教授。有一次在南京示威游行,抗议政府,方先生是抬一学生棺材游行的四教授之一。

方先生是美学家、哲学家,学贯中西,气势磅礴,在世界哲坛上影响很大。严格说来,他不专属于当代新儒学,他是广义的当代新儒家。

他的早期著作《生命情调与美感》、《科学哲学与人生》，书名就非常漂亮。他的《哲学三慧》比较古希腊、近代欧洲、中国哲学。抗战时期在陪都，他会见了来访的印度学者拉达克里希南，受拉氏影响，决定亲自用英文向西人介绍中国文化与哲学。1947年以后，方先生在台湾大学任教，以后常到美国讲学。他在西方讲《中国人生哲学》，又有好多篇脍炙人口的比较哲学的论文。他晚年的讲义《原始儒家道家哲学》《新儒家十八讲》及有关佛学的著作都十分有名。他是生命哲学家，是诗人哲学家。

唐君毅先生（1909—1978），四川宜宾人。他与牟宗三、徐复观三位先生是港台新儒家的中坚。唐是仁者型的人物，牟是智者型的人物，徐是勇者型的人物。唐先生是"文化意识宇宙的巨人"，是生命体验型的，一生充满悲悯之心的哲学家。

唐先生早年在北大受梁漱溟影响，转到南京中央大学后，受业于方东美、汤用彤先生。他1932年毕业于中央大学，后又在中央大学、华西大学任教。1940年应宗白华教授邀请，再度回到中央大学，历任讲师、副教授、教授，直到新中国成立前夕。1949年在香港，他与钱宾四先生等创办新亚书院。1958年元旦，他与张君劢、牟宗三、徐复观共同发表了很长的一篇《为中国文化敬告世界人士宣言》，这篇宣言即是唐先生起草的。这篇宣言在海外有很大影响，是当代新儒家的重要文献。唐先生是一位著名的文化哲学家。他的代表作有《文化意识与道德理性》、《中华人文与当今世界》、《中国哲学原论》、《生命存在与心灵境界》等。

牟宗三先生（1909—1995），山东栖霞人，北大高材生，是很有理性的形而上的哲学家。牟先生奠定了现代新儒家的哲学形上学基础。牟比较康德哲学与儒学。他于1945—1947年间任教中央大学，后转金陵大学、江南大学。他刚到中央大学时，中大还没有迁回南京。牟先生是冷峻的哲学家。他一直在寻找儒家人文主义的形上学根据，重建儒家道德形上学。他的代表作是《心体与性体》、《智的直觉与中国哲学》、《圆善论》、《现象与物自身》等。他从英文翻译了康德的三大批判。牟先生是现当代新儒家的重镇。今天中国的哲学家，都不能绕过他，只能通过他。

徐复观先生（1903—1982），湖北浠水人。徐复观是思想史家。他原有很好的国学修养，青年时在武昌攻读国学，后去日本学军事。他原是国民党军界人物，抗战时被派到延安当联络参谋。他曾受到蒋介石的器重，是侍从室的重要秘书。抗战胜利后，他以陆军少将退役。退役后拿到老蒋的一笔钱在南京办《学原》杂志，与学术界交往很深。

唐、牟、徐都是熊十力的弟子。徐复观当年听到熊十力的盛名，非常仰慕，在重庆北碚去拜访熊先生。他穿着笔挺的呢子军服去看熊先生，在熊先生面前高谈阔论，被熊先生劈头盖脸地臭骂了一顿。他在熊先生面前讲明末清初王夫之（船山）的学术，妄加批评，熊先生当头棒喝，说你这个小子根本就没有读懂，你还不够资格讲王船山，你跟我老老实实读一点书再来谈话。徐先生后来回忆说，熊先生骂他是起死回生的一骂。

徐先生说他五十岁以后才做学问，他很了不起。在港台，与唐、牟先生共同举起中国文化的旗帜。他的《中国人性论史》（先秦篇）、《中国艺术精神》、《两汉思想史》等都是了不起的著作。他是学术与政治之间的人物，一生在学术与政治之间，批评国民党政治，在政治上主张民主自由，有道德勇气；在文化上主张体认、复兴并创建中华文化。他也是我们湖北佬，很喜欢抬杠，与人争论。"天上九头鸟，地上湖北佬"，在台湾打笔墨官司最有战斗性的几位前辈，例如我们的校友、前辈胡秋原先生等都是湖北佬。

第三代新儒家的代表人物，如著名教授杜维明、刘述先、成中英、蔡仁厚等，都是方东美、唐君毅、牟宗三、徐复观的学生。特别是台湾《鹅湖》学派，大多是牟的弟子。杜维明在哈佛大学任教。成中英在夏威夷大学任教。刘述先在伊利诺伊后又到香港中文大学任教，现在台湾中研院做研究。他们都是开放的当代儒家。

二 当代新儒学思潮的"问题意识"

以上我粗略地介绍了几位现代新儒家。下面我综合起来谈一谈他们的共同的思想主张及我的评论、看法。我要特别讲一讲第三代开放的新儒家的一些论域及其意义。

近20年来，学术界对现当代新儒学思潮和人物的研究，活跃了关于文化、思想、学术的思考并提出了诸多问题，配合学界其他学者与其他讨论，萌生了问题意识。

（一）跳出传统文化与现代化二元对峙的模式，并由此反省现代性，重新思考东亚精神文明与东亚现代化的关系问题。东亚现代化不仅仅是对西方冲击的被动反应，传统与现代不仅仅是单线递进的关系。东亚诸国的现代化有自身的内发性，是在世界与东亚、世界与中国互动背景下自身的调适与发展的历程。东亚现代化有自身的精神、制度、人才资源。当代新儒家提出了现代性中的传统、现代性的多元倾向和从民族自身资源中开发出自己的现代性的问题。杜维明指出："不能只把现代化当作一个全球化的过程，也不能把现代化当作一个同质化的过程，更不能把全球化当作一个西化的过程。正是全球化的意识，使得根源性意识越来越强。也正是这一原因，我们……特别突出现代性中的传统。"现代性在西方诸国有不同的内涵和特质，其在东亚及世界其他地区也应当有不同的形式、内容与精神。当代新儒家充分重视协调世界思潮与民族精神，整合世界性与根源感、现代性与民族本己性。全球化问题在我国大规模地讨论之前，当代新儒家思潮已经提供了不同于启蒙理性的新的思路，率先体认到现代化不等于西化，不同地域的文明都蕴藏着现代的、普遍的价值，可以进行创造性转化。全球化绝不意味着某一种话语霸权的进一步扩张。在东亚诸国家和地区的现代化过程中，其地域与民族的文化大传统和小传统已经并将继续起着巨大的多重作用，在一定层次或程度上创造并丰富着现代化、现代性的新模式。

（二）"文明对话"与"文化中国"。梁漱溟在新文化运动末期已经开始了跨文化比较与对话的工作，虽不免粗疏，却代表了一种思路。唐君毅起草的，唐君毅、牟宗三、徐复观、张君劢联署的1958年《中国文化与世界宣言》，虽因强调一本性而遭到不少批评，但平心而论，他们的《宣言》和其他丰富的有高度学术水准的论著、讲学，具有深刻的意义。现代新儒家为跨文化比较、对话和融合做了大量的工作。文明冲突在历史上和现时代已屡见不鲜,惟其如此,文明对话与沟通才尤显重要。文明对话与沟通如何可能呢？首先是民族文化精神的自觉自识。如果某种非西方文明或所有的非西方文明失掉了本己性,成为强势文明的附庸,恰恰使文明对话成为不可能之事。第三代新儒家更强调开放性。杜维明指出:"文化与文化的交流,不是零和游戏,不必采取你争我夺的方式,越交流双方的资源就越多。如果以发扬传统精致文化为基础,和西方深刻的价值进行沟通,我们应向两方面开放,要向当代西方而不是狭隘意义上的工具理性和只突出富强价值的西方,而是当代西方之所以成为西方的精神源头充分开放。要了解基督教、犹太教、回教在西方文艺复兴时所起的积极作用,了解古希腊的哲学智慧,了解中世纪的发展对西方的影响。""文化中国"的问题虽然并非当代新儒家首倡,海内外各方面学者均有论述,但近年来以杜先生阐释最多。事实上,除了地理中国、政治中国、经济中国、军事中国之外,确实有受中国文化不同程度浸润或影响的地域与人群,谓之为"文化中国"未尝不可。这些地域与人群的现代生存样态、价值意识、思维方式、心理结构,的确与多元性的中国文化有千丝万缕的联系,对整个世界未来的多元、良性发展起着积极的作用。

(三)儒家价值与全球伦理、环境伦理、生命伦理。20世纪90年代以来,世界宗教、文化学者非常关注世界伦理的问题。这显然必须调动世界各宗教、文化、伦理的资源。鉴于当代纷争的世界需要取得伦理共识与普遍和谐的相处之道,1993年,天主教背景的孔汉斯(Hans Kung)教授起草的《世界伦理宣言》为不同宗教的代表所签署。该宣言把包括孔子在内的、世界上各文明、各宗教的原创性的思想家提出的"己所不欲,勿施于人"的原则放到了重要的地位。孔子的这一思想有助于国家间、宗教间、民族间、社群间、个体间的相互尊重,彼此理解与沟通。《世界伦理宣言》能否为联合国所通过,那是另一个问题,但有关此问题的热烈讨论,实属客观需要、大势所趋、理所当然。当代新儒家学者努力参与了全球伦理的建构。刘述先在这一背景下阐扬儒家的"为己之学"及"仁义礼智信"等核心价值观的现代意义。他尤以宋儒"理一分殊"的睿识,来解决既尊重差别又平等互待的问题,并接通传统与现代、一元与多元。调动儒家资源来参与新的环境伦理、生命伦理的建构亦已成为热点。《中庸》中天、地、人、物各尽其性的原则为历代儒家所重视，这的确是生态与生命伦理的一个重要的生长点。"尽己性、人性、物性即是让天地万物各遂其性，各适其情，即是参赞天道，反之，参赞天道即在于能使自己、他人和天地万物都得到充分的生长发展，得以各尽其性分。"儒家主张"仁者与天地万物为一体"，儒学中的自律、仁爱、不伤害、公义原则等，均有重大的价值和世界意义。

（四）儒学与现代民主政治，与自由主义的关系。现代新儒家的三代代表人物都重视接纳西方近世以降的自由、民主、法治、人权的价值，多有创获。他们在政治诉求上并不保守，在民主政治的理念与制度建设（例如宪政）上，在以德抗位、批评权威方面绝不亚于自由主义者（例如胡适）。梁漱溟、张君劢、徐复观就是其中的佼佼者，熊十力、唐君毅、牟宗三在理论上也有不少建树。自孔孟以来，儒家的政治主张与道德原则相配合，其中可以作为现代民主政治之资源的颇为不少。对政治化的儒学也不必一概否定，而需要作具体的历史的分析。儒学的经世原则，对社会政治的参与与批评，民贵君轻思想，及历史上与之相应的结构、制度，均不能一言以蔽之，咒曰"肮脏的马厩"。对民间社会、言论空间，道统、学统、政统、治统的相对制衡，新儒家多有发挥。关于本土政治、法律资源的开发，关于"儒家自由主义"的概念，学术界有多方面的讨论，亦成为当代新儒学的又一向度。我以为，就自由主义者必须具有的独立的批评能力和精神，必须具有的道德勇气、担当精神而言，就自由、理性、正义、友爱、宽容、人格独立与尊严等自由主义的基本价值而言，就民主政治所需要的公共空间、道德社群而言，就消极自由层面的分权、制衡、监督机制和积极自由层面的道德主体性而言，儒家社会与儒家学理都有可供转化和沟通的丰富资源。

（五）儒学的宗教性与超越性。这是第二、三代当代新儒家的理论创识。当代新儒家学者不是从制度仪轨的层面而是从精神信念、存在体验的层面肯定儒学具有宗教性的。性与天道的思想亦即儒家的宗教哲学。安身立命的"为己之学"具有伦理宗教的意义。儒家的"天"与"天道"既是超越的，又流行于世间，并未把超越与内在打成两橛。关于当代新儒家的"超越内在"说,海内外学者都有不少批评,以为"超越"不能同时是"内在"的。但现当代新儒家与传统儒家在基本品格上是一致的,他们更为关心的不是认识论,而是价值论、本体论问题。这样,"超越"一词也不是在认识论上讲的,而是从本体—境界论上去讲的。所谓的"超越性"指的是神性、宗教性,又可以表示现实性与理想性或者有限性与无限性之间的张力。依据"天人合一"这样一种理念,高高在上的天道与人的"良知"、"本心"是相通不隔的,如果"天道"、"天"具有神性,那么,说人之"良知"、"本心"也因此获得神性,应是能够成立的。为何在儒家看来,"宇宙心灵"和"个体心灵"可以浑化为一。原来,所谓"天",是具有神性意义的天和义理之天,并不是指的外在于人的自在之物,而"天"也是一个本体—价值论的概念,其认识论意味是十分淡薄的。如果从认识论角度来看"尽心、知性、知天",又把天看成外在的客观存在,便显得难以理解,像"心外无物"这样的说法就只能是疯话了。超越性与宗教性虽不是完全相同的概念,但是在现当代新儒家的心目中,二者是相通的。因为,超越的"天"完全没有认识论意味,而只是价值之源。如果超越性被理解为神性、宗教性,而天人又是相通不隔的,那么,以"内在超越"来解释传统儒家的思想便不是不可理解了。换句话说,超越的价值理想追求,可以通过人的修身增德而在充满人间烟火的红尘中实现。这样一种超越,的确与西学中的超越有所不同。它不需要也很难得到认识论意义上的、实证主义方式的"证实",而需要的是儒者的身体力行,自证自信。

此外还有许多问题,例如儒学的草根性或者儒学与生活世界的关系、儒学与女性主义的关系等,都为当代新儒家所关注。

现当代新儒家是在文化失范、意义危机的时代应运而生的思潮、流派,在不同时期针对中外不同的思想文化问题,其论域亦在不断改变。总体而言,这一流派继承光大了中国人文精神,对世界现代病提出了中国人的批评反省。目前西方人文学界的主潮不再是针对"神性",而是针对"物性",即针对着科技和商业高度发展所导致的"物"的泛滥和"人"的异化而展开批判。例如宗教人文主义认为,近代以来的文明社会，带来了人的精神的世俗化与物化，使人的高级的精神生活、灵性生活的品质日益下降。马利坦（Maritain）批判文艺复兴和启蒙运动的人类中心主义，使人逐渐离开了神与神圣性，这是人自身的堕落的开始，主张回到人与神的合作，以拯救人的堕落。这是要借助宗教精神来避免人的再度沦落（即功利化、工具化、异己化、物化）。存在主义、西方马克思主义、文化批判思潮所批评的，正是科技至上导致的"工具理性"的过度膨胀或"理性的暴虐"对人的奴役。唐君毅先生曾经指出，现代人所面临的荒谬处境是"上不在天，下不在地，外不在人，内不在己"。中华人文精神，特别是儒家的人文精神，可以救治现代人的危机。它强调用物以"利用厚生"，但不可能导致一种对自然的宰制、控御、破坏；它强调人文建构，批评迷信，但决不消解对于"天"的敬畏和人所具有的宗教精神、终极的信念与信仰。儒家甚至主张人性、物性中均有神性，人必须尊重人、物（乃至草木、鸟兽、瓦石），乃至尽心—知性—知天，存心—养性—事天。至诚如神，体悟此心即天心，即可以达到一种精神的境界。儒家并不脱离生活世界、日用伦常，相反，恰恰在庸常的俗世生活中追寻精神的超越。外王事功，社会政治，科技发展，恰恰是人之精神生命的开展。通过当代新儒家的弘扬，中华人文精神完全可以与西学、与现代文明相配合。它不反对宗教，不反对自然，也不反对科技，它可以弥补宗教、科技的偏弊，与自然相和谐，因而求得人文与宗教、与科技、与自然调适上遂地健康发展。

当代新儒家阵营正在分化、重组的过程中。近几年来有"新儒家"与"新儒学"之辨，有"知识"与"价值"的二分，也有"后牟宗三""后新儒学"的崛起。海峡两岸的儒家学者在互动中彼此靠拢、位移的事也多有发生。林安梧发表了"后牟宗三"或"后新儒学"的提纲，提出"儒学革命论"，强调重视"气"论，重视客观面，回到船山学，多少受到大陆学者的影响。大陆研究者中也在发生分化，亦不乏由同情的理解到对新儒学之价值更加认同者。

新儒家学者的关切也有所区别。杜维明、刘述先关心儒家与基督教、伊斯兰教的对话。杜维明重视的是儒学作为世界文化的一种精神资源对于现代人生活和西方、全球之可能产生的影响。刘述先认为,当代新儒家由道统的承担转移到学统的开拓、政统的关怀。成中英强调,应当以批判的理性而不是内在的体验为方法,在客观性的基础上建立知识而不是在主体体验的基础上印证价值,应以知识探讨为价值判断、选择或重建之基础,而不是先肯定价值,再寻求知识手段以实现价值理想。

中国大陆学者更重视包括儒、释、道等在内的多种精神资源的开发及对于时代课题、制度建构、民间社会、日常生活和世界现实多重问题的回应。现当代新儒家思潮、人物及其研究,大有裨益于思想界的健康发展及与世界上各思潮的对话、沟通。最后,我相信,这一研究将有助于活化中国传统文化精神,促进全球化与本土化的互动,有助于现代化的健康发展,并养育出有根基的思想大师。

谢谢大家!

(这是作者于 2003 年 11 月 11 日在武汉大学所作的演讲)

附录二

郭齐勇：与熊十力有缘

张 弘

人物名片

郭齐勇，湖北武汉市人，1947年生。1966年高中毕业，后下乡当知青，进厂当工人，辗转12年后于1978年31岁时考入武汉大学哲学系读本科，1981年提前半年毕业，考上硕士研究生，师从萧萐父、李德永、唐明邦三教授。1984年12月毕业留校在哲学系任教，一直到今天。1985年3月获武汉大学哲学硕士学位。1987年9月至1990年9月在职攻读博士学位，师从萧萐父教授。1989年1月晋升为副教授。1992年10月获武汉大学哲学博士学位。1993年3月晋升为教授，同年10月被增列为博士生导师。1996年任武汉大学中国文化研究院副院长，2000年任教育部人文社会科学重点研究基地——武汉大学中国传统文化研究中心副主任至今。2000年12月至2003年8月任武汉大学人文学院院长，2003年8月至2007年9月任哲学学院院长。曾任国际中国哲学会（ISCP）会长，现为国际儒学联合会（ICA）理事暨学术委员，中国哲学史学会副会长，中华孔子学会副会长，国务院学位委员会哲学学科评议组成员，教育部高等学校哲学教学指导委员会副主任委员。主要学术著作有：《文化学概论》、《熊十力思想研究》、《传统道德与当代人生》、《诸子学志》、《郭齐勇自选集》、《儒学与儒学史新论》、《中国哲学史》、《中国儒学之精神》等。

郭齐勇语录

·我从不给自己贴标签，也不习惯别人给我贴标签。但儒学是我的生活方式，我也希望自己能为儒学做点事情。

·作为一个中国人，我们要尊重自己的文明，发掘它的优长并予以创造性转化。

·儒学反映了中华民族的民族性格、生活准则、生存智慧、处世方略，作为民族的文化意识与心灵故园，仍活在民间，有生命力。就时代性与空间性而言，一切地域、族群的前现代文明尤其是其精神因素，不可能不具有超越时空的价值与意义。

·对于学术界而言，中西文化比较的真正问题在于寻找共同的东西，并认识其殊异性。有人学了几句西方的哲学，就自认为高人一等，以真理的化身、甚至绝对真理的化身自命，鄙薄、歪曲、丑化自己民族的文化与哲学传统。这种人的心态与方法大有问题，实际上陷自己于浅薄。中国哲学不是文字游戏，而是生命的学问。

记者手记

在很长一段时间里，郭齐勇对中国传统文化与哲学一直采取批判的态度。他学术上的真正转向获益于熊先生的书。他说，熊先生启发了、指引了他的精神方向。郭齐勇说：

> 当年，真正使我受到心灵震撼的书，是熊先生的《十力语要》，这里集中了熊先生从心臆中流出的话，是他的生命体验的结晶。我读的是1947年湖北"十力丛书"四卷四册线装铅印版。这书制式特别，大约长27cm、宽16cm，有天头地脚可做眉批。熊先生凭其聪颖睿智反省现代性，对中西哲学的评断可谓鞭辟入里。他讲他读书时常常汗流浃背，触及身心。他说读书必先有真实的志愿，广大的胸怀，如此方能"返之己所经验而抉择是非，洞悉幽隐，曲尽书之内容而不失吾之衡量，故其读书集义，乃融化的而非堆集的，乃深造自得的而非玩物丧志的。如此读书，方得助长神智而有创造与发明之望。"孟子的掘井及泉、深造自得之论是读书之大法。

熊先生对中国文化与中国哲学有真正的反省与自识，透过他的书，我才从存在的感受上去重读中国经典，才真正在身心上有所受用。对我来说，读西方哲学的书，是思维的训练；读中国哲学的书，则是生命的感通，是在与圣贤作心灵的交流与对话。我们读马克思的书，深深地感受到他有深厚的德国的精神哲学的底蕴；而我们自己在喧嚣的现代化、全球化的声浪中要不失己性，真有创意，则不能没有深厚的中国的精神哲学的陶养。我觉得每一位中国的知识人，要真正对自己本土的文化精神有所了解，起码要读一些中国经典，全面理解。中国的儒释道的智慧是生命的智慧，要靠我们体悟、实践。

郭齐勇表示，自己当下的隐忧包括文化层面的问题：一切向西走，不去同情地体认和发掘自己的文化资源。他认为，中华民族的伦理共识与族群认同不太可能建立在西方的价值基础之上，一定要建立在自己的价值转化上。

郭齐勇说："一个真正的儒家从来不是一个权威政治的阿附者，儒家的正义价值与善的价值是联系在一起的。"他同意我的理解，我们面临的问题是如何将现代制度架构和传统文化观念、道德理念结合的问题。郭齐勇还对一些知识分子对于传统的误解提出了批评，"比如，一提到'亲亲互隐'，有人就认为是互相包庇，甚至是腐败之源。对于这种情况，我不得不站出来说话。"关于"亲亲互隐"的争论文章，郭齐勇还搜集、整理、主编了一本70万字的论文集《儒家伦理争鸣集》出版。他引用孟子的话说，"予岂好辩哉！予不得已也"。从哲学、伦理学与法学的层面考察古今中外"亲亲互隐"的观念和容隐制度，说明孔子的"父子相隐"、孟子关于舜的两难推论有人类性，同时也有现代性的因素。因此，对传统文化加深体认，无论是从批判其负面还是吸收外来价值来说，都很有必要。

以下是郭先生的陈述：
因熊十力拜访梁漱溟等老前辈
1984年初，我给时年92岁高龄的梁漱溟先生写信，说自己正在做关于熊十力的硕士论文，想登门拜访他。因为不知道梁先生的住址，我就把信寄到了全国政协办公厅。很快，我就收到了梁先生的亲笔回信，他表示欢迎我去，并告诉我他家的地址。梁先生信曰：

> 来函阅悉。熊先生著籍黄冈，而家居江西德安。德安修县志，将为熊先生立传，曾向我征询熊先生的生平事迹，我具以所知奉答。自己有无存稿，却因年老不记得了。此外，我曾写有《读熊著各书书后》一文，又《熊著选粹》一册，如承足下来京面谈，自当举以请教也。专此敬复
>
> 郭同志
>
> 　　　　　　　　　　　　　　　　梁漱溟手启
> 　　　　　　　　　　　　一九八四年三月十一日于北京

我到梁先生家以后，他侃侃而谈。我担心他年事已高，担心他累着，有几次想打断他的话。他不高兴，把眼睛一瞪，一口气讲了两三个小时。他说到了与熊先生的交往和对熊先生的批评，说熊先生搞什么本体论、宇宙论，这些都是跟着西方哲学学的，中国哲学没有这些东西，特别是儒学，是身心性命之学，笃行实践之学。从他的言谈中我知道，20 年代初，梁先生介绍熊先生到南京支那内学院跟着欧阳渐（竟无）先生学习佛学。不料，熊先生后来从欧阳大师的佛学中跳出来了，用儒家的周易哲学另搞了一套新唯识论的哲学建构。晚年的马一浮先生与梁先生都不太同意熊先生的看法。在梁先生看来，这是妄自尊大的一种行为。梁先生认为，中国儒家的思想不需要一个哲学知识体系的建构，就是平平实实做人和做事。他当然也很佩服熊先生，因为熊先生没有受过任何正规的教育，但能够讲出一套自己的哲学。在护持中国文化的主体性方面，熊、梁、马三先生有深刻的一致性。后来，梁先生还介绍了他的一些弟子和熊先生的一些故交。

我在业师萧老师、唐老师、李老师的指导下写有关熊十力的硕士论文及后来写博士论文时，曾与友人到北京、上海、湖南、湖北等各地搜求熊先生著作、手稿、信札，遍访前辈学者与熊先生友

人、故交、家属。我曾拜访过的前辈，除梁先生外还有冯友兰、张申府、周谷城、贺麟、宗白华、朱光潜、张岱年、周辅成、虞愚、任继愈、冯钟芸、冯契、石峻、韩镜清、王森、田光烈、杨玉清、贾亦斌、谢石麟、张遵骝、习传裕、王星贤、潘雨廷、田慕周、李渊庭、阴法鲁、朱伯崑、汤一介、唐至中、胡子康、徐令宣等。尔后，与这些学者中的一部分先生有密切交往。尔后，我不断得到这些先生，以及章开沅、李锦全、方克立、涂又光等先生们的指教与帮助。武汉大学的前辈黄焯、唐长孺、吴于廑、吴林伯等先生及哲学系的老师们对我爱护有加，多方提携。我获益于武大的人文传统与学术氛围，衷心感谢师长们的养育之恩和同事们的各方面的诚挚帮助。我从校内外前辈学者身上学到的不仅仅是学问，更重要的是如何理解中国文化与中国哲学，如何做一个堂堂正正的中国人。我立定志向为中国文化的存亡继绝而奉献终身，是与前辈们的言传身教分不开的。当年我访问的大部分老年学者现已作古，我深情地怀念这些德高望重的长辈。只可惜那时我很穷，连一个傻瓜照相机都没有，连一台录音机都没有。否则，将会留下很多珍贵的资料。

1985年我的硕士论文以《熊十力及其哲学》为名正式出版，梁先生应我的邀请题写了书名。此外，他还应我的要求，给熊先生和夫人的墓碑题了字。通过对几十位老先生的访问，我逐渐有了关于中国文化的自觉。从人生的意义层面上来说，从终极性的关怀，安身立命、做人的信念、信仰的层面上来说，中国传统文化在这些老先生、老前辈身上有深刻的烙印，使我受益匪浅。

抢救熊十力遗物佚书

2001年，九卷十册《熊十力全集》出版了。此前，我们做了大量的工作，其中以1984年春我们去上海抢救熊十力遗物佚著的过程极其富有戏剧性。

当时，萧萐父先生正在指导我，汤一介先生正在指导景海峰兄写硕士论文，我们都写熊十力。我们俩就结伴一起到上海熊十力儿子世菩的家里去，看能不能找到什么资料。熊先生晚年住淮海中路，陈毅批给他一个公房。这个房子是熊先生申请的。他给陈毅写信，说自己和老伴、儿子媳妇、孙子住在一起，不好写书。因为熊十力参加过辛亥革命，是董必武的朋友，陈毅也很赏识他，就把这处的房子批给了他。"文化大革命"的时候，熊先生被抄家，这处房子被占了，后被收回去了，熊先生搬回到儿子家。我们找到熊先生的家属，问会不会还有一些东西。我们就和他的家属一起到上海长宁区新华房管所，问熊先生的遗物在哪里。正好碰到一个管理员，他说记得有些东西放在这里的几间房子里。因为具体管理的人员不在，让我们明天去。我们第二天又和熊先生家属一起去了。

结果发现了熊先生的旧藤椅、破藤箱，旧衣物，还有一个破写字台等物，被塞在几处。我们在这些破破烂烂的东西里，居然找到了他读过的一捆书，包括《史记》、《汉书》及一些佛书等，上面有圈点与眉批。在另一捆乱七八糟的东西里面，我们翻到了20年代的《唯识学概论》，这是他在北京大学讲唯识的讲义。当年，熊先生代替梁先生，被蔡元培先生请到北大做特约讲师，讲义就是那时候写的。这一种本子，1923年的《唯识学概论》，过去没有见到过，北大图书馆已无存。这一海内孤本的发现，使我们异常兴奋。加上我们原来有的，汤一介先生家留存的1926、1930年两个讲义本，从这三个本子，就可以看出熊先生的新唯识论的形成、发展途程了。

我们的新发现还不止此，我们还找到了事先谁也不知道的，熊先生在1965年有一部已经成稿并请人誊好，只等着影印的《存斋随笔》。《存斋随笔》被抄写了两份。

我们还找到熊先生的一些信札，和他一些未发表的东西。比如说1954年他定居上海后于12月写的两封长信，一封是给北京大学林宰平等先生的，一封是给郭沫若先生的信。后一封信非常重要，明确对当时的文教政策提出了批评，并提出中国科学院应成立哲学研究所，要重视中国哲学，西洋哲学，指出马列主义要中国化，中国哲学没有唯物唯心主义之分。这样的信札，就写在过去印的《新唯识论》的反面，订在一起，熊先生在封面上写着《甲午存稿》，估计这是存底的，另誊正了的寄走了。此外，我们还意外地发现了西南联大期间，北大昆明办事处寄给他的聘请他为文学院教授的聘书，这是蒋梦麟校长当年亲自签发的。此外还有一个旧账簿，熊先生记录薪金用度的情况。

房管所的同志告诉我们，他们已打算马上就把熊先生杂物送到废品站，收废品的不要就当垃圾处理掉。如果不是我们这次去找的话，这些宝贝就不存于天壤了。

此后，我与景海峰、王守常先生等协助汤一介先生和萧萐父先生在中华书局出了《熊十力论著集》三卷。1990年，我的思想真正转向。当时也没什么事情做，我们就有了编纂《熊十力全集》的想法。我们收集了熊先生的很多信札，有些连头尾都没有。我把信铺满在房间的地上，以弄清楚这些信札的文句顺序和时间的排列。我还把从上世纪20年代开始他写的一些文章和别人批评他的文章（特别是在20至40年代，大量的佛教学者或其他学者批评他的文章）全部收罗进来，编成了附卷，以方便以后的学者来做研究。

我曾在旧书店淘了两册熊先生的《原儒》，如获至宝。当然，现在再读《原儒》，则对熊先生的有的看法不敢恭维。正如钟泰钟山先生在致熊先生书信中所说，熊先生对孟、荀，对汉宋诸儒是所谓"奴儒"的诋责，有许多缺憾。

因熊十力而成名

1985年12月，北京大学、武汉大学等单位在黄州开了一个纪念熊十力先生百年冥寿的学术讨论会，这个活动是汤一介先生和萧萐父先生发起的，他们是主事者，我在二先生手下跑腿张罗。那时黄州还不属于开放城市，幸好事先得到省、地、县政府、政协与宣传部门的认可与支持。一下子来了一些外国人（苏联的布洛夫先生与日本的坂元弘子小姐等）、海外华裔学者（杜维明、成中英、冉云华先生等）和北京、上海的名流学者（石峻先生等），在黄州与上巴河引起了轰动，出现了群众围观的场面。现在的学术会议多得成灾，开过之后并无甚印象。但1985年的黄州熊先生大会，却令与会者回味无穷，至今仍能娓娓道来。杜维明先生常回忆起当时奇冷，开幕式与第一次大会在黄州城中一个大礼堂举行，为了驱寒，会务组在会场过道上分散放了十几个火盆，烧着木炭。虽提升不起温度，但胸中的情感与盆中的炭火一样，使这位海外华人学子感受到中国文化的春天已经不远了。成中英先生是湖北阳新籍人士，此次是第一次回国第一次回湖北。他还记得当时在鄂州过江，汽车坐船摆渡的场景。江边寒风刺骨。赤壁宾馆的土鸡、鲜鱼的味道，也使与会的海外学者称赞不已。记得当时在澳大利亚执教的姜允明教授，汤先生请他来参会。因为有大雾，飞机不能在武汉降落，把他运到南京去了。我们当时在黄州开会，交通、联络很不方便，又没有手机，接机的同仁很长时间也没有等到他。因天气的原因，他终没能到武汉，返回去了，与这次会议失之交臂。与这次会议套开的，是我们教研室办的中国文化讲习班，来自全国各地的百多名青年人，听了海内外专家有关中国文化与中国哲学的十多场精彩演讲，记忆颇深。熊十力先生百龄冥寿的国际熊十力学术思想讨论会，影响甚为深远。

在这次会议之前，我把硕士论文改写成小册子《熊十力及其哲学》赶出来了，在这次会议上给与会者散发。日本的学者把书带回国内，给了京都大学一位很有名的专家岛田虔次先生，岛田先生就在自己的著作《熊十力与新儒家哲学》一书里，多次引用我的处女作。与会的海内外学者及在美国的陈荣捷先生等都予以肯定。他们的推介很有力量，凭借这样的机缘，我正式进入了学术界。《熊十力及其哲学》这本小书，比我后来写的大书影响更大。应该说，这是一个很好的起点。会议结束后，我们在北京三联书店出版了这次大会的论文集《玄圃论学集》。

因熊十力与人论战

台湾有一个中年学者，在台湾某刊物上发表了系列文章，批评熊十力，批评内地学者的研究。说熊十力在新中国成立后一点建树都没有，越写越退步，人品极差。

后来，我写了两篇文章回击。一篇为熊十力先生辩诬，证明熊先生新中国成立后的许多思想是他新中国成立前一些思想的延续和深化。他在国民党统治时期、抗战时期，就是这样讲的。而且我搞清楚了熊十力先生1949年在广州盘桓没有去台湾的原因，决不是这位台湾学者所说的那样人格非常不堪，甚至把徐复观给他的黄金私藏起来。我还有一篇文章从这位学者"审订"的熊先生的二十余通书信中纠出了两百条错误，其中，有些错误非常明显。因为这一部分第一手资料在我这里，对于这些资料，他是凭二三手，又缺乏准确的判断。他自视太高，非常偏激。1993年夏天，在北京举行了第九届国际中国哲学大会（双年会），汤一介先生主持。我就把这两篇文章印了一百多份散发给了海内外学者，并在会上宣读了论文。

我托与会的台湾学者把文章带给那位先生。那位先生声称要控告总部在美国的国际中国哲学会（ISCP），说我侮辱了他的人格，要与国际中国哲学会在美国对簿公堂。当时国际中国哲学会的执行会长一度很紧张，把他的信转给了国内的一些学者。张岱年、王元化、方克立等许多先生都对我表示坚决支持，经过方先生等人的斡旋，这件事情终于平息了。

我驳他的两篇文章，早在会前就寄给了标榜言论自由的原发表那位学者文章的台湾的那家杂志，他们不肯发表，我就把文章改投到新儒家的杂志《鹅湖》。可是不曾想到《鹅湖》也不打算发表。我就写了一封信批评《鹅湖》编辑部，说你们主张学术自由，你们又是新儒家的重镇，我是为新儒家的前辈熊十力先生辩诬，我个人敢作敢当，你们为什么不敢发表？后来，他们经过讨论，还是把我的这两篇文章发表了。

（口述：郭齐勇；采写：《新京报》记者张弘。原载《新京报》2006年5月9日C14版，收入本书时略有修改。）

附　录　三

近二十年熊十力哲学研究综述

秦　平

自1932年标志熊十力哲学体系正式形成的《新唯识论》（文言本）问世以来，学术界关于熊氏哲学的研究不绝如缕。20世纪80年代中期以前的海内外熊学研究状况可参阅郭齐勇著《数十年间海内外熊学研究动态综述》一文。① 其后迄今的近20年间，随着海内外学者更深入地交流互动、覃研深思，熊学研究进入高峰期，著述不断，创见迭出，并形成内地、台港澳、海外学者互通声气、各展所长的局面。本文试对近20年间关于熊十力哲学研究的真正有代表性的论著作一番疏理，以为研究者提供一点可资参考与批评的资料和线索。从这个意义上讲，本文可以视作上述郭文的续篇。

近20年来，熊十力著作的整理和出版取得了长足进展。1983年，汤一介、萧萐父合作主编《熊十力论著集》（三册），该书已由北京中华书局出版。② 由黄克剑等主编、群言出版社1993年出版的"当代新儒家八大家集"，有《熊十力集》一册，选录有熊先生的论著。由方克

---

① 郭齐勇：《数十年间海内外熊学研究动态综述》，《熊十力及其哲学》，第118—144页，中国展望出版社1985年版；其修订稿为《熊十力学术思想研究综述》，详见郭齐勇《熊十力与中国传统文化》，香港天地图书有限公司1988年版，第199—237页。该书的另一版本，台北远流出版公司1990年版，第187—222页。

② 《熊十力论著集》共三册，即：《新唯识论》、《体用论》、《十力语要》，参加整理工作的主要有郭齐勇、王守常、景海峰等。该书已由北京中华书局分别于1985年、1994年、1996年出版。

立、李锦全主编、中国社会科学出版社1995年出版的《现代新儒家学案》中，收入郭齐勇编撰的《熊十力学案》，其中有《熊十力新儒学思想资料选辑》部分。1996年，中国广播电视出版社出版了由郭齐勇编撰的《现代新儒学的根基：熊十力新儒学论著辑要》一书，选录了熊著中的一些有代表性的重要章节和单篇论文。该书属于方克立教授主编的"现代新儒学辑要丛书"中的一种。1999年，郭齐勇选编的《熊十力学术文化随笔》一书由中国青年出版社出版。在熊氏著作整理、出版方面最重要的成果，是由萧萐父任主编、郭齐勇任副主编，郭齐勇、景海峰、王守常、蔡兆华等搜集、点校，由湖北教育出版社于2001年出版的《熊十力全集》。《全集》九卷十巨册，共计500万字，完整展现了熊十力先生的学术思想和人格，并在《附卷》辑录了各个时期有关熊十力思想的代表性的评论和论战性的论著。《全集》的编纂出版遵循了"存真"、"求全"、"精校"的原则，代表了当前学术界在熊十力论著资料整理方面的最高水平。2004年2月，日本关西大学出版部出版了熊氏名著《新唯识论》（文言文本）的日文版，译者是关西大学吾妻重二教授。该日文版的出版，可与40余年前陈荣捷先生将熊氏部分语录翻译为英文，交相辉映。[①]

　　与此同时，这一时期有关熊十力哲学研究的专著也层出不穷：1985年，郭齐勇的硕士论文《熊十力及其哲学》由（北京）中国展望出版社出版。该书是国内最早研究熊十力哲学的专著。是书后经修订、扩充，更名为《熊十力与中国传统文化》，由香港天地图书有限公司和台北远流出版公司分别于1988年、1990年出版。郭氏的博士论文《熊十力思想研究》被收入"现代新儒学研究丛书"，由天津人民出版社于1993年出版。他的另一本专著《天地间一个读书人——熊十力传》也于1994年由上海文艺出版社和台北业强出版社同时出版。日本学者岛田虔次的日文名著《熊十力与新儒家哲学》于1987年由日本京都同朋

---

　　① 彼时，陈荣捷先生编撰《中国哲学资料书》，首次将熊氏论"翕与辟"、"理与气"、"心与仁"、"体与用"等语录译成英文。该书于1963年由普林斯顿大学出版社出版。

社出版,该书后经徐水生教授翻译为中文,由台北明文书局于1992年出版。这之前,1991年,台北东大图书公司出版了景海峰著的《熊十力》一书。1992年,沈阳辽宁大学出版社出版了郑家栋的专著《本体与方法——从熊十力到牟宗三》,该书也被收入"现代新儒学研究丛书"。台湾清华大学林安梧的博士论文《存有·意识与实践》于1993年由台北东大图书公司出版。同年,江西百花洲文艺出版社出版了宋志明的《熊十力评传》一书。1995年,张庆熊的《熊十力的新唯识论与胡塞尔的现象学》一书由上海人民出版社出版。1999年,北京图书馆出版社出版了丁为祥著《熊十力学术思想评传》一书。

学术界关于熊氏思想的研究交流也日益深入。其中最重要的学术交流活动是两次熊十力学术会议的召开。1985年12月,由北京大学、武汉大学等单位共同发起,第一次熊十力会议——"纪念熊十力先生诞生一百周年学术讨论会"——在熊先生故里湖北黄州隆重召开。会议为期四天,邀请了来自全国各地的专家学者及熊先生生前友好、学生和家属共计百余人,会议还同时邀请了美、日、加、澳和前苏联的多位海外学者。与会学者充分肯定了熊先生的人格气象、治学风范以及他在近现代中国哲学史上作出的杰出贡献,高度评价了他融会中、西、印思想而独创的哲学理论体系的世界意义,并具体地分析了熊氏哲学思想产生的文化背景、思想渊源及其客观的历史作用,集中探讨了熊十力哲学的性质、重心、特点以及熊氏"体用不二"的辩证法思想的内涵及其价值。会议成果结集为两本会议文集——《回忆熊十力》和《玄圃论学集——熊十力生平与学术》,分别由湖北人民出版社、生活·读书·新知三联书店于1989年、1990年出版。

相隔16年,2001年9月,由武汉大学中国传统文化研究中心、武汉大学哲学学院、湖北教育出版社三家联合发起,第二次熊十力会议——"熊十力与中国传统文化国际学术研讨会"在武汉大学珞珈山庄召开。会议的第一天举行了隆重的《熊十力全集》首发式。为期三天的会议共邀请了来自中国大陆、台港澳地区及海外专家学者共计60余人,交流学术论文40余篇。与前期相比,本次会议所反映的熊学研究,在思维方法、研究论域和理论深度上都有了长足的进步。中国社会科学院方克立教授在大会发言中，称此次会议的召开与《熊十力全集》的出版，意味着熊十力研究的中心在武汉，意味着熊十力研究在新世纪进入了新的起点。会议成果结集成书，冠名《玄圃论学续集——熊十力与中国传统文化国际学术研讨会论文集》，以示对 16 年前第一次会议的承继与超越。该书已由湖北教育出版社于 2003 年出版。

接下来，本文介绍学术界有关熊十力哲学研究的一些重点问题。

一 熊十力思想的学术渊源与思想背景

熊氏博大精深的思想体系固然是其匠心独具、深造自得所创建，但也不是无源之水、无本之木。郭齐勇指出，熊十力的本体宇宙论（"体用不二"）思想主要是扬弃《周易》和王船山哲学而形成的；其直觉主义，远源为禅宗和陆王心学，近源为柏格森与梁漱溟；至于其在认识所由发生、主体认知结构、对象意识的形成和心与境的相互关系方面，则深深地打上了唯识学的印记。[1] 杨国荣认为熊十力着重在理论上对王阳明的"心物一体论"展开思辨、引申和发挥，其新唯识论体系的建构事实上受到王学多方面的影响，尤其表现在"体用不二"与"翕辟成变"上。但同时也应看到熊氏"体用不二说"与王阳明"心物一体论"之间存在的差异；在把"体用不二"与"翕辟成变"说与进化论联系起来的同时，熊十力又对王阳明的心学和柏格森的生命哲学作了沟通。杨国荣最后得出结论：熊十力哲学表明，从王学"心物一体论"出发去讲大化流行、自己运动，在理论上是没有出路的。[2] 澳大利亚学者姜允明则进而上溯至陈白沙，注意发掘明儒陈白沙心学思想对熊十力哲学

---

[1] 详见郭齐勇《熊十力及其哲学》，中国展望出版社 1985 年版，第 54、102、62 页。

[2] 杨国荣：《王学通论——从王阳明到熊十力》，上海三联书店 1990 年版，第 210、211、216 页。

体系形成的影响。①

　　熊十力哲学体系形成过程中的最鲜明的特色无疑是出入佛儒之间。几十年来有关佛教与熊十力哲学的争论收录最全的是《熊十力全集》的《附卷（上）》。而近二十年来的研究中值得重视的有三篇文章，分别是：江灿腾的《吕澂与熊十力论学函稿评议》、郭齐勇的《论熊十力的佛学思想——儒佛心性论辨析》和王守常的《二十世纪儒佛之争——熊十力与刘定权的争论》。②

　　关于熊十力哲学产生的时代与思想背景，郭齐勇与李明华认为："熊十力哲学是处于上升时期的中国资产阶级的思想意识的升华物。熊十力虽身处于'五四'之后，然心却仍在辛亥之时，他埋头于东西方哲学的故纸中，闭门凝思，煞费苦心地为辛亥革命进行理论补课。"③此说甚为岛田虔次和李泽厚先生所关注。④ 但是，岛田虔次主张将熊十力哲学的形成看成五四运动的一部分。他从"五四"新文化运动与新儒家之出现的宏观视野入手，指出"五四"新文化运动本身合乎逻辑地内含了重新评价和继承传统的动向，这一动向的展开正是新儒家的涌现。因此，作为新儒家哲学的重要代表的熊十力哲学之形成应当被看成五四运动的一部分。⑤陈万雄认为，"五四"新文化运动与辛亥革命有着内在的联系，其启蒙派与文化保守派的诸人物都属于辛亥革命党人，双

---

① ［澳］姜允明：《明儒陈白沙对熊十力的影响》，《哲学与文化月刊》一十三卷三期，1986 年 3 月。姜氏又有《熊十力与陈献章》一文，见《中国哲学与中国文化》第一辑，东方出版社 1986 年版。

② 详见《熊十力全集·附卷（上）》，第 425—493、494—561、562—592 页。其中，郭文的后半部分《儒佛心性论之辨析》由吾妻重二翻译为日文，更名为《熊十力の仏教唯识学批判》，发表在日本关西大学《东西学术研究所纪要》第 37 辑（2004 年）上。

③ 郭齐勇、李明华：《试论熊十力哲学的性质》，《江汉论坛》1983 年第 12 期。

④ 详见［日］岛田虔次著，徐水生译《熊十力与新儒家哲学》，台北，明文书局 1992 年版，第 86、87 页。该书的日文原版由日本京都同朋社于 1987 年出版。另详见李泽厚《中国现代思想史论》，天津社会科学出版社 2003 年版，第 263—264 页。李泽厚这部著作的初版本由北京的东方出版社于 1987 年出版。

⑤ ［日］岛田虔次著，徐水生译：《熊十力与新儒家哲学》，第 86、7、8 页。

方的思想都属于辛亥革命思想的组成部分。① 杜维明则主张将熊十力视作"后五四时代"的一员,认为熊氏思想是对"后五四时代"思想危机的自觉反映。②

二 本体宇宙论与体用关系

将宇宙论与本体论融通为一、并重新确立起本体宇宙论,是熊十力哲学最重要的成就,而这正是中国传统哲学的一个重要特质。学者们对此极为关注。李泽厚认为,熊十力哲学的最"吃紧"处,是他将传统儒家哲学——其中主要是宋明理学(又特别是陆王心学)——所凸显出的内圣极致的孔颜乐处给予了本体论的新论证,即把宋明理学的伦理学和人生观翻转为宇宙论和本体论。③ 郭齐勇指出,熊十力作为第一代现代新儒家中对形而上学建构有兴趣的学者,以他的"境论"(即本体宇宙论)为现代新儒学思潮奠定了一个基础。熊氏哲学的特点之一,是不离宇宙谈本体,不离本体谈宇宙。所谓"本体",是生灭变动的宇宙之"体";所谓"宇宙",是依本体而现起的"用",即本体的大化流行。"本体"是熊十力哲学的最高范畴,"本体论"是熊氏哲学的中心,也是郭齐勇博士论文讨论的重心。重建本体是熊十力思考的关键,他重建大本大源,将"本心"解释为宇宙本源与吾人真性,是具有能动性的创生实体。熊氏的本体论是"仁"的本体论,涵有内在——超越、整体——动态、价值中心、生命精神的意蕴。④ 景海峰则注意发掘熊十力本体思想所蕴涵的实感体验,指出信念支撑的生命投注是熊氏建

---

① 陈万雄:《从一封函札谈起》,《读书》1995 年第 10 期。
② 杜维明:《探究真实的存在:略论熊十力》,《近代中国思想人物论——保守主义》,台北时报文化出版事业有限公司 1985 年版,第 347 页。本文原为英文,题为 Hsiung Shih-li's Quest for Authentic Existence,收录于 Furth 所编的 The Limits of Change 一书中;后由林镇国译为中文出版。
③ 李泽厚:《中国现代思想史论》,第 266-267 页。
④ 郭齐勇:《熊十力思想研究》,天津人民出版社 1993 年版,第 52、30、82 页。

构哲学本体论的关键,也是我们能对其哲学思想产生真切了解的唯一入手处。正是在实存体验与内在情感的鼓荡下,熊氏将自己的本体论界定为"玄学的本体论",并以之来统摄宇宙论、人生论、知识论等全部哲学内容。① 陈来认为熊十力特别注重宇宙本体和宇宙万象的关系。在熊十力看来,宇宙论中的实体与功用(现象)的关系是哲学上从来难获解决的根本问题;而熊氏哲学的体用论正是集中讨论宇宙实体与宇宙万象之关系的。② 李维武在论述 20 世纪中国哲学本体论问题时,也辟专章探讨了熊十力《新唯识论》的本体哲学。③

学者们还集中讨论了熊氏本体哲学中的体用思想:郑家栋认为,熊氏用"体用"这对中国哲学所特有的古老范畴作为构架其哲学体系的经线,强调体用之间亦即本体与现象、实体与功能之间"不一不异"的关系。在熊氏看来,高扬"体用不二"正是儒家哲学的基本特征,也是儒家哲学的优点和长处所在。而熊先生之力主的"体用不二"实针对西方哲学与佛家具有不同的意义:相对于西方哲学,他所强调的是"即体而言用在体";相对于佛家,他所强调的则是"即用而言体在用"。④ 颜炳罡指出,在熊十力看来,体、用是相对待而言的,没有无用之体,也不存在无体之用。就体言用,体是举其自身全现为分殊的大用,它是用的本体,不能脱用而独存;就用言体,体乃是用之本体,不能离用而觅体。即用显体、举体成用,体用分而不分、不分而分,这正是熊十力哲学的精髓。可以说,中国哲学所讲的"体用一源,显微无间"直到熊氏"体用不二"这里才发挥到淋漓尽致的程度,也才能在真正意义上避免体用

---

① 景海峰:《熊十力》,台北东大图书公司 1991 年版,第 25、27、30、31 页。

② 陈来:《熊十力〈体用论〉的宇宙论》,《现代中国哲学的追寻》,北京,人民出版社 2001 年版,第 130 页。

③ 详见李维武《熊十力:〈新唯识论〉》,《二十世纪中国哲学本体论问题》,湖南教育出版社 1991 年版。

④ 郑家栋:《本体与方法——从熊十力到牟宗三》,辽宁大学出版社 1992 年版,第 36、37 页。

两橛。① 丁为祥则认为，在熊十力的哲学中，体用并不是一套专门排列概念关系的外在方法，而直接就是其精神实质和探索指向本身；熊十力全部的哲学探索，就是从明体起始而以梳理宇宙万有之体用关系为归宗的。丁为祥还指出，体用思想虽属于儒家传统，但熊氏的体用关系却不能仅仅归结为对儒家这一思想传统的简单继承，而是同时包含着对佛教思想批判继承的因素。正是对佛教思想的吸收继承、对佛学问题的批评辩难，使其体用关系带上了明显的现代关怀。② 黄克剑着重阐发了熊氏哲学体系中"体用不二"的宇宙论、"天人不二"的人生论和"道器不二"的治化论，指出熊十力的哲学旨趣在于为人们指明一条可以"洞识仁体"以成就一种希"圣"向"圣"的人生途径。③ 林安梧则主张从存有、意识与实践之间关系的视域来诠释和重建熊十力的体用哲学，指出熊氏的体用哲学是一种现象学式的本体学。因此，熊氏哲学作为一种"思修交尽之学"，是经由一种实存的体验或存有的遭逢，而上遂于道的哲学。林安梧又具体地论述了熊十力体用一如的体用哲学，将其诠释转化为"存有三态论"，即：存有的根源、存有的彰显、存有的执定，并将之置放到王船山"乾坤并建"、"两端而一致"的思考与牟宗三"两层存有论"的逻辑线索中加以考察，提出由牟宗三而熊十力、再由熊十力上溯到王船山的哲学可能，以作为后新儒家的一种哲学可能和思考向度。④

三 "境论"与"量论"的关系

"境论"与"量论"的分疏蕴涵着熊十力将"本体—宇宙论"与

---

① 颜炳罡：《当代新儒学引论》，北京图书馆出版社1998年版，第217、218页。
② 丁为祥：《熊十力学术思想评传》，北京图书馆出版社1999年版，第76、77页。
③ 详见黄克剑《百年新儒林——当代新儒学八大家论略》，中国青年出版社2000年版，第37—73页。
④ 林安梧：《存有·意识与实践》，台北东大图书公司1993年版，第1—2页；林安梧：《从牟宗三到熊十力再上溯王船山的哲学可能》，《玄圃论学续集——熊十力与中国传统文化国际学术研讨会论文集》，湖北教育出版社2003年版，第270—282页。

"知识—方法论"（亦即将哲学与科学）相区分的良苦用心。而熊先生直到晚年还在念念不忘的恰恰是"'量论'未及作"，并引以为一大憾事。对此，学者们有不同看法。

楼宇烈认为熊十力尽管未曾著《量论》，但《量论》在熊氏胸中早有端绪。细心考察熊氏的《新论》、《语要》及其在《原儒》绪言中提供的《量论》一书的纲目和大意，则熊氏《量论》的主要内容，在他的其他著作中都已有所论及，只是缺少最后的整理而已。即使熊氏真的写出《量论》，或许在条理上更严整、清晰一点，在细节上更详尽一些，但在基本理论上则不会有更多新的内容了。换言之，在熊氏"境论"中已包含了"量论"的主旨，"量论"的主体部分在"境论"中已得到了相当充分的阐发。因此，熊氏未写出独立的《量论》，其真实原因并不是如他自己所说的"精力疲困"，而是与他对哲学的看法和关于本体论的基本理论有关。①

郭齐勇指出："其实，熊氏认识论思想已经包括在本体论之中，并与本体论融成一体了，故在《境论》完成之后数十年间……没有单独的《量论》问世。"② 郭齐勇的博士论文有专章讨论熊十力的"量论"，指出其"本体方法学"的基础是有关"性智与量智"关系、"科学真理与玄学真理"的讨论。熊十力继承宋儒的理路，又吸收西学与佛学，深入讨论了有关本体体证（证会）与思辨的关系，表诠与遮诠的关系，是其本体论的延伸与发展。郭齐勇认为，熊十力并不轻视知识论、理智思辨，只是注意知识论的边界和局限，强调道德体证与本体体悟的意义。熊氏发展了儒家的道德形上学，他把道德的工夫论也纳入其中。郭齐勇细致分析了其《量论》提纲，又考察了熊氏"一心二门"、"性修不二"、"思修交尽"的模式。③

胡军从知识论与哲学关系之理解入手，认为熊十力哲学正是要在科

---

① 楼宇烈：《熊十力"量论"杂谈（三则）》，载《玄圃论学集——熊十力生平与学术》，生活·读书·新知三联书店1990年版，第150—160页。
② 郭齐勇：《熊十力及其哲学》，第61页。
③ 详见郭齐勇《熊十力思想研究》，第103—150页。

学（以追求知识为职志）和哲学之间划下一道明确的界限，即：哲学的范围只有本体论，知识论在哲学的范围之外。熊氏的这一看法实际上是对西方哲学中的知识论传统的误解。正是由于这种误解，熊氏缺乏知识论方面的学术训练，轻视理论思辨，而过于抬高"性智"在其本体论中的地位，强调直觉性的体验、证会、自识等在自求本体过程中的作用，其结果正是"量论"的"未及作"。因此，胡军得出结论：熊十力没有建立起"量论"的最根本的原因与他本人的哲学观有关；正是他"哲学就是本体论，知识论不属于哲学"的哲学观决定了他不可能建立起"量论"。所以，熊先生没有必要为他的"量论""未及作"而引为终生遗憾。[①]

胡伟希通过辨析熊十力与康德的"知智之辨"，指出康德对现象界与本体界的划界影响了以后整个西方哲学的发展，促使西方哲学界普遍放弃从知识入手寻求道德与价值问题的解决。而熊十力却对知识与智慧的关系问题重新讨论，并将"知智之辨"作为他哲学思考的中心话题。从这种意义上说，是熊十力而非康德，成为古希腊"德性即知识"这一思想谱系的真正传人。熊十力固然承认知识不等于智慧，知识有待于转化为智慧，但他并不否认知识作为达成智慧之工具与途径的作用，并且强调了两者之间的联系。在体用不分、即体即用的本体论的前提下，熊十力同时肯定了"转识成智"与"转智成识"之作为人生哲学的重要意义，这也是熊十力对以二分法为代表的西方本体论思想颠覆的意义所在。熊氏体用不二、即体即用的本体论思想的哲学意义与其说是为西方长久以来所纠缠的"转识成智"问题提供了一条思路与途径，不如说其扩大了哲学形而上学思考的地盘。但就哲学形而上学的追问而言，熊十力关于"转识成智"的思想仍有待补充和拓展，其哲学形而上学并没有能完全展开。因此，熊十力的哲学在很大程度上给人以独断论的味道，而且他最终也无法回答西方以二分法为前提的怀疑

[①] 胡军：《知识论和哲学——熊十力哲学观评析》，载《玄圃论学续集——熊十力与中国传统文化国际学术研讨会论文集》，第76—83页。

论者的挑战。①

成中英则注意到熊十力本体宇宙论与当代西方哲学知识论之间会通的可能性。熊十力的《体用论》、《明心篇》以及《乾坤衍》，一方面提供了一个实质的宇宙本体哲学与人的存在道德形上学，另一方面也界定了一个整体发展、层级创化的思维模式，这两者对当代西方哲学知识论发展中的问题都可能发挥整合推进的作用。同时，熊氏本体宇宙论所论述的"体用不二"、"翕辟成变"、"乾坤并建"与"心物同源"所提供的本体框架，又需要以对知识的内涵与形式以及"化识成知"并进而"转知成智"的过程与结构有充分的理解与认识；就这方面说，西方哲学知识论的进路又可促进熊氏本体哲学落实本体论于知识论，提升知识论为本体论或本体知识论。"性智"与"量智"互补、互发，"境论"与"量论"相即不二，这是可以由熊氏本体哲学逻辑地导伸出的哲学主张；而错综复杂的境量关系的分疏展开，则是熊氏哲学所面临的最大挑战。②

四 对熊十力后期思想的理解

关于熊十力后期思想（熊氏思想大体可以1949年为界分为前后两期）的理解与评价一直是学术界争论的一个热点。

翟志成认为，1949年以后熊十力的思想无论在内圣学上还是在外王学上都有了相当的改变。熊氏晚年共著书九种，在翟志成看来，这一时期熊十力出的每一种新书都可以说是一种"负积累"，标志着他学术水平的"倒退"和精神生命的"堕落"。③

刘述先也主张后期熊十力的思想发生了一些转变，从这个角度看，

---

① 胡伟希：《熊十力与康德："知智之辨"》，载《玄圃论学续集——熊十力与中国传统文化国际学术研讨会论文集》，第68—75页。

② [美]成中英：《从当代西方知识论评价熊十力的本体哲学》，载《玄圃论学续集——熊十力与中国传统文化国际学术研讨会论文集》，第36—47页。

③ 翟志成：《长悬天壤论孤心——熊十力在广州（一九四八——一九五〇）》，台北，《当代》1992年第76—78期。翟文又见其著作《当代新儒学史论》，台北允晨文化实业公司1993年版。

熊氏思想的真正意义并不能由他晚年那些著作透显出来。但这种转变更多的表现在"外王学"的层面上；至于熊氏"内圣学"，在其前后期实乃保持了精神上的一致与贯通。而且，即使是熊先生后期"外王学"的转变，也并非翟氏所隐喻的"应帝王"，去迎合政治权威和意识形态的看法；恰恰相反，熊先生乃是要通过"外王学"的调整去改正当时意识形态的一些不妥看法。因此，刘述先也在文中批评了翟文在视域上的偏颇之处。①

郭齐勇不同意翟志成关于熊十力后期思想的评价，认为熊先生在1949年前后的很多著作在基本理论上是一致的，有些思想更有所发展；当然，后期著作中的确也存在一些冗复拖沓之处，但绝对不是翟文所谓的什么"负积累"或"标志着他学术水平的倒退"、"精神生命的堕落"。例如熊先生"生生乾元性海"的形上学思想虽在1949年以前的著作中已有提及，但作为一个命题集中阐发，却是在1949年以后的《原儒》和《乾坤衍》中。又如，熊氏后期著作《明心篇》对以前学说包括《新唯识论》之明心章，都在原来理路的基础上推进了一大步。郭齐勇也不同意刘述先的看法，认为1949年前后熊十力"外王学"思想并没有多大变化，《读经示要》及此前的外王学思想与1949年以后的《原儒》有直接的关系。熊先生的思想在1949年以后的确发生了一些变化，这突出表现在他对"重用"、"明有"的强调以及吸纳了一些科学知识的内容上；但从总体看，熊氏后期的思想并没有脱离其以心性本体为核心的"体用不二"的框架。②

岛田虔次也主张应将熊十力前后期的思想看做一个连续的整体，认为熊氏哲学的完成应以他后期的著作《原儒》为标志，是书全面叙述了熊氏哲学的基础和哲学史观。③

---

① 刘述先：《如何正确理解熊十力——读〈长悬天壤论孤心〉有感》，台北，《当代》1993年第81期。刘文又见其著作《当代中国哲学论：人物篇》，美国，八方文化企业公司1996年版。

② 郭齐勇：《为熊十力先生辩诬——评〈长悬天壤论孤心〉》，台北，《鹅湖月刊》1994年第2、3期。郭文又见其著作《天地间一个读书人——熊十力传》。

③ [日] 岛田虔次著，徐水生译：《熊十力与新儒家哲学》，第83页。

五 关于熊氏思想的总体评价

关于熊十力哲学的总体评价,学者们的意见也是仁智互见:

杜维明认为,作为一位文化保守主义者,熊十力特别强调保有和发扬中国文化精神上的认同感,以挺立民族文化的自尊。而熊氏的文化保守主义本身又内含了伦理宗教的层面,超越了狭义的民族主义,对于人们探求当代世界的价值系统提供了极为有益的参考。①

李泽厚认为,无论从思想背景和产生土壤看,或从新儒家的逻辑线索说,熊十力都站在新儒家序列的最前面。②

成中英在对新儒家哲学作出了一个理想性的意义界定后,指出"五四"以来从事新儒家哲学创造最有成就者无疑要推熊十力先生。熊先生为现代中国哲学提供了一个深厚有力的本体论和方法论模型,对后来倡导儒家哲学的学者有明显的影响。③

郭齐勇将熊十力先生视作20世纪中国最具有原创性的哲学思想家和"后五四时期"现代新儒学思潮的哲学奠基人。熊氏的所有工作,简要地说,就是面对西学的冲击,在儒学价值体系崩坏的时代,重建儒学的本体论,重建人的道德自我,重建中国文化的主体性。他的形上学建构,特别是终极实存的思考和道德形上学的创慧,他的"体用不二"之论、特别是道德自我开出文化建制的思想,以及他的历史文化意识,分别开启了牟宗三、唐君毅、徐复观等第二代新儒家。④

刘述先指出,熊先生对乾元性海的体证举世无匹,成为当代新儒家的源头活水,并在精神上启迪了唐、牟、徐等弟子。刘述先进而揭示了

---

① [美] 杜维明:《孤往探寻宇宙的真实》,载《玄圃论学集》,第191—196页。
② 李泽厚:《中国现代思想史论》,第263页。
③ [美] 成中英:《综论现代中国新儒家哲学的界定与评价问题》,载《玄圃论学集》,第172—190页。
④ 详见郭齐勇《熊十力思想研究》,第30页;另见郭齐勇著《近20年中国大陆学人有关当代新儒学研究之述评》一文,收入郭著《儒学与儒学史新论》,台北,学生书局2002年版,第331—353页。

熊氏的一些为后来新儒家所无法超越的慧识：其一，熊先生以良知为呈现，而不把它当做假设，这是他直承孟子的慧识；其二，熊先生对生生乾元性海的体证，这是他对于《大易》作出创造性诠释所得到的中心体验，也构成了他学术的基本论旨；其三，熊先生以量智为性智之发用的观念，以"翕"、"辟"范畴讲成物、明心以阐明本体的两种功能与作用。①

本文参考文献

郭齐勇：《熊十力及其哲学》，中国展望出版社 1985 年版。

汤一介、萧萐父编：《熊十力论著集》之一《新唯识论》，中华书局 1985 年版。

[日]岛田虔次：《熊十力与新儒家哲学》，京都同朋社 1987 年版。

郭齐勇：《熊十力与中国传统文化》，香港天地图书有限公司 1988 年版；台北，远流出版公司 1990 年版。

萧萐父、郭齐勇编：《玄圃论学集——熊十力生平与学术》，生活·读书·新知三联书店 1990 年版。

杨国荣：《王学通论——从王阳明到熊十力》，上海三联书店 1990 年版。

景海峰：《熊十力》，台北东大图书公司 1991 年版。

李维武：《二十世纪中国哲学本体论问题》，湖南教育出版社 1991 年版。

[日]岛田虔次著，徐水生译：《熊十力与新儒家哲学》，台北明文书局 1992 年版。

郑家栋：《本体与方法——从熊十力到牟宗三》，辽宁大学出版社 1992 年版。

郭齐勇：《熊十力思想研究》，天津人民出版社 1993 年版。

林安梧：《存有·意识与实践》，台北东大图书公司 1993 年版。

宋志明：《熊十力评传》，百花洲文艺出版社 1993 年版。

黄克剑等主编：《熊十力集》，"当代新儒家八大家集"之二，群言出版社 1993 年版。

汤一介、萧萐父编：《熊十力论著集》之二《体用论》，中华书局 1994 年版。

郭齐勇：《天地间一个读书人——熊十力传》，上海文艺出版社 1994 年版；台北，业强出版社 1994 年版。

[澳]姜允明：《当代心性之学面面观》，台北明文书局 1994 年版。

---

① 刘述先：《对于熊十力先生晚年思想的再反思》，台北，《鹅湖月刊》1992年第 3 期，总第 201 期。

张庆熊：《熊十力的新唯识论与胡塞尔的现象学》，上海人民出版社1995年版。

汤一介、萧萐父编：《熊十力论著集》之三《十力语要》，中华书局1996年版。

郭齐勇编：《现代新儒学的根基：熊十力新儒学论著辑要》，中国广播电视出版社1996年版。

郑家栋：《当代新儒学史论》，广西教育出版社1997年版。

颜炳罡：《当代新儒学引论》，北京图书馆出版社1998年版。

丁为祥：《熊十力学术思想评传》，北京图书馆出版社1999年版。

郭齐勇编：《熊十力学术文化随笔》，中国青年出版社1999年版。

黄克剑：《百年新儒林——当代新儒学八大家论略》，中国青年出版社2000年版。

萧萐父、郭齐勇等编：《熊十力全集》，湖北教育出版社2001年版。

陈来：《现代中国哲学的追寻》，人民出版社2001年版。

郭齐勇：《儒学与儒学史新论》，台北学生书局2002年版。

李泽厚：《中国现代思想史论》，天津社会科学院出版社2003年版。

武汉大学中国传统文化研究中心编：《玄圃论学续集——熊十力与中国传统文化国际学术研讨会论文集》，湖北教育出版社2003年版。

熊十力著，吾妻重二译：《新唯识论》（文言文本）［日文版］，日本关西大学出版部2004年版。

郭齐勇、李明华：《试论熊十力哲学的性质》，《江汉论坛》1983年第12期。

杜维明：《探究真实的存在：略论熊十力》，《近代中国思想人物论——保守主义》，台北时报文化出版事业有限公司1985年版。

［澳］姜允明：《明儒陈白沙对熊十力的影响》，《哲学与文化月刊》一十三卷三期，1986年3月。

［澳］姜允明：《熊十力与陈献章》，《中国哲学与中国文化》第一辑，东方出版社1986年版。

翟志成：《长悬天壤论孤心——熊十力在广州（一九四八——一九五〇）》，台北《当代》第76—78期，1992年第8—10月。

刘述先：《如何正确理解熊十力——读〈长悬天壤论孤心〉有感》，台北《当代》第81期，1993年1月。

郭齐勇：《为熊十力先生辩诬——评〈长悬天壤论孤心〉》，台北《鹅湖月刊》1994年第2—3期。

陈万雄：《从一封函札谈起》，《读书》1995年第10期。

刘述先：《对于熊十力先生晚年思想的再反思》，台北《鹅湖月刊》1992年第3期。

（原载《哲学动态》2004年第12期）